ACCESO GRATIS ***a la Lectura en la Nube***

Para visualizar el libro electrónico en la nube de lectura envíe junto a su nombre y apellidos una fotografía del código de barras situado en la contraportada del libro y otra del ticket de compra a la dirección:

ebooktirant@tirant.com

En un máximo de 72 horas laborales le enviaremos el código de acceso con sus instrucciones.

LA PROPORCIONALIDAD DE LAS PENAS COMO CRITERIO DE CONTROL DE LA LEGITIMIDAD DEL CASTIGO

Un análisis de la prohibición de matar moscas a cañonazos a través del Derecho penal

LA PROPORCIONALIDAD DE LAS PENAS COMO CRITERIO DE CONTROL DE LA LEGITIMIDAD DEL CASTIGO

Un análisis de la prohibición de matar moscas a cañonazos a través del Derecho penal

WENDY PENA GONZÁLEZ

tirant lo blanch
Valencia, 2025

En caso de erratas y actualizaciones, la Editorial Tirant lo Blanch publicará la pertinente corrección en la página web www.tirant.com.

La aceptación de la presente obra ha tenido en consideración la evaluación y calificación otorgada por los expertos componentes del tribunal calificador de la tesis doctoral en la que se basa, cumpliendo con el criterio correspondiente de los revisores externos y ofreciendo la calidad debida a la presente edición.

Director de la Colección:

FERNANDO CARBAJO CASCÓN
Catedrático de Derecho Mercantil de la Universidad de Salamanca

EDITA: TIRANT LO BLANCH
C/ Artes Gráficas, 14 - 46010 - Valencia
TELFS.: 96/361 00 48 - 50
FAX: 96/369 41 51
Email:tlb@tirant.com
www.tirant.com
Librería virtual: www.tirant.es
DEPÓSITO LEGAL: V-4596-2024
ISBN: 978-84-1091-034-8 (Universidad de Salamanca)
ISBN: 978-84-1095-260-7
MAQUETA: Tink Factoría de Color

Esta investigación se ha financiado con un contrato predoctoral con origen en la ayuda para la Formación para el Profesorado Universitario, con referencia FPU19/02358, concedida por el Ministerio de Universidades, así como con dos ayudas para Estancias Breves FPU, financiadas por el Ministerio de Universidades, y una beca Fulbright Predoctoral, financiada por el Gobierno de España y el Gobierno de EE. UU.

La investigación se ha desarrollado en el marco de los proyectos I+D+i "Aporofobia y Derecho penal" (Referencia RTI2018-095155-B-C21) y "Hacia un modelo de justicia: alternativas político-criminales" (Referencia RTI2018-095155-A-C22), financiado por el Ministerio de Ciencia e Innovación, y en el marco del Berkeley Center for Comparative Equality and Anti-discrimination Law y la Plataforma Iberoamericana de La Haya para la paz, los derechos humanos y la justicia internacional.

Sólo cantos de independencia y libertad ha balbuceado mi labio aunque a mi alrededor hubiese sentido, desde la cuna ya, el ruido de las cadenas que debían aprisionarme para siempre, porque el patrimonio de la mujer son los grillos de la esclavitud. Yo, sin embargo, soy libre, libre como los pájaros, como las brisas, como los árabes en el desierto y el pirata en el mar. Libre es mi corazón, libre mi alma, y libre mi pensamiento que se alza hasta el cielo, y desciende hasta la tierra, soberbio como Luzbel, y dulce como una esperanza. Cuando los Señores de la tierra me amenazan con una mirada, o quieren manchar mi frente con una mancha de oprobio, yo me río como ellos se ríen, y hago, en apariencia, mi iniquidad más grande que su iniquidad. En el fondo, no obstante, mi corazón es bueno, pero no acato los mandatos de mis iguales y creo que su hechura es igual a mi hechura, y que su carne es igual a mi carne. Yo soy libre. Nada puede contener la marcha de mis pensamientos, y ellos son la ley que rige mi destino.

ROSALÍA DE CASTRO. *Lieders* (El Álbum de El Miño, Vigo, 1858)

No se puede decir que el pequeño burgués no haya leído nada. Él, por el contrario, ha leído todo, ha devorado todo. Su cerebro funciona únicamente a la manera de algunos aparatos digestivos de tipo elemental. Él filtra. Y el filtro no deja pasar sino lo que puede alimentar la torpeza de la buena conciencia burguesa.

[...]

El pequeño burgués no quiere escuchar nada más.
De un batir de orejas, espanta la idea.
La idea, la mosca inoportuna.

AIME CÉSAIRE. *Discurso sobre el colonialismo* (París, 1950)

Dedicatoria

A la memoria de la abuela María (María de Martiño) y Eko,
las mejores personas que conocí jamás.

A Javi, por acompañarme en esta aventura
a lo largo del mundo en nuestra nave espacial.

A mi familia, por hacer corta la distancia. En especial a mi madre
—que se merece otro doctorado—, a mi hermana Isis, y a Roi.

Índice

Agradecimientos

Debo expresar mi agradecimiento, en primer lugar, a mi directora, Ana Isabel Pérez Cepeda, por todo el tiempo y esfuerzo dedicado a mi investigación.

En segundo lugar, el agradecimiento se dirige a las personas que de modo directo han contribuido a mi tesis doctoral: a mis supervisores en las estancias predoctorales: Paul H. Robinson y Massimo Donini, por permitirme realizar las estancias y formarme; a los profesores Eduardo Demetrio Crespo, Norberto de la Mata Barranco y Teresa Aguado Correa, por la paciencia de escucharme y enseñarme a mejorar; a los compañeros de la Comparative Law Association de la University of Pennsylvania, por la enriquecedora reunión sobre mi tesis (en concreto, agradezco a María Alejandra Maldonado, Hermes Heim, Giovanna Parini, Evan Globus y los demás estudiantes y *alumni* que asistieron, y muy especialmente a Bianca Scraback por su trabajo); a John Vervaele y Héctor Olásolo, por apoyarme con las solicitudes de becas y ayudas; a Rodrigo Fuziger y Lucía Remersaro por su apoyo, y a los profesores Ilya Rudyak, Giordana Pepè, Daniela Branco, Mitchell Berman, Sandra Mayson y Kimberly K. Ferzan, por sus comentarios.

En tercer lugar, agradezco a los miembros del tribunal evaluador de mi tesis doctoral (los profesores Manuel Cancio Meliá, Ignacio Berdugo Gómez de la Torre, y Emmanuela Fronza) por su trabajo y los útiles comentarios realizados durante el acto de defensa, y a los miembros suplentes del tribunal por aceptar formar parte del mismo (Ezra Rosser y Laura Zúñiga Rodríguez).

En cuarto lugar, dirijo mi agradecimiento a las personas que han formado parte de la red —necesaria— de cuidado estos años de doctorado (sin ánimo de exhaustividad): mi familia —a mi madre, mi hermana, mi sobrino, a Santi, a mi padre, a Blacky, a Thor, y a mi hermano Luis (por apoyarme siempre)—, a Javi y su familia —Carmen, Suri y Jesús—, a mis amigos —Elena, Paula, Laura, Lara, Penélope, Tomás, Lucas, Ílison y Lucía—, a mis compañeros y (en general) al área de Derecho penal de la Universidad —en concreto, a Isa, Manu,

Miriam, Myriam, Laura, Lina y Nuria—, a los amigos que me regalaron las estancias de investigación —Cathrin, Félix, Eman, Beth, Luis, Santi, Brandon, James, Elisa, Jiaying, y Xu—, a quienes me acogieron durante las mismas —en particular, a Sarah Robinson—, y a mis colegas del Constitucional —Curro, Wassima, Nacho, Víctor y Álvaro—.

En quinto lugar, quiero agradecer el trabajo a todos los profesores que me han formado, desde el colegio hasta la universidad, porque sin vuestra educación no sería posible haber llegado hasta aquí.

Por último, dirijo el agradecimiento a las "hadas madrinas" que he tenido este tiempo y que me han ayudado a ver la luz siempre: mis antiguos jefes Luis Pomed y Elena Román Barreiro, a mis profesores de la carrera (en particular, al profesor Manuel Cancio Meliá), y a Demelsa Benito Sánchez.

Abreviaturas

ACP	Antiguo Código penal
ADPCP	Anuario de Derecho penal y Ciencias penales
ALI	*American Law Institute*
AN	Audiencia Nacional
BVerfG	*Bundesverfassungsgericht*
BVerfGE	*Bundesverfassungsgericht Entscheidung*
CI	*Costituzione italiana*
C-B	Coste-Beneficio
CE	Constitución Española
CEDH	Convenio Europeo de Derechos Humanos
CGPJ	Consejo General del Poder Judicial
CLRG	*Criminal Law Research Group*
CP	Código penal español de 1995
DM	Decisión Marco
MPC	*Model Penal Code*
PGP	Prevención General Positiva
PGN	Prevención General Negativa
PJ	Poder Judicial
PPR	Prisión permanente revisable
RDPyC	Revista de Derecho penal y Criminología
TC	Tribunal Constitucional
TEDH	Tribunal Europeo de Derechos Humanos
TJUE	Tribunal de Justicia de la Unión Europea
TS	Tribunal Supremo
TUE	Tratado de la Unión Europea
SAN	Sentencia de la Audiencia Nacional
STC	Sentencia del Tribunal Constitucional
STEDH	Sentencia del Tribunal Europeo de los Derechos Humanos
StGB	*Strafgesetzbuch*
STJUE	Sentencia del Tribunal de Justicia de la Unión Europea
STS	Sentencia del Tribunal Supremo
UE	Unión Europea

Prólogo

En el laberinto de la justicia, el principio de proporcionalidad de las penas emerge como una brújula moral, guiando a los sistemas legales a través del delicado equilibrio entre la retribución y la reinserción. En este viaje hacia la comprensión más profunda de la justicia penal, nos encontramos inmersos en un debate perpetuo sobre cómo responder a los actos que socavan más gravemente la convivencia social y vulneran los derechos fundamentales de los individuos.

En estas páginas, nos sumergimos en un análisis meticuloso del principio de proporcionalidad, una piedra angular en la construcción de sistemas penales que buscan no solo castigar, sino también prevenir y reinsertar. Desde los cimientos filosóficos hasta el análisis de su aplicación práctica en diversas jurisdicciones, este libro nos invita a reflexionar sobre la naturaleza misma de la justicia y la responsabilidad penal.

El principio de proporcionalidad de las penas se enfrenta a diversos desafíos y tensiones en el contexto actual, marcado por la globalización, la pluralidad, la inseguridad y la emergencia de nuevas formas de criminalidad, que conllevan un exceso de intervención del Derecho penal sobre la esfera de libertad de los ciudadanos. Asistimos a una sobrecriminalización de conductas poco lesivas para bienes jurídico-penales en el marco de la expansión del Derecho penal que ha asolado nuestros ordenamientos. A través del análisis de casos emblemáticos, en este libro se explora cómo el principio de proporcionalidad de las penas moldea el tejido mismo de nuestras sociedades, influyendo en la forma en que comprendemos el delito y la responsabilidad del reo. En un mundo donde las injusticias pueden ser tan variadas como las circunstancias que las rodean, este principio nos desafía también a sopesar cuidadosamente la gravedad del acto con el principio de humanidad de las penas.

Al adentrarnos en estas páginas, no solo nos sumergimos en un estudio académico, sino que también nos enfrentamos a un llamado a la acción. ¿Cómo podemos construir sistemas penales más justos y equitativos? ¿Cómo podemos asegurarnos de que la respuesta del

Estado al delito refleje verdaderamente nuestros valores como sociedad? Estas preguntas, y muchas más, nos acompañan en nuestro viaje a través de las complejidades del principio de proporcionalidad de las penas.

Nadie duda de que, el principio de proporcionalidad de las penas es uno de los pilares fundamentales del Estado de derecho y de la garantía de los derechos humanos. A tenor de este principio, tradicionalmente se ha afirmado que la pena impuesta por el Estado al infractor de la ley debe guardar una adecuada relación con la gravedad del delito cometido y con la culpabilidad del autor. Este principio, aunque se vincule estrechamente con la idea de responsabilidad del reo, no puede sustituir a esta última. La proporcionalidad no solo limita las medidas, sino que también gradúa las penas, asegurando que estas sean proporcionales al delito cometido y a su responsabilidad, con este fin, la aplicación de este principio lleva considerar diversos elementos, como la gravedad del delito, las circunstancias específicas del caso y los fines de la sanción.

Sin embargo, la aplicación del principio de proporcionalidad de las penas no es una tarea sencilla ni exenta de controversias. Existen diversos criterios, teorías y métodos para determinar la proporcionalidad de las penas, así como distintos ámbitos y niveles de control, que en este libro exploran y analizan. El presente libro tiene como objetivo ofrecer una visión panorámica y crítica del principio de proporcionalidad de las penas, desde una perspectiva jurídica y comparada (EE. UU. e Italia). Para ello, se analizan los fundamentos, las dimensiones, los criterios y los problemas del principio de proporcionalidad de las penas, así como su aplicación y control en nuestro ordenamiento jurídico. En esta obra se desvela quién es destinatario de la proporcionalidad, cuál es el objeto que se compara con la severidad de las penas, qué nivel de protección garantiza, si es un fundamento y/o un límite, cómo se configura, y realiza propuestas de *lege ferenda* para asegurar una aplicación garantista del principio de proporcionalidad, lo que supone una importante aportación tanto en el marco del debate académico como en la determinación legal y judicial de la penal.

A través de una prolija argumentación, la autora defiende que la proporcionalidad se puede erigir como una verdadera garantía frente la arbitrariedad, el abuso y la injusticia en el ejercicio del poder punitivo estatal. Desde su punto de vista, en el ámbito de la proporcionalidad de la pena, la pena deber ser proporcionada a la gravedad estricta del delito, dedicando sus esfuerzos a esclarecer sus distintas vertientes, a una determinación exhaustiva de su contenido, es decir, de los elementos que deben integrarla y la forma de articulación, con el fin de configurar dicho principio como un "techo" de punición. Se trata de articular, por medio de un análisis riguroso del fundamento y situación del principio, una novedosa forma sistemática para hacerlo efectivo.

Se trata de una obra que, con una perspectiva y enfoque novedoso, amerita ser una excelente carta de presentación para su autora, Wendy Pena González, a quien auguro una vida académica llena de logros. Ha sido un verdadero lujo, acompañarla en este camino.

La autora desarrolló su tesis entrando en las bibliotecas de España, Italia y EE. UU. Para ello, ha dedicado también su tiempo al desarrollo de su conocimiento de idiomas, italiano e inglés, lo que le ha permitido desarrollar estancias en la Sapienza Università di Roma y en la University of Pennsylvania. En esta última Universidad desarrolló su estancia con el profesor Paul H. Robinson con financiación de la prestigiosa organización Fulbright, lo que le permitió asistir a cursos y participar en congresos en el país americano.

El libro está dirigido a estudiantes, profesores, investigadores, abogados, jueces y demás operadores jurídicos interesados en el estudio y la práctica del derecho penal. Esperamos que sea de utilidad y de interés para los lectores, y que contribuya al debate académico, jurídico y social sobre el principio de proporcionalidad de las penas, un tema de vital importancia para la dignidad humana, la libertad y la convivencia pacífica. Que sirva como faro en el vasto océano de la justicia, iluminando el camino hacia una comprensión más profunda, una acción más informada y un mundo donde la equidad y la humanidad guíen cada paso que damos en búsqueda de la justicia.

Ana Isabel Pérez Cepeda
Salamanca a 2 de marzo de 2024

Introducción

El consenso doctrinal en torno a la importancia de la proporcionalidad en Derecho penal esconde disensos sustanciales sobre lo que se configura como su contenido. No resulta claro quién es destinatario de la proporcionalidad, cuál es su objeto, qué nivel de protección garantiza ni cómo se configura, y ello tiene implicaciones tanto en el marco del debate académico como en la determinación legal y judicial de la pena.

La cuestión de la proporcionalidad se vincula con un exceso de intervención del Derecho penal sobre la esfera de libertad de los ciudadanos, asunto que no es incontrovertido, especialmente teniendo en cuenta que es el ámbito en que más se restringen los derechos de la ciudadanía. La sobrecriminalización de conductas poco lesivas (o no lesivas en absoluto) para bienes jurídico-penales se ha desarrollado en Occidente en el marco de la expansión del Derecho penal que ha asolado nuestros ordenamientos, y que ha tenido reflejo particularmente sobre los delitos de expresión (castigados desde los inicios de la democracia española, en el marco de la tendencia del "Derecho penal" del enemigo) y los delitos de bagatela (que implican la determinación del castigo penal sobre conductas de escasa entidad lesiva o con independencia del grado de lesividad de la conducta).

La criminalización de conductas y determinación de las penas de acuerdo con criterios independientes de la lesividad del delito se correlaciona con una excesiva moralización del Derecho penal, que se centra en castigar lo que es "malo" para la comunidad y no lo que es injusto. Parece evidente que la proporcionalidad de las penas no se respeta en estos supuestos, por lo cual el estudio se centra en esta noción como mecanismo garantizador del respeto a la aspiración de neutralidad moral del Estado y la libertad de los ciudadanos en relación con la intervención penal. Para ello, es necesario que el análisis se focalice en desgranar los elementos que integran la proporcionalidad en Derecho penal y evaluar cómo se debería articular para configurarse como un principio realmente garantista[1].

---

1 Legitimidad y legitimación son dos conceptos indeterminados que requieren de una previa (y sucinta, aquí) aclaración conceptual antes de adentrarse en

su estudio. Cuando se hace referencia a la noción de «legitimación» se está dirigiendo la atención a la adhesión de los ciudadanos al Estado o a la actuación estatal) en la línea de ZÚÑIGA RODRÍGUEZ, Laura (2001). *Política criminal*, Madrid: Colex. pp. 33 y ss.. En España y el resto de los países hispanohablantes cuando se habla de «legitimación» no se habla de un vínculo jurídicamente vinculante. De hecho, no se hace referencia a ningún vínculo de naturaleza jurídica, sino político-moral: se hace referencia al vínculo entre la ciudadanía democrática y los poderes públicos. Por ejemplo, se podría decir que hace referencia a este concepto la Constitución española cuando en el artículo 1.2 establece que «la soberanía nacional reside en el pueblo español, del que emanan los poderes del Estado». Se debe tener en cuenta que la legitimación depende de las percepciones subjetivas que la población genera a través de diversos factores, como las noticias y los medios de comunicación. En este sentido, es importante tener conciencia de que el contexto social e informativo que rodea nuestras sociedades hace difícil identificarse con el delincuente y fácil hacerlo con la víctima, lo que favorece que la legitimación social se enraíce con el populismo punitivo: «El elector, con su voto, no consigue identificarse con el reo –¿quién, instintivamente, lo haría?–, pero sí lo hace inmediata e ineludiblemente con la víctima del delito» (RECCHIA, Nicola [2020]. *Il principio de proporzionalità nel diritto penale*. Torino: Giappichelli, p. 40).
Cuando se menciona la «legitimidad», por otra parte, se hace referencia al cumplimiento por parte de las normas de unos determinados estándares de justicia, con mayor o menor carácter vinculante. Es decir, se hace alusión a los parámetros, principios y límites que permiten atribuir justicia a la actuación estatal. Sobre la legitimidad política del castigo al excluido social, me remito a la excelente obra de CIGÜELA SOLA, Javier (2019). *Crimen y castigo del excluido social*, Valencia: Tirant lo Blanch, *passim*. Se trata de un ámbito no suficientemente estudiado y que responde a la pregunta del «porqué» del castigo. Afirma ROXIN, Claus. «Sentido y límites de la pena estatal». En ROXIN, Claus (1976). *Problemas básicos del derecho penal*, Madrid: Reus, 1976, p. 11, que «la pregunta acerca del sentido de la pena estatal se plantea, nueva, en todas las épocas». Ello no carece de justificación, pues, como indica el insigne autor, ha habido un dramático cambio histórico en lo relativo a la legitimación del poder estatal. Sin embargo, la respuesta ha estado siempre incompleta, y coja, no habiéndosele prestado la suficiente atención por parte de la academia. La doctrina, en cambio, ha enfocado más sus esfuerzos en resolver la cuestión de los fines de la pena (el «para qué» de la pena), sin haber resuelto previamente la cuestión del «por qué» de la pena. En relación con lo que al ámbito de este trabajo interesa, son parte de esos parámetros de justicia los principios del Derecho penal, cuyo carácter vinculante no siempre es evidente, nunca es absoluto, y que en ocasiones se dirigen al aplicador del Derecho, pero en su mayoría se dirigen al legislador.
De hecho, existen muchos tribunales extranjeros que han denegado la naturaleza constitucional a los principios de corte político-criminal (RECCHIA, Nicola [2020]. *Il principio de proporzionalità nel diritto penale*, Op. Cit., pp. 67 y ss.). A ello se suman los mandatos constitucionales y los derechos fundamentales, que

El estudio se detiene, en particular, en la proporcionalidad en sentido estricto, que se desvela como la fórmula más garantista dentro de las diversas planteadas en la doctrina y la jurisprudencia, y cuya concreción puede asegurar la exclusión de legitimidad de la pena sobre las conductas menos lesivas, como las mencionadas. Dada la falta de contenido concreto del principio, se deben definir todas sus variantes y elementos —los elementos ordinal y cardinal, los mecanismos de control, el sentido del principio, su extensión, los sujetos vinculados, la desproporción (o proporción) exigida para que intervenga el principio, el nivel de protección que otorga, y la definición, con concreción, de su contenido (determinando qué elementos es legítimo incluir en la ponderación y cuáles no)—. En definitiva, la proporcionalidad es como el gato de Schrödinger, será determinando su contenido cuando se defina si se configura como un principio garantista o no.

La hipótesis de partida es que la proporcionalidad se puede erigir como una verdadera garantía frente a los excesos de intervención del

establecen parámetros de conformidad jurídica con la Constitución y también determinan la conformidad de la legislación con la norma suprema. Por ende, tanto la prosa del texto constitucional como los principios del *ius puniendi* desarrollados por la doctrina, conforman los parámetros de legitimidad de las normas penales. Este es el concepto de legitimidad que se utiliza en el sistema italiano, donde la «legitimidad» (*legittimità*) es la conformidad de la norma con las normas y principios emanados de la norma suprema. En el sentido ya advertido por RECCHIA, Nicola (2020). *Il principio de proporzionalità nel diritto penale*, Op. Cit., pp. 26-28, 54 y ss., se debe evitar caer en el error de confundir principios político-criminales (no siempre vinculantes) con principios constitucionales, convirtiendo aquello que el legislador no debería punir en aquello que al legislador le está prohibido punir.

Incluso dentro del concepto de legitimidad (en relación con el Derecho penal), existen dos aspectos que conviene diferenciar. Por una parte, está la legitimidad como racionalidad de las normas penales, es decir de la selección que realiza el legislador penal y que se refiere a las normas primarias, de conducta, que establecen qué está permitido y qué está prohibido a través de la ley penal. Por otra parte, se encuentra la legitimidad del castigo, de la pena en sí misma considerada; esto es, de la norma de sanción (el acceso a la pena y la determinación de su cuantía por parte de una conducta). La primera noción implica principalmente al poder legislativo (aunque también, residualmente al poder judicial) y la segunda tanto a los poderes legislativo y judicial.

Cuestiones separadas de las de la legitimación y la legitimidad del Derecho penal lo son las relativas a las finalidades y funciones que se asignan al Derecho penal, y que responden al «para qué» de la pena.

poder punitivo estatal. El objetivo principal del trabajo es el estudio de la proporcionalidad como mecanismo para controlar la legitimidad y constitucionalidad de las penas para conductas de escaso desvalor. Los objetivos secundarios integran el examen de los mecanismos para determinar la legitimidad —y la constitucionalidad— de la pena para conductas poco ofensivas, y el desarrollo de una propuesta concreta en relación con la proporcionalidad de las penas como mecanismo de control de las conductas sancionadas penalmente.

El análisis doctrinal, legal y jurisprudencial comprende el análisis comparado de las perspectivas española, italiana y estadounidense. Ello se justifica tanto por la especial incidencia en el Derecho penal italiano de la doctrina penal constitucionalista como por el mayor desarrollo del que goza el principio de proporcionalidad penal en este país. Asimismo, el contraste con el Derecho penal estadounidense permite la integración de una perspectiva más amplia, que compare los efectos de los sistemas de Derecho común y de Derecho civil sobre las cuestiones analizadas, lo que ha sido especialmente enriquecedor.

La investigación pretende desarrollar un modelo conceptual de la noción de la proporcionalidad de las penas que sea verdaderamente garantista, determinando con exhaustividad los elementos que deben integrarla y la forma de articulación del principio. Se estima que el modelo puede ser de aplicación a modelos de Derecho civil y de Derecho común, aunque se extraen consecuencias sobre cuestiones fácticas de Derecho penal español y las propuestas de *lege ferenda* y *lege data* se enmarcan también en este contexto.

El alcance de la investigación se debe advertir, es limitado. De las premisas expuestas —como la aspiración pretendida a la neutralidad moral del Derecho penal— se extraerán parte de las consecuencias. En adición, también el análisis comparado se centrará en la doctrina y jurisprudencia italiana y estadounidense, quedando pendiente el estudio de la normativa, jurisprudencia y doctrina alemana para la fase postdoctoral. Por último, se estima que los principios defendidos en este trabajo pueden tener implicaciones sobre numerosas cuestiones, no es posible realizar un estudio detallado de todas ellas, —y sería demasiado pretencioso tomar posición en algunas de ellas—.

El trabajo se estructura, *grosso modo*, como sigue. Inicialmente se estudia el principio de proporcionalidad en el Derecho penal, evaluándose sus fundamentos, los principios con los que se relaciona, sus variantes y cuál ha sido su aplicación en los tres países estudiados. Seguidamente, se desgranan todos los elementos del principio de proporcionalidad entre la gravedad del delito y gravedad de la pena (proporcionalidad en sentido estricto), con el objeto de tratar de determinar la aplicación más garantista posible del principio y delimitar bien sus elementos. Para finalizar, se realizan propuestas de *lege data* de aplicación del principio (partiéndose de una interpretación conforme con la Constitución), se estudia el principio de insignificancia y, por último, se realizan propuestas de *lege ferenda* para asegurar una aplicación garantista del principio de proporcionalidad.

Capítulo 1
La proporcionalidad en Derecho penal

I. EL PRINCIPIO DE PROPORCIONALIDAD EN EL DERECHO PENAL

1. Luces y sombras del principio de proporcionalidad penal

La expresión que se atribuye erróneamente a Confucio, que versa "no se puede matar moscas a cañonazos" es expresiva de uno de los principios más controvertidos de nuestro Derecho penal: el de proporcionalidad. El principio de proporcionalidad se erige —junto con el de legalidad— como una de las dos patas que garantizan la aspiración a la neutralidad moral del Derecho penal, restringiendo el ámbito de intervención del Leviatán estatal en nuestro ordenamiento a la interdicción de las conductas más lesivas, y determinando que la intervención se reduzca sólo a la medida en que sea proporcional con el grado de daño que la conducta conlleva.

La idea de que el Derecho penal y la pena deben ser proporcionados es prácticamente incontrovertida en la academia contemporánea. Sin embargo, la tibieza de los efectos del principio de proporcionalidad en la práctica de los ordenamientos penales occidentales hace ver que esconde problemas sustantivos. Del análisis de los textos doctrinales, jurisprudenciales y legislativos relativos al principio de proporcionalidad se colige que los dos principales problemas son la falta de acuerdo en torno a qué es la proporcionalidad en Derecho penal, y la falta de compromiso y concienciación acerca de la importancia de aplicar la teoría en la práctica legislativa y jurisprudencial[2].

Si bien es cierto que, como norma general, en los ordenamientos occidentales continentales se puede observar que, en general, existe

---

[2] El CGPJ ya denunció la falta de respeto al principio en el Informe sobre el Anteproyecto de la LO de Garantía Integral sobre la libertad sexual (más conocida como Ley del sólo sí es sí).

coherencia en las penas atribuidas a los delitos según la gravedad (que, se intuye) estos tienen, también lo es que existen importantes lagunas y defectos legislativos en cuanto a qué conductas se castigan y cuánto se castigan.

Beccaria afirmó que, si fuese posible establecer una escala universal de gravedad de las penas, entonces descubriríamos el grado de bondad y malicia, y de tiranía y de libertad de las distintas naciones[3]. Tal vez las decisiones referidas no respondan a una premeditada malicia de quienes legislan, pero, en cambio, sí responden a decisiones conscientes y formadas de que se están vulnerando principios fundamentales de nuestros ordenamientos jurídicos.

La expresión acuñada por los autores del proyecto alternativo del Código penal de 1966: "la pena es una amarga necesidad", resume los cimientos del principio de proporcionalidad. Dado que la legitimidad de la intervención más grave del Estado sobre los derechos de los ciudadanos está restringida a los supuestos en que es necesaria, la proporcionalidad se exige tanto en relación con qué se debe castigar, como también en relación con cuánto se debe castigar. Ambas cuestiones, como se verá, aparecen confusas y difusas en literatura y jurisprudencia, pero se refieren a distintos aspectos del principio de proporcionalidad en el Derecho penal.

Además de la exigencia de lesividad, el principio se ha vinculado también al de igualdad. En este sentido, Ferrajoli afirma que la igualdad es fuente de legitimidad de las políticas públicas[4], y que esta equivale en Derecho penal a la proporcionalidad[5].

Para autores como Farinacio y Carpzovio, la gravedad de la pena es la determinante de la gravedad del delito[6] —delito grave es el que se castiga con pena grave y leve el que se castiga con pena leve—. Este mismo criterio es el que sigue nuestro Código penal español de 1995, aunque aquí se defenderá que debe ser la gravedad del delito la que determine la gravedad de la pena y no al revés.

---

3 BECCARIA, Cesare. (1764). *Dei delitti e delle penne.* Milano: Letteratura italiana Einaudi, p. 18.

4 FERRAJOLI, Luigi (2019). *Manifiesto por la igualdad.* Madrid: Trotta, pp. 9 y ss.

5 FERRAJOLI, Luigi (1995). *Derecho y razón,* op. cit., p. 402.

6 Ibídem, p. 163.

Dado que el Estado se debe supeditar al individuo (y no a la inversa), como consecuencia del artículo 10.1 de la Constitución española —relativo a que la dignidad de la persona y los derechos inviolables que le son inherentes son fundamento del orden político y de la paz social[7]— entonces los instrumentos de control social (entre los que se inscribe la pena) se justifican porque son necesarios para resolver las relaciones de tensión en la relación "hombre-sociedad"[8]. Importa el cómo de la intervención, debiéndose limitar al mínimo necesario. Para controlarlo existen una serie de principios, como el principio de proporcionalidad y el de legalidad sustancial, que permiten controlar la legitimidad de la intervención penal desde un punto de vista externo (heteropoiético)[9]. El principio de proporcionalidad —expresado en la antigua máxima *poena debet commensurari delicto*— es un corolario de los principios de legalidad y de retributividad, que tiene en éstos su fundamento lógico y axiológico[10].

Hay varias cuestiones que ponen en tela de juicio la vigencia del principio de proporcionalidad, entre las que destacan la existencia de rangos muy amplios de penas para una conducta prevista como delictiva, la inexistencia de protección penal para conductas muy lesivas para el individuo o la sociedad (como la explotación laboral en España), la previsión como delito y la introducción de penas —incluso de prisión— para conductas de escasa entidad lesiva (como pueden ser el *loittering* en EE. UU., en España los hurtos de poco valor, el "Top Manta", los delitos de expresión o el pequeño menudeo de drogas), o el establecimiento de penas muy elevadas en relación con la gravedad de las conductas castigadas. La falta de respeto a la proporcionalidad entre delito y pena se ha vinculado a una truculenta manifestación de revanchismo punitivo[11]. Se denun-

---

7 ZÚÑIGA RODRÍGUEZ, Laura (2001). *Política criminal.* Madrid: Colex, p. 54.

8 Ibídem, p. 59.

9 Ibídem, pp. 55 y ss. El principio de legalidad sustancial también se relaciona con el de proporcionalidad porque requiere del respeto por parte de la ley a los principios y derechos fundamentales contenidos en la Constitución, de tal modo que las demandas ciudadanas que se canalicen a través de la ley penal deban ser conformes con los principios constitucionales que son el marco de legitimidad democrática.

10 FERRAJOLI, Luigi (1995). *Derecho y razón*, op. cit., p. 398.

11 MANES, Vittorio (2019). "Diritto penale, no limits", op. cit., pp. 93, 98.

cia, en general, en la doctrina, la falta de aplicación del principio de proporcionalidad[12].

Existe un consenso claro entorno a que el castigo debe ser proporcional[13]. Este consenso mayoritario existe entre los autores que sostienen una visión consecuencialista de la pena, pero también entre aquellos que sostienen una posición retribucionista. Empero, el consenso esconde disensos sustanciales entorno al contenido del principio de proporcionalidad[14], que probablemente se deban a que la doctrina no ha prestado la atención merecida a este principio[15]. Sin embargo, sin consenso sobre esta noción "*we talk past each other*"[16], y el principio se queda en una proclama vacía de contenido[17] y sin efectos garantistas: "*bene iudicat qui bene distinguit*"[18].

---

12 TIEDEMANN, Klaus (1993). *Lecciones de Derecho penal económico.* Madrid: PPU, pp. 152 y ss. subraya que la pena no sólo es la reacción estatal más severa, sino también "un medio de reacción estatal característico que debido a su unión a una desaprobación ético-social últimamente no está en una graduación con otras medidas estatales: los requisitos de la evaluación ético-social no conducen sólo a una extensa potestad discrecional del legislador, sino a su cuasi monopolio en la evaluación de los actos peligrosos socialmente como más o menos necesitados de pena. La medida constitucional de proporcionalidad ha sido por eso considerablemente desvalorizada y queda sólo para evitar los más graves errores del legislador penal".

13 BERMAN, M. (2021). "Proportionality, Constraint, and Culpability", *Faculty Scholarship at Penn Carey Law.* 2804,

14 Ibídem, p. 1; VIGANÒ, Francesco (2021). *La proporzionalità della pena.* Torino: G. Giappichelli Editore, p. 120; DE LA MATA BARRANCO, Norberto J. (2007). *El principio de proporcionalidad penal,* Valencia: Tirant lo Blanch, p. 14; LASCURAÍN SÁNCHEZ, Juan A. (1998). "La proporcionalidad de la norma penal", *Cuadernos de Derecho público,* 5, septiembre-diciembre, p. 161.

15 En este sentido FERRAJOLI, Luigi (1995). *Derecho y razón,* op. cit., p. 399; AGUADO CORREA, Teresa (1999). *El principio de proporcionalidad en Derecho penal,* Madrid: EDERSA, p. 283; DÍAZ, Elías (1984). *De la maldad estatal y la soberanía popular.* 1a ed. Madrid: Debate, pp. 56 y ss.

16 Misma argumentación la de DONINI, Massimo (2012). "L'eredità di Bricola e il costituzionalismo penale come metodo", *Diritto penale contemporaneo,* 2/2012, pp. 51-74, en relación con los consensos existentes en la doctrina italiana sobre nociones como la neutralidad del Derecho penal, las categorías del delito, etc.

17 En este sentido también DE LA MATA BARRANCO, Norberto J. (2007). *El principio de proporcionalidad penal,* op. cit., p. 87; BARNÉS, Javier (1998). "El principio de proporcionalidad: Estudio preliminar". *Cuadernos de derecho público,* n°5, p. 33.

18 VIGANÒ, Francesco (2021). *La proporzionalità della pena,* op. cit., p. 126.

La proporcionalidad de la pena responde a las exigencias de los principios de la Constitución y los derechos humanos, en el sentido que expresaba Díaz: "en los sistemas democráticos, basados en la soberanía popular, se crean (subrayo la expresión) valores derivados de la libertad humana, base ineludible de esa soberanía popular [...] que no se agotan o que pueden no agotarse, en modo alguno, en la mera legalidad [...]. La soberanía popular no se entiende [...] en modo alguno si no se la conecta en profundidad con valores básicos, inviolables por coherencia interna del sistema, como es fundamentalmente el valor de la libertad"[19].

En este Capítulo se presentarán, en primer lugar, los fundamentos, el contenido, el reconocimiento, sus orígenes, su contenido y los principios afines al de proporcionalidad. En segundo lugar, se delimitará el objeto de estudio del trabajo, que se centra sobre la proporcionalidad estricta (entre gravedad del delito y gravedad de la pena). Por último, se estudiará sucintamente la situación de la proporcionalidad en Derecho penal a nivel comparado, contrastando la situación en España, Italia y EE. UU.

2. *Orígenes*

La exigencia de proporcionalidad de toda actuación pública sobre los ciudadanos ha estado presente a lo largo de la historia del pensamiento jurídico y filosófico de manera constante[20].

2.1. En la historia antigua

Hacia "lo justo" hacía referencia Aristóteles en su Ética a Nicómaco, señalando que lo justo es la proporción, y lo injusto lo que va contra la proporción: "Por consiguiente lo justo es una cierta proporción, pues la proporción no es una propiedad sólo del número abstracto, sino en general del número: la proporción es una igualdad

---

19 DÍAZ, Elías (1984). *De la maldad estatal y la soberanía popular.* 1a ed. Madrid: Debate, pp. 56 y ss.

20 BARNÉS, Javier (1998). "El principio de proporcionalidad: Estudio preliminar", op. cit., p. 23.

de 'ratios'" y, añade que "esta clase de lo justo es lo proporcional, mientras que lo injusto es lo contrario a proporción"[21]. Papiniano afirmaba en el *Digesto de Poenis* que "*poena est estimatio delicti*", es decir, la pena se da como pago por el delito.

Frente a esta postura, los estoicos pretendían persuadir de que todos los delitos eran igualmente graves, no haciendo distinción entre la muerte de un gallo y el asesinato[22].

2.2. En la superación del absolutismo

Pese a sus antecedentes en la Antigüedad, y pese a posteriores referencias en algunos documentos jurídicos medievales (de tal relevancia como la Carta Magna de 1215[23]), no es hasta la ilustración cuando comienza a cobrar importancia.

2.2.1. Doctrina penal ilustrada

Beccaria, en el marco del estallido del pensamiento ilustrado, finaliza *Dei delitti e delle pene* con una conclusión en la que incluía una afirmación sobre el hecho de que la pena debe ser proporcionada a los delitos:

> *Da quanto si è veduto finora può cavarsi un teorema generale molto utile, ma poco conforme all'uso, legislatore il piú ordinario delle nazioni, cioè: perché ogni pena non sia una violenza di uno o di molti contro un privato cittadino, dev'essere essenzialmente pubblica, pronta, necessaria, la minima delle possibili nelle date circostanze, proporzionata a' delitti, dettata dalle leggi*[24].

---

21 ARISTÓTELES (2005, Ed.). *Ética a Nicómaco.* Madrid: Alianza Editorial.

22 Ibídem, p. 162.

23 DE LA MATA BARRANCO, Norberto J. (2007). *El principio de proporcionalidad penal,* op. cit., p. 18.

24 BECCARIA, Cesare. (1764). *Dei delitti e delle penne,* Milano: Letteratura italiana Einaudi, Cap. 47 (Conclusioni), p. 117. En castellano: "De lo visto hasta aquí se deduce un teorema general muy útil, pero poco conforme con la costumbre, el legislador más ordinario de las naciones, a saber: que toda pena, si no ha de ser violencia de uno o de muchos contra un ciudadano particular, debe ser esencialmente pública, pronta, necesaria, la menor posible en las circunstancias dadas, proporcionada a los delitos, dictada por las leyes".

Además, señala Beccaria que la proporcionalidad interesa, especialmente por motivos de eficacia: "Si se pretende un castigo igual para dos delitos que ofenden desigualmente a la sociedad, los hombres no encontrarán un mayor obstáculo para cometer el delito mayor, si con él encuentran una mayor ventaja aparejada"[25].

Pero no sólo Beccaria. También Voltaire y Montesquieu hacían referencia a la idea de proporcionalidad. Para Montesquieu es esencial que las penas estén en armonía entre ellas, porque es esencial que se evite un delito mayor y no uno menor, uno que ofende más a la sociedad que uno que la ofende menos[26]. Voltaire compartía la preocupación de Beccaria en su comentario a De los delitos y las penas: "El humano autor de los Delitos y de las Penas, tiene demasiada razón en quejarse de que el castigo es muy a menudo superior al crimen, y no rara vez pernicioso para el Estado, cuyo bien debe de ser su único objeto"[27].

En el entorno español, Lardizábal, Arenal Ponte y Dorado Montero también enfocaron su atención en la proporcionalidad de las penas. Arenal Ponte, en defensa de penas proporcionadas (con un argumento de eficacia) sostenía: "la dureza excesiva, lejos de ser un medio de corregir, lo es de endurecer y depravar [...]. La regla que tendríamos para establecer penas disciplinares, es que no perjudiquen a la salud del cuerpo ni del alma"[28]. En relación con ello, vin-

---

25 BECCARIA, Cesare. (1764). *Dei delitti e delle penne*, op. cit., p. 19. En el original: "*Se una pena uguale è destinata a due delitti che disugualmente offendono la società, gli uomini non troveranno un più forte ostacolo per commettere il maggior delitto, se con esso vi trovino unito un maggior vantaggio*".

26 MONTESQUIEU, Charles L. (1973, Ed.). *De l´Esprit des lois*, Tomo I. París. En el Libro VI, Capítulo XVI, *De la juste proportion des peines avec le crime*, p. 100, afirma: "*Il est essentiel que les peines aient de l'harmonie entre ellas, parce qu'il est essentiel que l'on évite plutôt un grand crime qu'un moindre, ce qui ataque plus la societé, que ce qui la choque moins*".

27 VOLTAIRE, François-M. (1766). *Comentarios sobre el libro de los delitos y las penas.* Madrid: Imprenta de Alban, pp. 246-247.

28 ARENAL PONTE, Concepción (1896). *Programa del Congreso penitenciario de Estocolmo.* Cervantes Virtual. También en *El reo, el pueblo y el verdugo*, afirma que quien "ha visto penados y procurado corregirlos y consolarlos, sabe la bochornosa amargura que se experimenta al oírlos quejarse con razón de que la pena es injusta, y la dificultad que, por serlo, opone a que el recluso se resigne y se corrija" (ARENAL PONTE, Concepción (1867). *El reo, el pueblo y el verdugo.* Cer-

cula las ideas de proporcionalidad y justicia, de tal modo que hace la autora referencia a la proporcionalidad de las penas ("merece una pena, como todas, proporcionada al delito"), y a que "a veces se deplora la desproporción entre el delito y la pena [...]" y, en esos casos, se debe poner "a la sociedad mentalmente en el banquillo de los reos, en nombre de Dios y de la humanidad, se le pide cuenta de aquel atentado permanente contra lo que es justo, respetable, santo"[29]. Lardizábal afirmaba que sólo puede conseguirse la disuasión del delito a los delincuentes por medio de la graduación de penas proporcionadas a los progresos que se hagan en la prosecución del delito, a las circunstancias de mayor o menor gravedad y al nivel de atrocidad. Por esta razón, advertía el autor hispano-mexicano que uno de los principales cuidados que debe tenerse al establecer leyes criminales es que las penas sean siempre proporcionadas a la mayor o menor gravedad de los delitos[30]. Dorado Montero abordó la cuestión de la proporción penal afirmaba que "[...] la justicia de una pena es [...] su cualidad de ser proporcionada, y no otra cosa: proporcionada en general y abstractamente (v.g., tal género y cuantía de pena para tal grupo de delitos, de delincuentes, etc.), o proporcionada en concreto, para algún caso específicamente determinado"[31].

Para Carrara la idea de proporción se deriva de la propia etimología de la palabra pena, que implica "un cambio de valores: es la

---

vantes Virtual). La autora también desvincula la proporcionalidad de los efectos preventivos en ARENAL PONTE, Concepción (1895). *Estudios penitenciarios* (publicado en *Pensamiento penal*), p. 77: "Hay que notar una circunstancia común a los dos sexos, y es, que la poca gravedad del delito no guarda la proporción que sería de desear, con la facilidad de corregir al delincuente. La enmienda sólo Dios sabe cuándo es verdadera; pero de lo que pueden juzgar los hombres, de los hechos exteriores de la corrección, se hallan más facilidades para ella en los que han delinquido atacando a las personas, que en los que atacaron las cosas. Para el legislador y para el juez es problema bien arduo; en cuanto al sistema penitenciario que recibe al hombre juzgado ya, debe tener sólo en cuenta que, en lo moral como en lo físico, hay enfermedades menos graves, pero más persistentes, que, sin ser mortales, se hacen crónicas, y prepararse para las grandes dificultades que presenta a veces la corrección en los autores de delitos leves: el hecho es más triste que difícil de explicar".

29 ARENAL PONTE, Concepción (1895). *Estudios penitenciarios*, op. cit., pp. 4, 10.

30 Ibídem, pp. 127-130.

31 DORADO MONTERO, Pedro (1916). "Sobre la proporción penal". *RGLJ*, p. 5.

moneda con que se paga el delito"[32]. Bentham, en la Tercera parte de su obra más recordada, en el Capítulo II, bajo el título *De la proporción entre los delitos y las penas*, incluyó el siguiente párrafo: "Montesquieu conoció la necesidad de una proporción entre los delitos y las penas y Beccaria ha insistido sobre la importancia de ella; pero ambos la han más bien recomendado que explicado, y no han dicho en qué consiste esa proporción. Procuraremos suplir su omisión, y dar las principales reglas de esta aritmética mora". En la cuarta parte afirma: "Cuanto más grande es un delito, tanto más se puede aventurar una pena severa, por la probabilidad de prevenirle", y, en la quinta parte: "No debe imponerse la misma pena por el mismo delito a todos los delincuentes sin excepción, sino que se debe atender a las circunstancias que influyen sobre la sensibilidad"[33]. Por último, Romagnosi también vinculaba justicia a proporcionalidad de la pena en relación con la prevención del delito:

> Para que la pena sea justa es absolutamente necesario que sea escogida especialmente, y que guarde proporción con la especie y el grado de fuerza de las causas que impelen al delito, es decir, que sea de tal naturaleza e intensidad, que ninguna otra pena menor posible baste para rechazar y contener los motivos que determinan el ánimo de los individuos asociados a cometer delitos [...] de esa manera la pena tendrá todos los requisitos de aptitud para prevenir el delito, y los debidos grados de moderación para no exceder en intensidad. Por eso será en todos sus elementos útil y justa. Consiguientemente, las causas que determinan al delito, o, para decirlo con una sola palabra, el impulso (*spinta*) al delito, consideradas en su verdadera y justa índole, suministran la norma precisa y verdadera para establecer la clase de pena y el grado justo de ella[34].

---

32 CARRARA, Francesco (2000, Ed.). *Programa del curso de Derecho criminal.* San José: Editorial jurídica continental, p. 86. En cambio, su alumno FERRI, Enrico (1933, Ed.). *Principios de Derecho Criminal.* Madrid: Reus, p. 311, se opuso a la proporcionalidad, declarando que la dosimetría penal había tenido efectos que "han sido y son tan desastrosos, que ya algunos criminalistas, aunque contrarios a la Escuela Positiva, han admitido el sistema de las condenas por tiempo indeterminado, esforzándose también en hacerlo compatible con el principio de la retribución de la culpabilidad mediante el castigo".

33 BENTHAM, Jeremy (1981, Ed.). *Tratados de legislación civil y penal.* Madrid: Editora Nacional, pp. 297 y ss.

34 ROMAGNOSI, Giandomenico (1956, Ed.). *Génesis del Derecho penal.* Bogotá: Temis, p. 184.

Esta constante reivindicación de la respuesta penal proporcionada vino acompañada también de algunos éxitos de reconocimiento legal de la proporción penal.

2.2.2. *El reconocimiento ilustrado*

El art. 8 de la Declaración de Derechos del Hombre y del Ciudadano de 1789 (DUDH) afirma "*La Loi ne doit établir que des peies strictement et évidemment nécessaires*" (la ley no debe establecer otras penas que las estricta y evidentemente necesarias). Posteriormente también se recoge en la Declaración de los derechos y de los Deberes del Hombre y del Ciudadano de 1795 (Constitución del año III), en el artículo 12, que afirma que la ley no debe señalar sino las penas estrictamente necesarias y proporcionadas al delito (el principio fue incluido también en el art. 16 de la Constitución francesa de 1793, y todavía antes había sido incluido en las Constituciones del rey de Cerdeña de 1723 y de 1729, en las que se establecía que "en la fijación" de las penas "se observará una justa y adecuada proporción a la cantidad de los delitos").

También se preveía en el *Bill of rights* inglés de 1689[35] y, con posterioridad, en la Constitución de Virginia de 1776. Después, ello se materializó en su previsión en la Constitución de Philadelphia (la Constitución de Estados Unidos) de 1791, que prevé, en la Octava Enmienda: "*Excessive bail shall not be required, nor excessive fines imposed, nor cruel and unusual punishments inflicted*" (no deben requerirse fianzas excesivas, ni imponerse multas excesivas, ni infligirse castigos crueles e inusuales). Aunque expresamente sólo se hace referencia a la prohibición de multas excesivas, se ha hecho extensiva la prohibición a las penas, por el argumento *a maioris ad minus*.

Vinculada a la humanidad de las penas, con su emergencia lleva a la progresiva desaparición de las penas corporales, y con posterio-

---

35 Cuando se declara "*That excessive bail ought not to be required, nor excessive fines imposed, nor cruel and unusual punishments inflicted*".

ridad se reconoce la prohibición de penas desproporcionadas[36]. De hecho, la jurisprudencia estadounidense reconoce, que de la Octava Enmienda emana un verdadero derecho fundamental a no sufrir penas desproporcionadas[37] (aunque con algunas opiniones disidentes).

La idea de proporcionalidad —nacida en el Derecho penal— pasa al Derecho de policía en su etapa de concepción liberal, inspirando posteriormente el Derecho administrativo hasta convertirse posteriormente en un principio general del Derecho público (incluyendo el Derecho penal) y, posteriormente, en un principio general del ordenamiento jurídico[38]. Vinculada a la idea de humanidad de las penas llevó consigo, en el período ilustrado, el progresivo reconocimiento del fin de las penas corporales.

Progresivamente, esas tempranas ideas del pensamiento ilustrado se elaboraron técnicamente, con especial vigor tras la II Guerra Mundial y a partir de la doctrina del TC alemán y, más recientemente del TEDH[39]. Sin embargo, también la Corte Suprema americana y el TJUE[40] han ejercido influencia sobre el actual desarrollo del principio. De hecho, el test de razonabilidad o racionalidad encuentra su origen en la jurisprudencia constitucional estadounidense, como se verá en el apartado dedicado al análisis de la situación comparada del principio —aunque después haya sido potenciado al máximo por la CEDH, adoptada el 4 de noviembre de 1950 (parcialmente por la influencia estadounidense en su redacción)—.

---

36 Como se ve en TORÍO LÓPEZ, Ángel (1984). "La prohibición constitucional de las penas y tratos inhumanos o degradantes", *Poder judicial*, nº4, pp. 74 y ss., en el caso el caso O' Neil v. Vermont (Corte Suprema Estados Unidos (1892). O' Neil v. Vermont, 144 US 323, 339-340), en un voto particular del Juez Field se sostuvo que la enmienda octava de la Constitución, aunque va dirigida a prohibir torturas, como las argollas, el estiramiento de miembros, también prohíbe todos aquellos castigos que por su duración o severidad estén en grave desproporción con el delito cometido.

37 Corte Suprema de Estados Unidos (1983). Solem v. Helm, 463 US 277.

38 DE LA MATA BARRANCO, Norberto J. (2007). *El principio de proporcionalidad penal*, op. cit., pp. 23 y ss.

39 BERDUGO GÓMEZ DE LA TORRE, Ignacio et al. (2010). *Curso de Derecho penal, parte general*, 2ª ed. Madrid: Experiencia, p. 69.

40 DE LA MATA BARRANCO, Norberto J. (2007). *El principio de proporcionalidad penal*, Op. Cit.

3. Fundamento del principio

No en todos los ordenamientos se reconoce el principio de proporcionalidad ni se hace con el mismo vigor[41], lo que se vincula con el hecho de tampoco exista consenso en los fundamentos que constituyen las patas sobre las que el principio se sostiene.

3.1. A nivel comparado

3.1.1. En Alemania

El fundamento del principio es discutido. En la doctrina y jurisprudencia constitucional alemana el principio de proporcionalidad tiene un fuerte arraigo[42]. De hecho, se puede considerar que el principio de proporcionalidad ha sido sobre todo desarrollado en el ámbito del Derecho público germano[43]. Se considera que es un criterio derivado del Estado de Derecho y el principio en virtud del cual "dado que el Derecho penal hace posibles los ataques más duros del Estado a la libertad del ciudadano, solo debe intervenir allí donde los medios más suaves no prometen un resultado suficiente"[44].

En Alemania, aunque se trata de un principio no regulado de modo expreso en la Constitución alemana, el TC alemán (BVerfG) lo considera una máxima constitucional —parcialmente como un elemento autónomo y en parte como elemento que se deriva de prin-

---

41 De hecho, AGUADO CORREA, Teresa (1999). *El principio de proporcionalidad en derecho penal*, op. cit., pp. 59 y ss., explica que no en todos los ordenamientos jurídicos el principio de proporcionalidad es considerado como un principio general del ordenamiento jurídico. Así, en el Derecho francés, tan sólo se conocen aplicaciones puntuales de tal principio, sobre todo en el Derecho administrativo, y, de una manera más limitada, en el Derecho del trabajo.

42 PRIETO DEL PINO, Ana Mª (2016). "Los contenidos de racionalidad del principio de proporcionalidad en sentido amplio: el principio de subsidiariedad". En NIETO MARTÍN, Adán et al. (Dirs.). *Hacia una evaluación racional de las leyes penales*. Madrid: Marcial Pons, p. 279.

43 WENDT, Rudolf (2013). "The Principle of "Ultima Ratio" And/Or the Principle of Proportionality". *Oñati Socio-legal Series* [en línea], 3 (1), p. 86.

44 PRIETO DEL PINO, Ana Mª (2016). "Los contenidos de racionalidad del principio de proporcionalidad en sentido amplio: el principio de subsidiariedad", Op. Cit.

cipios expresamente regulados en la Constitución, como el principio del Estado de Derecho— y también de los derechos fundamentales[45]. Aunque no existe consenso doctrinal sobre su denominación (ni su contenido[46]), se afirma que se trata de un principio general del Ordenamiento jurídico que abarca todos los ámbitos del Derecho[47].

3.1.2. En Estados Unidos

En la jurisprudencia estadounidense se suele vincular a la Octava Enmienda de la Constitución de Philadelphia (1787), que establece que no se pueden requerir fianzas ni imponer multas excesivas, ni infligir castigos crueles e inusuales. La Corte Suprema de EE. UU. ha reconocido un verdadero derecho fundamental a no sufrir penas desproporcionadas a la gravedad del delito cometido —aplicable a las penas pecuniarias, pero también de otra naturaleza— derivado de la Octava Enmienda.

Según Von Hirsch, el principio se vincula con un requisito de justicia (*fairness*)[48] e igualdad[49], lo que exige, para el autor, que el modelo de determinación de la pena siga la lógica del merecimiento[50].

---

45 AGUADO CORREA, Teresa (1999). *El principio de proporcionalidad en derecho penal*, op. cit., p. 64.

46 Como afirma AGUADO CORREA, Teresa (1999). *El principio de proporcionalidad en derecho penal*, op. cit., p. 65, unos hablan de prohibición de exceso, y otros de proporcionalidad en sentido amplio; y en cuanto a su contenido, se discute si comprende los principios de idoneidad, necesidad y proporcionalidad en sentido estricto, o comprende los principios de necesidad y proporcionalidad en sentido estricto.

47 Ibídem.

48 VON HIRSCH, Andrew (1992). "Proportionality in the Philosophy of Punishment", *Crime and justice*, vol. 16, p. 55.

49 Ibídem, p. 85. Dice el autor "por motivo de igualdad y no de eficacia preventiva las sanciones deben ser proporcionales".

50 Ibídem. También según ROBINSON, Paul H. y ROBINSON, Sarah M. (2015). *Pirates, prisoners and lepers*. Sterling: Potomac, p. 51 también el principio responde a la noción de justicia. En este sentido, afirma el autor que la justicia requiere algo más que el castigo: requiere que la sanción refleje la culpabilidad moral del sujeto, teniendo en cuenta tanto la gravedad del delito como los elementos relativos a la responsabilidad del sujeto y sus capacidades: "*Punishment requires only the imposition of suffering for a rule violation, but justice requires much more: a sanction must reflect*

En cambio, Berman defiende que es principalmente la humanidad, más que la igualdad o la justicia la que fundamenta la proporcionalidad de las penas[51]. El razonamiento es el que sigue: el límite para los fines instrumentales que persiga el Estado con el castigo está en la proporcionalidad; y la razón es la personalidad o la dignidad humana que impide que los seres humanos sean utilizados para fines benéficos, incluso cuando la conducta ilícita del individuo es la que lleva a la autorización del uso del castigo estatal. Las personas que cometen delitos no pierden toda protección, se garantizan sus derechos porque por deberes de humanidad tenemos límites como Estado en el trato que podemos dar a una persona, y que tiene fuerza con independencia de cómo esa persona haya tratado a los demás ciudadanos[52].

3.1.3. En Italia

Igual que en España, en Italia no se reconoce expresamente en la Constitución de 1947 el principio de proporcionalidad de las pe-

---

the extent of the offender's moral blame worthiness for the violation, taking account of both the seriousness of the offense and the violator's culpability and capacities in committing". Ello lo vincula a su concepción del Derecho penal orientado al merecimiento empírico, al considerar que un Derecho penal desproporcionado dañará la credibilidad moral de la comunidad en el mismo, y, por tanto, socavará el cumplimiento de la norma. V. gr. ROBINSON, Paul H. y ROBINSON, Sarah M. (2022). *American Criminal Law*, New York: Routledge, p. 282: "*The principle of proportionality —between the seriousness of the offense and the seriousness of the penalty— is central to the notion of justice. The creation of stalking offenses was an important and appropriate expansion of criminal liability but, like all other criminal law enactments, it must avoid disproportionality or risk endangering the criminal law's moral credibility with the community*".

51 BERMAN, Mitchell (2021). "Proportionality, Constraint and Culpability", op. cit., pp. 14 y ss. De acuerdo con Berman, en cambio, el fundamento del principio se encuentra en la humanidad de las penas, considerando que el límite a los fines instrumentales de la pena se encuentra en la proporcionalidad, y la razón es la personalidad o dignidad humana que impide que los seres humanos sean utilizados para fines benéficos —incluso cuando la conducta ilícita de estos es la que autoriza al uso del castigo estatal—. Las personas que cometen delitos no pierden toda protección, se garantizan sus derechos y, en concreto, la proporcionalidad, porque por deberes de humanidad tenemos límites como Estado en el trato que podemos dar a una persona, y que tiene fuerza con independencia de cómo esa persona haya tratado a los demás ciudadanos.

52 Ibídem.

nas. El control de constitucionalidad de las penas sobre la base de la proporcionalidad estuvo ausente durante las dos primeras décadas, vinculándose entre la segunda mitad de los años 70 y los años 80 exclusivamente al principio de igualdad (es decir, en relación con semejanzas de pena entre delitos diferentes), y posteriormente se comenzó a vincular también a la función reeducativa de la pena (al afirmarse que las penas desproporcionadas con la gravedad del delito también son contrarias a la reinserción social), así como a la responsabilidad por el hecho propio y la personalidad de las penas[53].

3.2. En España

En nuestra jurisprudencia, el TC ha atribuido su origen a su relación con numerosos principios diferentes, afirmándose en la STC 55/1996, de 28 de marzo, FJ 3:

> El ámbito en el que normalmente y de forma muy particular resulta aplicable el principio de proporcionalidad es el de los derechos fundamentales. Así ha venido reconociéndolo este Tribunal en numerosas Sentencias en las que se ha declarado que la desproporción entre el fin perseguido y los medios empleados para conseguirlo puede dar lugar a un enjuiciamiento desde la perspectiva constitucional cuando esa falta de proporción implica un sacrificio excesivo e innecesario de los derechos que la Constitución garantiza (SSTC 62/1982, fundamento jurídico 5º; 66/1985, fundamento jurídico, 1º; 19/1988, fundamento jurídico 8º; 85/1992, fundamento jurídico 5º; 50/1995, fundamento jurídico 7º). Incluso en las Sentencias en las que hemos hecho referencia al principio de proporcionalidad como principio derivado del valor justicia (SSTC 160/1987, fundamento jurídico 6º; 50/1995, fundamento jurídico 7º; 173/1995, fundamento jurídico 2º), del principio del Estado de Derecho (STC 160/1987, fundamento jurídico 6º), del principio de interdicción de la arbitrariedad de los poderes públicos (STC 6/1988, fundamento jurídico 3º; 50/1995, fundamento jurídico 7º) o de la dignidad de la persona (STC 160/1987, fundamento jurídico 6º), se ha aludido a este principio en el contexto de la incidencia de la actuación de los poderes públicos en el ámbito de concretos y determinados derechos constitucionales de los ciudadanos[54].

---

[53] VIGANÒ, Francesco (2021). *La proporzionalità della pena*, op. cit., pp. 52-53.

[54] Tribunal Constitucional. Pleno. Sentencia 55/1996, de 28 de marzo (Ponente: D. Carles Viver Pi-Sunyer), FJ 3.

Del mismo modo que en la jurisprudencia española se atribuyen al principio diversos fundamentos, la doctrina española discute su fundamento.

3.2.1. El Estado de Derecho, la libertad y el Derecho constitucional

Parte de la doctrina española estima que el artículo se deriva del artículo 1 de la Constitución por una doble razón. Por una parte, por derivarse de la proclamación del Estado de Derecho (siguiendo la línea roxiniana), y, por otra, por derivarse de la proclamación de la libertad como valor superior del ordenamiento jurídico en el apartado 1 *in* fine. En este sentido, señalan Cobo y Vives Antón que el principio de prohibición de exceso es una regla de "maximización de la libertad"[55]. Sin embargo, para estos autores también puede inducirse de otros preceptos constitucionales, como los artículos 15, 17.2, 17.4 o 55.2 de la Constitución[56].

---

55 COBO DEL ROSAL, Manuel y VIVES ANTÓN, T. Salvador (1996). *Derecho penal, parte general.* Valencia: Tirant lo Blanch, pp. 75 y ss.

56 En la misma línea, LASCURAÍN SÁNCHEZ, Juan A. (1998). "La proporcionalidad de la norma penal", *Cuadernos de Derecho público,* 5, septiembre-diciembre, pp. 160-161, afirma que el principio es consecuente con la configuración del Estado como instrumento al servicio de la libertad de la persona: un principio que responde "a un principio utilitarista en materia de libertad que condiciona la intervención estatal a resultados de mejora de los márgenes sociales de libertad". Por ello, para el autor son fundamento del principio de proporcionalidad de la norma penal el preámbulo, el artículo 1 y el artículo 10 de la Constitución, junto con los valores de dignidad, libertad, justicia, igualdad y seguridad. Afirma el autor que el principio de proporcionalidad "compara lo perdido y lo ganado por una medida normativa o aplicativa de tipo instrumental [...] con la concreta aunque lábil vara de medir que suministra el valor libertad, entendido como autonomía, y el objetivo del ordenamiento de optimizar los márgenes individuales y sociales de libertad". Asimismo, DE LA MATA BARRANCO, Norberto J. (2007). *El principio de proporcionalidad penal,* op. cit., pp. 57, 72 y ss. entiende que estamos ante un principio regulativo general, consustancial a la esencia de Estado de Derecho y aplicable a todo el ordenamiento jurídico, pues en un Estado de Derecho, para el autor, la intervención del Estado en los derechos ciudadanos sólo puede aumentar el bienestar común, por lo que la vigencia del principio de proporcionalidad es necesaria para dotar de contenido material el modelo de Estado. En particular, para el autor el principio es una regla de maximización de la libertad en el Estado de Derecho (más allá de los aspectos democrático y social del mismo), porque la libertad sólo debe limitarse para proteger la libertad de los ciudadanos, con base en razones proporcionadas a la importancia de lo restringido. Atendiendo a LÓPEZ GARRIDO, Diego y GARCÍA ARÁN,

En la STC 62/1982, de 15 de octubre[57], el TC estimó que se derivaba del art. 19.2 CE en relación con el Convenio de Roma (arts. 10.2 y 18). También la Sala Primera del TC relacionó el principio de proporcionalidad con el artículo 10.2 del Convenio de Roma, relativo a la restricción de la libertad de expresión (indicándose que la labor es evaluar "la garantía de que las medidas adoptadas sean necesarias en una sociedad democrática para la protección de alguno de los bienes comprendidos en el art. 10.2 del Convenio de Roma"[58].

Efectivamente, el sentido del principio de proporcionalidad es restringir la intervención del Estado sobre la esfera de libertad de los ciudadanos, por lo que tiene una relación fundamental con el derecho fundamental a la libertad personal y también con el valor superior del ordenamiento jurídico que es la libertad.

Mercedes (1996). *El código penal de 1995 y la voluntad del legislador*. Madrid: Dykinson, p. 29, el principio de proporcionalidad es consustancial al sistema de sanciones penales, por lo que puede afirmarse que está implícito en el Derecho constitucional desde el momento en que la Constitución acoge el concepto de pena. También García Arán afirma en que el principio de proporcionalidad es consecuencia del principio de intervención mínima (MUÑOZ CONDE, Francisco y GARCÍA ARÁN, Mercedes [2019]. *Derecho penal, parte general.* Valencia: Tirant lo Blanch, p. 81). En la misma línea, JAÉN VALLEJO, Manuel (1986). "Consideraciones generales sobre el principio de proporcionalidad penal y su tratamiento constitucional", *RGD*, n. 507, p. 4927 entiende que el principio de proporcionalidad abstracta se deriva de los arts. 1 y 10.1 CE —que determina que la dignidad de la persona y de los derechos inviolables que le son inherentes son fundamento del orden político y de la paz social—; CARBONELL MATEU, Juan C. (1996). *Derecho penal: concepto y principios constitucionales*, 2.ª ed. Valencia, Tirant lo Blanch, pp. 191 y ss. considera que ambos artículos determinan la proclamación máxima del principio general de libertad en Derecho penal, del que el principio de prohibición de exceso es parte. Asimismo, para MARTOS NÚÑEZ, Juan A. (1991). "Principios penales en el Estado social y democrático de Derecho", *RDPyC*, p. 271, el principio es "expresión de la pretensión general de libertad del ciudadano frente al Estado, no siendo susceptibles los derechos fundamentales de ser restringidos desde lo público más que en la estricta medida en que fuere menester para la protección de intereses generales". Del mismo modo, AGUADO CORREA, Teresa (1999). *El principio de proporcionalidad en derecho penal*, op. cit., pp. 135-136 sostiene que los principios de justicia y de libertad son los pilares básicos del principio de proporcionalidad. Posición también seguida por ZÚÑIGA RODRÍGUEZ, Laura (2001). *Política criminal*, op. cit. 58.

57 Tribunal Constitucional. Sala Primera. Sentencia 62/1982, de 15 de octubre. Ponente: D. Rafael Gómez-Ferrer Morant, FJ 3.A).

58 Tribunal Constitucional. Sala Primera. Sentencia 62/1982, de 15 de octubre. Ponente: D. Rafael Gómez-Ferrer Morant, FJ 5.

3.2.2. La interdicción de arbitrariedad

Para otros autores, el principio es derivación de la interdicción de arbitrariedad de los poderes públicos consagrada en el art. 9.3 CE[59]. El propio TC sigue esta interpretación, cuando en la STC 50/1995, de 23 de febrero, cuando la Sala Segunda afirma que la proporcionalidad "se opone frontalmente a la arbitrariedad en el ejercicio de los poderes públicos"[60]. Explica bien De la Mata Barranco cuándo hay arbitrariedad: cuando se prevén sanciones sin justificación cuya gravedad es excesiva en comparación con otras sanciones, y también cuando, pese a que la comparación no refleja dicha arbitrariedad, la medida suponga un exceso innecesario —por tanto, arbitrario por injustificado— en relación con la finalidad a la que obedecen[61].

En definitiva, la proporcionalidad penal tiene una relación fundamental con la interdicción de arbitrariedad, ya que la proporcionalidad garantiza la exclusión de la pena cuando sea arbitraria, otorgando razones de justicia para las decisiones.

3.2.3. La prohibición de tratos inhumanos o degradantes, la dignidad y la humanidad de las penas

Otros autores, como Bacigalupo Zapater[62], Torío López, Sánchez García[63], Fernández Rodríguez o Morillas Cueva lo consideran deri-

---

59 BERDUGO GÓMEZ DE LA TORRE, Ignacio et al. (2010). *Curso de Derecho penal, parte general*, op. cit., p. 47, y QUINTERO OLIVARES, Gonzalo (Dir.) (1996). *Comentarios al nuevo código penal.* Madrid: Marcial Pons, p. 62.

60 Tribunal Constitucional. Sala primera. Sentencia 50/1995, de 23 de febrero (Ponente. D. Rafael de Mendizábal y Allende), FJ 7.

61 DE LA MATA BARRANCO, Norberto J. (2007). *El principio de proporcionalidad penal.* Valencia: Tirant lo Blanch, p. 75.

62 BACIGALUPO ZAPATER, Enrique (1982). "¿Tienen rango constitucional las consecuencias del principio de culpabilidad?", *La Ley*, 2, p. 940 sostiene que "la proporcionalidad de la pena concretamente aplicada al autor por el hecho cometido encuentra protección constitucional en el artículo 15 de la CE", que tan solo la pena proporcionada a la gravedad del hecho y la responsabilidad del autor es humana y no degradante, y que el art. 15 exige la proporcionalidad de la pena en abstracto.

63 TORÍO LÓPEZ, Ángel (1986). "La prohibición constitucional de las penas y tratos inhumanos o degradantes", *Poder judicial*, n. 4, p. 8; sigue a Torío López

vación del art. 15 CE, que constitucionaliza la prohibición de penas o tratos inhumanos o degradantes[64] —como se suele afirmar en el ámbito comparado, en particular en la doctrina estadounidense—. Por otra parte, autoras como Sánchez García de Paz lo vinculan al principio de dignidad de la persona del art. 10 CE[65], en la medida en que la dignidad de la persona es un valor fundamental de referencia que se debe tener en cuenta siempre que se restrinja o afecte un derecho individual[66]. En la STC 65/1986 queda ya planteado en relación con la posibilidad de control constitucional cuando el legislador vulnere la dignidad de la "persona humana" en la individualización de la pena[67].

Sin embargo, varias autoras están en contra de esta consideración en el Derecho penal español, siguiendo la doctrina del TC, según la que la calificación de una pena como degradante dependerá de su ejecución[68]. En esto el TC ha seguido al TEDH[69], que en relación con

---

SÁNCHEZ GARCÍA, Isabel (1994). "El principio constitucional de proporcionalidad en Derecho penal", *La ley*, nº 4, p. 1118, quien lo vincula tanto al art. 15 CE como al art. 10.1 en relación con la dignidad humana.

64 Véase FERNÁNDEZ RODRÍGUEZ, María D. (1994). "Los límites del ius puniendi", *ADPCP*, p. 108; MORILLAS CUEVA, Lorenzo (2018). *Sistema de Derecho penal, parte general.* Madrid: Dykinson, pp. 138 y ss.; MORILLAS CUEVA, Lorenzo (1996). *Curso de Derecho penal, parte general.* Madrid: Marcial Pons, p. 41. También para ZUGALDÍA ESPINAR, José M. (1993). *Fundamentos de Derecho penal.* Valencia: Tirant lo Blanch, p. 263, quien afirma que la mayoría de la doctrina entiende que tanto la exigencia de proporcionalidad abstracta como la de proporcionalidad concreta deduce el rango constitucional del artículo 15 de la CE.

65 SÁNCHEZ GARCÍA, Isabel (1994). "El principio constitucional de proporcionalidad en Derecho penal", op. cit., nº p. 1118.

66 AGUADO CORREA, Teresa (1999). *El principio de proporcionalidad en derecho penal*, op. cit., p. 136.

67 STC 65/1986 (Tribunal Constitucional. Sala Segunda. Sentencia 65/1986, de 22 de mayo. Ponente: D. Ángel Latorre Segura), FJ 2.

68 AGUADO CORREA, Teresa (1999). *El principio de proporcionalidad en derecho penal*, op. cit., pp. 118 y ss.

69 En este sentido, la ya citada STC 65/1986, de 22 de mayo, FJ 4; STC 120/1990, de 27 de junio (Tribunal Constitucional. Pleno. Sentencia 120/1990, FJ 9 [Ponentes: Magistrados Ponentes D. Fernando García-Mon y González-Regueral, D. Eugenio Díaz Eimil y D. José V. Gimeno Sendra] —caso de alimentación forzosa a presos en huelga de hambre—); y STC 150/1991, FJ 2 (Tribunal Constitucional. Pleno. Sentencia 150/1991, de 4 de julio [Ponente: D. Luis López Guerra]).

el art. 3 CEDH (cuyo contenido coincide con el art. 15 CE) ha afirmado que la calificación de una pena como inhumana o degradante depende de la ejecución de la pena y sus modalidades, de tal modo que la pena por su propia naturaleza tendría que acarrear sufrimientos que provoquen una humillación o sensación de envilecimiento que alcance un nivel determinado, distinto y superior al que lleva la propia imposición de la condena[70]. De este modo, si bien toda pena inhumana o degradante es desproporcionada, no toda pena desproporcionada será inhumana o degradante[71].

Es innegable que, en este sentido, la proporcionalidad penal encuentra, en parte, su fundamento en la dignidad de la persona (ya que no se le puede castigar excesivamente, pues sería lesivo de tal principio fundamental), en la humanidad de las penas, y en la interdicción de las penas o tratos inhumanos o degradantes.

3.2.4. La justicia

De acuerdo con Dorado Montero la proporcionalidad penal era un requisito de la justicia de la pena:

> [...] la justicia de la pena es cabalmente, creo, su cualidad de ser proporcionada, y no otra cosa: proporcionada en general y abstractamente [...] o proporcionada en concreto, para algún caso específicamente determinado [...]. Buscar la pena proporcionada es, por lo tanto, buscar la pena justa, y ponerse en el problema de la proporción penal es ponerse el de la justicia de las penas, o, lo que es lo mismo, el problema penal fundamental, pues en él toman su base y a él vienen a reducirse en último término todos los otros[72].

---

70 ECHR. Chamber. Sentencia de 25 de abril de 1978 (caso Tyrer v. Reino Unido), II, 28 (Application no. 5856/72), II, 28 y ss.

71 DE LA MATA BARRANCO, Norberto J. (2007). *El principio de proporcionalidad penal*, op. cit., p. 79.

72 DORADO MONTERO, Pedro (1916). "Sobre la proporción penal". *RGLJ*, p. 5. Contemporáneamente sostiene esta posición AGUADO CORREA, Teresa (1999). *El principio de proporcionalidad en Derecho penal*. Madrid: EDERSA, p. 294, para quien la exigencia de proporcionalidad se infiere del valor de la justicia del Estado de Derecho, de la interdicción de la arbitrariedad de los poderes públicos y de la dignidad de la persona, y determina un límite constitucional a la función preventiva de la pena, derivándose de los arts. 1.1, 9.3 y 10.1 CE (Ibídem, p. 134).

Es innegable la relación intrínseca del principio hacia el ideal de justicia, que se configura como valor superior del ordenamiento jurídico en nuestro art. 1.1 CE[73]. Por esa relación entre la justicia y la proporcionalidad se considera más importante y más garantista la proporcionalidad estricta (más específicamente relacionada con el principio de igualdad) que el principio de necesidad.

3.2.5. El principio de igualdad

Ferrajoli considera que el principio de igualdad en el Derecho penal se concreta a través del principio de proporcionalidad[74], afirmándose por parte de la doctrina penalista que el principio de igualdad junto con la idea del "*suum cuique tribuere*" o "dar a cada uno lo suyo" integra el principio de proporcionalidad penal[75]. En cambio, otros autores consideran que, si bien es cierto que entre ambos principios existe una estrecha relación, no se puede afirmar que el principio de proporcionalidad responde al de igualdad[76]. El TC ha reconocido que existe una relación de cercanía entre ambos principios[77], pero ha afirmado:

---

73 En opinión de ARROYO ZAPATERO, Luis (1997). "Derecho penal económico y Constitución", op. cit., p. 7: "La idea de proporcionalidad en sentido estricto se fundamenta directamente en la idea de justicia, desde la cual se debe ponderar si el beneficio que se pretende alcanzar con la sanción justifica sus costes".

74 FERRAJOLI, Luigi (1995). *Derecho y razón*, Op. Cit. p. 402.

75 SÁNCHEZ GARCÍA, Isabel (1994). "El principio constitucional de proporcionalidad en Derecho penal", *La ley*, nº 4, p. 1114. Se afirma, en este sentido, que el principio de proporcionalidad entre la gravedad del injusto y de la pena es una derivación del principio de igualdad —por autores como CARBONELL MATEU, Juan C. (1996). *Derecho penal: concepto y principios constitucionales*, op. cit., p. 205 que "resulta contrario a ambos principios la previsión de la misma pena para conductas de muy diferente trascendencia" o LUZÓN PEÑA, Diego M. (1994). *Curso de Derecho penal. Parte General I.* Madrid: Universitas, p. 86—.

76 DE LA MATA BARRANCO, Norberto J. (2007). *El principio de proporcionalidad penal*, op. cit., pp. 77, 102 y ss.; AGUADO CORREA, Teresa (1999). *El principio de proporcionalidad en derecho penal*, op. cit., p. 123; BARNÉS, Javier (1998). "El principio de proporcionalidad: Estudio preliminar", p. 38.

77 V. gr en la STC 50/1995, FJ 7 (Tribunal Constitucional. Sala Primera. Sentencia 50/1995, de 23 de febrero [Ponente: Rafael de Mendizábal y Allende]).

> [...] el principio constitucional de igualdad del artículo 14 CE sólo opera entre personas y proscribe tratarlas de modo injustificado, sin que esa prohibición de trato jurídico desigual, de él dimanante, pueda extenderse al trato diferente que en materia penal reciben determinadas conductas, sean o no equivalentes. De manera que las diferencias en la sanción de conductas que, desde una perspectiva material, pudieran ser consideradas iguales habían de enjuiciarse desde la perspectiva del principio de proporcionalidad[78].

En el mismo sentido, ha afirmado el TC que para que se puede apreciar la vulneración del art. 14 CE los supuestos de hecho han de ser iguales, y se deben tener en cuenta las características típicas del autor y el objeto de protección de cada uno de los tipos penales que se comparan, determinantes de la gravedad de las sanciones previstas, concluyéndose que no hay vulneración del art. 14 CE por parte del legislador al establecer penas distintas para los delitos de apropiación indebida y de malversación[79].

En síntesis, existen distintas posiciones doctrinales. Numerosos autores hacen referencia a que el principio de proporcionalidad impone un tratamiento desigual para los supuestos que así lo sean[80]. Parte de la doctrina especifica que, si el marco penal genérico establece la pena proporcionada al delito en abstracto, en la decisión judicial ésta debe establecerse en concreto para que las posibles desigualdades de gravedad entre hechos con la misma calificación tengan también tratamiento, fundamenta el principio de proporcionalidad penal sobre el de igualdad[81], o ensalza las diferencias entre

---

78 Tribunal Constitucional. Pleno. Sentencia 166/1998, de 15 de julio. Ponente: D. Julio Diego González Campos, FJ 8.

79 Tribunal Constitucional (Sala Segunda). Sentencia 65/1986, de 22 de mayo. Ponente: D. Ángel Latorre Segura.

80 SILVA SÁNCHEZ, Jesús Mª (1992). *Aproximación al Derecho penal*, op. cit., p. 262; FERNÁNDEZ RODRÍGUEZ, María D. (1994). "Los límites del ius puniendi", *ADPCP*, p. 102; LANDROVE DÍAZ, Gerardo (2006). *Introducción al Derecho penal español*, p. 21.

81 Lo afirma SÁNCHEZ GARCÍA, Isabel (1994). "El principio constitucional de proporcionalidad en Derecho penal", *La ley*, nº 4, p. 1114. En este sentido de, de acuerdo con OCTAVIO DE TOLEDO Y UBIETO, Emilio (1981). *Sobre el concepto del Derecho penal*. Madrid: Universidad, Sección de publicaciones de la Facultad de Derecho, p. 367, debemos prescindir de consideraciones metafísicas sobre el carácter inmanente de la justicia en la idea de Derecho, debiéndose

ambos principios[82]. Muy pocos autores, como Ferrajoli, consideran que el principio de igualdad se traduce en el de proporcionalidad en el ámbito del Derecho penal[83].

Quien escribe este trabajo sostiene que, aunque no sean idénticos los principios de igualdad y proporcionalidad, esta sí encuentra su fundamento en aquella, en el sentido de que la proporcionalidad (en particular, la de las penas) requiere una exigencia de que delitos de gravedad semejante reciban penas semejantes, delitos de gravedad mayor (que otros) requieran penas mayores, y delitos de menor gravedad (ante otros) requieran penas menores o la exclusión de la intervención penal. Una pena desigual será siempre desproporcio-

---

entender como el tratamiento desigual de lo desigual, que es lo propio del Estado democrático (frente al Estado liberal en el que la justicia se definía por tratamiento igualitario de todos, pero si atender a diferencias materiales). Así, según Octavio de Toledo y Ubieto, se deriva de que el Estado democrático garantiza una igualdad material y no meramente formal, por lo que el principio de proporcionalidad supone dar a cada uno según sus merecimientos y tratar desigualmente a los desiguales. En cuanto a límite al poder punitivo "indica la exigencia, operante también tanto en el ámbito legislativo como en el judicial, de que la previsión, determinación e imposición de la gravedad de las penas y medidas se haga en función de la gravedad del delito respecto a las primeras y de la peligrosidad criminal del sujeto respecto a las segundas" (Ibídem, p. 78).

82 DE LA MATA BARRANCO, Norberto J. (2007). *El principio de proporcionalidad penal*, op. cit., p. 77, reconoce que los principios están relacionados, pero critica que "no estamos ante principios idénticos, aunque sí tengan cierta —estrecha— relación" y, como afirma el autor, todo lo que atente contra el principio de igualdad será desproporcionado, si bien no tiene por qué ocurrir a la inversa, "en particular, si a todos o a la gran mayoría se [les] trata de forma desproporcionada" Además, para De la Mata Barranco, si la perspectiva es garantista y por tanto se entiende que la proporcionalidad sólo funcionará como un máximo de punición (cuestión que se estudiará en el siguiente capítulo) entonces no puede afirmarse que la pena desigual por ser (teóricamente) desproporcionada por abajo sea desproporcionada en el caso, pues se entenderá que la proporcionalidad permite una pena más reducida que lo que la proporcionalidad teórica determinaría (Ibídem, pp. 104 y ss.). Continúa la argumentación del autor afirmando que, además, cuando —como él mismo hace— se sostenga una posición menos garantista, que entienda que la proporcionalidad determina penas mínimas y máximas, según los criterios que se empleen para determinar la existencia de proporción, es posible que dos supuestos exactamente iguales se estime que no merecen una pena igual, sino (teóricamente) desproporcionada hacia arriba o hacia abajo.

83 FERRAJOLI, Luigi (1995). *Derecho y razón*, op. cit., p. 402.

nada, aunque una pena puede ser desproporcionada sin ser desigual (por ejemplo, si se aplican a todos los casos penas desproporcionadamente elevadas, o si el sistema en general prevé penas demasiado altas para todos los delitos). Como afirma Calamandrei, "a situaciones iguales debe corresponder un trato igual y viceversa", se trata de una cuestión de proporción[84].

En la STC 50/1995, se vincula el principio con el de igualdad, aunque no se afirma que el uno es fundamento del otro, pues se afirma que el principio es "inherente al valor justicia y muy cercano al de igualdad se opone frontalmente a la arbitrariedad en el ejercicio de los poderes públicos, cuya interdicción proclama el art. 9 de nuestra Constitución"[85].

3.2.6. La legalidad

Según el Pleno del TC, el principio de proporcionalidad se relaciona fundamentalmente con la actividad del legislador y no del juez; es decir, es el legislador el que está sujeto al principio, pues el juez es un mero aplicador de la ley penal (cuestión que se discutirá más adelante):

> Conviene advertir al respecto que el derecho a la legalidad penal opera, en primer lugar y ante todo, frente al legislador. Es la ley, en una primera instancia, la que debe garantizar que el sacrificio de los derechos de los ciudadanos sea el mínimo imprescindible y que los límites y restricciones de los mismos sean proporcionados. Por ello, en tanto una condena penal pueda ser razonablemente entendida como aplicación de la ley, la eventual lesión que esa aplicación pueda producir en los referidos derechos será imputable al legislador y no al Juez.

En la doctrina varios autores han vinculado los principios de proporcionalidad y de legalidad. En particular, Ferrajoli ha afirmado que el principio de proporcionalidad es corolario del principio de legalidad, que le otorga su fundamento lógico y axiológico[86]. Vives

---

84 CALAMANDREI, Piero (2016). *Sin legalidad no hay libertad*, op. cit., p. 42.

85 Tribunal Constitucional. Sala Primera. Sentencia 50/1995, de 23 de febrero. Ponente: D. Rafael de Mendizábal y Allende.

86 FERRAJOLI, Luigi (1995). *Derecho y razón*, op. cit., p. 398.

Antón ha considerado que del principio de legalidad —base de la libertad y seguridad— se deriva naturalmente otro de intervención mínima o proporcionalidad en sentido amplio[87]. De la Mata Barranco considera que ambos principios, pese a que no son lo mismo ni tienen idéntico contenido, están muy relacionados. Por una parte, si en el proceso de individualización judicial de la pena los tribunales sobrepasan los límites de los criterios legales (tanto los marcos de pena como los criterios aritméticos para su determinación) se estarán vulnerando el principio de legalidad, pero también el de proporcionalidad. Del mismo modo, cuando la expresión legal es vaga, indeterminada, genérica o abarca conductas de muy distinto desvalor, no se cumplirá el principio de legalidad ni tampoco el de proporcionalidad, porque no se garantiza correspondencia entre la gravedad de la pena y la de la infracción[88].

Pese a que en una primera etapa el TC negó la vinculación entre el art. 25.1 CE y el principio de proporcionalidad del legislador penal[89], con posterioridad sí vincula ambos principios. En la STC 136/1999, de 20 de julio se afirma que la proporcionalidad de las sanciones penales se encuentra ínsita en la relación entre el art. 25.1 CE y los demás derechos fundamentales[90]. La razón del vínculo es,

---

87 VIVES ANTÓN, Tomás S. (1996). "Principios penales y dogmática penal". En VIVES ANTÓN, Tomás S. *Estudios sobre el Código penal de 1995 (Parte general).* Madrid: CGPJ, p. 40.

88 DE LA MATA BARRANCO, Norberto J. (2007). *El principio de proporcionalidad penal,* op. cit., pp. 115-119.

89 Ibídem, p. 114.

90 STC 136/1999, de 20 de julio, ya citada, FJ 21: "La proporcionalidad en sentido estricto y necesidad de la medida constituyen dos elementos o dos perspectivas complementarias del principio de proporcionalidad de las sanciones penales, ínsito, en supuestos como el presente, en la relación entre el art. 25.1 CE y los demás derechos fundamentales y libertades públicas, en este caso la libertad personal del art. 17 CE y las libertades de los arts. 20 y 23 CE [...]. Conviene advertir al respecto que el derecho a la legalidad penal opera, en primer lugar y ante todo, frente al legislador. Es la ley, en una primera instancia, la que debe garantizar que el sacrificio de los derechos de los ciudadanos sea el mínimo imprescindible y que los límites y restricciones de los mismos sean proporcionados". En el FJ 30 se reitera, en relación con la condena impuesta a los miembros de la Mesa de Herri Batasuna por colaboración con banda armada, que "se ha producido una vulneración del principio de legalidad penal en cuanto comprensivo de la proscripción constitucional de penas desproporcionadas, como directa consecuencia de la

en fin, que el principio de proporcionalidad se entiende que opera como presupuesto de constitucionalidad de todas las medidas que restringen principios constitucionales[91].

En cualquier caso, pese a que tienen una relación profunda, no se puede afirmar que uno sea fundamento del otro ni que se identifiquen entre sí.

3.2.7. El fundamento en los fines de la pena

Como indica Von Hirsch, en relación con las distintas teorías del castigo (preventivas o del merecimiento, en sus distintas variantes), cualquier teoría va a adherirse al principio de proporcionalidad, diferenciándose sólo en el peso que le dan al principio[92]. Pues bien, varios autores han encontrado el fundamento del principio de proporcionalidad en las teorías de la pena que defienden.

a) Consecuencia de la idea de retribución

Siempre se ha sostenido que la proporcionalidad, considerada con carácter retroactivo, es un reflejo de las teorías retributivas[93].

---

aplicación del art. 174 bis a) CP 1973. El precepto resulta, en efecto, inconstitucional únicamente en la medida en que no incorpora previsión alguna que hubiera permitido atemperar la sanción penal a la entidad de actos de colaboración con banda armada que, si bien pueden en ocasiones ser de escasa trascendencia en atención al bien jurídico protegido, no por ello deben quedar impunes".

91 PRIETO DEL PINO, Ana Mª (2016). "Los contenidos de racionalidad del principio de proporcionalidad en sentido amplio: el principio de subsidiariedad", op. cit., p. 280.

92 Ibídem, p. 56.

93 En este sentido, VIGANÒ, Francesco (2021). *La proporzionalità della pena*, op. cit., p. 135. ROBINSON, Paul H. (2013). *Intuitions of Justice and the Utility of Desert*, op. cit., y ROBINSON, Paul H. (2008). *Distributive principles of criminal law*, op. cit., *passim*, parece sostener que las perspectivas de disuasión del Derecho penal, en contraste con las retributivas, son contrarias a la proporcionalidad de las penas (a excepción del merecimiento empírico, como regla general); BERMAN, Mitchell (2021). "Proportionality, Constraint and Culpability", op. cit., p. 11; TONRY, Michael (Ed.) (2020). *OF ONE-EYED AND TOOTHLESS MISCREANTS*, Oxford: OUP.

Cerezo Mir hace referencia a que el carácter retributivo de la pena es "garantía de la proporcionalidad de las penas y los delitos, de los derechos de la persona y de la exclusión de la responsabilidad objetiva", lo que vincula al hecho de que la pena tiene su fundamento en el delito cometido, como exigencia de justicia[94]. Varios autores también han vinculado la referencia a la "gravedad del hecho" en el art. 66.1.6ª CP a las ideas retributivas[95].

b) Consecuencia de ideas preventivas

Para otros autores, el foco de la proporcionalidad se ubica entre la gravedad del delito y la gravedad de la pena, pero el fundamento responde a concepciones relativas a la prevención.

En el marco de la posición utilitarista de Bentham, este entendía que el castigo sólo es legítimo cuando sus efectos disuasorios beneficiosos sobre el comportamiento criminal sobrepasan el daño que producen, deduciendo la proporcionalidad de las reglas utilitaristas[96]. El Capítulo 14 de su obra sobre los principios de la moral y la legislación versa sobre la proporcionalidad entre castigo y delito, estableciendo una serie de reglas sobre esta proporción. Entre ellas destaca la regla 3, según la cual, cuando hay dos castigos posibles, "el castigo para el mayor delito debe ser suficiente para inducir a preferir el menor"[97]. Es decir, para Bentham los mayores castigos estarán, en principio, reservados para los actos más gravemente daño-

---

94 CEREZO MIR, José (2005). *Curso de Derecho penal español.* Madrid: Tecnos, T. 1, p. 28.

95 GARCÍA ARÁN, Mercedes (1997). *Fundamentos y aplicación de penas y medidas de seguridad en el código penal de 1995.* Madrid: Aranzadi, p. 24, ha señalado que el factor real de gravedad del hecho "podría identificarse genéricamente con la concepción retributiva de la pena" (en referencia al CP español de 1822), que "esconde una medición culpabilístico-retributiva" (DEMETRIO CRESPO, Eduardo. (1999). *Prevención general e individualización de la pena.* Salamanca: Ed. USAL, p. 33.

96 BENTHAM, Jeremy (1981, Ed.). *Tratados de legislación civil y penal,* op. cit., pp. 134 y ss.

97 En el original: "*Where two offences come in competition, the punishment for the greater offence must be sufficient to induce a man to prefer the less*" (BENTHAM, Jeremy (1981, Ed.). *Tratados de legislación civil y penal,* op. cit., p. 142).

sos. También son dignas de mención la regla 4, que dispone que el castigo sólo debe ser el necesario para disuadir al infractor de cometer el delito; y la regla 5, que establece que por muy grave que sea la conducta castigada, el castigo debe ser el menor posible.

En particular, en nuestra doctrina han sido representantes de esta posición (en relación con la prevención general) Antón Oneca y Luzón Peña. Antón Oneca en su *Discurso de apertura del curso académico 1944-1945 en la Universidad de Salamanca* advierte que la proporcionalidad entre delito y pena es una exigencia de ejemplaridad, que constituye la manifestación más importante de la prevención general: sólo será ejemplar la pena proporcionada a la gravedad del delito[98]. Luzón Peña defiende que la proporcionalidad se explica partiendo de la idea de prevención, al ser necesaria para que la pena surta efectos preventivo-generales[99]. Es decir, la proporcionalidad respondería a una razón de eficacia. Esto lleva consigo la exigencia de amenazar con mayor pena los delitos más graves, al haber más interés en evitarlos para la sociedad[100]. Sin embargo, responde a esta cuestión Octavio de Toledo y Ubieto, afirmando que, si se trata de prevenir determinadas conductas existirá el mismo interés en prevenir todas ellas[101]; asimismo, el que una persona decida cometer un delito más grave no depende de la equiparación de penas entre un delito más grave y uno más leve, sino a causas distintas[102].

También en nuestro entorno se suma a esta posición García Arán, que atribuye un valor indiscutible a la proporcionalidad porque determina la posibilidad de cumplimiento de la función motivadora: genera afinidad de la ciudadanía con la norma penal, lo que la hace más susceptible de cumplimiento y generalizando una interrelación

98 ANTÓN ONECA, José (1944). *Discurso de apertura del curso académico 1944-1945*. Salamanca: Universidad de Salamanca, *passim*.

99 LUZÓN PEÑA, Diego M. (2016). *Derecho penal, parte general*. Valencia: Tirant lo Blanch, p. 25; LUZÓN PEÑA, Diego M. (2012). *Derecho penal, parte general*. Valencia: Tirant lo Blanch, p. 29; LUZÓN PEÑA, Diego M. (1989). *Medición de la pena y sustitutivos penales*. Madrid: UCM, pp. 23-24, 44.

100 Ibídem, pp. 38-39.

101 OCTAVIO DE TOLEDO Y UBIETO, Emilio (1981). *Sobre el concepto del Derecho penal*, op. cit., pp. 146 y ss.

102 Ibídem, p. 152.

intensa entre derecho y convicción cultural: "las normas jurídicas tienden a crear normas culturales pero encuentran sus propios límites en lo que estas representan; "[l]a función motivadora de la norma exige, por lo tanto, el respeto a éste equilibrio"[103].

Lo mismo afirma, desde la perspectiva del merecimiento empírico, Robinson, quien considera que la proporcionalidad es una exigencia de la necesidad de disuasión de las políticas punitivas, requiriéndose que la sociedad confíe en la justicia del sistema penal (lo que exige que las penas sean, como norma general, proporcionales)[104].

En relación con la prevención especial, desde la teoría correccionalista, Arenal Ponte (conocida como Concepción Arenal) afirmó que "la dureza excesiva, lejos de ser un medio de corregir, lo es de endurecer y depravar [...] La regla que tendríamos para establecer penas disciplinares, es que no perjudiquen a la salud del cuerpo ni del alma"[105].

3.3. Toma de postura

Parece razonable, sobre la base de lo expuesto, entender que la proporcionalidad en Derecho penal, como límite garantista al Esta-

---

103 GARCÍA ARÁN, Mercedes (1982). *Los criterios de determinación de la pena en derecho español*, op. cit., pp. 100 y ss.

104 *Vid.* ROBINSON, Paul H. (2013). *Intuitions of Justice and the Utility of Desert*, op. cit., y ROBINSON, Paul H. (2008). *Distributive principles of criminal law*, op. cit., *passim*; ROBINSON, Paul H. y KURZBAN, Robert (2007). "Concordance and Conflict in Intuitions of Justice" *Minnesota Law Review*. 654; ROBINSON, Paul H. y CAHILL, Michael T. (2005). *Law without Justice*. Oxford: OUP. También *vid.* los estudios del CLRG acerca de la percepción del Sistema de penas en New Jersey y Pennsylvania: CLRG (2011). *Report On Offense Grading In New Jersey*. Philadelphia: Penn Law; CLRG (2009). *Report On Offense Grading In Pennsylvania*, Philadelphia: Penn Law.

105 ARENAL PONTE, Concepción (1895). *Estudios penitenciarios*, Obras completas, Tomo XIV, Madrid: Librería Victoriano Suárez, pp. 28-30. En otra de sus obras, afirma la autora ferrolana (viguesa de adopción): "El que ha visto penados y procurado corregirlos y consolarlos, sabe la bochornosa amargura que se experimenta al oírlos quejarse con razón de que la pena es injusta, y la dificultad que, por serlo, opone a que el recluso se resigne y se corrija" (*vid.* ARENAL PONTE, Concepción [1867]. *El reo, el pueblo y el verdugo*. Madrid: Librería Victoriano Suárez, pp. 281-282).

do a favor de los ciudadanos se deriva de las exigencias de la libertad y el Estado de Derecho, de la interdicción de arbitrariedad, de la justicia, de la dignidad y humanidad de las penas y de la igualdad. En todos esos principios encuentra su fundamento, ya que surge para limitar al Estado en sus intervenciones sobre la libertad de los ciudadanos, que sólo intervenga estableciendo penas justas, dignas, y humanas, y que se correspondan con penas de semejante gravedad para hechos de gravedad semejante, y penas de distinta gravedad para hechos de gravedad diferente. Se excluye, de esta manera, la posibilidad de instrumentalizar al individuo condenado a través de la determinación de la pena por los beneficios potenciales que se puedan obtener, pues sería injusto, y el establecimiento de penas excesivas rebasaría también el principio de humanidad de las penas. Las penas desproporcionadas, por otra parte, vulnerarían el principio de igualdad siempre que no se apliquen a todos los supuestos de gravedad semejante por la diferencia de presupuestos relativos a la pretendida satisfacción de unas u otras finalidades de la pena. Otros principios, como el de legalidad material, aunque no son fundamento de la proporcionalidad sí están intrínsecamente vinculados a ella.

La proporcionalidad penal responde, de este modo, a la aspiración de neutralidad estatal y a las exigencias de los principios de la Constitución y los derechos humanos. El principio se erige, en fin, con la finalidad de proteger al individuo frente a las intervenciones excesivas del Estado y reducir su actuación a lo estrictamente necesario[106].

Por último, aquí se coincide con que la proporcionalidad es autónoma de los fines de la pena, ya que no se deriva de estos (ya sea de consideraciones retributivas o consideraciones preventivas) sino de la Constitución[107], de tal modo que precisamente los fines encuentran su límite o restricción en la proporcionalidad, a lo que se suma que, si no, estaríamos intentando basar algo deontológico —el prin-

---

[106] PERELLÓ DOMENECH, Isabel (1997). "Principio de proporcionalidad", *JpD*, nº 28, p. 69.

[107] AGUADO CORREA, Teresa (1999). *El principio de proporcionalidad en derecho penal*, op. cit., p. 299, aunque la autora reconoce que la proporcionalidad es un requisito de eficacia de la pena.

cipio de proporcionalidad— en algo empírico —la potencial satisfacción de finalidades de la pena—[108].

4. *Reconocimiento (contemporáneo) del principio*

En los sistemas constitucionales más vetustos, el principio se ha venido reconociendo jurisdiccionalmente, normalmente a través de los tribunales constitucionales. El principio se ha institucionalizado expresamente en las constituciones más jóvenes y también en los textos supranacionales e internacionales. Así, el artículo 52.1 de la Carta de los Derechos Fundamentales de la Unión Europea establece: "Sólo se podrán introducir limitaciones, respetando el principio de proporcionalidad, cuando sean necesarias y respondan efectivamente a objetivos de interés general reconocidos por la Unión o a la necesidad de protección de los derechos y libertades de los demás". En la Unión Europea la vigencia del principio de proporcionalidad penal (y del de proporcionalidad de las penas, en particular) tiene reconocimiento explícito en la Carta de Derechos Fundamentales de la Unión Europea, donde el art. 49, bajo el título "de los principios de legalidad y proporcionalidad de los delitos y de las penas", establece en el párrafo III que "la intensidad de las penas no deberá ser desproporcionada en relación con la infracción". En el Convenio Europeo de Derechos y libertades fundamentales de 1950 ya se consagra, al admitirse las injerencias a libertades sólo cuando sean medidas necesarias en una sociedad democrática para el cumplimiento de los objetivos de los arts. 8, 9, 10 y 11 del convenio.

En España, Italia y Estados Unidos, el reconocimiento del principio se ha derivado del reconocimiento de otros derechos. En España, ya se ha mencionado que el TC lo ha vinculado al valor de la justicia, al Estado de Derecho, a la interdicción de la arbitrariedad, la dignidad de la persona, y a la legalidad. En Italia, como se verá en

---

108 La misma crítica la realiza DEMETRIO CRESPO, Eduardo. (1999). *Prevención general e individualización de la pena*, op. cit., p. 199, en relación con la prevención general, considerando que la afirmación de que es necesaria la proporcionalidad para la prevención general padece de "una excesiva simplicidad en el análisis de las realidades sociales y no resulta suficientemente sólida".

el último apartado de este Capítulo, se ha vinculado a la igualdad y a la reinserción social. En Estados Unidos, se considera (no unánimemente) emanación de la prohibición en la Octava Enmienda de la Constitución estadounidense de las penas o tratos crueles o inusuales y las multas o fianzas excesivas). Además, en el *Pennsylvania Criminal Code* (Título 18 de los *Pennsylvania Consolidated Statutes*), en el § 104 se establece que son objetivos del Título "salvaguardar a los delincuentes contra castigos excesivos, arbitrarios o desproporcionados".

5. *Ámbitos de aplicación*

El principio de proporcionalidad tiene una gran relevancia en nuestro Derecho, tanto más cuanto más nos acerquemos al Derecho constitucional: la necesidad de ponderación entre derechos fundamentales hace del principio de proporcionalidad una constante en este ámbito.

El principio de proporcionalidad adquiere un especial protagonismo en el Derecho penal tras el fin del Antiguo Régimen, sin embargo, posteriormente tiene también vigencia en el Derecho de policía, en el Derecho administrativo y en el procesal[109], lo cual es lógico dado que se vinculan la restricción de los derechos individuales. En relación con el Derecho de policía, la irrupción del principio de proporcionalidad se produce durante la etapa liberal del s. XIX[110].

En el Derecho administrativo, el principio de proporcionalidad nació ligado a la actividad de las políticas públicas como canon de control de la intervención administrativa[111]. Esta rama del Derecho se asienta sobre las bases constitucionales de libertad y justicia material en España, el principio de proporcionalidad ya se contemplaba en la normativa preconstitucional. Tratándose de un principio general del derecho, la exigencia de proporcionalidad en la actuación

---

109 *Vid.* también DE LA MATA BARRANCO, Norberto J. (2007). *El principio de proporcionalidad penal*, op. cit., pp. 24 y ss.

110 AGUADO CORREA, Teresa (1999). *El principio de proporcionalidad en derecho penal*, op. cit., pp. 79 y ss.

111 BARNÉS, Javier (1994). "Introducción al principio de proporcionalidad en el Derecho comparado y comunitario", op. cit., p. 501.

administrativa se deriva del texto constitucional (arts. 1.1, 9.3, 10.1, 103.1 y 106.1 CE). En fin, el principio debe informar y disciplinar todas las actuaciones de la Administración —tanto de producción como en la aplicación del Derecho administrativo— y no sólo las que lleva a cabo en determinados sectores[112].

Dentro del Derecho administrativo, el principal campo de aplicación del principio de proporcionalidad se enfoca sobre la actividad de policía, cobrando especial relevancia cuando se trata de limitar las medidas de policía por entrar en juego derechos individuales —muy especialmente cuando se trata del ejercicio de derechos fundamentales—[113]. El principio tiene dos vertientes principales en este ámbito: por una parte, se requiere una relación razonable, adecuada y no desproporcionada entre el fin perseguido por la acción administrativa y por los medios que se utilizan para lograr dicho fin; por otra parte, cuando existan diversas formas de actuar idóneas, se debe optar por el medio que suponga una menor restricción de los derechos particulares[114].

En el contexto de la Administración local, los principios generales de igualdad de trato, congruencia con los motivos y fines que justifican la intervención y el respeto a la libertad individual se recogen en el art. 84.2 LBRL, y se relacionan con este principio. En concreto, la potestad sancionadora de la actividad de policía se mueve en un contexto "intrínsecamente penal"[115], por lo que la jurisprudencia es constante en que son de aplicación al ámbito administrativo sancionador todos los principios que rigen el Derecho penal, aunque con ciertos matices (en este sentido, STC 18/1981[116]). El principio de proporcionalidad tiene numerosas consecuencias en el ámbito administrativo. El artículo 100 de la Ley 39/2015 se determina que la ejecución forzosa de las administraciones se ejecutará siempre con respeto al principio de proporcionalidad; y el art. 129 impone la pro-

---

112 Ibídem.

113 Ibídem.

114 Ibídem.

115 Ibídem.

116 Tribunal Constitucional. Sala Primera. Sentencia 18/1981, de 8 de junio (Ponente: D. Rafael Gómez-Ferrer Morant). FJ 2.

porcionalidad en la actividad legislativa y reglamentaria de las administraciones.

En todo caso, también se refleja el principio en el ámbito del proceso penal, aunque en España no se reconoce expresamente en la legislación procesal penal. Pese a ello, los artículos 15, 17.2, 17.4, y 52.2 CE se relacionan con concreciones de la proporcionalidad en el ámbito procesal penal. Es de aplicación en el ámbito de las medidas procesales restrictivas de derechos el principio de proporcionalidad en sentido amplio (incluyendo el triple examen de idoneidad, necesidad y proporcionalidad en sentido estricto), exigible tanto en el momento de su previsión por el legislador como en el de su adopción y ejecución[117]. La jurisprudencia del TC reconoce su vigencia (por todas, en la STC 50/1995, de 23 de febrero[118], FJ 7). El ámbito en el que es de mayor importancia la aplicación del principio, por suponer una mayor restricción de derechos fundamentales, es el de las medidas cautelares de contenido personal —y, en particular, la prisión provisional—. Por este motivo, el principio de proporcionalidad tiene varios reflejos en la Ley de Enjuiciamiento Criminal[119].

Y también tiene relevancia en el ámbito competencial, en particular en el ámbito de la Unión Europea, donde complementa a los principios de atribución y subsidiariedad, de tal modo que el art. 5.4 TUE establece que, en virtud del principio de proporcionalidad, el contenido y la forma de la acción de la Unión no excederán de lo necesario para alcanzar los objetivos de los Tratados.

En cualquier caso, la efectividad del principio de proporcionalidad dentro y fuera del ámbito del Derecho penal viene condicionada por el hecho de ser aquel un principio muy abstracto, y, por tanto, de corto recorrido potencial. En Derecho constitucional el principio de proporcionalidad se ha introducido como un mecanismo de ponderación genérica de la intervención del Estado sobre los derechos y libertades y las colisiones entre estos (como el criterio de ponderación

117 AGUADO CORREA, Teresa (1999). El principio de proporcionalidad en derecho penal, op. cit., pp. 95 y ss.

118 Tribunal Constitucional. Sala Primera. Sentencia 50/1995, de 23 de febrero (Ponente: D. Rafael de Mendizábal y Allende, FJ 7.

119 Ibídem, pp. 106 y ss.

que se ha configurado como "límite de los límites", que funciona siempre como un canon no autónomo). El juicio de proporcionalidad, de este modo, permite determinar cuándo una afectación o restricción de un derecho supone también su vulneración.

El Pleno del Tribunal Constitucional español ha hecho referencia a la necesidad de ponderación, al juicio de razonabilidad y al criterio de proporcionalidad como tres nociones relacionadas pero diferentes[120] (STC 215/1994, de 14 de julio). Por una parte, la ponderación hace alusión a la necesidad de armonizar los principios en juego o precisar las condiciones y requisitos en que se podría admitir la prevalencia de alguno de ellos cuando existe un conflicto. Por otra parte, la razonabilidad o proporcionalidad en sentido amplio hace referencia al triple examen de idoneidad o adecuación par aun fin lícito, la necesidad de la medida y, por último, su proporcionalidad, en el sentido de equilibrio de la medida (esta última configura la proporcionalidad en sentido estricto). El estudio de estos requisitos se utiliza a nivel comparado por los distintos tribunales nacionales y también supranacionales (por ejemplo, por el TEDH).

La ponderación, el juicio de razonabilidad o de proporcionalidad en sentido amplio es distinta (incluso en el marco del Derecho penal), de la proporcionalidad entre gravedad de la pena y gravedad del delito, en lo que se hará hincapié al delimitar el objeto de estudio. La idea de proporcionalidad en sentido amplio encuentra su origen, con carácter general, en el triple examen formulado por el Tribunal Constitucional alemán en el caso Apotheken Urteil[121]. Esta

---

120 Tribunal Constitucional. Pleno. Sentencia 215/1994, de 14 de julio (Ponente: D. Fernando García-Mon y González-Regueral).

121 BVerfG 7, 377 (caso Apotheken Urtheil). Dicha estructura tripartita todavía se aplica en la actualidad en Alemania, donde se interpreta que sólo serán inidóneas las medidas que no contribuyan en absoluto (ni parcial ni totalmente) a alcanzar el fin pretendido sólo cuando las medidas legislativas sean desde un principio inidóneas para alcanzarlas. El requisito de necesidad determina que no se puede comprobar si la medida es indicada para alcanzar el fin perseguido, teniendo en consideración a los sujetos afectados por la medida. Por último, el requisito de proporcionalidad en sentido estricto requiere examinar si la medida no es excesivamente gravosa para el afectado y por tanto exigible para él. Se trata de un verdadero límite para medidas legales que se vinculen a los derechos fundamentales, aunque juega como un principio relativo, que exige ponderar

estructura ha sido después asumida por el TJUE en International Handelgesellschaft[122], por el TEDH y por la mayoría de los tribunales constitucionales nacionales, como el español. En general se entiende que hay que cumplir tres requisitos: la idoneidad o adecuación de la medida para el alcance de un fin lícito, la necesidad de la medida y la proporcionalidad en concreto (equilibrio) de la medida[123].

En la práctica, la proporcionalidad se ha convertido en un criterio o principio universal al interpretar y aplicar los derechos fundamentales y valorar sus restricciones[124], y, si bien el principio de proporcionalidad no está reconocido en la mayoría de las constituciones de modo expreso (sólo en las más recientes[125]), la expansión de su reconocimiento es imparable, y se ha considerado un símbolo de un constitucionalismo global[126]. Pese a todo, en el ámbito del Derecho penal, el rol del principio de proporcionalidad ha sido tímido, especialmente en España.

6. Contenido del principio en Derecho penal

6.1. Áreas de aplicación del principio de proporcionalidad en Derecho penal

El principio de proporcionalidad en sentido amplio, ya mencionado, tiene una estructura tripartita: la idoneidad, la necesidad y la proporcionalidad en sentido estricto.

---

los bienes e intereses tutelados jurídicamente para determinar si existe proporción con el interés favorable a la colectividad.

122 TJUE, 17 de diciembre de 1970, Internationale Handelgesllschaft, C-11/70, EU: C:1970:114.

123 Aunque el principio tiene diferentes formulaciones, como se explica en ESPÍN TEMPLADO, Eduardo et al. (Dirs.) (2022). *Manual de Derecho Constitucional*, Volumen I, pp. 137-138. Valencia: Tirant lo Blanch.

124 En este sentido ESPÍN TEMPLADO, Eduardo, et al. (2022). *Manual de derecho Constitucional*, Op. Cit.

125 RECCHIA, Nicola (2020). *Il principio de proporzionalità nel diritto penale.* Torino: Giappichelli, p. 103.

126 Ibídem, p. 111.

El principio de idoneidad exige que el medio sea adecuado, apto o idóneo para el fin perseguido. Si la medida no es adecuada para el fin legítimo, teniendo en cuenta que a nivel punitivo siempre va a afectar a otro derecho fundamental, no se puede adoptar de modo legítimo, pues "no se puede afectar o limitar un derecho si con ello no se gana nada"[127]. De este modo, si la causalidad o la lógica indican que con el medio empleado no es posible alcanzar la finalidad perseguida por la norma, o bien si el medio empleado es contraproducente, entonces la medida no será idónea a estos efectos[128]. Sólo se podrá afirmar en el ámbito del Derecho penal que la medida es idónea cuando sea útil realmente para la protección del bien jurídico y no le reporte consecuencias nocivas al mismo[129]. Para Luzón Peña el principio acoge también la denominación de principio "de efectividad" o "de eficacia", e implica que "el Derecho penal sólo puede y sólo debe intervenir cuando sea mínimamente eficaz y adecuado para la prevención del delito y, por tanto, hay que renunciar a su intervención cuando sea político-criminalmente inoperante, ineficaz, inadecuado o incluso contraproducente para evitar delitos"[130].

El segundo criterio, el de necesidad, persigue seleccionar entre los medios idóneos aquel que sea estrictamente necesario, es decir, el que menos limite los derechos fundamentales de la ciudadanía. Por esta razón, también se denomina "exigencia de intervención mínima", principio "del mínimo ataque posible", o "principio del medio relativamente más suave"[131]. Se exige aquí que los medios sean "igual-

---

[127] CÁRDENAS GRACIA, Jaime (2020). *Manual de Derecho Constitucional.* Valencia: Tirant lo Blanch, pp. 103 y ss.

[128] V. gr. PRIETO DEL PINO, Ana Mª (2016). "Los contenidos de racionalidad del principio de proporcionalidad en sentido amplio: el principio de subsidiariedad". En NIETO MARTÍN, Adán et al. (Dirs.). *Hacia una evaluación racional de las leyes penales.* Madrid: Marcial Pons, p. 281.

[129] Ibídem.

[130] LUZÓN PEÑA, Diego M. (1994). *Curso de Derecho penal. Parte General I,* Op. Cit.; AGUADO CORREA, Teresa (1999). El principio de proporcionalidad en derecho penal, op. cit., p. 84.

[131] PRIETO DEL PINO, Ana Mª (2016). "Los contenidos de racionalidad del principio de proporcionalidad en sentido amplio: el principio de subsidiariedad", Op. Cit.

mente idóneos" para escoger el más benigno[132], aunque se considera, como Prieto del Pino, que debería ser suficiente que la necesidad determinase la aplicación de la medida menos lesiva si el nivel de cumplimiento del fin de la norma a través de ella es "satisfactorio" (sin necesidad de que sea óptimo, esto es, equivalente en su eficacia a las medidas más lesivas). En caso contrario se corre el riesgo de dejar sin virtualidad aplicativa a este criterio[133]. Por otra parte, el criterio de necesidad está intrínsecamente relacionado con el de exclusiva protección de bienes jurídicos, intervención mínima, subsidiariedad y fragmentariedad, como ha señalado Aguado Correa y se verá con mayor profundidad en el apartado dedicado a la delimitación del objeto de estudio[134].

Por último, la proporcionalidad en sentido estricto exige una relación de correspondencia entre la gravedad del delito y la gravedad de la pena.

Además, en la práctica, el TC ha establecido la existencia de *prius* lógico al control de proporcionalidad, es decir, un control de constitucionalidad previo al de proporcionalidad en sentido amplio que persigue evaluar si la norma persigue la preservación de bienes o intereses constitucionalmente legítimos. El Pleno del TC hace así alusión a un control previo al del juicio de proporcionalidad, consistente en evaluar que se persigue alcanzar "una finalidad constitucio-

---

132 ESPÍN TEMPLADO, Eduardo, et al. (2022). *Manual de derecho Constitucional*, Vol. 1. Valencia: Tirant lo Blanch, pp. 137 y ss.

133 PRIETO DEL PINO, Ana Mª (2016). "Los contenidos de racionalidad del principio de proporcionalidad en sentido amplio: el principio de subsidiariedad", op. cit., p. 304.

134 AGUADO CORREA, Teresa (1999). *El principio de proporcionalidad en Derecho penal*, op. cit., pp. 159 y ss. Como explica PRIETO DEL PINO, Ana Mª (2016). "Los contenidos de racionalidad del principio de proporcionalidad en sentido amplio: el principio de subsidiariedad", op. cit., p. 282, esta posición ha sido criticada por autores como Ihering, Merkel o Von Liszt, ya que estos autores consideran que la idea de necesidad debe desligarse completamente de la de proporcionalidad en Derecho penal. De esta forma, para estos autores sólo hay que comparar medidas idóneas, con criterios sólo de eficacia, eficiencia y utilidad y el principio de necesidad únicamente se liga al de subsidiariedad o *ultima ratio*.

nalmente legítima"[135]. Aquí lo que se trata de determinar es que el fundamento de la interferencia de la medida restrictiva de derechos sea la protección de otro interés legítimo, de tal modo que si no existe o es ilegítimo "entonces no hay nada que ponderar"[136].

En fin, la proporcionalidad en sentido amplio se vincula con la racionalidad y la razonabilidad, a las que hizo ya referencia el magistrado Jiménez de Parga en su voto particular a la STC 55/1996, donde defiende el análisis del juicio de razonabilidad, que requiere de una mayor profundidad del análisis de los bienes jurídicos y la relación medio-fin[137]. Lo que reclamaba este Magistrado no era otra cosa que una mayor profundidad en los elementos de necesidad e idoneidad de la proporcionalidad en sentido amplio, que se relaciona con la razonabilidad.

Además, el principio es funcional en diferentes categorías del delito: la relación material entre el delito y la consecuencia jurídica[138], y en la determinación del tipo de injusto (se limita la criminalización de conductas por parte del legislador a través de los tipos penales, se determina la ausencia de causas de justificación —donde la proporcionalidad y necesidad juegan un papel fundamental[139]—).

Por último, en el ámbito del Derecho penal, se ha afirmado que la relevancia del principio es incluso mayor en el ámbito de las medidas de seguridad que en el de las penas[140], razón por la cual el apartado 2 del artículo 6 del CP recoge expresamente una referencia al prin-

---

135 Tribunal Constitucional. Pleno. Sentencia 60/2010, de 7 de octubre (Ponente: D. Javier Delgado Barrio), FJ 9.

136 ESPÍN TEMPLADO, Eduardo, et al. (2022). *Manual de derecho Constitucional*, Op. Cit.

137 STC 55/1996, ya citada.

138 SÁNCHEZ GARCÍA, Isabel (1994). "El principio constitucional de proporcionalidad en Derecho penal", *La ley*, nº 4, p. 1118.

139 AGUADO CORREA, Teresa (1999). *El principio de proporcionalidad en derecho penal*, op. cit., pp. 114 y ss.; BERDUGO GÓMEZ DE LA TORRE, Ignacio (1987). *Honor y libertad de expresión*. Madrid: Tecnos, pp. 35 y ss. Como explica AGUADO CORREA, Teresa (1999). *El principio de proporcionalidad en derecho penal*, op. cit., p. 116, el principio de proporcionalidad en sentido estricto juega un papel fundamental en el estado de necesidad justificante, aunque también tiene peso en otras causas de justificación, como el cumplimiento de un deber.

140 Ibídem, p. 118.

cipio de proporcionalidad en relación con las medidas de seguridad —cosa que no hace el Código en relación con las penas—[141]. No obstante, a ello, este trabajo se centra exclusivamente en el principio de proporcionalidad de las penas.

6.2. Evolución en España

En realidad, no se trata de un tema que no haya sido estudiado por la doctrina penalista, sino al revés, pero sin demasiada profundidad ni intensidad de la justificación de sus elementos[142]. De hecho, en la actualidad el principio de proporcionalidad entre delito y pena todavía se configura con demasiada estrechez, probablemente como consecuencia de la visión del Derecho penal como truculenta manifestación de "revanchismo punitivo"[143].

En España, parte de la doctrina sólo se refiere al principio de proporcionalidad en sentido estricto[144], aunque la mayoría incluye también referencias a la proporcionalidad en sentido amplio —posición también mayoritaria en Alemania y, en general, en la Unión Europea—[145].

---

141 En este sentido, el art. 6.2 CP dispone: Las medidas de seguridad no pueden resultar ni más gravosas ni de mayor duración que la pena abstractamente aplicable al hecho cometido, ni exceder el límite de lo necesario para prevenir la peligrosidad del autor. Se ha criticado que se haga referencia a la pena prevista para el delito para la determinación del límite de las medidas de seguridad, pues nunca se podrá determinar el grado de culpabilidad del sujeto incapaz.

142 Lo que es contrario a lo que indica RECCHIA, Nicola. *Il principio di proporzionalità nel Diritto penale*. Torino: G. Giappichelli Editore, 2020, p. 3, quien afirma que es una constante exigencia para el que estudia el Derecho penal reflexionar sobre los límites de la criminalización en una sociedad empujada por la pasión por castigar.

143 MANES, Vittorio. "Diritto penale *no limits*. Garanzie e diritti fondamentali come presidio per la giuridizione", *Questione Giustizia*, 1/2019, pp. 86-100.

144 AGUADO CORREA, Teresa (1999). *El principio de proporcionalidad en Derecho penal*, op. cit., p. 137.

145 COBO DEL ROSAL, Manuel y VIVES ANTÓN, T. Salvador (2007). *Derecho penal, parte general*. Valencia: Tirant lo Blanch, p. 75, fueron los primeros en hacer referencias a la aplicación del principio de prohibición de exceso en Derecho penal, incluyendo las referencias a la adecuación, necesidad y proporcionalidad en sentido estricto. También hacen referencia a ello, por todos, NAVARRO FRÍAS, Irene (2010). "El principio de proporcionalidad en sentido estricto: ¿principio de proporcionalidad entre el delito y la pena o balance global de costes y beneficios?",

Se distinguen dos etapas en el tratamiento jurisprudencial del principio, como se verá en el último apartado de este Capítulo. La primera etapa, en los primeros quince años de jurisprudencia constitucional, permite un desarrollo del principio de proporcionalidad (tras unos años de uso informal del principio), exigiéndose que la medida estatal cumpla los requisitos del hoy conocido como principio de proporcionalidad en sentido amplio. Sin calificarlos así durante esta primera etapa ya se analizaban los tres elementos: la existencia de una finalidad de relevancia constitucional (adecuación), la necesidad de la medida (ausencia de medidas menos drásticas para el mismo fin) y —posteriormente— el equilibrio entre medida y finalidad.

En España, prácticamente desde el inicio de la jurisdicción constitucional se ha introducido el análisis del principio de constitucionalidad, aunque sorprende que el análisis de este no se haya convertido en una prioridad de la doctrina constitucional y penal[146]; y se ha introducido en el análisis jurisprudencial expresamente, como se ha mencionado ya, el triple examen de proporcionalidad en sentido amplio. Así, la STC 66/1995, de 8 de mayo, afirma que son condiciones necesarias para aprobar el examen de proporcionalidad:

> Para comprobar si la medida impeditiva del ejercicio de derecho de reunión supera el juicio de proporcionalidad exigible, es necesario constatar si cumple los siguientes requisitos o condiciones: si tal medida era susceptible de conseguir el objetivo propuesto —la garantía del orden público sin peligro para personas y bienes—; si, además, era necesaria en el sentido de que no existía otra medida más moderada para la consecución de tal propósito con igual eficacia y, finalmente, si la misma era proporcionada, en sentido estricto, es decir, ponderada o equilibrada por derivarse de ellas más beneficios o ventajas para el interés general que perjuicios sobre otros bienes o valores en conflicto[147].

Indret, 2/2010; BERDUGO GÓMEZ DE LA TORRE, Ignacio et al. (2010). *Curso de Derecho penal, parte general*, op. cit., p. 47; AGUADO CORREA, Teresa (1999). *El principio de proporcionalidad en Derecho penal*, op. cit., *passim*; CARBONELL MATEU, Juan C. (1996). *Derecho penal: concepto y principios constitucionales*, op. cit., pp. 47 y ss. No era así antes de la introducción del triple examen en la jurisprudencia constitucional, como explicaba AGUADO CORREA, Teresa (1999). *El principio de proporcionalidad en derecho penal*, op. cit., p. 140.

146 DE LA MATA BARRANCO, Norberto J. (2007). *El principio de proporcionalidad penal*, op. cit., p. 29.

147 Tribunal Constitucional. Pleno. Sentencia 66/1995, de 8 de mayo. Ponente. D. Carles Viver Pi-Sunyer, FJ 5.

En otro orden de cosas, como se verá en el último apartado de este Capítulo, el TC ha mostrado cierta confusión en relación con la proporcionalidad en sentido estricto, pues confunde en ocasiones su configuración con la de los demás elementos de la proporcionalidad amplia[148].

7. *Caracteres*

En este apartado se sintetizarán los caracteres del principio, cuyo contenido se podrá ver con mayor profundidad a lo largo del trabajo.

7.1. Carácter constitucional

Prácticamente desde los inicios de la jurisprudencia constitucional, el Pleno del TC reconoció la posibilidad de consagración del principio de proporcionalidad[149], consolidándose después como un principio implícitamente reconocido en la Constitución.

---

148 Tribunal Constitucional. Sala Segunda. Sentencia 55/1996, de 28 de marzo. Ponente: D. Carles Viver Pi-Sunyer, FJ 6.

149 Fue en la ya citada STC 65/1986, de 22 de mayo, FJ 2, donde no se afirma que tenga carácter constitucional, pero se plantea la posibilidad: "[...] la cuestión planteada se centra en determinar si la desproporción de la pena alegada por el recurrente vulnera uno de los derechos fundamentales susceptibles de tal recurso. Problema distinto sería caminar si el principio de proporcionalidad de la pena pueda considerarse consagrado por otros preceptos constitucionales. Especialmente los que constituyen a España como Estado de Derecho y proclaman la justicia como valor superior de su ordenamiento jurídico (art. l) y el que establece que la dignidad de la persona humana y los derechos que le son inherentes son fundamento del orden político y de la paz social (art. 10) podrían invocarse como argumentos a favor de que nuestra Constitución consagre esa idea de proporcionalidad de la pena. En ese sentido se ha movido la jurisprudencia del Tribunal Constitucional Federal alemán y podría recurrirse a precedentes más antiguos, pues tales ideas se desarrollan en Europa a partir del siglo XVIII, dentro de la preocupación humanitaria que aparece en la doctrina penal de esa época y que se refleja en la Declaración de Derechos del Hombre y del Ciudadano de 1789, que proclama en su artículo 8 que "la Ley no debe establecer otras penas que las estricta y evidentemente necesarias". Pero la cuestión planteada en el presente recurso no es la de discutir los problemas, nada fáciles por otra parte. que plantean en relación con el principio de proporcionalidad y moderación de las penas esos preceptos constitucionales, sino de manera

7.2. Colisión del principio con la libertad del legislador

Asimismo, el TC español ya ha afirmado en numerosas ocasiones que el principio de legitimidad democrática otorga al legislador constitucional un amplio margen de discrecionalidad para determinar las conductas típicas y las sanciones que se les asignan, como se verá al estudiar la jurisprudencia constitucional en materia de proporcionalidad penal en España[150]. Ese principio democrático precisamente entra en colisión, en ocasiones, con el principio de proporcionalidad, porque se afirma que el legislador tiene libertad de configuración de los tres elementos del principio y de su configuración. Ello, unido a la escasa profundización en la que entra nuestro TC al analizar los distintos elementos del principio, deja al principio de proporcionalidad penal prácticamente como mero papel mojado[151].

7.3. Canon de constitucionalidad no autónomo

España el TC, siguiendo la estela del BVerfG alemán, considera que el principio no determina un canon de constitucionalidad autónomo[152]. Con posterioridad, en la también citada STC 55/1996, de 28 de marzo, se afirma también que "debe advertirse que el principio de proporcionalidad no constituye en nuestro ordenamiento constitucional un canon de constitucionalidad autónomo cuya alegación pueda producirse de forma aislada respecto de otros criterios constitucionales"[153].

---

más concreta determinar si en el caso presente la alegada desproporcionalidad de la pena impuesta al recurrente puede vulnerar los derechos fundamentales y libertades públicas susceptibles de amparo, entre los que el recurrente cita los consagrados en los artículos 25.1, 15 y 14".

150 V. gr. SSTC 86/1986 y 55/1996, ya citadas.

151 (Y ni siquiera papel, ante la falta de reconocimiento expreso).

152 Esta estimación se deriva ya de la citada STC 62/1982, en la que se afirma que "el Tribunal Constitucional ha de circunscribirse a determinar si el principio de proporcionalidad ha quedado infringido, desde la perspectiva del derecho fundamental y del bien jurídico que ha venido a limitar su ejercicio, por ser las medidas adoptadas desproporcionadas para la defensa del bien que da origen a la restricción" STC 62/1982, ya citada, FJ 5.

153 STC 55/1996, FJ 3.

7.4. Un principio constitucional pero no un derecho fundamental susceptible de amparo

Igual que sucede en Alemania, donde el BVerfG afirma que el principio de proporcionalidad tiene particular importancia en el ámbito de los derechos fundamentales, pero que en por sí mismo no se trata de un derecho fundamental[154], la jurisprudencia española entiende que el principio de proporcionalidad no es un derecho fundamental susceptible de amparo. Así, por ejemplo, en la STC 62/1982, FJ 5 (ya citada) se afirma que enjuiciamiento debe limitarse a estudiar si se vulnera del derecho fundamental y el bien jurídico que se ven limitadas por el principio:

> De acuerdo con las ideas anteriores, para determinar si las medidas aplicadas eran necesarias para el fin perseguido, hemos de examinar si se han ajustado o si han infringido el principio de proporcionalidad. La Sala no ignora la dificultad de aplicar en un caso concreto un principio general del Derecho que, dada su formulación como concepto jurídico indeterminado, permite un margen de apreciación. El Tribunal entiende que debe respetar este margen de apreciación que corresponde a los jueces y tribunales, a quienes corresponde también la tutela general de los derechos fundamentales y libertades públicas, según vimos, pues lo contrario llevaría a que este Tribunal viniera a sustituir a la jurisdicción ordinaria. Entendemos que el recto funcionamiento de una sociedad democrática implica que cada institución asuma el cumplimiento de la función que le es propia, lo que nos lleva a la conclusión de que el Tribunal Constitucional ha de circunscribirse a determinar si el principio de proporcionalidad ha quedado infringido, desde la perspectiva del derecho fundamental y del bien jurídico que ha venido a limitar su ejercicio, por ser las medidas adoptadas desproporcionadas para la defensa del bien que da origen a la restricción.

7.5. Valoración

Quien escribe entiende que, principio, pese a que no se reconoce de modo expreso en la Constitución, tiene contenido propio[155]. En la STC 65/1986, la Sala Segunda ya reconoce que para considerar el principio de proporcionalidad como principio básico del Derecho

---

154 AGUADO CORREA, Teresa (1999). *El principio de proporcionalidad en derecho penal*, op. cit., pp. 55 y ss.

155 DE LA MATA BARRANCO, Norberto J. (2007). *El principio de proporcionalidad penal*, op. cit., pp. 70 y ss.

penal no es necesaria la remisión a precepto constitucional alguno, especialmente teniendo en cuenta que ya es una preocupación histórica de la doctrina penal desde el s. XVIII[156].

Considerar que el principio sólo se aplica en relación con otros principios no significa que no tenga carácter autónomo, que sí lo tiene[157] —es decir, no es simplemente parte de otro principio, sino que tiene su propio contenido—, sino simplemente significa que hay que remitirse a otro derecho fundamental vulnerado o restringido para el procedimiento de aplicación del principio, lo que no es difícil dado el carácter inherente a la limitación de derechos de la actuación penal. Es decir, el principio es autónomo, pero en su enjuiciamiento no encuentra un canon de enjuiciamiento autónomo[158]. Dado que el carácter es abstracto y el principio no viene definido, el contenido de este debe concretarse en el marco constitucional[159].

En cuanto a su posible consideración como derecho fundamental —posición que se defiende también en este trabajo en relación con la proporcionalidad estricta— el análisis se retomará en el siguiente Capítulo.

8. *Críticas al principio*

8.1. Desprotección, oscuridad y confusión

Algunos autores argumentan que el principio de proporcionalidad (en particular, su examen de proporcionalidad en sentido estricto), es meramente formal (pues no se ofrece indicación de cómo llevar a cabo la ponderación necesaria). Además, se ha criticado también la ausencia de la unidad de medida de la proporción:

Critican los autores que no existe una unidad de medida de la proporción:

---

156 Tribunal Constitucional. Sala Segunda. Sentencia 65/1986, de 22 de mayo FJ 2.

157 En este sentido, DE LA MATA BARRANCO, Norberto J. (2007). *El principio de proporcionalidad penal*, op. cit., p. 70.

158 COBO DEL ROSAL, Manuel y VIVES ANTÓN, T. Salvador (1996). *Derecho penal, parte general.*, op. cit., p. 84.

159 SILVA SÁNCHEZ, Jesús Mª (1992). *Aproximación al Derecho penal*, op. cit., p. 259.

> Respecto a los delitos más graves no la hay [unidad de medida] porque no podemos castigar un genocidio con un genocidio o un homicidio con la pérdida de la vida, y por tanto aquí la pena es desproporcionada por defecto [...]. En cambio, en los delitos menos graves siempre hay un *overkill*, una excesividad de la pena, "una parte que es del Príncipe", como escribe FOUCAULT, porque ya para los delitos patrimoniales, la pérdida de la libertad por muchos años es claramente desproporcionada, no hay proporción entre estos bienes, lo vemos todos, ¿cómo hacemos para parametrizarlos?[160].

Frente a ello, Aguado Correa afirma que no es así, pues se debe entender en sentido material. En el mismo sentido, González-Cuellar Serrano ha afirmado que si se quiere contar con un instrumento útil para garantizar la observancia de los valores constitucionales se debe aceptar el contenido material del principio de proporcionalidad en sentido estricto[161].

8.2. El principio de legalidad

Asimismo, en relación con el principio de proporcionalidad se ha afirmado que reconociendo sus virtudes y su utilidad, su empleo abusivo también plantea problemas, "como su imposición frente a reglas legales, o incluso la tendencia de las propias leyes a incorporar este principio o sus derivados, con preferencia a reglas concretas que dotarían a las respuestas legales de mayor seguridad jurídica"[162].

---

160 En el original de DONINI, Massimo (2020). "Pena agìta e pena subìta", op. cit., p. 16: "*Rispetto ai delitti più gravi non c'è perché non possiamo punire un genocidio con un genocidio o un omicidio con la perdita della vita, e quindi qui la pena è sproporzionata per difetto: giustamente è sproporzionata per difetto [...]. Invece nei reati meno gravi c'è sempre un overkill, una eccessività della pena, una 'parte che è del Principe' come scrive FOUCAULT, perché già per i reati patrimoniali la perdita della libertà per molti anni è chiaramente sproporzionata, non c'è proporzione tra questi beni, lo vediamo tutti, come facciamo a parametrarli?*". *Vid.* también op. ult. cit., pp. 19 y ss.

161 AGUADO CORREA, Teresa (1999). El principio de proporcionalidad en derecho penal, op. cit., p. 70 (nota al pie 45); GONZÁLEZ-CUELLAR SERRANO, Nicolás (1990). *Proporcionalidad y derechos fundamentales en el proceso penal*, Madrid: COLEX, p. 227.

162 CÁRDENAS GRACIA, Jaime (2020). *Manual de Derecho constitucional*. Valencia: Tirant lo Blanch, pp. 103 y ss.

Es cierto que el principio de proporcionalidad plantea problemas de seguridad jurídica siempre y cuando no se concrete más su contenido y cuando se concrete con elementos variables y subjetivos, o el control no sea efectivo. En particular, los problemas de seguridad jurídica tienen especial vigencia en relación con los principios de idoneidad y necesidad, dada su vinculación con los fines del Derecho penal (potenciales u obtenidos), dada la falta de datos empíricos y la eterna discusión en torno a cuáles son legítimos y cuáles deben prevalecer. También con el principio de proporcionalidad estricta, si bien sólo cuando los fines se incluyan dentro de la ponderación, cuestión que se estudiará en ulteriores capítulos.

En todo caso, para hacer el principio más conciliable con la seguridad jurídica está claro que conviene centrarse más en su justificación y en determinar su contenido de manera lo más precisa posible.

8.3. La separación de poderes y la idea del legislador negativo

Otra de las críticas más importantes al principio de proporcionalidad se relaciona con la idea de que los Tribunales Constitucionales, al emplearlo y carecer de legitimidad democrática, intervienen ilegítimamente en las competencias que la del legislativo[163], funcionando como una suerte de legislador "negativo".

Sin embargo, el poder legislativo, igual que los demás poderes, tiene límites. Esas limitaciones vienen impuestas, principalmente, por la Constitución, y el principio de proporcionalidad en relación con la normativa penal es una de ellas. Por eso no se comparte la conveniencia del excesivo margen de discrecionalidad que se ha concedido por el TC al legislador en relación con la proporcionalidad y que ha reducido a práctica arbitrariedad el margen de actuación del legislador democrático. Una cuestión es que se deba hacer hincapié en el principio democrático —lo que es innegable—, pero ello no implica que no se deban controlar los límites de justicia que la Constitución le impone, entre los que se encuentra el principio de proporcionalidad.

---

163 Por todos, CÁRDENAS GRACIA, Jaime (2020). *Manual de Derecho constitucional*, op. cit.

8.4. Insostenibilidad

Tonry, por ejemplo, plantea que los modelos de determinación de la pena basados en la proporcionalidad son insostenibles, debiéndose buscar nuevos paradigmas para determinar la pena. Argumenta sobre la base de la desatención práctica que ha venido recibiendo el principio, y pone como ejemplo la introducción de las reglas de *three strikes* en Estados Unidos, que vulnera la idea de proporcionalidad[164]. Propone, en su lugar, paradigmas que reduzcan el énfasis en el tratamiento comparado de situaciones comparables, como la justicia restaurativa ("no es difícil imaginar que conferencias simultáneas en salas contiguas relativas a delitos altamente parecidos puedan resultar en *outcomes* significativamente distintos, pero unánimemente aceptados"[165]). En consecuencia, la propuesta de Tonry supone eliminar las limitaciones impuestas por la proporcionalidad en general, a excepción de ciertos límites para penas altamente desproporcionadas.

Responde Von Hirsch que ello es consecuencia de la intervención de "ciertas políticas de derechas" basadas en un *ethos* punitivista, que desentenderse de los requisitos del principio de la proporcionalidad lleva a ignorar también la justicia. No se puede permitir que las partes persigan alcanzar cualquier fin con la aceptación de la pena, y, además, las partes usualmente no tienen posiciones de negociación comparables, por lo que a veces tienden a aceptar por ser la opción menos amenazante[166]. En consecuencia, seguir el principio de proporcionalidad sería lo justo[167]. Prescindir de los requisitos del principio de proporcionalidad tampoco puede hacerse, por ende, cuando se aplican mecanismos de determinación de la pena alternativos, como la justicia restaurativa, pues, aunque se considere que no es una forma oficial de administración del castigo, sí se acaba determinando una pena para el condenado, que sigue siendo dañina y humillante[168].

---

164 TONRY, Michael (1996). *Sentencing matters.* New York: OUP, *passim.*

165 Ibídem.

166 VON HIRSCH, Andrew (2007). "The 'desert' model for sentencing", *Social research,* Summer, Vol. 74, n° 2, Punishment: The US record, pp. 424-426.

167 Ibídem, pp. 422 y ss.

168 Ibídem, p. 425.

En fin, quien escribe entiende que la proporcionalidad es precisamente un límite a la dureza del Derecho penal. Se debe afirmar, en este sentido, que el Estado no se puede poner en el lugar del delincuente, de tal modo que su restricción de los derechos debe orientarse a ser sólo una restricción, y no una vulneración de los mismos, de tal modo que la relación no será de equivalencia, sino correspondencia o correlación, y la respuesta estatal siempre debe ser mucho menos dura que la gravedad de la infracción penal. Por último, en relación con la justicia restaurativa se puede entender que, en cualquier caso, si lo administra el Estado o es la forma oficial de administración de censura por la infracción de las normas más graves, entonces la proporcionalidad también importa.

8.5. Conservadurismo y mantenimiento del *statu quo*

También varios autores han criticado que los principios materiales de origen constitucional, como la proporcionalidad, concretan e institucionalizan la moral social o política vigente, razón por la que es un control irracional[169]. Además, se ha estimado que el principio de proporcionalidad (en general, no en Derecho penal, sino como método de ponderación genérico), es un método que al buscar la conciliación y la armonización entre los principios "favorece el mantenimiento de lo establecido"[170], que favorece a los intereses del *statu quo* y carece de la capacidad transformadora de esa realidad[171].

---

169 CÁRDENAS GRACIA, Jaime (2020). *Manual de Derecho Constitucional*, op. cit., pp. 155-199.

170 Ibídem.

171 Ibídem. Afirma el autor: "La proporcionalidad simplemente pretende determinar qué principio prevalece en el caso concreto, pero no se propone hacer de él, un mecanismo de cambio social o económico. En este sentido, es un método conservador que viene a beneficiar a los intereses económicos, sociales y políticos que respaldan la realidad existente. Su capacidad de manipulación no va a ir en contra de las expectativas de las respectivas oligarquías dominantes o hegemónicas, ya sea de las naciones o del espacio supranacional. Con el principio de proporcionalidad se podrá abundar y adicionar en los ámbitos de lo políticamente correcto, de la moral prevaleciente, pero nunca este principio servirá para trastocar los modelos económicos, políticos o simbólicos de dominación".

Sin embargo, como se ha matizado, estas afirmaciones se refieren al principio de proporcionalidad constitucional genérico, al canon de ponderación entre derechos fundamentales, y no se pueden hacer extensivas al principio de proporcionalidad penal, que precisamente se configura como un límite de control de legitimidad a la intervención penal. Aunque es cierto que para que se configure como un método de control verdadero e independiente del *statu quo* debe realmente concretar su contenido y desligarse de los intereses y finalidades que se persigan.

8.6. Severidad

Hay críticos de la proporcionalidad que señalan que, si bien la teoría puede permitir una reducción considerable de las penas, no impone este resultado y puede conllevar, en cambio, un incremento del castigo: "El proporcionalismo, dicen sus críticos, a pesar de todas sus pretensiones de liberalismo, se adapta bien a penas severas"[172].

Sin embargo, se comparte con Von Hirsch que, al poner el límite en la proporcionalidad, se reducen las tentaciones de aumentar los castigos con la esperanza de conseguir un impacto preventivo[173], se evita que empeoren la pena la consideración de factores sociales de los delincuentes que vienen de un medio social desfavorecido (como indicadores del riesgo de delincuencia)[174], y también evita las formas más terroríficas del utilitarismo penal[175]. Von Hirsch defiende una perspectiva penológica proporcionalista frente al populismo punitivo, que no justifique un incremento penal y que permita un impacto menos desigual de las políticas criminales (sin enfocarse en determinados delitos que se consideran más preocupantes[176] —en la actualidad se podrían identificar en ese ámbito los delitos de bagatela, los de terrorismo y los de expresión—).

---

172 VON HIRSCH, Andrew (1998). *Censurar y castigar.* Madrid: Trotta, p. 147.
173 Ibídem, p. 149.
174 Ibídem, p. 152.
175 Ibídem, p. 149.
176 Ibídem, p. 157.

Tonry, por ejemplo, ha defendido que los autores que defienden la proporcionalidad de las penas subordinan la benignidad a la proporcionalidad: "Los defensores de un principio de proporcionalidad rígido necesariamente prefieren la igualdad a la minimización del sufrimiento"[177]. Sin embargo, la crítica de Tonry se basa en una realidad que, como afirma Von Hirsch, no respeta del todo el principio de proporcionalidad. Si se respetase el principio de proporcionalidad cardinal (que se verá posteriormente), se reducirían en general los puntos de anclaje de las penas. Además, siguiendo a Von Hirsch, la benignidad se refiere al fin loable de reducir el sufrimiento, pero si lleva consigo reducciones selectivas de penas se favorecerá a unos grupos o a otros, sin seguir criterios de proporcionalidad ni de justicia[178]. Se abre la puerta a un Derecho penal injustificadamente (y puede que injustamente) desigual.

También se debe matizar que la proporcionalidad no exige equivalencia (no es un "ojo por ojo"), sino correspondencia y correlación. Se reitera, en este sentido, que el Estado no se puede poner en el lugar del delincuente y vulnerar con la misma firmeza los derechos fundamentales, y sólo puede restringirlos ante las violaciones más graves de los mismos, razón por la cual la proporcionalidad no es tan dura, pues cumple una función de protección de los individuos ante la intervención más severa del Estado.

II. PRINCIPIOS AFINES AL DE PROPORCIONALIDAD PENAL

Ya se ha mencionado que más allá de los principios en los que la proporcionalidad encuentra su fundamento, el principio se vincula, asimismo, con principios político-criminales de limitación del *ius puniendi* estatal, como el principio de exclusiva protección de bienes jurídicos y ofensividad, el principio de intervención mínima, *ultima* o *extrema ratio*, fragmentariedad y subsidiariedad (y el principio del

---

177 TONRY, Michael (1992). "Salvaging the sentencing guidelines in seven easy steps", *Federal sentencing reporter*, mayo-junio, *passim*.

178 Ibídem.

daño, fundamental en Derecho anglosajón[179], así como los principios de *non bis in ídem*, culpabilidad, legalidad (en su vertiente material), exigibilidad y resocialización.

En general, los principios que son de corte político-criminal (los límites desarrollados por la doctrina y jurisprudencia ante el poder punitivo estatal), disfrutan de una menor fuerza efectiva que los que emanan directamente de la Constitución[180]. En este apartado se explicarán de modo sucinto la mayor parte de estos principios y su relación con la proporcionalidad en Derecho penal, con exclusión de aquellos que ya se han analizado al considerarlos fundamento del principio de proporcionalidad penal (se incluye también el análisis del principio de legalidad, pues previamente se ha afirmado que tienen una vinculación intrínseca, pero uno no es fundamento del otro). El análisis tiene por objetivo clarificar las distintas nociones que entran en relación con la proporcionalidad en Derecho penal.

1. Los principios de exclusiva protección de bienes jurídicos, ofensividad y harm principle

1.1. Exclusiva protección de bienes jurídicos, ofensividad y lesividad

La mayoría de la doctrina continental considera el principio de exclusiva protección de los bienes jurídicos o lesividad como un prin-

---

179 VIGANÒ, Francesco (2021). *La proporzionalità della pena*, op. cit., pp. 233-253 relaciona el principio de proporcionalidad entre gravedad de la pena y gravedad del delito con los principios de igualdad y racionalidad (artículo 3 de la Constitución Italiana, de contenido muy similar al artículo 14 de la CE), y a los principios de humanidad, ofensividad, y *extrema ratio* del Derecho penal.

180 Ello se refleja en la jurisprudencia de la Corte Costituzionale italiana, que ha desarrollado menos los principios de contenido exclusivamente penal que los demás principios. Véase PALAZZO, Francesco (1996). "Costituzione e diritto penale (un appunto sulla vicenda italiana)", *Riv. Dir. Cost.*, 1996, nº 179, pp. 167-181; RECCHIA, Nicola (2020). *Il principio di proporzionalità nel Diritto penale.* Op. Cit., p. 112, quien explica que tan sólo recientemente la Corte ha adoptado de modo explícito el modelo de juicio fundado sobre la proporcionalidad.

cipio limitador del *ius puniendi* que excluye la punición de la manifestación de la voluntad infiel del individuo[181] y siendo garantía de la neutralidad moral del Derecho penal frente a incriminaciones en las que se sanciones meros valores morales. El principio da contenido al aforismo *nullum crime sine iniuria*, y se corresponde también con el contenido de los principios de lesividad u ofensividad, ya que exige que se penen sólo las conductas que pongan en peligro o lesionen los bienes jurídico-penales.

En nuestro ordenamiento no está expresamente reconocido[182] ni en la Constitución ni en el CP, pese a que el art. 3.1 del borrador de Anteproyecto del Código penal de 1990 se proponía la previsión expresa del principio, determinándose: "La pena presupone la lesión o la puesta en peligro de bienes jurídicos". En cualquier caso, aunque desde luego es innegable la conveniencia de incluir en el Código expresamente todo principio[183] por motivos de legalidad y de garantía de la efectiva aplicación del contenido que predique, también se criticó la falta de contenido de la fórmula prevista en el borrador[184].

---

[181] GARCÍA-PABLOS DE MOLINA, Antonio (2000). *Derecho penal. Introducción*, Madrid: Universidad Complutense, p. 267.

[182] Tampoco lo está en el ordenamiento italiano, aunque hay autores como DOLCINI, Emilio y MARINUCCI, Giorgio (1994). "Costituzione e politica dei beni giuridici", *RIDPP*, 335, que han defendido su rango constitucional derivándolo de la configuración del estado pluralista, laico e inspirado en el valor de la tolerancia, en el que el poder emana del pueblo y se da valor a la dignidad de la persona y otros derechos inviolables, de lo que se deriva la afirmación de que el art. 25.2 CI al referirse al principio de legalidad del delito en relación con el hecho cometido, cuando hace referencia al *fatto* lo hace Enel sentido de ofensa a bien jurídico. Sn embargo, FERRAJOLI, Luigi (1995). *Derecho y razón*, Madrid: Trotta, p. 474 señala que no está reconocido en el ordenamiento italiano, aunque sería ilógico pensar que restringir un valor primario como es la libertad y constitucionalmente protegido se puede restringir sin pretender actuar sólo frente a ataques a bienes de relevancia constitucional.

[183] GONZÁLEZ. CUSSAC, José Luis (1992). "Principio de ofensividad, aplicación del Derecho y reforma penal", *PJ*, especial, n. 28, pp. 31-32.

[184] AGUADO CORREA, Teresa (1999). *El principio de proporcionalidad en derecho penal*, op. cit., p. 164.

Para la mayoría de la doctrina se vincula con o se deriva del principio de proporcionalidad de una u otra manera[185]. En particular, para algunas autoras el principio de exclusiva protección de bienes jurídicos es una concreción del principio de necesidad, y este del de proporcionalidad en sentido amplio, como se verá a lo largo del trabajo[186].

El problema de la lesividad del delito es desarrollado, en Derecho comparado, a través de las categorías de *harm principle*, *Sozialschädlichkeit*, *offensività*, intervención mínima y la idea de necesidad estricta de tutela penal[187].

En España, se entiende que el principio de lesividad requiere que el Estado sólo puede intervenir penalmente cuando exista una amenaza de lesión o peligro para concretos bienes jurídicos, reconociéndose el margen del legislador para seleccionar los bienes a tutelar[188]. Además, hay que tener en cuenta que para determinar el contenido del principio habrá que acudir a la noción de bien jurídico, que en este trabajo se analiza posteriormente en el apartado dedicado al contenido propuesto del principio de proporcionalidad —por lo pronto, se adelanta que la noción de bien jurídico que aquí se sigue

---

185 CARBONELL MATEU, Juan C. (1996). *Derecho penal: concepto y principios constitucionales*, op. cit., p. 82, lo vincula al principio de prohibición de exceso; FERRAJOLI, Luigi (1995). *Derecho y razón*, op. cit., p. 467, lo vincula a la necesidad de pena; LUZÓN PEÑA, Diego M. (1994). *Curso de derecho penal, Parte general*, Volumen I, op. cit., p. 82 se vincula con el principio de necesidad para la protección social; SILVA SÁNCHEZ, Jesús Mª (1992). *Aproximación al Derecho penal*, op. cit., p. 267, el principio de exclusiva protección de bienes jurídicos es concreción del principio de proporcionalidad —entendido como la relación valorativa entre la conminación abstracta (típica), la estricta (imposición de penas) y el hecho considerado globalmente— y de los principios de necesidad y utilidad de la intervención penal. De este modo, para el autor se conectan las ideas de "merecimiento" y "necesidad" de protección.

186 AGUADO CORREA, Teresa (1999). *El principio de proporcionalidad en derecho penal*, op. cit., p. 165; BERDUGO GÓMEZ DE LA TORRE, Ignacio et al. (2010). *Curso de Derecho penal, parte general*, op. cit., pp. 47 y ss.

187 DONINI, Massimo (2012). "L'eredità di Bricola e il costituzionalismo penale come metodo", op. cit., p. 71.

188 BERDUGO GÓMEZ DE LA TORRE, Ignacio, PÉREZ CEPEDA, Ana Isabel y ZÚÑIGA RODRÍGUEZ, Laura (2015). *Lecciones y materiales para el estudio del derecho penal* (tomo 1). Madrid: Iustel, p. 91.

es material y no formal—. También el TC ha admitido que la limitación de derechos constitucionales requiere la protección de un bien jurídico (v. gr. en la STC 62/1982, ya citada, FFJJ 5 y 6[189])[190].

En Italia, la *offensività* hace referencia a la tutela penal de bienes de "significativa relevancia constitucional"[191], y se interpreta como consistente en dos niveles. En el primer nivel se atiende la aplicación del Derecho penal vigente (está en tensión con los deberes del legislador) y el segundo atiende a su aplicación crítica (estando en tensión con los deberes del juez). Igual que sucede en España con el principio de lesividad, el principio no está previsto expresamente en la Constitución al considerar que se trata de un principio de política criminal, que se refiere a los deberes políticos del legislador y no a los parámetros de legitimidad jurídico-constitucionales de las leyes penales[192]. En Europa no ha existido un concepto similar al de lesividad, tal como ha sido reconocido en España e Italia hasta ahora; aunque sí es más fuerte el movimiento colectivo de constitucionalización europea del Derecho penal que absorbe fundamentalmente la perspectiva del Derecho penal constitucionalista italiano[193].

---

189 Se afirma en esta sentencia: "Por otra parte, para valorar la proporcionalidad de la pena cuando es de inhabilitación, debe tenerse en cuenta que la misma supone una restricción de la libertad de expresión por lo que su duración temporal habrá de ser limitada —de acuerdo con una fijación inicialmente confiada al arbitrio del legislador— y su contenido habrá de circunscribirse a la protección del bien o bienes jurídicos afectados [...]. Y por último, tampoco podemos afirmar que resulta desproporcionada la pena de inhabilitación impuesta, en cuanto [...] su contenido no excede tampoco de la protección de los bienes jurídicos lesionados dentro de los límites que es necesario reconocer al margen de apreciación que corresponde al arbitrio judicial".

190 Reconocido también por el Pleno del TC en posteriores sentencias, entre las que se encuentran —sin ánimo de exhaustividad— las SSTC 111/1993, FJ 6 (Tribunal Constitucional. Pleno. Sentencia 111/1993, de 25 de marzo. Ponente: D. Alvaro Rodriguez Bereijo; 55/1996, de 28 de marzo, ya citada, FJ 6; STC 60/2010, FFJJ 10 y ss. (Tribunal Constitucional, Pleno. Sentencia 60/2010, de 7 de octubre de 2010. Ponente: D. Javier Delgado Barrio).

191 Ibídem.

192 DONINI, Massimo (2002). "Prospettive europee del principio di offensività". En CADOPPI, Alberto. *Offensività e colpavolezza*. Padova: CEDAM, p. 114.

193 DONINI, Massimo (2012). "L'eredità di Bricola e il costituzionalismo penale come metodo", op. cit., p. 71.

El contenido del principio tiene una doble virtualidad, siendo aplicable como límite al poder legislativo[194], pero también determinante en la interpretación y aplicación de la ley penal por parte del juzgador[195]. Para Aguado Correa la doble virtualidad del principio del principio se deriva del art. 9.1 CE, que establece un mandato de sujeción de los poderes públicos a la Constitución y el resto del ordenamiento[196]. La primera se ha conocido como función de garantía del bien jurídico, aunque el concepto no nace con la pretensión de limitar al legislador, sino que simplemente especifica el objeto de proporcionalidad, por lo que aparece como un límite relativo frente al legislador[197], razón por la cual se debe ser prudente en relación con la función garantizadora del bien jurídico[198]. La segunda opera como un verdadero límite frente al juez o tribunal que interpreta y/o aplica el Derecho[199].

Es, como se verá, evidente la relación entre el principio de lesividad y el de proporcionalidad, lo que se refleja en el conteni-

---

194 La doctrina clásica sólo atribuía valor a esta variante.

195 En este sentido, la STC 111/1993, ya citada, el TC conecta el principio de exclusiva protección de bienes jurídicos con el momento legislativo y el judicial. Lo mismo se predica de la sentencia de la Corte Costituzionale italiana, que en la sentencia de 10-11/07/1991 afirma que es deber del juez apreciar a través del canon general interpretativo ofrecido por la ofensividad de la conducta, si la conducta del sujeto carece de cualquier idoneidad lesiva concreta en relación con el bien jurídico tutelado (en referencia a la posesión de droga que supere la dosis media diaria).

196 AGUADO CORREA, Teresa (1999). *El principio de proporcionalidad en derecho penal*, op. cit., p. 168.

197 Ibídem, pp. 168-214. El principio de exclusiva protección de bienes jurídicos funciona así, afirma AGUADO CORREA, Teresa (1999). *El principio de proporcionalidad en derecho penal*, op. cit., p. 213, como un principio que indica criterios negativos (de deslegitimación): la irrelevancia del bien jurídico, la ausencia de una ofensa al mismo en el caso concreto, la inidoneidad de las penas para tutelar el bien jurídico de modo eficaz, la posibilidad de proteger el bien jurídico a través de medios no penales o la desproporción con la pena.

198 TERRADILLOS BASOCO, Juan M. (1981). "La satisfacción de necesidades como criterio de determinación del objeto de tutela jurídico-penal", *Revista de la Facultad de Derecho de la Universidad Complutense*, N° 63, 1981, p. 129.

199 Para AGUADO CORREA, Teresa (1999). *El principio de proporcionalidad en derecho penal*, op. cit., p. 202, el principio de lesividad en su vertiente judicial lleva consigo el requisito de que el juez verifique que el hecho ha lesionado o ha puesto en peligro un bien jurídico a través de dicha norma, y si no, declarar su atipicidad.

do asignado al último principio en este trabajo, que se estudia en el último Capítulo. La lesividad determina la integración en el principio de proporcionalidad de las penas de contenidos de gravedad, dañosidad o lesividad específicos que concurran en la conducta delictiva y se contrasten para determinar la dosimetría punitiva. En cualquier caso, si bien la noción de bien jurídico es útil, el principio de exclusiva protección de bienes jurídicos funciona sólo cuando funcione la intuición, pues está exento de un contenido más concreto que le da virtualidad negativa y parcial[200], por lo que tal vez convendría revisar al menos su mecanismo de aplicación sistemática.

1.2. El principio del daño

En el ámbito anglosajón, el contenido del principio de lesividad encuentra a su pariente más cercano en el principio del daño (*harm principle*). Ya Ulpiano introducía en su división la fórmula del *neminem laedere*[201] (no causar daño a nadie, o a otro), como el segundo de los tres principios ulpianeos (vivir honestamente, no hacer daño a otros y dar a cada uno lo suyo). En el Derecho anglosajón usualmente no se considera que el principio del daño imponga ni prohíba la criminalización de una conducta, funcionando simplemente como un elemento que favorece la legitimación. Feinberg expresa, en esta línea, que el principio del daño actúa sólo como un principio favorecedor, es decir, no impone tipificar como delito las acciones dañosas,

---

200 OCTAVIO DE TOLEDO (1990). "Función y límites del principio de protección exclusiva de bienes jurídicos", *ADPCP*, pp. 20 y ss. pone en duda la eficacia del bien jurídico como límite al poder punitivo estatal en el ámbito judicial, al considerar que la práctica judicial puede llevar a relativizar la trascendencia otorgada a este límite al poder legislativo estatal. En cambio, para AGUADO CORREA, Teresa (1999)., op. cit., p. 214, el principio de exclusiva protección de bienes jurídicos adquiere mayor importancia en el momento de interpretación y aplicación de la ley, dado el margen que tiene el legislador para elegir y configurar los bienes jurídicos dignos de protección penal, a lo que se suma el hecho de que el control del TC es mayor sobre la actividad de jueces y tribunales que sobre el legislador.

201 Ulpiano: Digesto 1, 1, 10, 1.

aunque funciona como una "buena razón" para tipificar penalmente una conducta[202].

2. *Los principios de intervención mínima, ultima ratio o subsidiariedad y fragmentariedad*

La doctrina del Derecho penal del *civil law* es prácticamente unánime en aceptar la esencialidad del papel que juega el principio de intervención mínima en nuestros ordenamientos penales. La fórmula, introducida en España por Muñoz Conde, goza de una gran popularidad.

Sin embargo, autores como Recchia[203], Prieto del Pino[204], o Bacigalupo Zapater[205] han puesto en duda su virtualidad aplicativa al no ser un verdadero principio de rango constitucional, sino un principio limitador del *ius puniendi* estatal, de naturaleza penalística ejercitable sólo como criterio guía de la política criminal.

La mayoría de la doctrina estima que el principio de subsidiariedad o necesidad debe exigir un nivel de eficiencia en las normas extrapenales igual o superior al del Derecho penal (un nivel de eficiencia óptimo). El Tribunal Constitucional español ha establecido que las medidas más gravosas no pueden utilizarse cuando las más débiles tengan la misma, semejante o similar funcionalidad o idoneidad. En este trabajo, sin embargo, como se ha indicado ya, se considera que no se debe exigir un nivel de eficiencia óptimo ni idóneo. Se sigue la línea de Prieto del Pino, estimando que es suficiente con que las normas extrapenales tengan un nivel de eficiencia satisfactorio con

---

202 FEINBERG, Joel (1984): *Harm to others: The Moral Limits of the Criminal Law*, Vol. 1 (New York, Oxford University Press, p. 48.

203 RECCHIA, Nicola. *Il principio di proporzionalità nel Diritto penale*, op. cit., pp. 55 y ss.

204 PRIETO DEL PINO, Ana Mª (2016). "Los contenidos de racionalidad del principio de proporcionalidad en sentido amplio: el principio de subsidiariedad", op. cit., p. 274.

205 BACIGALUPO ZAPATER, Enrique (1994). *Principios de derecho penal: parte general.* Madrid: Akal, p. 32.

costes menores[206], teniendo el principio un carácter puramente utilitario (se comparan diversos medios —idóneos para el objetivo marcado— para la consecución del objetivo).

Respecto al principio de fragmentariedad, siguiendo —con carácter general, aunque con alguna modificación— la sistematización realizada por Prieto del Pino[207], se pueden distinguir tres posturas principales. La primera postura entiende que el carácter fragmentario del Derecho penal sólo se relaciona con la idea de eficiencia, por lo que se considera que sólo limitándose a la represión de los hechos más graves es posible mantener la eficacia preventiva del Derecho penal[208]. La segunda posición doctrinal entiende que tanto el principio de *ultima ratio* como el de fragmentariedad obedecen al principio de necesidad[209], introduciendo muchos de estos autores también el criterio la importancia del bien jurídico o de la gravedad del ataque (que no responden al principio de necesidad sino más bien al de proporcionalidad)[210]. La última corriente doctrinal entiende que el carácter fragmentario responde a la selectividad que desarrolla el

---

206 PRIETO DEL PINO, Ana Mª (2016). "Los contenidos de racionalidad del principio de proporcionalidad en sentido amplio: el principio de subsidiariedad", op. cit., pp. 294-305. En este trabajo se considera que dada la similitud de la segunda y tercera corriente que presenta la autora es conveniente considerarlas como una sola corriente, con independencia de las discrepancias que después presenten los autores entorno a otras cuestiones como el principio de intervención mínima.

207 Ibídem, p. 275.

208 Ibídem.

209 En este sentido, *vid.* CANCIO MELIÁ, Manuel (2019). "Capítulo III: Principios del Derecho penal". En LASCURAÍN SÁNCHEZ, Juan A. (Coord.). *Introducción al Derecho penal.* Madrid: Ediciones B.O.E., p. 97; LUZÓN PEÑA, Diego M. (1994). *Curso de derecho penal, Parte general,* Volumen I, op. cit., p. 83; COBO DEL ROSAL, Manuel y VIVES ANTÓN, T. Salvador (2007). *Derecho penal, parte general.* Valencia: Tirant lo Blanch, pp. 78 y ss.

210 Dada la combinación de ambos factores según SILVA SÁNCHEZ, Jesús Mª (1992). *Aproximación al Derecho penal,* op. cit., pp. 246 y 247, entiende que el principio de intervención mínima sólo comprende el de *ultima ratio* y no el de fragmentariedad. Quien escribe este trabajo estima que más allá de una cuestión terminológica ello sólo implica vaciar de contenido el principio de intervención mínima, que, como principio que conjuga los de *ultima ratio* y de fragmentariedad expresa una idea holística de ambos principios y que no necesita ser alterada.

Derecho penal en relación exclusivamente con la relación proporcional entre la gravedad del tipo de injusto y la consecuencia jurídica aplicada[211].

2.1. Intervención mínima

El principio de intervención mínima del Derecho penal exige que el Derecho penal sólo actúe frente a los ataques más graves a los bienes jurídicos más importantes, que no sea posible proteger a través de medios menos lesivos. El principio de intervención mínima se realiza a través de dos subprincipios: el de fragmentariedad (el Derecho penal sólo debe sancionar los ataques más graves a los bienes jurídicos más importantes) y el de subsidiariedad (el Derecho penal sólo debe actuar cuando medios menos lesivos se demuestren ineficaces). Se ha afirmado que estos principios, junto con el de exclusiva protección de bien jurídicos, concentran la noción de merecimiento y necesidad de pena, determinando el horizonte de la criminalización y los principios que conforman el principio de proporcionalidad en sentido amplio (idoneidad y necesidad)[212].

La intervención mínima exige la descriminalización de injustos poco graves, y, para algunos autores también determina (como la otra cara de la moneda), la "legitimación de la incriminación de determinados comportamientos, o, incluso, la ampliación de la protección penal a un bien jurídico, cuando el resto de las medidas no aparezcan como suficientes para ofrecer protección a bienes jurídicos importantes"[213].

El principio fue introducido inicialmente por Muñoz Conde, según el cual "el Derecho penal sólo debe intervenir en los casos de

---

211 PRIETO DEL PINO, Ana Mª (2016). "Los contenidos de racionalidad del principio de proporcionalidad en sentido amplio: el principio de subsidiariedad", Op. Cit.

212 La noción de merecimiento de pena expresaría el principio de protección exclusiva de bienes jurídicos y el principio de fragmentariedad, y el concepto de necesidad de pena expresaría la idoneidad y subsidiariedad (AGUADO CORREA, Teresa (1999). *El principio de proporcionalidad en derecho penal*, op. cit., pp. 217 y ss.).

213 Ibídem, p. 222.

ataques muy graves a los bienes jurídicos más importantes"[214], y es reconocido por la mayoría de la doctrina del ámbito de Derecho continental, aunque hay autores como Bacigalupo Zapater[215] que han afirmado que no tiene capacidad para ser considerado un principio autónomo.

El principio se puede ver fundamentado, según algunos autores, en la Constitución[216]. Se afirma que el principio tiene un triple fundamento[217]: político, criminológico y político-criminal[218]. Se afirma que en los casos en que la Constitución establece un mandato para que el legislador acuda a las sanciones penales en relación con determinados ámbitos[219] no se trata de una obligación porque habrá que valorar la necesidad de tal protección y no todos los atentados al medioambiente ni al patrimonio histórico, cultural o artístico han de ser sancionados por la ley penal, así como no todos los elementos integrantes del patrimonio artístico han de serlo[220].

---

214 MUÑOZ CONDE, Francisco (1975). *Introducción al Derecho penal.* Barcelona: Bosch, p. 59.

215 BACIGALUPO ZAPATER, Enrique (1994). *Principios de derecho penal: parte general.* Madrid: Akal, p. 32.

216 Así lo afirma, por ejemplo, AGUADO CORREA, Teresa (1999). *El principio de proporcionalidad en derecho penal,* op. cit., p. 220, quien lo vincula al art. 1.1 CE al considerarse que la intervención estatal sólo está justificada en cuanto sea necesaria para la protección de la sociedad; y al art. 10 CE, relativo a la dignidad humana, que exige que el Derecho penal ha de limitarse a aquellas intervenciones que sean necesarias para proteger la convivencia.

217 Ibídem, pp. 223 y ss.

218 Ibídem. El político se referiría al consenso social en limitar sólo al mínimo la libertad de los ciudadanos en la medida en que sea necesaria, el criminológico a la efectividad de reducir la intervención penal, y el político-criminal se debe a su idoneidad para prevenir delitos.

219 El artículo 45.3 CE dispone: "Para quienes violen lo dispuesto en el apartado anterior, en los términos que la ley fije se establecerán sanciones penales o, en su caso, administrativas, así como la obligación de reparar el daño causado"; y el artículo 46 dispone: "Los poderes públicos garantizarán la conservación y promoverán el enriquecimiento del patrimonio histórico, cultural y artístico de los pueblos de España y de los bienes que lo integran, cualquiera que sea su régimen jurídico y su titularidad. La ley penal sancionará los atentados contra este patrimonio".

220 AGUADO CORREA, Teresa (1999). *El principio de proporcionalidad en derecho penal,* op. cit., p. 219.

El principio de intervención mínima ha sido reconocido expresa o tácitamente por el TC al hacer referencia al mismo o a su contenido. Así, en la STC 53/1985, de 11 de abril[221], se hace referencia a "establecer un sistema legal para la defensa de la vida que suponga una protección efectiva de la misma y que, dado el carácter fundamental de la vida, incluya también como última garantía las normas penales", matizando que "no significa que dicha protección haya de revestir carácter absoluto". En la STC 241/1991 se afirma que "ha de estimarse desproporcionada respecto del fin perseguido por la norma penal y que pugna con el principio de intervención mínima que preside el orden penal"[222]. En la STC 55/1996 el TC hace referencia a la existencia de medidas alternativas menos gravosas pero que sean de la misma eficacia que el principio de intervención mínima[223]. Más recientemente, la STC 26/2018, de 5 de marzo, reconoce vigencia al principio de intervención mínima del Derecho penal[224], según el cual, afirma el Pleno, se reserva la sanción punitiva a los casos de mayor gravedad[225].

También ha sido reconocido por el legislador penal en varias ocasiones: en la Exposición de Motivos de la LO 3/1989, de 21 de junio, de modificación del Código penal[226], la Exposición de Motivos de la

---

[221] Tribunal Constitucional. Pleno. Sentencia 53/1985, de 11 de abril. Ponentes: Dña. Gloria Begué Cantón y D. Rafael Gómez-Ferrer Morant, FJ 7.

[222] Tribunal Constitucional. Sala Segunda. Sentencia 241/1991, de 16 de diciembre, FJ 4. Ponente: D. Alvaro Rodríguez Bereijo, FJ 4.

[223] Tribunal Constitucional. Pleno. Sentencia 55/1996, de 28 de marzo. Ponente: D. Carles Viver Pi-Sunyer, FJ 8.

[224] Tribunal Constitucional. Sala Primera. Sentencia 26/2018, de 5 de marzo. Ponente: D. Alfredo Montoya Melgar, FJ 6, donde afirma la Sala: "en materia penal rige el denominado principio de intervención mínima, conforme al cual la intromisión del Derecho Penal debe quedar reducida al mínimo indispensable para el control social. De modo tal que la sanción punitiva, como mecanismo de satisfacción o respuesta, se presenta como ultima ratio, reservada para aquellos casos de mayor gravedad y siempre sometida a las exigencias de los principios de legalidad y tipicidad".

[225] Interpretación recogida posteriormente por la STC 45/2022, de 23 de marzo, FJ 11 (Tribunal Constitucional. Pleno. Sentencia 45/2022, de 23 de marzo. Ponente: D. Pedro José González-Trevijano Sánchez), FJ 11.

[226] Donde se afirmaba: "Entre los principios en que descansa el Derecho penal moderno destaca el de intervención mínima. En mérito suyo el aparato punitivo reserva su actuación para aquellos comportamientos o conflictos cuya importancia o trascendencia no puede ser tratada adecuadamente más que con el recurso a la

LO 10/1995, de 23 de noviembre, por la que se aprueba el Código penal[227], y el Preámbulo de la LO 1/2015, de 30 de marzo, por la que se modifica el Código penal[228].

2.2. Principio de subsidiariedad

El principio del Derecho penal como *ultima* o *extrema ratio*, o de subsidiariedad[229] exige que el Derecho penal sea el último medio de protección de los bienes jurídicos. Se considera una exigencia derivada del principio de proporcionalidad[230], y por tanto de la Constitución[231].

---

pena: tan grave decisión se funda a su vez en la importancia de los bienes jurídicos en juego y en la entidad objetiva y subjetiva de las conductas que los ofenden".

227 Y que afirma la existencia de una antinomia entre el principio y las necesidades de tutela social: "En segundo lugar, se ha afrontado la antinomia existente entre el principio de intervención mínima y las crecientes necesidades de tutela en una sociedad cada vez más compleja, dando prudente acogida a nuevas formas de delincuencia, pero eliminando, a la vez, figuras delictivas que han perdido su razón de ser".

228 En el Preámbulo de dicha ley se afirma, por una parte, que la eliminación de las faltas responde al principio de intervención mínima (aunque es una afirmación falaz dado que llevó consigo un incremento del carácter restrictivo del Derecho penal): "La reducción del número de faltas —delitos leves en la nueva regulación que se introduce— viene orientada por el principio de intervención mínima, y debe facilitar una disminución relevante del número de asuntos menores que, en gran parte, pueden encontrar respuesta a través del sistema de sanciones administrativas y civiles". También se afirma que ciertas imprudencias deben reconducirse a la vía civil: "No toda actuación culposa de la que se deriva un resultado dañoso debe dar lugar a responsabilidad penal, sino que el principio de intervención mínima y la consideración del sistema punitivo como última ratio, determinan que en la esfera penal deban incardinarse exclusivamente los supuestos graves de imprudencia, reconduciendo otro tipo de conductas culposas a la vía civil".

229 En este trabajo no se considera que, en ningún caso, que este principio excluya el carácter autónomo del Derecho penal.

230 Otros autores, como RODRÍGUEZ MOURULLO, Gonzalo (1978). *Derecho penal, parte general*, Madrid: Civitas, p. 20, consideran que es una exigencia ética del legislador; otros como OCTAVIO DE TOLEDO Y UBIETO, Emilio (1981). *Sobre el concepto del Derecho penal*, op. cit., p. 360, consideran que se trata de un límite político y de racionalidad en la economía del control social derivado de la condición democrático del Estado.

231 AGUADO CORREA, Teresa (1999). *El principio de proporcionalidad en derecho penal*, op. cit., p. 232; LÓPEZ GARRIDO, Diego y GARCÍA ARÁN, Mercedes (1996). *El código penal de 1995 y la voluntad del legislador*, op. cit., p. 29.

En cualquier caso, según autoras como Aguado Correa el principio requiere de una comprobación previa: la idoneidad del comportamiento para lesionar o poner en peligro el bien jurídico en cuestión[232] y determinar si es necesaria la tutela penal para prevenir la dañosidad social, incluyendo el estudio de si la intervención penal en el caso concreto va acompañada de consecuencias accesorias lesivas[233]. Se aplicará, según el TC, en defecto de medidas alternativas "palmariamente de menor intensidad coactiva y de una funcionalidad manifiestamente similar a la que se critique por desproporción"[234].

El principio sólo ofrece (igual que el de bienes jurídicos) una protección negativa y parcial (señalando qué conductas no se deben castigar). Dado el margen de decisión del legislador se ha afirmado que el principio de subsidiariedad es más una orientación político-criminal que un deber o imposición[235].

Asimismo, dada la inexistencia de estudios empíricos sobre la eficacia de las distintas políticas públicas penales, el requisito de idoneidad del Derecho penal es incontrastable, al menos con los datos actuales. Además, es improbable que se vayan a destinar los (inagotables) recursos necesarios para desarrollar estudios sobre la eficacia del Derecho penal en general y en cada uno de los tipos previstos en cada ordenamiento penal. Sin embargo, sería lo deseable si queremos garantizar la eficacia del Derecho penal y otorgar un mayor contenido garantista al principio de subsidiariedad.

Empero, ante la insuficiencia de las investigaciones empíricas, a lo que se ha acudido es a otros criterios como "la propia experiencia del legislador"[236], lo cual es desde luego poco garantista y no asegura la veracidad de las conclusiones. El TC ha señalado que el juicio de necesidad corresponde al legislador y el amplio margen de libertad res-

---

232 AGUADO CORREA, Teresa (1999). *El principio de proporcionalidad en derecho penal*, op. cit., pp. 235 y ss.

233 Ibídem. Sobre las consecuencias colaterales del delito, se recomienda la lectura de MAYSON, Sandra M. (2015). "Collateral Consequences and the Preventive State", *Faculty Scholarship at Penn Carey Law*. 2408.

234 STC 161/1997, ya citada, FJ 11.

235 AGUADO CORREA, Teresa (1999). *El principio de proporcionalidad en derecho penal*, op. cit., p. 243.

236 Ibídem, p. 240.

ponde, en parte, a la complejidad de la tarea[237], razón por la cual el control del TC sobre la existencia de medidas alternativas menos gravosas de la misma eficacia tiene un alcance muy limitado, ciñéndose a la comprobación de si se ha producido un sacrificio "patentemente innecesario" de los derechos garantizados por la Constitución, por lo que sólo si resulta "evidente la manifiesta suficiencia de un medio alternativo menos restrictivo" por datos empíricos incontrovertidos y del conjunto de sanciones que el legislador ha considerado necesarias para alcanzar fines de protección análogos se podrá expulsar la norma del ordenamiento[238].

El carácter limitado del control del legislador en relación con el requisito de subsidiariedad ha sido puesto sobre la mesa en repetidas ocasiones por el TC:

> [...] el control del Tribunal Constitucional sobre 'la existencia o no de medidas alternativas menos gravosas pero de la misma eficacia [...] tiene

---

237 STC 55/1996, ya citada, FJ 8: "Que la realización del juicio de necesidad compete al legislador es una afirmación que ya hemos reiterado y justificado, al igual que la del amplio margen de libertad del que goza y que deriva, no sólo de la abstracción del principio de proporcionalidad [...] y de la reseñada complejidad de la tarea, sino también y sobre todo de su naturaleza como 'representante en cada momento histórico de la soberanía popular'".

238 Ibídem. Se afirma en el FJ 8: "En rigor, el control constitucional acerca de la existencia o no de medidas alternativas menos gravosas pero de la misma eficacia que la analizada, tiene un alcance y una intensidad muy limitadas, ya que se ciñe a comprobar si se ha producido un sacrificio patentemente innecesario de derechos que la Constitución garantiza (SSTC 66/1985, fundamento jurídico 1°; 19/1988, fundamento jurídico 8°; 50/1995, fundamento jurídico 7°), de modo que sólo si a la luz del razonamiento lógico, de datos empíricos no controvertidos y del conjunto de sanciones que el mismo legislador ha estimado necesarias para alcanzar fines de protección análogos, resulta evidente la manifiesta suficiencia de un medio alternativo menos restrictivo de derechos para la consecución igualmente eficaz de las finalidades deseadas por el legislador, podría procederse a la expulsión de la norma del ordenamiento. Cuando se trata de analizar la actividad del legislador en materia penal desde la perspectiva del criterio de necesidad de la medida, el control constitucional debe partir de pautas valorativas constitucionalmente indiscutibles, atendiendo en su caso a la concreción efectuada por el legislador en supuestos análogos, al objeto de comprobar si la pena prevista para un determinado tipo se aparta arbitraria o irrazonablemente de la establecida para dichos supuestos. Sólo a partir de estas premisas cabría afirmar que se ha producido un patente derroche inútil de coacción que convierte la norma en arbitraria y que socava los principios elementales de justicia inherentes a la dignidad de la persona y al Estado de Derecho".

> un alcance y una intensidad muy limitadas, so pena de arrogarse un papel de legislador imaginario que no le corresponde y de verse abocado a realizar las correspondientes consideraciones políticas, económicas y de oportunidad que le son institucionalmente ajenas y para las que no está constitucionalmente concebido'; por ello, esta tacha de desproporción solamente será aplicable cuando 'las medidas alternativas [sean] palmariamente de menor intensidad coactiva y de una funcionalidad manifiestamente similar a la que se critique por desproporcionada'[239].

Lo cierto es que en la práctica se ha advertido de la tendencia expansiva del Derecho penal y el peligro de que se convierta en *prima* o *sola* ratio[240], lo que no significa que el Estado esté más comprometido con la protección de esos bienes jurídicos, sino que lleva a cabo una huida hacia el Derecho penal, abandonando los cometidos políticos y sociales que le corresponden y que determina la vulneración del principio de subsidiariedad[241]. En relación con ello, hay autores que plantean que se vulnera el principio con la introducción general de delitos contra bienes jurídicos colectivos, como los delitos contra la flora y la fauna[242], los delitos de expresión[243], o los delitos de mera desobediencia, como la negativa a someterse a las pruebas de detección de alcohol[244].

---

239 SSTC 169/2021 (Tribunal Constitucional. Pleno. Sentencia 169/2021, de 6 de octubre. Ponente: Dña. Encarnación Roca Trías), FJ 7; 60/2010 (Tribunal Constitucional. Pleno. Sentencia 60/2010, de 7 de octubre (Ponente: D. Javier Delgado Barrio), FJ 14; 136/1999, ya citada, FJ 28; y STC 161/1997, ya citada, FJ 11.

240 Por todos, CAMPO MORENO, Juan Carlos (2015). *Comentarios a la reforma del Código penal en materia de terrorismo: La LO 2/2015*.Valencia: Tirant lo Blanch; BUSTOS RAMÍREZ, Juan (2004). "In-seguridad y lucha contra el terrorismo". En LOSANO, Mario G. y MUÑOZ CONDE, Francisco (Coords.), *El Derecho ante la globalización y el terrorismo. "Cedant arma togae"*. Valencia: Tirant lo Blanch, pp. 403-410; CANCIO MELIÁ, Manuel (2002). ""Derecho penal" del enemigo y delitos de terrorismo", *Jueces para la Democracia*, nº 44, pp. 19-26; AGUADO CORREA, Teresa (1999). *El principio de proporcionalidad en derecho penal*, op. cit., pp. 244 y ss.

241 Como inteligentemente señala AGUADO CORREA, Teresa (1999). *El principio de proporcionalidad en derecho penal*, Ibídem.

242 Así, por ejemplo, lo planteaba MUÑOZ CONDE, Francisco (1996). "El "moderno" Derecho penal en el nuevo Código Penal", *La ley*, nº 3, pp. 1339-1341. La cuestión de los bienes jurídicos colectivos, que en este trabajo se considera legítima, se estudia con mayor profundidad en el último capítulo.

243 PENA GONZÁLEZ, Wendy. (2019). "El delito de enaltecimiento del terrorismo y el principio de ofensividad", *La Ley*; CANCIO MELIÁ, Manuel (2010). *Los delitos de terrorismo, estructura típica e injusto*, Reus: Madrid, 2010.

244 AGUADO CORREA, Teresa (1999). *El principio de proporcionalidad en derecho penal*, op. cit., p. 245-

2.3. Principio de fragmentariedad

Binding fue el primero que hizo referencia a la fragmentariedad del Derecho penal, aunque lo hizo para criticar que el Derecho penal tiene carácter fragmentario, lo que algunos autores vinculan a la posición retribucionista de Binding[245]. El principio de fragmentariedad incluye consideraciones utilitaristas y de proporcionalidad, de tal modo que si no se respeta el principio de fragmentariedad tampoco se estará respetando el de proporcionalidad en sentido estricto.

La doctrina afirma que tiene carácter constitucional, derivado de los arts. 1.1, 9.3 y 10.1 CE[246]. El principio se refleja en la exclusión de la punición de los actos meramente inmorales y de los actos que no cumplan determinados requisitos de gravedad en relación con los elementos objetivo y subjetivo del tipo de injusto[247]. Entre los elementos objetivos, son un reflejo del principio de fragmentariedad las condiciones objetivas de punibilidad, como las previstas en los delitos contra la Hacienda Pública y la Seguridad Social, pues al fin y al cabo pretenden restringir el ámbito de intervención penal a los actos más graves[248], que entiende la mayoría de la doctrina que se fundamentan en la necesidad de pena[249]. Para algunas autoras, el principio de fragmentariedad es componente del de necesidad[250].

---

245 Ibídem, pp. 247 y ss.

246 Ibídem, p. 249.

247 MUÑOZ CONDE, Francisco (1975). *Introducción al Derecho penal*, op. cit., p. 72. La fragmentariedad en cuanto a los elementos subjetivos se refleja, por ejemplo, en el establecimiento de un sistema de *crimina culposa* en lugar de *crimen culpae* en relación con las imprudencias punibles, como el que tenemos en el CP español (art. 12 CP), pues sólo se deben sancionar las conductas imprudentes cuando exista verdadera necesidad de pena en relación con los mayores daños o puestas en peligro para los bienes jurídicos más importantes, como afirma SILVA SÁNCHEZ, Jesús Mª (1996). "El sistema de incriminación de la imprudencia y sus consecuencias", *Cuadernos de Derecho judicial*, nº 27, pp. 87 y ss.

248 AGUADO CORREA, Teresa (1999). *El principio de proporcionalidad en derecho penal*, op. cit., p. 259.

249 BUSTOS RAMÍREZ, Juan (1994). *Manual de Derecho penal*. Ariel: Barcelona, p. 389; BERDUGO GÓMEZ DE LA TORRE, Ignacio et al. (2010). *Curso de Derecho penal, parte general*, op. cit., pp. 227 y 228.

250 AGUADO CORREA, Teresa (1999). *El principio de proporcionalidad en derecho penal*, op. cit., pp. 249 y ss.

3. *El principio de legalidad*

El principio de legalidad, en los Estados liberales, lleva consigo un elemento de protección material específico (la legalidad material). En relación con esto, Calamandrei habla de una legalidad liberal que es una legalidad distinta, "es una legalidad que puede modificar todas las leyes menos las *puestas a priori* como condición necesaria para el respeto de la libertad"[251], como la Constitución. Como ya se ha mencionado, ambos principios están íntimamente relacionados, aunque uno no fundamente el otro. Si una ley penal es imprecisa, tanto la descripción de las conductas como los propios marcos de pena pueden infringir el principio de legalidad, y, del mismo modo, es probable que favorezca que el juzgador determine penas concretas desproporcionadas.

El TC español inicialmente sí vinculaba el principio de proporcionalidad muy remotamente al art. 25.1 CE (así, v. gr. en la STC 105/1988, de 8 de junio, FJ 2[252], en la que incluye la exigencia de interdicción de la arbitrariedad —razón por la que el acceso por vía de recurso de amparo es sólo indirecta, salvo que la disposición desproporcionada sea directamente imputable a la aplicación de la ley realizada por el juez—). Sin embargo, posteriormente ya se reconoce que la proporcionalidad en sentido estricto y la necesidad de la medida están ínsitos en la relación entre el art. 25.1 CE y los demás derechos fundamentales y libertades públicas (STC 136/1999, de 20 de julio, FJ 21). En la STC 111/1993, ya citada, el Pleno conecta el principio de exclusiva protección de bienes jurídicos con los momentos legislativo y judicial, en relación con el principio de interpretación conforme con la Constitución. De este modo, introduce la relación entre el principio de legalidad (que adquiere una dimensión material) y el de exclusiva protección de bienes jurídicos.

---

[251] CALAMANDREI, Piero (2016). *Sin legalidad no hay libertad*, op. cit., p. 47.

[252] Tribunal Constitucional. Pleno. Sentencia 105/1988, de 8 de junio. Ponente: D. Luis Díez-Picazo y Ponce de León, FJ 2.

4. El principio de non bis in ídem

El principio de *non bis in ídem*, que prohíbe la doble sanción (penal y/o administrativa) para cuando concurran supuestos de triple identidad entre supuesto, hecho y fundamento, se entiende también vinculada al principio de proporcionalidad, pues sería contrario a la proporcionalidad castigar a un sujeto dos veces por un solo delito[253].

Se vincula el principio de proporcionalidad al principio de *non bis in ídem* por ejemplo en las SSTC 77/2010, de 19 de octubre[254] —relativa al delito de violencia habitual de género— y 47/2022, de 24 de marzo, FJ —relativa al caso Procés—[255].

5. Principio de culpabilidad

Indica Aguado Correa que los principios de proporcionalidad y culpabilidad se distinguen en que el primero afecta al injusto del hecho y el segundo a su atribuibilidad[256]. Ambos principios se complementan, según la autora, cobrando esta relación mayor intensidad en el momento judicial de determinación de la pena[257]. Mir Puig ha señalado que el principio de culpabilidad no garantiza la proporcionalidad entre delito y pena, pues nada dice de la gravedad del injusto, por lo que ambos principios se complementan[258].

Hassemer ha hecho referencia a la trascendencia del principio de proporcionalidad en el marco de culpabilidad (donde, según el autor, se discuten los criterios sobre la sanción equitativa y justa). Afirma también que la proporcionalidad funciona como cuarta dimensión

---

253 En este sentido, LASCURAÍN SÁNCHEZ, Juan A. (Coord.). *Introducción al Derecho penal.* Madrid: Ediciones B.O.E., p. 148.

254 Tribunal Constitucional. Pleno. Sentencia 77/2010, de 19 de octubre. Ponente: D. Eugeni Gay Montalvo.

255 Tribunal Constitucional. Pleno. Sentencia 47/2022, de 24 de marzo. Ponente: D. Ricardo Enríquez Sancho.

256 AGUADO CORREA, Teresa (1999). *El principio de proporcionalidad en derecho penal*, op. cit., p. 310.

257 Ibídem, p. 312.

258 MIR PUIG, Santiago (1996). *Derecho penal, parte general.* Barcelona: Reppertor, p. 100.

del principio de culpabilidad, junto con la imputación subjetiva, la no responsabilidad por el resultado y la diferenciación de grados de participación interna[259]. Sin embargo, el propio Hassemer advierte que hay otros criterios de proporcionalidad relativos al injusto y a la medición de la pena ajenos a la culpabilidad[260]. El autor, aunque en la década de los 70 del pasado siglo defendía la sustitución del principio de culpabilidad por el de proporcionalidad[261], posteriormente mantuvo la no renuncia al principio de culpabilidad, defendiendo su vinculación: "el principio fundamental del Derecho penal material que se corresponde con el principio general de proporcionalidad es el principio de culpabilidad y que, como es sabido, limita la forma y medida de la pena a la gravedad del injusto y la culpabilidad[262]. Asimismo, Hassemer se cuestiona el propio concepto de culpabilidad en relación con el reproche, porque considera que es insostenible teóricamente y perjudicial en la práctica[263].

---

259 HASSEMER, Winfried (1984). *Fundamentos del Derecho penal*. Barcelona: Bosch, pp. 266 y ss.

260 HASSEMER, Winfried (1982). "Alternativas al principio de culpabilidad", *CPC*, nº 18, p. 479.

261 DE LA MATA BARRANCO, Norberto J. (2007). *El principio de proporcionalidad penal*, op. cit., p. 108. El intento de sustituir el principio de culpabilidad por el de proporcionalidad fue rechazado por la doctrina española y alemana (*vid.*, por todos, DE LA MATA BARRANCO, Norberto J. [2007]. *El principio de proporcionalidad penal*, op. cit., p. 109).

262 HASSEMER, Winfried (1982). "Alternativas al principio de culpabilidad", op. cit., pp. 473-482 y HASSEMER, Winfried (1998). "Perspectivas del Derecho penal futuro", *RP*, nº 1, p. 39.

263 HASSEMER, Winfried (1982). "¿Alternativas al principio de culpabilidad?, op. cit., p. 479. Para ROXIN, Claus (1986). "¿Qué queda de la culpabilidad en Derecho penal?", *CPC*, 30, pp. 673 y ss., si bien con el principio de proporcionalidad se puede limitar la magnitud de la pena, a partir del mismo no se puede fundamentar la punibilidad, y es por este motivo por el que ya se encuentra muy por debajo del principio de culpabilidad. Además, para el autor, la proporcionalidad resulta impracticable al no decir nada en cuanto al contenido, de tal modo que, en el caso de que se parta de que la pena debe guardar una proporción adecuada a la gravedad de la culpabilidad del autor se vuelve al principio de proporcionalidad, con lo cual no se trataría de un criterio diferente; si, por el contrario, se pretende indicar que la pena debe ser proporcionada a la peligrosidad del autor, se estaría transformando en medidas de seguridad.

Muchos autores hacen referencia a la vinculación entre los principios de culpabilidad y de proporcionalidad[264], incluso considerándose por algunos como consecuencia el uno del otro[265]. Para Quintero Olivares, el principio de culpabilidad requiere que la pena sea proporcionada a la "entidad culpable" de la actuación del autor; es decir, que exista un equilibrio entre el castigo y el injusto, lo que se corresponde con el principio de proporcionalidad[266]. Sin embargo, como él mismo señala, la proporcionalidad no pretende resolver los problemas como el libre albedrío o la posibilidad de reproche personal (que son los que "atormentan a la culpabilidad"), sino que busca una solución que supere esos escollos pre-penales, salvando las implicaciones de la culpabilidad en el sistema positivo (excluyéndose la responsabilidad penal o mitigándose cuando la culpabilidad no concurra o se encuentre atenuada)[267].

Los principios de proporcionalidad en sentido estricto y culpabilidad condensan los principios constitucionales del sistema penal en relación con un individuo concreto, razón por la que en el momento de determinar la pena el juzgador debe atender a la gravedad del injusto y de la culpabilidad concreta[268]. Además, se debe tener en cuenta que la gravedad del injusto y de la culpabilidad no tienen por qué coincidir, por lo que, siguiendo la teoría del delito, el juez debería examinar primero la gravedad del injusto (objetivo y subjetivo), que configuraría el principio de proporcionalidad; y después

---

264 Por todos, DE LA MATA BARRANCO, Norberto J. (2007). *El principio de proporcionalidad penal*, op. cit., pp. 105 y ss.; AGUADO CORREA, Teresa (1999). *El principio de proporcionalidad en derecho penal*, op. cit., pp. 310 y ss.; JAÉN VALLEJO, Manuel (1986). "Consideraciones generales sobre el principio de proporcionalidad penal y su tratamiento constitucional", *RGD*, n. 507, p. 4924; MORILLAS CUEVA, Lorenzo (2018). *Sistema de Derecho penal, parte general*. Madrid: Dykinson, pp. 138 y ss.; MARTOS NÚÑEZ, Juan A. (1991). "Principios penales en el Estado social y democrático de Derecho", op. cit., p. 520; SILVA SÁNCHEZ, Jesús Mª (1992). *Aproximación al Derecho penal*, op. cit., p. 260.

265 MORILLAS CUEVA, Lorenzo (2018). *Sistema de Derecho penal, parte general*. Madrid: Dykinson, p. 138.

266 QUINTERO OLIVARES, Gonzalo (1982). "Acto, resultado y proporcionalidad", *ADPCP*, p. 383.

267 Ibídem.

268 Ibídem.

en qué medida es atribuible al autor (culpabilidad)[269]. De la Mata Barranco también considera que ambos principios son diferentes y abarcan contenidos diferentes[270], aunque están interrelacionados. La idea de proporcionalidad debe atender al injusto del hecho, pero también debe determinar la graduación de la culpabilidad como categoría del delito. La culpabilidad no sólo determina exigencia de proporción, sino que también es parte del juicio de culpabilidad[271] (junto con la responsabilidad por el hecho propio, la interdicción de responsabilidad objetiva o responsabilidad colectiva, la necesidad de cognoscibilidad y capacidad del sujeto).

Lascuraín Sánchez plantea que no son desproporcionados, en cambio, los supuestos en que el principio de culpabilidad veda las sanciones por comportamientos ajenos, por meras características del sujeto, por comportamientos no dominables, consecuencias imprevisibles, etc.[272]. Sin embargo, se considera más acertada la posición de De la Mata Barranco cuando este plantea que esas conductas sí podrían considerarse desproporcionadas cuando los criterios que se utilizan para saber qué es proporcionado sean vulnerados[273]. Por ejemplo, si se sanciona penalmente a una persona por ser madre de un delincuente, o si se impone una pena a alguien por simpatizar con un grupo terrorista se estará vulnerando el principio de culpabilidad, pero además la pena será desproporcionada porque la gravedad del hecho ni siquiera justifica la intromisión del Derecho penal en la libertad de los sujetos sancionados penalmente. En todo caso, la posición de Lascuraín Sánchez es coherente con el contenido que asigna el autor al principio de proporcionalidad (que, se verá al analizar el contenido del principio de proporcionalidad, difiere del que se defiende en este trabajo), ya que integrando el balance coste-beneficios dentro de la norma penal es cierto que es posible

269 AGUADO CORREA, Teresa (1999). *El principio de proporcionalidad en derecho penal*, op. cit., p. 313.

270 DE LA MATA BARRANCO, Norberto J. (2007). *El principio de proporcionalidad penal*, op. cit., p. 109.

271 Ibídem, pp. 109 y ss.

272 LASCURAÍN SÁNCHEZ, Juan A. (1998). "La proporcionalidad de la norma penal", *Cuadernos de Derecho público*, 5, septiembre-diciembre, pp. 185-186,

273 DE LA MATA BARRANCO, Norberto J. (2007). *El principio de proporcionalidad penal*, op. cit., pp. 110 y ss.

que una medida que vulnere el principio de culpabilidad no vulnere el de proporcionalidad (por ejemplo, si se castiga a una madre por el acto de su hijo, sí se estará vulnerando el principio de proporcionalidad, pero es posible que en el balance coste-beneficio la medida satisfaga más el fin perseguido por la norma que la restricción que supone el medio que es el castigo, considerándose como funcional, útil, y en consecuencia, proporcionada[274]).

Para Demetrio Crespo, la proporcionalidad con la gravedad del hecho es exigencia del principio de culpabilidad, derivado de las garantías del Estado de Derecho[275]. Lo que en este trabajo se entiende es que el principio de culpabilidad requiere, entre otras cuestiones, que la pena sea proporcionada al grado de responsabilidad del sujeto, lo que se relaciona con el principio de proporcionalidad en que se permita, a través de este, reducir la pena cuando los elementos que determinen la responsabilidad del sujeto se encuentren atenuadas. Por tanto, la culpabilidad sí es requisito de la proporcionalidad, teniendo ambos principios una intersección en parte de su contenido, y funcionando como dos círculos secantes. Ese contenido, por una parte y como se ha señalado ya, se refiere tanto la exclusión de la responsabilidad objetiva como la graduación de la pena según el grado de atribuibilidad a la misma del sujeto y el grado de su responsabilidad personal, y, por otra parte se relaciona con la determinación de los elementos que deben contrastarse con la gravedad de la pena para especificar su cuantía (cuestión que se analiza en el último Capítulo).

Esta relación ha sido puesta de relieve por el TS español[276], por ejemplo, en las SSTS 1395/2005, de 23 de noviembre[277] y 896/2011, de 6 de julio[278].

---

274 LASCURAÍN SÁNCHEZ, Juan A. (1998). "La proporcionalidad de la norma penal", op. cit., p. 186.

275 DEMETRIO CRESPO, Eduardo. (1999). *Prevención general e individualización de la pena*, op. cit., p. 299.

276 *Vid.* AGUADO CORREA, Teresa (1999). *El principio de proporcionalidad en derecho penal*, op. cit., p. 314; LUZÓN CUESTA, José M. (2018). *Compendio de Derecho penal, Parte general*, op. cit., p. 34)

277 Tribunal Supremo. Sala de lo Penal (Sección Primera). Sentencia 1395/2005, de 23 de noviembre (Ponente: D. Andrés Martínez Arrieta), FJ 4.

278 Tribunal Supremo. Sala de lo Penal (Sección Primera). Sentencia 896/2011, de 6 de julio (Ponente: D. Adolfo Prego de Oliver Tolivar).

Ilustración 1. Relación entre el principio de proporcionalidad y el de culpabilidad

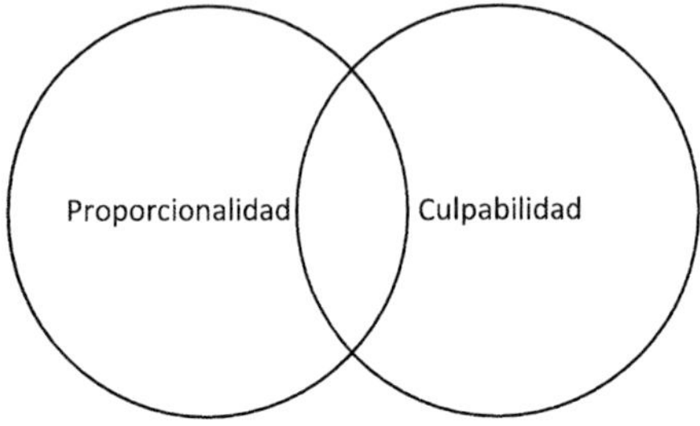

Lo que está claro es que cuanto más se ignore la proporcionalidad, menor importancia tendrá la culpabilidad del autor[279], y que son dos cuestiones separadas pero que están íntimamente unidas e influenciadas la una por la otra.

6. *Exigibilidad*

Autoras como Aguado Correa han resaltado el vínculo entre la proporcionalidad y la exigibilidad, derivándose ambos del principio de justicia propios del Estado de Derecho y teniendo ambos relevancia en el momento legislativo y judicial[280]. Ambos son independientes y tienen un contenido distinto, pues la exigibilidad se utiliza para enjuiciar el deber de comportamiento del ciudadano teniendo en cuenta su situación personal, mientras que la proporcionalidad enjuicia el exceso sobre los derechos fundamentales del ciudadano. Sin embargo, se deben poner en relación, pues la proporcionalidad requiere que sólo se puedan amenazar con pena aquellas conductas que sean exigibles al ciudadano medio, y sólo se pueden imponer penas ante las conductas que no le sean exigibles al ciudadano condenado en el caso concreto, de tal modo que existe una interdependen-

---

279 VON HIRSCH, Andrew (1998). *Censurar y castigar*, op. cit., p. 165.

280 AGUADO CORREA, Teresa (2004). *Inexigibilidad de otra conducta en Derecho penal*. Granada: Compares, pp. 40 y ss.

cia entre ambas conductas (penar una conducta no exigible llevará también consigo la desproporción de la misma)[281].

En la STC 55/1996 ya citada, entre otras, se afirma la vinculación entre la exigibilidad de una conducta y la proporcionalidad de la pena en caso de incumplimiento[282].

7. *Resocialización*

Parece innegable el hecho de que es un requisito para la resocialización que las penas no sean excesivas, pues ya el mero hecho de sufrir una pena (especialmente si es privativa de libertad) supone un paso hacia la desocialización del sujeto, tanto más cuanto mayor sea la pena[283].

En la STC 169/2021, de 6 de octubre, relativa a la prisión permanente revisable (en adelante PPR), se vincula el principio de proporcionalidad al de libre desarrollo de la personalidad, reconocido en el art. 10.1 CE y el de resocialización[284] enunciado en el art. 25.2 CE[285].

---

281 Ibídem.

282 STC 55/1996, FJ 6.

283 Entre otros, *vid.* LOEFFLER, Charles E. y NAGIN, Daniel S. (2022). "The impact of incarceration on recidivism", *Annual review on criminology*, nº5, pp. 133-152; MINISTERIO DEL INTERIOR (2017). *La estancia en prisión: consecuencia y reincidencia.* Documentos penitenciarios 16, pp. 21-22; MARCUELLO-SERVÓS, Chaime y GARCÍA-MARTÍNEZ, Jesús (2011). "La cárcel como espacio de desocialización ciudadana", *Portularia*, Vol. XI, nº 1, pp. 49-60.

284 Tribunal Constitucional. Pleno. Sentencia 169/2021, de 6 de octubre. Ponente: Dña. Encarnación Roca Trías, FFJJ 7 y 8 (en concreto, se afirma que la intensidad de la restricción deviene desproporcionada e ilegítima si llega al grado de representar un obstáculo insalvable para la realización de las expectativas de reinserción social del interno).

285 En relación con el principio de resocialización, se concluye en el FJ 10 que "la pena de prisión permanente revisable no entraña la anulación del principio de resocialización, pues las restricciones que impone para el acceso a determinados instrumentos de reinserción social, no abarcan en su ámbito de constricción otras medidas e intervenciones características del sistema de individualización científica desarrollado en la Ley Orgánica general penitenciaria y su reglamento, de indudable relevancia, como permisos de salida, salidas programadas, actividades terapéuticas, educativas, formativas y laborales, ni la elaboración y aplicación de un plan individualizado de tratamiento. Por otra

En síntesis, el principio de proporcionalidad (en sentido amplio y estricto) es la madre de algunos de los principios mencionados (intervención mínima, *ultima ratio*, fragmentariedad...) —su origen y también su principal garante en la práctica—, y la prima de otros de ellos —legalidad, culpabilidad e incluso la resocialización—. Los padres del principio de proporcionalidad, por otra parte (en cuanto se dirija al juzgador y ejecutor de pena) son el principio de libertad, el Estado de Derecho, la interdicción de arbitrariedad, la igualdad, la dignidad de la persona el derecho a no sufrir penas o tratos inhumanos o degradantes, y el principio de justicia.

III. DELIMITACIÓN DEL OBJETO: PROPORCIONALIDAD DE LAS PENAS

1. La "fórmula oscura" de la proporcionalidad en el Derecho penal

Afirmaba ya Carrara que la regla de que la pena debe ser proporcional al delito a menudo se ha convertido en una "fórmula oscura"[286]:

parte, su naturaleza temporal impide que puedan ser consideradas obstáculos insalvables para la realización de los fines del art. 25.2 CE". Se considera que "de esta doctrina se desprende que el principio de resocialización ha de cohonestarse con otros fines legítimos de la pena, de modo que en el momento de enjuiciar las disposiciones legales restrictivas de la aplicación de sus concretas articulaciones normativas se ha de verificar: (i) La existencia de un fin legítimo, que en este caso se corresponde con la finalidad de protección de los bienes jurídicos tutelados por los tipos penales en relación con los cuales se contempla la imposición obligatoria de la pena, "una función esta que no solo corresponde a la norma que prohíbe la realización de la conducta típica, sino también a la que prevé para tal caso la imposición de una determinada pena o de una concreta combinación de penas" (STC 60/2010, de 7 de octubre, FJ 10), sin descartar los fines inmediatos de la pena como son la retribución, la prevención general, y la evitación de la venganza privada; y (ii) la intensidad de la restricción, que deviene desproporcionada y por lo tanto constitucionalmente ilegítima si llega al grado de representar un obstáculo insalvable para la realización de las expectativas de reinserción social del interno" (Ibídem).

286 CARRARA, Francesco (2000). *Programa de Derecho criminal, Parte general*, op. cit., p. 86.

> todos ven la oscuridad, todos dicen que hay oscuridad, pero cuando se trata de considerarla a fondo, unos creen ver una cosa y otros otras. Todos los criminalistas repiten que la pena debe ser proporcional al delito: esta fórmula es de aceptación universal; pero penetrad en el pensamiento de los que la repiten y veréis que lo único que habréis obtenido es un acuerdo sobre la existencia de la oscuridad[287].

Es importante delimitar aquí el objeto de estudio de este trabajo. Como se ha introducido ya, existen varias nociones diferenciadas de lo que es la proporcionalidad en el Derecho penal. En primer lugar, se encuentra la noción de la proporcionalidad como criterio general de ponderación entre derechos fundamentales. Es una noción genérica que se emplea en todo el análisis constitucional, no sólo en el ámbito de Derecho penal. En constante jurisprudencia constitucional se hace referencia a esta consideración de que el principio de proporcionalidad cumple una función institucional, razón por la cual se hace alusión a su denominación de "límite de los límites"[288], que ya se observa desde la STC 55/1996:

> [...] si quiere decirse así, un principio que cabe inferir de determinados preceptos constitucionales —y en particular de los aquí invocados y, como tal, opera esencialmente como un criterio de interpretación que permite enjuiciar las posibles vulneraciones de concretas normas constitucionales. Dicho con otras palabras, desde la perspectiva del control de constitucionalidad que nos es propio, no puede invocarse de forma autónoma y aislada el principio de proporcionalidad, ni cabe analizar en abstracto si una actuación de un poder público resulta desproporcionada o no. Si se aduce la existencia de desproporción, debe alegarse primero y enjuiciarse después en qué medida ésta afecta al contenido de los preceptos constitucionales invocados: sólo cuando la desproporción suponga vulneración de estos preceptos cabrá declarar la inconstitucionalidad[289].

---

287 Ibídem, pp. 86 y ss.

288 LOPERA MESA, Gloria P. (2006). *Principio de proporcionalidad y ley penal*. Madrid: CEPC, p. 45.

289 Tribunal Constitucional. Pleno. Sentencia 55/1996, de 28 de marzo. Ponente: D. Carles Viver Pi-Sunyer, FJ 3. Argumento reiterado y consolidado en sentencias posteriores como la STC 161/1997, de 2 de octubre (Tribunal Constitucional. Pleno. Sentencia 161/1997, de 2 de octubre. Ponente: D. Carles Viver Pi-Sunyer), FJ 3 y la Sentencia 136/1999, de 20 de julio, op. cit., FJ 22.

En segundo lugar, el principio de proporcionalidad tiene un papel importante en medidas de seguridad y por ejemplo en la ponderación de las causas de justificación.

En tercer lugar, está el principio de proporcionalidad en sentido amplio en relación con las conductas sancionadas penalmente, que tiene una doble vertiente (aunque una comprende la otra). Por una parte, se encontraría la proporcionalidad en sentido amplio, prospectiva, y que comprende los subprincipios de idoneidad y necesidad en sentido estricto. Por otra parte, se encontraría la proporcionalidad estricta que hace alusión a la relación entre la gravedad del delito y la gravedad de la pena. El estudio se detendrá brevemente sobre ambas nociones, concluyéndose que la segunda es más garantista, razón por la que ulteriores capítulos centran su atención en esta.

2. *La racionalidad de la selección criminalizadora*

Desde la doctrina penal se han realizado distintas transposiciones de la lectura de las constituciones y el principio de proporcionalidad[290].

La proporcionalidad de la selección criminalizadora se relaciona con la noción de la racionalidad de las normas penales[291]. Esta idea de proporcionalidad es prospectiva: se orienta al futuro, a los beneficios que pretende obtener el legislador a través de la tipificación de la conducta[292]. Se trata de comparar la proporcionalidad de la deci-

290 Ibídem, pp. 117 y ss.

291 Sobre la cuestión de la racionalidad de las leyes penales, *vid.* CÁCERES, Emiro (2023). *Proceso legislativo y penal: racionalidad y justificación. Pasado, presente y propuestas de futuro,* Op. Cit.; BECERRA MUÑOZ, José (2016). "Propuestas de rediseño institucional para la elaboración y evaluación de la política criminal por parte del gobierno", Op. Cit.; DÍEZ RIPOLLÉS, José Luis (2003). *La racionalidad de las leyes penales*, Op. Cit.; MAROTO CALATAYUD, Manuel (2016). "Evaluación y racionalidad político-criminal en los procedimientos legislativos: el ejemplo de Suecia", Op. Cit.; PAREDES CASTAÑÓN, José M. (2013). *La justificación de las leyes penales*, Op. Cit.

292 VIGANÒ, Francesco (2021). *La proporzionalità della pena*, op. cit., pp. 240 y ss.; RECCHIA, Nicola. *Il principio di proporzionalità nel Diritto penale.* Op. Cit., pp. 233 y ss.

sión legislativa y la entidad de los sacrificios a los individuos causados por la selección criminalizadora y el valor positivo que para la sociedad causa la realización de la finalidad perseguida por el legislador. En cambio, la proporcionalidad entre pena y delito es retrospectiva, se fija en el pasado, en el delito cometido[293].

Numerosos autores subrayan la importancia de la proporcionalidad como racionalidad de las normas penales, es decir, proporcionalidad como racionalidad de la selección criminalizadora que realiza el legislador penal. La doctrina española, italiana, portuguesa y alemana se desarrolló confiando en este principio de proporcionalidad como el arma ilustrada fundamental contra la irracionalidad legislativa[294]. Autores como Nieto Martín y Recchia defienden limitar a través de este principio la intervención del legislador penal. De hecho, Recchia considera que este principio ("límite de la selección criminalizadora del legislador") es una alternativa plausible a principios como la exclusiva protección del bien jurídico, ofensividad, el *harm principle*, el *principio ultima ratio* o el principio de proporcionalidad entre pena y delito[295].

Este enfoque del principio de proporcionalidad penal como prohibición de exceso es el que se encuentra en sus orígenes y en su foco de desarrollo en el ámbito continental —el del Derecho público alemán—, englobando la triple regla de adecuación, necesidad y proporcionalidad[296]. La proporcionalidad o racionalidad de la selección criminalizadora comprende, fundamentalmente, los elementos de idoneidad y necesidad (es decir, los prospectivos y orientados hacia los fines de la pena).

La proporcionalidad en sentido amplio ha sido defendida por autoras como Prieto del Pino como el principio que tiene el potencial de ser el foco del desarrollo de una perspectiva integradora de

---

293 RECCHIA, Nicola. *Il principio di proporzionalità nel Diritto penale*. Op. Cit., p. 234.

294 NIETO MARTÍN, A. "Saudade of the constitution: The relationship between constitutional and criminal law in the European context". *NJECL*, 2019, Vol. 10 (I), pp. 28-33.

295 RECCHIA, Nicola (2020). *Il principio di proporzionalità nel Diritto penale*, op. cit., pp. 103-111.

296 V. gr. WENDT, Rudolf (2013). "The Principle of "Ultima Ratio" And/Or the Principle of Proportionality", op. cit., pp. 86 y ss.

los demás principios político-criminales y articularlos de forma más efectiva[297]. En España, ya durante los primeros años de vigencia de la Constitución de 1978, parte de la doctrina —con autores como Mir Puig o Vives Antón—, abordó el principio de proporcionalidad en el campo penal, entendiendo que su contenido no sólo se limitaba a la proporcionalidad en sentido estricto (que es el foco de este trabajo), sino a cualquier actuación estatal que afectase a un derecho fundamental[298]. Ese reconocimiento del principio de proporcionalidad en sentido amplio en el Derecho penal lo configura como un límite externo a la fundamentación preventiva de la respuesta penal[299]. El principio de proporcionalidad en sentido amplio, como se ha explicado ya, engloba una estructura tripartita que comprende las fórmulas de a) idoneidad del medio, b) necesidad de su empleo y c) proporcionalidad en sentido estricto o de los efectos (aunque una parte minoritaria de la doctrina reconduce la estructura tripartita a una dicótoma[300]).

En cualquier caso, el concepto de racionalidad, cuyo test se utiliza en la jurisprudencia estadounidense para determinar la corrección de aquellas medidas que utilizan un medio para un fin con el que nada tienen que ver (en cuyo caso, se determinaría la irracionalidad de la medida)[301], se vincula con el principio de proporcionalidad en sentido amplio; también especialmente con los principios de necesidad y —muy especialmente— idoneidad. También se relaciona con la noción de razonabilidad, utilizada en la jurisprudencia del TEDH de modo similar a la idea contemporánea de proporcionalidad en

---

297 PRIETO DEL PINO, Ana Mª (2016). "Los contenidos de racionalidad del principio de proporcionalidad en sentido amplio: el principio de subsidiariedad". En NIETO MARTÍN, Adán et al. (Dirs.). *Hacia una evaluación racional de las leyes penales*. Madrid: Marcial Pons, pp. 277 y ss.

298 BERDUGO GÓMEZ DE LA TORRE, Ignacio, PÉREZ CEPEDA, Ana Isabel y ZÚÑIGA RODRÍGUEZ, Laura (2015). *Lecciones y materiales para el estudio del derecho penal* (tomo 1), op. cit., p. 89.

299 Ibídem.

300 Ibídem, p. 280. Ejemplo de ello es LASCURAÍN SÁNCHEZ, Juan A. (1998). "La proporcionalidad de la norma penal", op. cit., p. 162, quien hace referencia a dos requisitos: necesidad y proporcionalidad en sentido estricto.

301 DE LA MATA BARRANCO, Norberto J. (2007). *El principio de proporcionalidad penal*, op. cit., pp. 99 y ss.

sentido amplio, estudiándose la contradicción de valores constitucionales desde la noción de razón[302], por lo que también es innegable la relación con los mencionados subprincipios.

En todo caso, para garantizar la racionalidad de la toma de decisiones legislativas se debería desarrollar un sistema serio, profesionalizado y riguroso de evaluación de las políticas públicas en materia criminal (desde una perspectiva de análisis politológica, —valga la redundancia—, y que tenga en cuenta todos los extremos del análisis: el proceso por etapas, el proceso de definición del problema y *agenda setting*, los actores políticos intervinientes, el proceso de toma de decisiones, los procesos instrumentos disponibles, y los procesos de implementación de las políticas públicas en materia criminal)[303]. Como ha señalado Recchia, es una constante exigencia para el que estudia el Derecho penal reflexionar sobre los límites de la criminalización en una sociedad empujada por la pasión por castigar[304].

Prieto del Pino que la expresión principio de proporcionalidad en sentido amplio no contiene un contenido propio, pues tan sólo es una fórmula empleada para designar o englobar los principios de idoneidad del medio (*Geeignetheitsprinzip*), necesidad de su em-

---

302 AGUADO CORREA, Teresa (1999). *El principio de proporcionalidad en derecho penal*, op. cit., p. 142 y ss.; DE LA MATA BARRANCO, Norberto J. (2007). *El principio de proporcionalidad penal*, op. cit., pp. 99 y ss.

303 Sobre la cuestión de la racionalidad de las leyes penales, *vid.* CÁCERES, Emiro (2023). *Proceso legislativo y penal: racionalidad y justificación. Pasado, presente y propuestas de futuro.* Tesis doctoral (no publicada); BECERRA MUÑOZ, José (2016). "Propuestas de rediseño institucional para la elaboración y evaluación de la política criminal por parte del gobierno". En NIETO MARTÍN, Adán et al. (Dirs.). *Hacia una evaluación racional de las leyes penales.* Madrid: Marcial Pons, pp. 141-178; DÍEZ RIPOLLÉS, José Luis (2003). *La racionalidad de las leyes penales*, Madrid: Trotta; MAROTO CALATAYUD, Manuel (2016). "Evaluación y racionalidad político-criminal en los procedimientos legislativos: el ejemplo de Suecia". En NIETO MARTÍN, Adán et al. (Dirs.). *Hacia una evaluación racional de las leyes penales.* Madrid: Marcial Pons, pp. 179-200; PAREDES CASTAÑÓN, José M. (2013). *La justificación de las leyes penales.* Valencia: Tirant lo Blanch; DÍEZ RIPOLLÉS, José Luis (2003). *La racionalidad de las leyes penales*, Madrid: Trotta. Quien escribe se plantea desarrollar estas cuestiones en un futuro proyecto posdoctoral, desde una perspectiva transversal del Derecho penal y de la evaluación de políticas públicas en materia de justicia penal.

304 RECCHIA, Nicola. *Il principio di proporzionalità nel Diritto penale*, op. cit., p. 3.

pleo (*Erforderlichkeitsprinzip*) y proporcionalidad en sentido estricto o proporcionalidad de sus efectos (*verhältnismässigkeitsprinzip*)[305]. Asimismo, la autora subraya que el principio da cabida a los dos fines contrapuestos del Derecho penal, el de protección otorgada a través de la prevención de comportamientos delictivos y el de minimización de la violencia punitiva; aunque ello en mi opinión no es específico de este principio sino de la mayoría de los que definen lo que es el Derecho[306].

Afirma Silva Sánchez que para evitar que la intervención penal determine que hecha la justicia, perezca el mundo, se requiere que se necesite de protección penal y que esta aparezca como satisfactoria en términos de utilidad social:

> Estos requisitos no se dan cuando puede procederse razonablemente a proteger tal realidad en el marco de otros medios —jurídicos o no— menos lesivos que la intervención penal. Tampoco, cuando la intervención penal iría acompañada de consecuencias accesorias negativas. Deben, pues, respetarse los principios de subsidiariedad, ultima ratio e intervención mínima y renunciar a la protección penal cuando ellos lo impongan pese a que consideraciones de "justicia" parecieran abonar la solución punitiva[307].

2.1. El subprincipio de idoneidad

Como sucede con todo lo que rodea al principio de proporcionalidad, la denominación del principio de idoneidad, eficacia o utilidad es discutida. Por ejemplo, Mir Puig hace referencia al principio de utilidad de la intervención penal como principio limitador del Derecho penal en un Estado social[308]. Fernández Rodríguez hace alusión a esta noción bajo la denominación de "principio de oportunidad" o de utilidad del Derecho[309].

---

305 PRIETO DEL PINO, Ana Mª (2004). *El Derecho penal ante el uso de información privilegiada en el mercado de valores*. Pamplona: Aranzadi, p. 207.

306 Ibídem, pp. 208 y ss.

307 SILVA SÁNCHEZ, Jesús Mª (1992). *Aproximación al Derecho penal*, op. cit., p. 289.

308 MIR PUIG, Santiago (1996). *Derecho penal, parte general*, op. cit., p. 88.

309 FERNÁNDEZ RODRÍGUEZ, María D. (1994). "Los límites del ius puniendi", *ADPCP*, op. cit., p. 101.

Las primeras formulaciones del principio de idoneidad las realizan Von Liszt y Mayer, tras lo que se define como la exigencia de que el bien jurídico sea "merecedor de protección", se encuentre "necesitado de protección" y sea "capaz de protección". Se trata, como afirma Silva Sánchez, de la necesidad de que el bien jurídico sea susceptible de ser protegido penalmente, para cuya valoración se deben tener en cuenta las condiciones reales de todo el sistema penal[310]. Se debe partir, por tanto, de la capacidad de protección penal para hacer referencia a la idoneidad del Derecho penal[311].

La mayoría de la doctrina reconoce al principio rango constitucional, que se deriva del Estado Social de Derecho[312], pues si se parte de que la justificación de la intervención penal proviene de la protección social, la eficacia es necesaria para que el Derecho penal se justifique. Hassemer y Muñoz Conde sostienen que, siendo la misión del Derecho penal "la protección a través del control formalizado, los intereses humanos fundamentales que no pueden ser defendidos de otra manera", el cumplimiento de la misma requiere la calidad y la idoneidad de los instrumentos empleados[313]. Ello ha llevado consigo la afirmación de que las penas demasiado breves o demasiado largas, por estar demostrada su ineficacia, están injustificadas[314].

---

310 SILVA SÁNCHEZ, Jesús Mª (1992). *Aproximación al Derecho penal,* op. cit., p. 289.

311 AGUADO CORREA, Teresa (1999). *El principio de proporcionalidad en derecho penal,* op. cit., p. 151.

312 Ibídem, p. 152; MIR PUIG, Santiago (1996). *Derecho penal, parte general,* op. cit., p. 88.; LUZÓN PEÑA, Diego M. (1994). *Curso de derecho penal, Parte general,* Volumen I, op. cit., p. 85. Siguiendo a autores como TERRADILLOS BASOCO, Juan Mª y MAPELLI CAFFARENA, Borja (1996). *Las consecuencias jurídicas del delito,* Madrid: Civitas, p. 49; y ARROYO ZAPATERO, Luis (1997). "Derecho penal económico y Constitución", *Revista Penal*, edit. Praxis (nº 1), p. 9, la exigencia de idoneidad también se puede vincular al art. 9.2 CE, que impone a los poderes públicos el deber de promoción de la igualdad y libertad al individuo y grupos en que se integra y el deber de remover los obstáculos que impiden o dificultan su plenitud.

313 HASSEMER, Winfried y MUÑOZ CONDE, Francisco (1989). *Introducción a la criminología y al Derecho penal,* Valencia: Tirant lo Blanch, p. 122.

314 AGUADO CORREA, Teresa (1999). *El principio de proporcionalidad en derecho penal,* op. cit., p. 153; TERRADILLOS BASOCO, Juan Mª y MAPELLI CAFFARENA, Borja (1996). *Las consecuencias jurídicas del delito,* Madrid: Civitas, p. 49, la pena ha de aparecer en las distintas fases como idónea para que se alcancen los fines de la pena.

Debe aceptarse que si la pena impuesta o amenazada no garantiza esos márgenes de libertad que implica la disminución de los actos prohibidos por la norma primaria, la norma será inútil y la coacción estatal injustificada[315]. El principio se diferencia del de subsidiariedad porque el de subsidiariedad exige que la intervención a través de medios no penales sea ineficaz, mientras que el de idoneidad requiere que la intervención penal sea efectiva. Es decir, lo que se exige con este principio es que la intervención penal sea eficaz —es decir, no inoperante ni contraproducente—.

La doctrina parte de que se considera que la eficacia se mide (o, más bien, se ha de medir —porque en la práctica no se mide—) en relación con las personas que se ven disuadidas de cometer el delito por la existencia de la amenaza penal[316]; sin embargo, sobre esto existe una evidente dificultad práctica de análisis del estado de la cuestión (no existen registros de personas que se han abstenido de delinquir, ni encuestas de potenciales delincuentes arrepentidos a tiempo), y no hay datos al respecto. Además, teniendo en cuenta que no sólo en la amenaza legislativa del castigo penal, sino también en el momento de imposición y de ejecución de la pena se suele afirmar que el Derecho penal lleva consigo la persecución de determinados fines, se estaría afirmando que la determinación del castigo penal se debe realizar atendiendo a la eficacia (futura y estimada) del cumplimiento efectivo de esos fines. En primer lugar, por tanto, se encuentra el problema de la dificultad probatoria, que hace que la pena recaiga sobre datos hipotéticos, no determinados, e inadmisibles según el principio de seguridad jurídica. En segundo lugar, se encuentra el problema de determinar la pena conforme a cuestiones ajenas al sujeto responsable delictivo (la hipotética idoneidad de la pena para el cumplimiento de aquellos fines en relación con sujetos generales o particulares), que plantea problemas con el principio de culpabilidad y el de proporcionalidad en sentido estricto, al menos,

---

315 DE LA MATA BARRANCO, Norberto J. (2007). *El principio de proporcionalidad penal*, op. cit., p. 152.

316 Ibídem, p. 153; MIR PUIG, Santiago (1996). *Derecho penal, parte general*, op. cit., p. 88; LUZÓN PEÑA, Diego M. (1994). *Curso de derecho penal, Parte general*, Volumen I, op. cit., p. 85.

como se define en este trabajo (proporcionalidad entre la gravedad del delito y la gravedad de la pena).

Otra cuestión problemática del principio de proporcionalidad se vincula a la emergencia de la sociedad del riesgo y el creciente sentimiento de miedo social, que conlleva una mayor dureza del Derecho penal, empleado como vía para satisfacer la necesidad de seguridad de la población y satisfacer las necesidades políticas de turno. Ello acaba conllevando una hiperfuncionalización del Derecho penal contemporáneo que se centra en la idea de "eficacia" del Derecho penal y que suele conllevar un desentendimiento de los principios de *ultima ratio*, determinación del Derecho penal y fragmentariedad, entre otros[317].

En fin, es cierto que sí es importante que el Derecho penal se demuestre eficaz, tanto por motivos de justicia (pues si el Derecho penal restringe los derechos de los ciudadanos para garantizar nuestra necesaria seguridad frente a los ataques más graves a los bienes jurídicos más importantes, debe ser eficaz para estar justificada su intromisión), e incluso por razones preventivas, pues hay razones para pensar que el Derecho penal es más "cumplido" cuando los ciudadanos creen más en su eficacia, aunque carecemos de estudios concluyentes al respecto (y de medios para llevarlos a cabo o que nos hagan creer que tendrán lugar en el medio plazo). Sin embargo, también lo es que el principio de idoneidad plantea serias deficiencias de garantías si se articula a través de todas las fases del Derecho penal y, en particular, en la fase de determinación judicial de la pena, pudiéndose convertir en un principio antigarantista.

2.2. El subprincipio de necesidad

La relación entre proporcionalidad y necesidad se visualiza en el art. 8 de la DDHC de 1789, cuando se afirma que "*La Loi ne doit établir*

---

[317] HASSEMER, Winfried (1990-1991). "El destino de los derechos del ciudadano en un Derecho penal 'eficaz'", *Estudios penales y criminológicos*, XV, p. 197; MUÑOZ CONDE, Francisco (1996). "El "moderno" Derecho penal en el nuevo Código Penal español", *La ley*, pp. 1339 y ss. Cfr. NIETO MARTÍN, A. "Saudade of the constitution: The relationship between constitutional and criminal law in the European context", op. cit., pp. 28-33.

que des peies strictement et évidemment nécessaires" (la ley no debe establecer otras penas que las estricta y evidentemente necesarias). Se comparan en este subprincipio dos magnitudes: el medio empleado y el fin perseguido, con un baremo valorativo cuya unidad de medida es la libertad[318], realizándose el análisis con una evaluación global de costes y beneficios a partir de lo razonablemente previsible y los datos de la experiencia[319]. Para Lascuraín Sánchez, se trata de determinar la calidad del fin de la norma[320].

La vulneración del principio de necesidad para la doctrina mayoritaria se puede producir tanto en el ámbito de la actuación legislativa —en la selección de conductas incriminadas— como al aplicar la ley penal —tanto al interpretar el precepto en función de lo que se debe tutelar, como en ejercicio de las facultades discrecionales del juzgador penal al individualizar la pena—[321].

La doctrina se ha centrado en el ámbito legislativo de aplicación del principio. Pese a ello, no faltan autoras que han insistido en el reconocimiento, derivado del art. 9.1 y 117.3 CE, de los principios constitucionales y su aplicabilidad en sede judicial[322]. Por último, se ha afirmado por parte de la doctrina que si la pena no es necesaria se deben prever mecanismos por parte del legislador para determinar su exclusión, sustitución o reducción[323], que son de dos clases: las excusas y semiexcusas absolutorias y el principio de insignificancia (aunque este parece más vinculado, en realidad, al principio de proporcionalidad en sentido estricto, que en este trabajo se entiende que no integra la perspectiva de la racionalidad de la selección criminalizadora).

---

318 LASCURAÍN SÁNCHEZ, Juan A. (1998). "La proporcionalidad de la norma penal", op. cit., pp. 162 y ss.; 188.

319 Ibídem.

320 Ibídem, p. 163.

321 DE LA MATA BARRANCO, Norberto J. (2007). *El principio de proporcionalidad penal*, op. cit., pp. 163 y ss.

322 AGUADO CORREA, Teresa (1999). *El principio de proporcionalidad en derecho penal*, op. cit., p. 263; COBO DEL ROSAL, Manuel y VIVES ANTÓN, T. Salvador (1996). *Derecho penal, parte general*, op. cit., p. 79.

323 AGUADO CORREA, Teresa (1999). El principio de proporcionalidad en derecho penal, op. cit., p. 264.

2.3. Reformulaciones contemporáneas del principio de proporcionalidad amplia y racionalidad de la selección criminalizadora

Este mismo principio ha recibido recientemente por Recchia la denominación de "proporcionalidad en la selección de criminalización por parte del legislador". Recientemente el autor ítalo lo propuso como criterio alternativo al de proporcionalidad de la pena, al principio de exclusiva protección de bienes jurídicos, de fragmentariedad y al de *ultima ratio* del Derecho penal[324]. La argumentación de Recchia gira entorno a la idea de que es preferible el principio de proporcionalidad constitucional antes que los principios limitadores del *ius puniendi* estatal (los principios "penalísticos"), teniendo aquel juicio un potencial aplicador mucho mayor. En este mismo sentido, Palazzo explica que los principios de índole exclusivamente penalística son los menos aplicados por la Corte Costituzionale Italiana[325].

Este juicio, según Recchia, se refiere no al *quantum* de pena, si no a la opción penalística del legislador[326]. El principio debe seguir la siguiente estructura: en el momento inicial se debe verificar que existe una *ratio legis* y que no es contraria a la Constitución; en un segundo lugar se debe verificar que no existen soluciones alternativas; y en un último lugar se verifica que, en sentido estricto, la limitación del derecho fundamental no sea desproporcional[327]. En definitiva, el autor habla de la clásica estructura tripartita ya mencionada del principio de proporcionalidad y de los requisitos de idoneidad, necesidad y proporcionalidad en sentido estricto. El principio de proporcionalidad es, por ello, menos garantista que el de protección de bienes jurídicos: no basta con la ausencia de un bien jurídico para que la conducta criminalizada sea, en el sentido recchiano, desproporcional, si

---

324 RECCHIA, Nicola (2020). *Il principio di proporzionalità nel Diritto penale.* Op. Cit., pp. 55 y ss.

325 PALAZZO, Francesco (1996). "Costituzione e diritto penale (un appunto sulla vicenda italiana)". *Riv. Dir. Cost.*, 179.

326 Ibídem, p. 135.

327 Ibídem, pp. 100 y ss. Además, se incide en que en el juicio de idoneidad no se cuestiona la mayor o menor relevancia del fin perseguido por el legislador, es decir sólo se evalúa que el fin no sea abiertamente contrario a la Constitución y que se puede alcanzar el objetivo con el fin.

no que, en palabras del autor, debe ser irracional el equilibrio de las limitaciones para que se considere una conducta desproporcional[328].

El contenido del principio de proporcionalidad en sentido amplio tampoco es incontrovertido (ni desde una perspectiva ontológica ni deontológica). Prieto del Pino ha propuesto revisar el contenido tradicional del principio con una original propuesta que es la que sigue. En primer lugar, la autora propone un nivel externo de proporcionalidad en el que se analice si la intervención penal está legitimada, determinándose el "si", el "cómo" y el "hasta dónde" de la intervención en Derecho penal. Y, después, se analiza un nivel interno, en el que se exige que la gravedad de la pena se relacione con la gravedad del ilícito penal en concreto para configurar la figura delictiva y la pena abstracta. El nivel externo determinaría, en primer lugar, el elemento de fragmentariedad (expresión, según la autora, del principio de proporcionalidad en sentido estricto). En segundo lugar, integraría un elemento de necesidad (cuyo presupuesto es la idoneidad y que se integra por el análisis de la subsidiariedad de la medida, exigiéndose únicamente un nivel satisfactorio de efectividad del fin y no un nivel óptimo). En el nivel interno se analiza, en primer lugar, la proporcionalidad abstracta entre ilícito y pena; y, en segundo lugar, la necesidad de pena abstracta más o menos grave (siendo aquí el presupuesto la idoneidad de la pena para el fin previsto, y que se desarrolla a través de la subsidiariedad —necesidad de pena—)[329].

2.4. Problemas de la proporcionalidad en sentido amplio

La realidad es que, si bien la limitación al legislador en la proporcionalidad en las conductas que criminaliza es deseable desde el punto de vista deontológico, tiene una escasa virtualidad práctica. Es cierto que el principio de proporcionalidad entre gravedad del delito y gravedad de la pena entra en conflicto con el principio democrático —la legitimidad del legislador democrático para cumplir sus funciones legislativas—. Sin embargo, el principio de proporcionali-

---

328 Ibídem, p. 135.

329 Ibídem, pp. 293 y ss.

dad de la selección criminalizadora en Derecho penal tiene todavía muchas más limitaciones porque lo que se cuestiona es la finalidad de la norma penal, lo que es subjetivo y difícil de verificar, y está mucho más relacionado con la decisión del legislador.

Como afirma Díez Ripollés la precisión conceptual deja mucho que desear, lo que ha llevado consigo que frecuentemente se cambie la denominación o se intercambien los contenidos del principio de proporcionalidad en sentido amplio. Asimismo, insiste el autor —acertadamente— en que el principio de proporcionalidad como parámetro de control de constitucionalidad de las leyes penales no ha cumplido mucho en su rendimiento, y que por su estructura conceptual y la falta de delimitación de los componentes se muestra incapaz para atender los aspectos básicos relativos a la racionalidad de una ley penal[330]. A ello se suma la excesiva abstracción de las nociones que integran la necesidad y la idoneidad, especialmente teniendo en cuenta que la integran los fines de la pena y que tienen dificultades de constatación empírica y de falta de consenso en torno a los mismos, como se analizará con mayor precisión al estudiar el objeto de comparación del principio de proporcionalidad en sentido estricto.

Ello no significa que en este trabajo no se comparta la existencia y relevancia del principio de proporcionalidad en sentido amplio en el Derecho penal (y, en concreto, la racionalidad de las penas), pero sí la prudencia respecto a su aptitud garantista y la consecuente mayor relevancia de la proporcionalidad en sentido estricto.

3. Objeto de estudio: la proporcionalidad de las penas

El principio de proporcionalidad de la pena, proporcionalidad entre la gravedad del delito y la gravedad de la pena, o proporcionalidad en sentido estricto (*Verhältnismässigkeitsprinzip*) persigue asegurar la interdicción de "matar moscas a cañonazos"[331]. Beccaria ya hizo referencia a este principio en *Dei delitti e delle pene*, afirmando:

---

330 DÍEZ RIPOLLÉS, José Luis (2003). *La racionalidad de las leyes penales*, Op. Cit. p. 131.

331 Por ejemplo, PRIETO DEL PINO, Ana Mª (2016). "Los contenidos de racionalidad del principio de proporcionalidad en sentido amplio: el principio de

> *Non solamente è interesse comune che non si commettano delitti, ma che sia- no più rari a proporzione del male che arrecano alla società. Dunque più forti debbono essere gli ostacoli che risospingono gli uomini dai delitti a misura che sono contrari al ben pubblico, ed a misura delle spinte che gli portano ai delitti*[332].

En las constituciones contemporáneas no se suele reconocer el principio expresamente, pero muchas constituciones sí lo recogen implícitamente, como lo interpretan la mayoría de los tribunales constitucionales y la doctrina[333]. Posee, por tanto, rango constitucional y se puede inferir del valor de justicia propio de un Estado de Derecho, de la interdicción de arbitrariedad de las actuaciones públicas y de la dignidad de la persona[334].

La proporcionalidad en sentido estricto se ha definido como exigente de que "la gravedad de la pena ha de ser proporcional a la gravedad del hecho antijurídico, a la gravedad del injusto"[335], como "un juicio de ponderación entre la carga "coactiva" de la pena y el fin perseguido por la conminación penal"[336], también como el requerimiento de "una concordancia material entre acción y reacción, causa y consecuencia, delito y consecuencia jurídico-penal"[337], el principio a través del que se rechaza "el establecimiento de conminaciones legales (proporcionalidad abstracta) o la imposición de penas (proporcionalidad concreta) que carezcan de toda relación valorativa con tal hecho, contemplado en la globalidad de sus aspectos"[338] o

---

subsidiariedad", op. cit., p. 282. Quien escribe estas líneas lo ha escuchado en repetidas ocasiones en las clases del profesor Ignacio Berdugo, y ahora lo recuerda con morriña.

332 BECCARIA, Cesare. (1764). *Dei delitti e delle penne*, op. cit., p. 21.

333 AGUADO CORREA, Teresa (1999). *El principio de proporcionalidad en derecho penal*, op. cit., p. 276.

334 Así se establece en las ya citadas SSTC 55/1996, FJ 9; 161/1997, FJ 12.

335 LUZÓN PEÑA, Diego M. (1994). *Curso de Derecho penal. Parte General I*, op. cit., p. 85

336 COBO DEL ROSAL, Manuel y VIVES ANTÓN, T. Salvador (1996). *Derecho penal, parte general*, op. cit., p. 80.

337 HASSEMER, Winfried (1984). *Fundamentos del Derecho penal*. Barcelona: Bosch, p. 279.

338 SILVA SÁNCHEZ, Jesús Mª (1992). *Aproximación al Derecho penal*, op. cit., p. 260; GARCÍA-PABLOS DE MOLINA, Antonio (2000). *Derecho penal. Introducción*, Madrid: Universidad Complutense, p. 289.

referente a la calidad instrumental del medio en función del fin: "Sin esa calidad instrumental no hay proporción: no hay beneficio posible a partir del perjuicio que en sí supone la restricción"[339].

También la ubicación del principio de proporcionalidad de las penas es controvertida. Para algunos autores es consecuencia del principio de culpabilidad (así por ejemplo Bacigalupo[340]); para otros se integra en el principio de necesidad de la intervención (como Bustos Ramírez[341]); para algunos autores forma parte de la prohibición de penas inhumanas o degradantes del art. 15 CE[342]; y, para otros —la mayoría de la doctrina contemporánea[343]— se integra dentro del principio de proporcionalidad en sentido amplio[344]. Prieto del Pino relaciona el principio con el de justicia, posicionándolo como con un mayor peso que el que corresponde a las consideraciones utilitarias[345].

En general, se puede decir que el principio de proporcionalidad en sentido estricto es el más identificable como un verdadero límite al *ius puniendi* estatal[346]. El principio se manifiesta tanto a través de una relación de proporción entre la gravedad del delito y la de la pena en la previsión legislativa, como a través de una exigencia de proporción entre la pena que se impone al autor de un hecho delictivo y la gravedad de la conducta cometida por el autor en el caso

---

339 LASCURAÍN SÁNCHEZ, Juan A. (1998). "La proporcionalidad de la norma penal", op. cit., 165.

340 BACIGALUPO ZAPATER, Enrique (1982). "¿Tienen rango constitucional las consecuencias del principio de culpabilidad?", *La Ley*, 2, pp. 936 y ss.

341 BUSTOS RAMÍREZ, Juan (1994). *Manual de Derecho penal*, op. cit., p. 96.

342 ZUGALDÍA ESPINAR, José M. (1993). *Fundamentos de Derecho penal*. Valencia: Tirant lo Blanch, pp. 263 y ss.

343 Si bien como afirma AGUADO CORREA, Teresa (1999). *El principio de proporcionalidad en derecho penal*, op. cit., p. 279, antes de las SSTC 55/1996 y 161/1997, ya citadas, era una postura no mayoritaria.

344 Ibídem.

345 PRIETO DEL PINO, Ana Mª (2004). *El Derecho penal ante el uso de información privilegiada en el mercado de valores*, op. cit., pp. 208 y ss. En el mismo sentido, DÍEZ RIPOLLÉS, José Luis (2003). *La racionalidad de las leyes penales*, op. cit., p. 128.

346 BERDUGO GÓMEZ DE LA TORRE, Ignacio et al. (2010). *Curso de Derecho penal, parte general*, 2ª ed. Madrid: Experiencia, p. 59.

concreto[347]. Ninguna de las dos perspectivas del principio de proporcionalidad de las penas es respetada con carácter general[348].

En cualquier caso, en relación con la perspectiva de la previsión legislativa, entra en conflicto el principio de proporcionalidad con la mayor libertad del legislador penal, consecuencia de la legitimidad democrática del mismo.

Se debe tener en cuenta que la proporcionalidad de las penas se refiere a los dos momentos de determinación de la pena. Es fundamental poner el foco en ambos momentos, como se verá en el siguiente Capítulo[349]. Asimismo, la dosimetría punitiva se refiere, por una parte, a la determinación judicial de la pena en sentido estricto (que comprende la elección de la clase de pena y la fijación de la cuantía exacta a imponer al condenado), y a la fijación de la pena en sentido amplio (donde el juzgador decide si se procede al cumplimiento de la pena o a su suspensión)[350].

El objeto de estudio queda enfocado, al considerarlo más garantista, hacia el principio de proporcionalidad de las penas. Aunque se realizan algunas consideraciones al respecto, no es el foco del objeto de estudio de este trabajo, por tanto, la proporcionalidad en sentido amplio. Quedan fuera del estudio también el canon genérico de ponderación entre derechos fundamentales, la proporcionalidad de las medidas de seguridad (que es precisamente donde surge el análisis del principio)[351], y la proporcionalidad en el análisis de las causas de justificación, donde también tiene relevancia fundamental el principio.

---

347 MORENO-TORRES HERRERA, Mª Rosa (Dir.) (2021). *Lecciones de Derecho penal parte general.* Valencia: Tirant lo Blanch, p. 60.

348 ZÚÑIGA RODRÍGUEZ, Laura. "Dogmática funcionalista y política criminal: una propuesta fundada en los derechos humanos". *Derecho PUCP.* 2018, nº 81, pp. 76 y ss.

349 También se debe señalar que recientemente BASSO, Gonzalo (2019). *Determinación judicial de la pena y proporcionalidad con el hecho.* Madrid: Marcial Pons, op. cit., *passim* hizo un esfuerzo fundamental por aumentar la intensidad de la relación entre la dogmática y la determinación judicial de la pena, vinculando la teoría jurídica del delito con la determinación de la pena en sentido estricto.

350 BASSO, Gonzalo (2019). Determinación judicial de la pena y proporcionalidad con el hecho. Madrid: Marcial Pons, op. cit., p. 37.

351 MIR PUIG, Santiago (1996). *Derecho penal, parte general.* Madrid: PPU, p. 136.

IV. SITUACIÓN COMPARADA DE LA PROPORCIONALIDAD EN DERECHO PENAL[352]

La medición de la pena es un terreno propicio para adoptar un enfoque de Derecho comparado[353], razón por la que se aborda aquí. En este apartado se analiza de modo sucinto la aplicación constitucional del principio de proporcionalidad en Derecho penal en España, en Italia y en Estados Unidos.

La selección de Italia como objeto del análisis se debe tanto a la fuerza que cobra en ese país el Derecho penal constitucionalista, como, por otra parte, la prolija aplicación jurisprudencial que ha obtenido allí el principio. El análisis del TEDH permite también el contraste con la jurisprudencia supranacional más relevante en la materia para España. Por último, la selección del análisis de la aplicación estadounidense se debe fundamentalmente a la fuerte consolidación del principio de proporcionalidad en el marco de la doctrina y jurisprudencia estadounidenses —vinculada al retribucionismo como teoría predominante de justificación del castigo—. La introducción de ambos análisis permite observar si existen o no contrastes entre la doctrina de Derecho civil y de Derecho común (teniendo en cuenta que en estos sistemas se relativiza la incidencia de los principios y no existe una sistematización teórica como la de la teoría del delito).

1. *Situación en España*[354]

En este análisis se estudian por separado el desarrollo jurisprudencial del principio de proporcionalidad penal en sentido amplio (apartado 1.1) y en sentido estricto (1.2).

---

[352] I would like to thank at this point the contributions of the attendees to the UPenn Comparative Law Association meeting held on March 29, 2023, where we compared some issues of constitutional systems (María Alejandra Maldonado, Hermes Heim, Giovanna Parini, Evan Globus and the rest of students and alumni that attended). I especially thank Bianca Scraback for organizing, chairing, and introducing the discussion.

[353] BASSO, Gonzalo (2019). Determinación judicial de la pena y proporcionalidad con el hecho. Madrid: Marcial Pons, op. cit., p. 45.

[354] Este estudio se puede observar con mayor profundidad, extensión e intensidad en una publicación separada *in nuce*.

1.1. La proporcionalidad en Derecho penal en España

Se distinguen dos etapas en el tratamiento jurisprudencial del principio. Una primera etapa, en los primeros quince años de jurisprudencia constitucional, permite un desarrollo del principio de proporcionalidad (tras unos años de uso informal del principio), exigiéndose que la medida estatal cumpla los requisitos del hoy conocido como principio de proporcionalidad en sentido amplio. Sin darles expresamente esta calificación: la existencia de una finalidad de relevancia constitucional (adecuación), la necesidad de la medida (ausencia de medidas menos drásticas para el mismo fin) y, posteriormente, el equilibrio entre medida y finalidad. A partir de la STC 55/1996, ya citada, se reconoce continuamente[355] el carácter constitucional del principio de proporcionalidad en Derecho penal[356]. En una segunda fase, que comienza con la STC 66/1995, de 8 de mayo —en relación con el Derecho penal a partir de la STC 55/1996, de 28 de marzo—, se puede considerar que el análisis jurisprudencial del principio ya ve consolidado el examen del triple test y sus elementos[357]. En todo caso, el Tribunal Constitucional español acogió desde sus primeras sentencias la concepción amplia del principio de proporcionalidad. Inicialmente la fundamentó vinculada a la justicia y a la dignidad humana. Después pasó a concebirlo como un criterio

---

355 Se refieren las sentencias del TC usualmente al TEDH en relación con el reconocimiento del principio. Así, por ejemplo, en la STC 136/1999, FJ 20, se afirma: "la exigencia de proporcionalidad de la reacción penal, incluso respecto del ejercicio ilícito de las libertades de expresión e información, ha sido declarada no sólo por este Tribunal (por todas, STC 85/1992), sino también por el Tribunal Europeo de Derechos Humanos (por todas, Sentencia del T.E.D.H. Tolstoy Miloslavsky, de 13 de julio de 1995)".

356 En la sentencia se resuelven (con carácter desestimatorio) las cuestiones de inconstitucionalidad relativas a la pena por el delito de negativa a cumplir la prestación social sustitutoria del servicio militar obligatoria, al estimar que esta no integra el derecho a la libertad ideológica (sólo la objeción de conciencia al servicio militar *stricto sensu* lo hace), que la finalidad de la pena no es de mero cumplimiento de un mandato administrativo y que el legislador tiene un amplio margen de libertad para delimitar los fines perseguidos con la pena, así como para determinar el tipo y cuantía de sanciones penales (*Vid.* los FFJJ 6 a 9).

357 DE LA MATA BARRANCO, Norberto J. (2007). *El principio de proporcionalidad penal*, op. cit., pp. 40 y ss.

de interpretación aplicable sobre el contenido, limitación y colisiones entre derechos fundamentales[358].

1.1.1. Canon de constitucionalidad no autónomo

Como ya se ha afirmado al estudiar los caracteres del principio, en España el TC, siguiendo la estela del BVerfG alemán, considera que el principio no determina un canon de constitucionalidad autónomo. Esta estimación se deriva ya de la citada STC 62/1982, en la que se afirma que "el Tribunal Constitucional ha de circunscribirse a determinar si el principio de proporcionalidad ha quedado infringido, desde la perspectiva del derecho fundamental y del bien jurídico que ha venido a limitar su ejercicio, por ser las medidas adoptadas desproporcionadas para la defensa del bien que da origen a la restricción"[359]. Con posterioridad, en la también citada STC 55/1996, de 28 de marzo, se afirma también que "debe advertirse que el principio de proporcionalidad no constituye en nuestro ordenamiento constitucional un canon de constitucionalidad autónomo cuya alegación pueda producirse de forma aislada respecto de otros criterios constitucionales"[360], requiriéndose siempre la relación con otros preceptos constitucionales que serán normalmente relativos a derechos fundamentales:

> Así ha venido reconociéndolo este Tribunal en numerosas Sentencias en las que se ha declarado que la desproporción entre el fin perseguido y los medios empleados para conseguirlo puede dar lugar a un enjuiciamiento desde la perspectiva constitucional cuando esa falta de proporción implica un sacrificio excesivo e innecesario de los derechos que la Constitución garantiza (SSTC 62/1982, fundamento jurídico 5.º; 66/1985, fundamento jurídico 1.º; 19/1988, fundamento jurídico 8.º; 85/1992, fundamento jurídico 5.º, y 50/1995, fundamento jurídico 7.º)" (STC 55/1996, fundamento jurídico 3.º; en el mismo sentido STC 66/1995, fundamentos jurídicos 4.º y 5.º)[361].

---

358 BERDUGO GÓMEZ DE LA TORRE, Ignacio, PÉREZ CEPEDA, Ana Isabel y ZÚÑIGA RODRÍGUEZ, Laura (2015), op. cit., p. 89.

359 STC 62/1982, ya citada, FJ 5.

360 STC 55/1996, FJ 3.

361 STC 136/1999, FJ 22.

Se reconoce la vinculación del principio con el principio de legalidad[362], el valor de justicia, el Estado de Derecho, la interdicción de la arbitrariedad, o la dignidad de la persona, y se ha planteado su vulneración constitucional en relación con los derechos fundamentales a la libertad personal (art. 17 CE), de residencia y circulación por el territorio nacional (art. 19 CE)[363], libertad ideológica (art. 16 CE)[364], de expresión e información (art. 20 CE)[365], de reunión (art. 21 CE)[366] y participación en asuntos públicos (art. 23 CE).

En relación con los principios a la libertad de expresión se afirma que hay que tener en cuenta, en particular, el efecto desaliento que puede provocar en su ejercicio su penalización. En este sentido, en la STC 47/2022, FJ 8, se hace un resumen de la jurisprudencia constitucional al respecto:

> La STC 177/2015 ha puesto de manifiesto los riesgos derivados de la utilización del ius puniendi en la respuesta estatal ante un eventual ejercicio, extralimitado o no, del derecho a la libertad de expresión, por la desproporción que puede suponer acudir a esta potestad y el efecto desalentador que ello puede generar para el regular ejercicio de los derechos fundamentales (en el mismo sentido STC 112/2016). Por ello, tanto el legislador al definir la norma penal, como el juez al aplicarla, no pueden "reaccionar desproporcionadamente frente al acto de expresión, ni siquiera en el caso de que no constituya legítimo ejercicio del derecho fundamental en cuestión y aun cuando esté previsto legítimamente como delito en el precepto penal" (STC 110/2000, de 5 de mayo, FJ 5)"; STC 122/2021, FJ 9.

La afirmación de que el control de proporcionalidad no constituye un canon de constitucionalidad autónomo se reitera en posteriores SSTC, como —sin ánimo de exhaustividad— las SSTC 161/1997, FJ 8; o 136/1999, FJ 22.

---

362 SSTC 136/1999, FJ 29 y 122/2021, FFJJ 9 y ss. (Tribunal Constitucional. Pleno. Sentencia 122/2021, de 2 de junio. Ponente: D. Juan José González Rivas).

363 Tribunal Constitucional. Pleno. Sentencia 60/2010, de 7 de octubre. Ponente: D. Javier Delgado Barrio, FJ 8.

364 Así en la STC 55/1996.

365 SSTC 136/1999, FFJJ 20 y ss.; 112/2016; 35/2020, y 122/2021, FJ 10.

366 STC 122/2021, FJ 9.

1.1.2. Triple exigencia: idoneidad, necesidad y proporcionalidad estricta

Como ya se ha mencionado, el TC incorporó desde sus primeros análisis del principio de proporcionalidad la exigencia del triple examen en el marco del principio de constitucionalidad. En la STC 55/1996 se incorpora el triple examen al análisis de la proporcionalidad de medidas penales, y en ella se afirma que se debe proceder al análisis de la concurrencia de un *prius lógico* (la existencia de un fin legítimo perseguido por la medida), y posteriormente a analizar los elementos de necesidad, idoneidad y proporcionalidad en sentido estricto[367]. A partir de la STC 60/2010 se afina el canon[368]. Sin embargo, el análisis del TC no ha sido más que trivial en la mayoría de los supuestos, dando por supuesta la concurrencia de los requisitos, haciendo únicamente una mención a estos o haciendo un análisis formal y banal del contenido de los mismos, con independencia de la ausencia de motivación del legislador, la claridad de la justificación y la objetividad de la misma.

1.1.3. Alcance del análisis del TC en la práctica: análisis de los fines perseguidos, idoneidad

En cuanto a los fines perseguidos y los bienes jurídicos seleccionados, apenas se realiza control a causa de la reconocida libertad del legislador (en este sentido, *vid.* la STC 136/1999, FJ 27). En los casos en que formalmente se han controlado los fines (supuestos contados), sólo se hace de modo aparente, bastando con la confirmación superflua de una justificación (cualquiera que sea) por el legislador[369].

---

[367] STC 55/1996, FFJJ 7-9. Reiterado posteriormente en la mayoría de sentencias sobre el principio de proporcionalidad (v. gr. en la STC 161/1997, FJ 10).

[368] STC 60/2010, FFJJ 10 y ss.

[369] En la STC 169/2021, FJ 6, se afirma simplemente al respecto que: "La justificación la encontramos en el apartado II del preámbulo de la Ley Orgánica 1/2015 donde se afirma que "podrá ser impuesta únicamente en supuestos de excepcional gravedad —asesinatos especialmente graves, homicidio del Jefe del Estado o de su heredero, de Jefes de Estado extranjeros y en los supuestos más graves de genocidio o de crímenes de lesa humanidad— en los que está justificada una respuesta extraordinaria mediante la imposición de una pena de prisión de

En todo caso, el control limitado que en teoría debería realizarse, no se realiza. De hecho, no se realizan realmente análisis más allá de declarar que se debe realizar el control, dándolo por hecho, aunque no existan estudios suficientes sobre la idoneidad de las penas (así, v. gr. en las SSTC 55/1996, FJ 8; 161/1997; 136/1999, FJ 27; y 169/2021, FJ 7). Y lo mismo sucede con la necesidad, que se da por supuesta ante el peligro de convertirse el Tribunal en un legislador imaginario (v. gr. en las SSTC 55/1996, FJ 8; STC 161/1997, FJ 11; STC 136/1999, FJ 27; 161/1997, FJ 11, 136/1999, FJ 28, y 169/2021, FJ 7).

Los datos empíricos no se contrastan en ninguno de los supuestos, cuando precisamente la idoneidad y la necesidad dependen de esos datos. Sin embargo, se dan por supuestos. En contraste, en la propia STC 136/1999, ya se afirma que la proporcionalidad estricta suscita más problemas[370].

1.1.4. Libertad del legislador en la selección de los fines y los medios

El TC español ya ha afirmado en numerosas ocasiones que el principio de legitimidad democrática otorga al legislador constitucional

---

duración indeterminada (prisión permanente), si bien sujeta a un régimen de revisión", destacando más adelante su pertenencia a un modelo extendido en el Derecho comparado europeo [...] El preámbulo de la Ley Orgánica 1/2015 justifica la introducción en nuestro ordenamiento de esta nueva modalidad de pena de prisión apelando a la extraordinaria gravedad de los hechos a los que se aplicará, a exigencias retributivas especiales y a una suerte de homologación con países democráticos de nuestro entorno, consideraciones de política criminal que aunque hayan suscitado opiniones discrepantes en amplios sectores de la doctrina española e incluso en la propia jurisprudencia [vid. SSTS, de la Sala Segunda, 716/2018, de 16 de enero de 2019, FJ 4.1, y 678/2020, de 11 de diciembre, FJ 4.2], no resultan axiológicamente incompatibles con la Constitución, pues tratan de hacer patente el extraordinario contenido del injusto y de la culpabilidad que representa la vulneración de bienes jurídicos del más alto rango —singularmente la vida humana— y la necesidad de compensarlo mediante una respuesta penal más intensa que permita mantener en la población la conciencia del Derecho y el sentimiento de Justicia". Por esta razón, en el FJ 7 se afirma que el fin legítimo es el reforzamiento de la protección de los bienes jurídicos tutelados y la necesidad reforzada de inocuización del delincuente en casos de extraordinaria gravedad.

370 STC 136/1999, FJ 27.

un amplio margen de discrecionalidad para determinar las conductas típicas y las sanciones que se les asignan[371].

Ya en la STC 55/1996 se hace referencia que el estudio de proporcionalidad debe partir de la premisa de la potestad exclusiva del legislador penal para configurar los bienes penalmente protegidos y los comportamientos reprensibles, así como "el tipo y la cuantía de las sanciones penales, y la proporción entre las conductas que pretende evitar y las penas"[372], teniendo el legislador un amplio margen de libertad para determinar la selección de los bienes jurídicos, conductas penalizadas y sanciones necesarias para preservar el modelo de convivencia[373]. La referencia no sólo a la discrecionalidad del legislador para seleccionar los bienes y comportamientos punitivos, sino también para determinar la cuantía y la proporción de las penas deja absolutamente desprovisto de contenido al principio de proporcionalidad, lo que no es admisible. Sí es cierto que el legislador tiene cierto margen de selección de las conductas criminalizadas, los bienes protegidos y los fines perseguidos con la pena, emanado del principio democrático. Pero también es cierto que desde luego la proporcionalidad se configura como un límite constitucional a la libertad del legislador, no pudiéndose admitir concepciones que entiendan que corresponde al legislador esa delimitación.

---

371 Afirma la Sala Segunda en la ya citada STC 65/1986, FJ 3: "En el ejercicio de su competencia de selección de los bienes jurídicos que dimanan de un determinado modelo de convivencia social y de los comportamientos atentatorios contra ellos, así como de determinación de las sanciones penales necesarias para la preservación del referido modelo, el legislador goza, dentro de los límites establecidos en la Constitución, de un amplio margen de libertad que deriva de su posición constitucional y, en última instancia, de su específica legitimidad democrática. No sólo cabe afirmar, pues, que, como no puede ser de otro modo en un Estado social y democrático de Derecho, corresponde en exclusiva al legislador el diseño de la política criminal, sino también que, con la excepción que imponen las citada pautas elementales que emanan del texto constitucional, dispone para ello de plena libertad. De ahí que, en concreto, la relación de proporción que deba guardar un comportamiento penalmente típico con la sanción que se le asigna será el fruto de un complejo juicio de oportunidad del legislador que aunque no puede prescindir de ciertos límites constitucionales, éstos no le imponen una solución unívoca y precisa".

372 STC 55/1996, FJ 5.

373 Ibídem.

1.1.5. Legislador y juzgador como sujetos a la proporción, pero en distinta medida

El mencionado margen de libertad asignado al legislador hace que para el TC el control constitucional del mismo tenga lugar de forma “cualitativamente distinta a las aplicadas a los órganos encargados de interpretar y aplicar las leyes”. El legislador no dispone de una guía fija para determinar las conductas criminalizadas y las penas aplicables, pero el intérprete/juzgador debe seguir la guía que a tal efecto establezca el legislador, teniendo un margen de actuación mucho menor[374].

1.1.6. La relevancia de la motivación

En la STC 54/2007, por ejemplo, se otorga el amparo por vulneración del derecho a la tutela judicial efectiva, por no responder a las alegaciones de desproporción del recurrente[375], por lo que se aprecia una relación esencial entre la proporcionalidad penal y la necesidad de motivación, lo que se podría vincular con la relación entre aquella y la interdicción de arbitrariedad de los poderes públicos.

1.2. La proporcionalidad entre delitos y penas en España

Un indicio del carácter más garantista del principio específico de proporcionalidad entre delitos y penas o proporcionalidad estricta lo da el que el foco de análisis en la jurisprudencia constitucional ha estado en este elemento[376], mientras que en los principios de idonei-

---

374 STC 55/1996, FFJJ 5 y 6.

375 Tribunal Constitucional. Sala Segunda. Sentencia 54/2007, de 12 de marzo. Ponente: D. Guillermo Jiménez Sánchez, FJ 4.

376 Así sucede, por ejemplo, en las sentencias del caso Procés (SSTC 91/2021, FJ 11; 106/2021, FJ 11; 121/2021, FJ 12; 122/2021, FJ 10; 184/2021, FJ 12, 25/2022, FJ 7). Referencias completas: SSTC 91/2021 (Tribunal Constitucional. Pleno. Sentencia 91/2021, de 22 de abril. Ponente: D. Pedro José González-Trevijano Sánchez), 106/2021 (Tribunal Constitucional. Pleno. Sentencia 106/2021, de 11 de mayo. Ponente: D. Ricardo Enríquez Sancho); 121/2021 (Tribunal Constitucional. Pleno. Sentencia 121/2021, de 2 de junio. Ponente: D. Santiago

dad y necesidad usualmente se hacen meras menciones a la libertad del legislador. Otro indicio es que en la única sentencia en que se considera que una pena es inconstitucional ello se estima sobre la base de la proporcionalidad estricta.

1.2.1. También libertad del legislador

También en este ámbito se hace referencia a la libertad del legislador en la determinación del tipo y cuantía de sanciones y la proporcionalidad (v. gr., se afirma en la STC 55/1996 y en la 60/2010[377]). En la STC 161/1997 también se afirma que la relación valorativa de la proporcionalidad estricta es fruto de un complejo análisis político-criminal que corresponde al legislador[378]), lo que no tiene ningún sentido al vaciar absolutamente de contenido el principio.

1.2.2. Confusión

Además del carácter banal del análisis de los tres elementos de la proporcionalidad, interesa, en relación con el foco de este trabajo (el principio de proporcionalidad de los delitos y las penas o proporcionalidad estricta), el hecho de que el TC ha mostrado desde los inicios una suerte de confusión conceptual. En ocasiones, en este sentido, se ha hecho referencia a que la proporción en sentido estricto se refiere a "si la pena prevista es necesaria y proporcionada para asegurar [...] el bien jurídico por la norma"[379], pero en la misma

---

Martínez-Vares García); 122/2021 (Tribunal Constitucional. Pleno. Sentencia 122/2021, de 2 de junio. Ponente: D. José González Rivas); 184/2021, de 28 de octubre (Tribunal Constitucional. Pleno. Sentencia 184/2021, de 28 de octubre. Ponente: D. Ricardo Enríquez Sancho), 25/2022 (Tribunal Constitucional. Pleno. Sentencia 25/2022, de 25 de febrero. Ponente: D. Antonio Narváez Rodríguez).

[377] SSTC 55/1996, FJ 6; 60/2010, FJ 16.

[378] STC 161/1996, FJ 12.

[379] STC 54/2007, FJ 6 ("Así, pues, las presentes cuestiones de inconstitucionalidad confrontan la sanción impugnada con dos de las condiciones que este Tribunal ha considerado (SSTC 50/1995 y 66/1995) que, junto a la idoneidad de la medida para alcanzar el fin propuesto, rigen la aplicación del principio de proporcionalidad, a saber: la necesidad de su existencia y su proporción en sentido estricto

sentencia se hace referencia a la proporcionalidad estricta como la relación "entre la entidad del delito y la entidad de la pena" y —en el mismo fundamento jurídico en el que se afirma esto último— se presenta también como una relación "medio-fin"[380].

1.2.3. Sujetos a la proporción

La STC 184/2021 hace referencia a que la proporcionalidad de las penas tiene incidencia tanto en relación con el legislador, como en relación con los juzgadores (acogiendo las nociones de proporcionalidad abstracta y concreta, respectivamente), aunque, en coherencia con lo ya expresado, reconoce un mayor margen de actuación del legislador, en el marco de aplicación del principio de proporcionalidad de las penas[381].

1.2.4. Elementos

Entre los elementos de la comparación se tienen en cuenta —en relación con la severidad de la pena— la comparación con los principios y derechos afectados por la norma penal, y —en relación con la severidad del delito— diversos (y cambiantes) elementos. Se integran los fines de la norma penal y los fines de la pena en general[382], se integran también elementos más amplios de ponderación coste-beneficio (incluyéndose, por ejemplo, el efecto desaliento sobre la libertad de expresión y la participación política[383] o los efectos imprevisibles y desproporcionados sobre el derecho de representación política —lo que se refleja en la reciente STC 8/2024, del caso Alberto Rodríguez—[384]) o de comparación medio-fin[385]. La inclusión de

---

o, en el presente caso, como dicen los Autos, "si la pena prevista es necesaria y proporcionada para asegurar" el bien jurídico protegido por la norma").

380 Ibídem, FJ 9.

381 STC 184/2021, FJ 12.

382 STC 55/1996, FJ 6.

383 STC 60/2010, FJ 16.

384 STC 8/2024, FJ 8 (Tribunal Constitucional. Pleno. Sentencia 8/2024, de 16 de enero. Ponente: Dña. María Luisa Segoviano Astaburuaga).

385 V. gr. en las SSTC 91/2021, FJ 11; 106/2021, FJ 11; 121/2021, FJ 12; 122/2021, FJ 10; STC 169/2021, FJ 7; 184/2021, FJ 12, 25/2022, FJ 7.

esa ponderación costes-beneficios, o gravedad de la pena-finalidad de la norma, no es garantista ni responde al fundamento de justicia de la proporcionalidad, como ya habrá ocasión de explorar al definir el objeto de proporción de la proporcionalidad de las penas.

1.2.5. La libertad de expresión, la lesividad y el efecto desaliento

Como se ha mencionado ya, el TC ha tenido la oportunidad de pronunciarse en diversas ocasiones sobre la proporcionalidad de las penas relativas a conductas que están relacionadas con la libertad de expresión, partiendo de que existe una zona intermedia que difumina las conductas legítimas de las delictivas[386] y de la afirmación de que nuestro sistema no es un sistema de democracia militante, por lo que la Constitución protege a quienes la niegan[387].

En particular, en la STC 235/2007, el Pleno analiza la constitucionalidad de la tipificación de la negación y de la justificación del genocidio. Se afirma en esta sentencia que para que las conductas relacionadas con la libertad de expresión se puedan sancionar penalmente de modo legítimo se requiere que la conducta represente un peligro cierto de generar un clima de hostilidad o violencia hacia los actos de discriminación[388]. Sin embargo, aunque para el Pleno ello excluye la constitucionalidad de la mera negación del genocidio por ser desproporcionada, al no ser idónea para generar ese incremento

---

[386] La regulación de conductas apologéticas amplias, como el enaltecimiento o justificación de ciertos delitos, emerge en nuestra normativa penal tras varias sentencias del TC en que se declaraba inconstitucional la penalización del elogio o defensa de ideas o la expresión de ideas subjetivas sobre acontecimientos históricos o actuales, y tras la previsión expresa en el Código penal de 1995 que establece que la apología "solo será delictiva como forma de provocación y si por su naturaleza y circunstancias constituye una incitación directa a cometer un delito" (MUÑOZ CONDE, Francisco (2015). *Derecho penal, parte especial.* Valencia: Tirant lo Blanch. p. 592; GIMÉNEZ GARCÍA, Joaquín (2007). "Arts. 571 a 580". En CONDE-PUMPIDO TOURÓN, Cándido. *Comentarios al Código penal.* Barcelona: Bosch, pp. 3706-3707.

[387] V. gr. STC 35/2020 (Tribunal Constitucional. Pleno. Sentencia 35/2020, de 25 de febrero. Ponente: D. Juan Antonio Xiol Ríos).

[388] Tribunal Constitucional. Pleno. Sentencia 235/2007, de 7 de noviembre. Ponente: D. Eugeni Gay Montalvo, FFJJ 8 y 9.

de hostilidad, sí estima proporcionada la penalización de la justificación del genocidio, al entender que presenta un peligro cierto de generar un clima de hostilidad o violencia que puede traducirse en actos concretos de discriminación[389], lo cual no está suficientemente justificado (no se ha demostrado que las palabras de quienes desgraciadamente piensan de esa manera generen un riesgo de violencia, y menos de la violencia intrínseca en los crímenes internacionales).

En la STC 177/2015, del mismo modo, partiendo de esa limitación —siquiera abstracta y amplia— de exigencia de incitación al odio, se concluye que la quema en público del retrato de los monarcas comporta una incitación al odio, que no es sólo ofensivo, sino que expresa que aquellos son "merecedores de exclusión y odio"[390], razón por la que se desestima el amparo solicitado por los condenados por injurias a la Corona.

Con posterioridad, en relación con el delito de enaltecimiento del terrorismo se ha pronunciado el TC en dos ocasiones. En la primera, en el marco de un recurso de amparo en relación con la condena de Tasio Erkizia por un acto de homenaje a Argala (uno de los antiguos dirigentes del grupo terrorista ETA). El Pleno afirma, en la STC 112/2016, que se incorpora a la sanción penal de las conductas vinculadas a la libertad de expresión la exigencia de que las conductas, como una manifestación del discurso del odio, generen "una situación de riesgo para las personas o derechos de terceros o para el propio sistema de libertades". Se parte así, de una exigencia de lesividad específica (aunque, de nuevo, amplia y abstracta) de las conductas. Sin embargo, la interpretación que hace el propio TC en la sentencia ignora en la práctica esa afirmación, dando prácticamente por supuesto que la conducta de enaltecimiento o justificación del art. 578.1.i CP supone una legítima injerencia en la libertad de expresión "en la medida en que puedan ser consideradas como una manifestación del discurso del odio por propiciar o alentar, aunque sea de manera indirecta, una situación de riesgo para las personas o derechos de terceros o para el propio sistema de libertades"

389 Ibídem.

390 Tribunal Constitucional. Pleno. Sentencia 177/2015, de 22 de julio. Ponente: D. Juan Antonio Xiol Ríos, FJ 4.

(pero sin fundamentar por qué, la mera exaltación o justificación genera ese riesgo)[391]. Por último, es fundamental la STC 35/2020 (caso Strawberry), en la que el Pleno pone límite a una tendencia de nuestra jurisprudencia a interpretar de forma amplia el delito de enaltecimiento del terrorismo, que había conllevado condenas por enaltecimiento de personas que expresaban públicamente ideas de protesta, irónicas, sarcásticas o humorísticas. El TC incorpora una exigencia adicional, la de la necesidad de valoración por los tribunales sentenciadores de si la conducta enjuiciada era manifestación del ejercicio del derecho fundamental a la libertad de expresión, teniendo en consideración, en concreto, la intención comunicativa del encausado, que determinaría la ilegitimidad de la sanción penal si la conducta era irónica, provocadora o sarcástica[392]. Por esta razón, se concede el amparo por la falta de valoración de la intención comunicativa por parte del TS[393].

1.2.6. *Tipos de control*

Como el contenido del principio estricto es confuso en la jurisprudencia constitucional, también lo es la comparación (cuando se entra en ella), pero se pueden apreciar mecanismos de control de la proporcionalidad absolutos (la gravedad en sí de la pena con la gravedad de la sanción, o entre costes y beneficios[394]) —en las que la entidad del control es muy leve, casi inexistente—, y también relati-

---

391 STC 112/2016, FFJJ 4-6 (Tribunal Constitucional. Sala Primera. Sentencia 112/2016, de 20 de junio. Ponente: D. Juan Antonio Xiol Ríos).

392 STC 35/2020, ya citada, FJ 5.

393 Se estima el amparo del recurrente, César "Strawberry", por el contenido de unos tuits, aunque el TC perdió la oportunidad de plantear una cuestión de inconstitucionalidad para analizar la legitimidad del delito de enaltecimiento del terrorismo.

394 V. gr. en la STC 60/2010 (relativa a la imposición de la medida de alejamiento del art. 57.2 CP para los supuestos en que la víctima lo sea de violencia de género), FJ 16 se afirma: "de la comparación de la entidad de esos efectos con el grado de satisfacción de los fines que con él persigue el legislador penal no resulta un exceso o desequilibrio como el requerido para constatar su estricta desproporción; y menos aún cabe afirmar que este exceso sea una falta de proporcionalidad 'evidente' o 'manifiesta'" (a este fundamento se remite también la STC 119/2010, de 24 de noviembre —Tribunal Constitucional. Pleno.

vos[395] (comparándolo con otros tipos penales) —aunque en ocasiones también se ha hecho ignorando el resultado de la comparación[396] o se ha rechazado el empleo de la comparación o el método relativo sobre la base de la potestad exclusiva del legislador penal[397]—.

Se aprecia, en fin, una utilización incoherente del principio de proporcionalidad de las penas, sin poderse prever siquiera los mecanismos de control aceptados por el tribunal.

1.2.7. Nivel de desproporción exigido

El nivel de desproporción exigido para las conductas requiere, para el TC, un "desequilibrio patente y excesivo o irrazonable" entre sanción y finalidad de la norma[398], de tal modo que se atente contra el valor fundamental de la justicia del Estado de Derecho y la prohibición de arbitrariedad pública y de actuaciones públicas no respetuosas con la dignidad de la persona[399].

Sentencia 119/2010, de 24 de noviembre. Ponente: Dña. Elisa Pérez Vera, FJ Único—).

395 SSTC 136/1999, FJ 29; 169/2021, FJ 7; 99/2008, FJ 4; 127/2009, FJ 6; 153/2009, FJ 6; 99/2008, FJ 4; Y 127/2009, de 26 de mayo (Tribunal Constitucional. Pleno. Sentencia 127/2009, de 26 de mayo. Ponente: D. Vicente Conde Martín de Hijas, FFJJ 7 y 8).

396 Resulta ilustrativa la STC 19/1988, FJ 7: "Aunque por muy evidentes razones la mera comparación legislativa no puede servir para fundamentar aquí nuestro juicio, sí conviene advertir, para mejor entender esta última referencia a un ordenamiento extranjero, que el llamado "arresto sustitutorio" por impago de multa es expediente legal que, con unas formulaciones u otras, aparece recogido en otros ordenamientos inspirados en principios constitucionales que pueden decirse próximos, en cuanto a este punto, a los nuestros (así, como ejemplo, art. 43 del Código Penal y arts. 459.e y 459.f de la Ordenanza Procesal Penal de la República Federal de Alemania, art. 10 del Código Penal austríaco y art. 49 del Código Penal suizo). Y tampoco sobrará reseñar, en el mismo orden de consideraciones, que el sistema legal en este punto previsto en el ordenamiento de la República italiana —finalmente invalidado por la Sentencia antes citada— difería de nuestro actual, al menos en dos aspectos de trascendente importancia…" (Tribunal Constitucional. Pleno. Sentencia 19/1988. Ponente: D. Luis Díez Picazo y Ponce de León, FJ 7).

397 STC 122/2021, FJ 10.

398 STC 55/1996, FJ 9; STC 161/1997, FJ 12; STC 60/2010, FJ 16.

399 Ibídem.

1.2.8. Nivel de protección

Como es sabido, igual que se estima que no hay un derecho fundamental a la reinserción social, tampoco se deriva a favor del reo un derecho a la proporcionalidad de las penas previstas por el legislador, deducible del art. 25 CE (SSTC 65/1986, FJ 3; 169/2021, FJ 7). La afirmación verificada en su momento por este tribunal de que "no cabe deducir del artículo 25.1 de la Constitución Española un derecho fundamental a la proporcionalidad abstracta de la pena con la gravedad del delito" (STC 65/1986, de 22 de mayo, FJ 3, STC 169/2021, FJ 7).

Todo ello hace que quede sin contenido —prácticamente— el principio de proporcionalidad y su vigencia. El Pleno del TC consideró incluso compatible con la proporcionalidad estricta la pena de PPR, al no estimarla arbitraria a la luz del ordenamiento de países de nuestro entorno y que no hubiese riesgo de desproporción por los períodos temporales previstos para el acceso al tercer grado y la libertad condicional, así como no poder achacarse a la norma que la prisión se prolongue más allá de la subsistencia de todo motivo legítimo de política criminal, al preverse expresamente los mecanismos de suspensión de ejecución de las condenas y la obligación de revisión bianual[400].

De hecho, en nuestra práctica jurisprudencial, tras más de cuatro décadas de jurisprudencia, sólo ha sido declarado contrario al principio de legalidad penal en cuanto comprensivo de la proscripción constitucional de penas desproporcionadas el art. 174 bis. a) ACP, en el que se castigaba una serie de conductas omnicomprensivas de colaboración con banda armada. Así, en la STC 136/1999, ya citada (caso HB), se considera que el precepto es contrario a la Constitución por la desproporción de la pena, dada la severidad de la pena de prisión

---

400 STC 169/2021, FJ 8. De hecho, se afirma que no se puede aplicar el reproche de la STC 136/1999 (que se analiza a continuación en el texto principal), porque en aquel caso concurría un marco de conductas muy amplio y un marco penal muy estricto, pero en el caso de la PPR las conductas están muy estrictamente delimitadas, y además no se conectan con derecho fundamental alguno. Asimismo, considera que existen mecanismos para reducir la reacción penal, en los arts. 70.4 y 92.1.c) CP).

y el efecto desaliento potencial[401], con la gravedad de las conductas sancionadas. En ella se enjuiciaba el amparo de algunos condenados por colaboración por banda armada por haber brindado espacios (públicos y también de medios de difusión) a un video de ETA en el marco de una campaña electoral. El TC encuadra la norma en el carácter excepcional de la normativa antiterrorista y, por ello, afirma que se deberían haber previsto mecanismos para determinar la menor gravedad de la pena ("no es la apertura de la conducta típica de colaboración con banda armada la que resulta constitucionalmente objetable, sino la ausencia en el precepto de la correspondiente previsión que hubiera permitido al juzgador, en casos como el presente, imponer una pena inferior a la de prisión mayor en su grado mínimo[402]"). Por todo ello, concede el amparo a los recurrentes. El TC no entra a revisar la pena que habría de ser aplicable a la clase de conductas como las sancionadas, misión que delega en el legislador (tampoco se eleva en el caso cuestión de inconstitucionalidad, al ya estar derogada la norma)[403].

2. *La proporcionalidad a nivel comparado: Italia, TEDH, y EE. UU.*

A nivel comparado, se puede decir que el reconocimiento del principio de proporcionalidad está extendido a lo largo del globo, aunque sólo las constituciones más jóvenes insertan expresamente la

---

401 En cambio, la influencia del efecto desaliento en relación con la libertad ideológica, de expresión, el derecho de reunión y participación se descarta en las SSTC 91/2021, FJ 11; 106/2021, FJ 11, 121/2021, FJ 11: "Si lo ya expuesto sirve para rechazar que la actuación del recurrente pudiera acogerse a la exención de responsabilidad penal que proclama el art. 20.7 CP, tampoco cabe apreciar el denominado "efecto desaliento", bajo el alegato de que las penas impuestas desincentivan el ejercicio de esos derechos. La conducta del recurrente no constituye un mero exceso o extralimitación en el ejercicio de derechos fundamentales pues, como así se recoge en la sentencia, lo que aquel pretendía era neutralizar las decisiones adoptadas por este tribunal y los órganos judiciales sirviéndose de la movilización ciudadana para ese propósito. Por ello, tal conducta queda al margen del ejercicio de los mencionados derechos, de manera que no puede ampararse en un eventual "efecto desaliento" para tildar de desproporcionadas las penas impuestas".

402 STC 136/1999, FJ 29.

403 Ibídem.

previsión de proporcionalidad penal en su texto[404] y el control sobre las decisiones legislativas y judiciales es tenue y deferente[405].

2.1. Italia

Igual que en España, en Italia no se reconoce expresamente en la Constitución de 1947 el principio de proporcionalidad penal. El control de constitucionalidad de las penas sobre la base de la proporcionalidad estuvo ausente durante las dos primeras décadas, vinculándose entre la segunda mitad de los años 70 y los años 80 exclusivamente al principio de igualdad (es decir, en relación con semejanzas de pena entre delitos diferentes), y posteriormente se comenzó a vincular también a la función reeducativa de la pena (al afirmarse que las penas desproporcionadas con la gravedad del delito también son contrarias a la reinserción social), así como a la responsabilidad por el hecho propio y la personalidad de las penas[406].

En todo caso, la Corte Costituzionale ha situado el límite a la irracionalidad en relación con la proporcionalidad penal, exigiendo circunscribir el ámbito de lo penalmente relevante teniendo en cuenta el sacrificio de libertad personal que implica la pena. El principio de proporcionalidad ha sido aplicado utilizando sendos métodos de

---

404 El reconocimiento se da tanto en los países pertenecientes al ámbito de Derecho común como en los pertenecientes al de Derecho civil, lo cual es indicativo de que no depende de qué fines de la pena se establezcan como principales o prioritarios en el Derecho penal (en el ámbito anglosajón es fundamental la idea de retribución, mientras en el ámbito continental son fundamentales las teorías preventivas). En la reunión de la CLA del 29 de marzo de 2022 (Penn Law School), en la que discutimos sobre esta cuestión, precisamente se vio que tanto en Estados Unidos y Reino Unido (como países pertenecientes al ámbito de Derecho común), como en países tan diversos como España, Alemania, Chile, Paraguay, Francia, o Japón (pertenecientes al ámbito de Derecho civil) e Israel (que tiene un sistema mixto), reconocen el carácter Constitucional del principio de proporcionalidad. Sin embargo, la mayoría de los países mencionados no incluyen expresamente la proporcionalidad penal en la Constitución, siendo reconocida, en cambio, por los Tribunales Constitucionales de los países como tácita o implícitamente reconocida en el texto constitucional.

405 Todo ello se ha analizado con mayor profundidad en una publicación separada.

406 VIGANÒ, Francesco (2021). *La proporzionalità della pena*, op. cit., pp. 52-53.

control (absoluto[407] y relativo)[408], y se ha hecho con más efectos prácticos que en España[409].

En cuanto a los elementos de la comparación, se incorporan elementos objetivos relativas a la gravedad del hecho (v. gr., incluyendo el grado de afectación al bien jurídico[410]), así como elementos subjetivos concurrentes[411], pero también la comparación con finalidades de la pena, ya sea en particular —por ejemplo, en relación con la reinserción[412]—, o integrando una comparación coste beneficio más amplia[413].

Lo que es evidente es que la jurisprudencia italiana es ejemplo de una aplicación y reconocimiento significativos del principio de proporcionalidad de las penas, muy superiores al ejemplo español, si bien todavía se puede observar que se mantienen normas penales que son manifiestamente desproporcionadas (como sucede con la imposición de la pena de *ergastolo*).

2.2. TEDH

El TEDH se ha pronunciado en pocas ocasiones sobre el principio de proporcionalidad en relación con la materia penal. De su jurisprudencia es fundamental el reconocimiento de la prohibición de pe-

---

407 V. gr. en las SS. de la Corte Costituzionale italiana. S. n. 341 de 1994, de 11 de mayo; n. 68 de 2012, de 23 de marzo; n. 236 de 2016, de 10 de noviembre; n. 40 de 2019, de 8 de marzo.
Corte Costituzionale italiana. S. n. 28 de 2022, de 1 de febrero

408 *Vid.* la S. 28 de 2022, de 1 de febrero (Corte Costituzionale. S. n. 28 de 2022, de 1 de febrero).

409 Declarándose ya inconstitucionales penas o normas penales previsoras de penas en SS. de la Corte Costituzionale italiana. n. 218 de 1974, de 30 de mayo; y n. 176 de 1976, de 15 de junio. Recientemente, la sentencia 28 de 2022 declara inconstitucional el máximo de pena de multa prevista como sustitutiva de la pena de prisión, al estimar que es demasiado elevado para la mayoría de los ciudadanos

410 Corte Costituzionale italiana. S. n. 103 de 1982, de 24 de marzo.

411 VIGANÒ, Francesco (2021). *La proporzionalità della pena*, op. cit., p. 87.

412 Por ejemplo en la S. n. 313 de 1990, de 26 de junio de la Corte Costituzionale.

413 Corte Costituzionale italiana. S. n. 103 de 1982, Op. Cit.

nas gravemente desproporcionadas son contrarias al art. 3 CEDH[414] (prohibición de penas o tratos inhumanos o degradantes), lo que sólo se reconocerá en casos extremos[415]. También es particularmente importante para la jurisprudencia del TEDH —y sobre lo que se incidirá en el siguiente Capítulo—, la cuestión de la desproporción por defecto (por no sancionarse con penas suficientes determinadas conductas[416], por lo que se entiende que el TEDH debe asegurar que los Estados cumplan sus obligaciones de tutelar los derechos de quienes están situados en su jurisdicción y, pese a la competencia estatal, debe intervenir en caso de manifiesta desproporción entre la gravedad de la conducta y la pena infligida[417].

Por último, el TEDH, sobre la premisa de que la libertad de expresión no es ilimitada, ha declarado en varias ocasiones la nulidad de condenas por vulneración de la libertad de expresión, teniendo particularmente en cuenta el efecto disuasorio sobre el ejercicio de la libertad de expresión[418].

2.3. Estados Unidos

La Corte Suprema de EE. UU. ha reconocido un verdadero derecho fundamental a no sufrir penas desproporcionadas con la gravedad del delito cometido, aplicable a las penas pecuniarias —pero también de otra naturaleza—, derivado de la Octava Enmienda. En cualquier caso, la aplicación de la proporcionalidad no ha sido uniforme.

En las primeras sentencias (como O'Neil v. Vermont o Weems v. United States) se afirma que verdaderamente de la Octava Enmienda

---

414 TEDH. Grand Chamber. Vinter v. Reino Unido. S. 9 de julio de 201.

415 V. gr. en los supuestos de prisión perpetua sin posibilidad ni perspectivas de revisión confirmadas (TEDH. Grand Chamber. Vinter v. Reino Unido. S. 9 de julio de 2013).

416 El caso paradigmático es el de Gäfgen v. Germany (TEDH. Grand Chamber. Gäfgen v. Germany. 3 de junio de 2010).

417 Ibídem.

418 *Vid.* TEDH. Grand Chamber. Cumpănă and Mazăre v. Romania. 17 de diciembre de 2004; y TEDH. Sección Tercera. Stern Taulats y Roura Capellera v. España. 13 de marzo de 2018.

emana la exclusión de las penas desproporcionadas con el delito[419], conclusión que es reafirmada en el caso Weems v. United States, en el que se afirma que el contenido de la Octava Enmienda debe verse a la luz de la actualidad y no del siglo XVIII, por lo que se debe entender que excluye las penas desproporcionadas con la gravedad del delito[420].

El principio, con posterioridad, se ha ido aplicando fundamentalmente en relación con la pena capital y la pena de prisión permanente sin posibilidad de revisión, con efectos cambiantes, declarándose en ocasiones desproporcionada la pena para delitos sexuales u otros distintos al homicidio *stricto sensu*[421]. Sin embargo, se afirma la constitucionalidad de la prisión permanente no revisable en relación con un delito de estafa por con bienes cuyo valor es de 130$[422] (en el famoso caso Rummel v. Estelle, en relación con la reincidencia del sujeto y la regla de los tres *strikes*[423]) o en relación con la posesión de una determinada cantidad de cocaína[424], pero también inconstitucional en relación con la emisión un cheque a partir de una cuenta ficticia y que también era reincidente (era la séptima condena por un delito grave no violento)[425].

El sistema para controlar la desproporción también es cambiante, determinándose en Solem v. Helm un test objetivo para controlar la determinación de la pena[426], pero posteriormente se rechaza su aplicación en Harmelin v. Michigan[427], lo que supone un punto de

---

419 Corte Suprema Estados Unidos (1892). O' Neil v. Vermont, 144 US 323, 339-340; Corte Suprema Estados Unidos (1910). Weems v. United States, 217 US.

420 (aunque, de hecho, la pena que se anula es una de trabajos forzados que lleva consigo el encadenamiento del condenado por las muñecas y tobillos —por haber falsificado documentos públicos—, por lo que incluso dentro de la prohibición de castigos crueles queda comprendida su prohibición).

421 *Vid.* Corte Suprema de Estados Unidos (1977). Cocker v. Georgia, 433 US 584; Corte Suprema de Estados Unidos (1982). Edmund v. Florida, 458 US 782; Corte Suprema de Estados Unidos (2008). Kennedy v. Louisiana, 554 US 407.

422 ROBINSON, Paul H. y ROBINSON, Sarah M. (2022). *American Criminal Law*, New York: Routledge, pp. 21-23.

423 Corte Suprema de Estados Unidos (1980). Rummel v. Estelle, 445 US 263.

424 Corte Suprema de Estados Unidos (1991). Harmelin v. Michigan, 501 US 957.

425 Corte Suprema de Estados Unidos (1983). Solem v. Helm, 463 US 277.

426 Ibídem, p. 279.

427 Corte Suprema de Estados Unidos (1991). Harmelin v. Michigan, 501 US 957.

inflexión desde el que pasa una década hasta que se vuelve a evaluar la proporcionalidad de las penas. El rechazo del control emana de la consideración de que cada Estado tiene libertad para establecer el *quantum* de castigo de determinadas conductas[428].

El Model Penal Code (tras la reforma del ALI de 2018) establece que las penas deben encontrarse, en todo caso, en el rango de severidad proporcionado a la gravedad de los delitos, los daños hechos a las víctimas y la responsabilidad subjetiva de los delincuentes (§ 1.02). También se admite que dentro de los límites de la proporcionalidad se intenten alcanzar finalidades preventivas, generales y especiales.

La jurisprudencia estadounidense sólo ha intervenido en casos de extrema y grave desproporción (casi exigiendo ausencia de equivalencia entre daños para intervenir)[429], pese a que tras la reforma de 2017 del Model Penal Code, se ha deducido que el modelo ha optado por un modelo a favor de la proporcionalidad del delito en todo caso, no que excluya solamente las penas gravemente (*grossly*) desproporcionadas[430].

3. Conclusiones del análisis comparado

En primer lugar, se ha observado que el mayor desarrollo (y más garantías) del principio ha tenido lugar en la jurisprudencia italiana, si bien todavía en Italia se mantiene la pena de *ergastolo* (prisión permanente) y en general no existe una sistematización fuerte que garantice el principio. En España, el principio es reconocido pero la falta de concreción, las restricciones que se imponen a su control, y la falta de voluntad que demuestra nuestro TC en analizar sus elementos, han reducido mucho su carácter garantista. Por último, en EE. UU., pese a la contundente afirmación de que es un derecho fundamental y su larga aplicación, se puede concluir que la aplicación es mucho más tibia, aceptándose fórmulas tan claramente desproporcionales como la de los tres *strikes*, la pena de muerte o la prisión

---

428 Ibídem.

429 Corte Suprema de Estados Unidos (2003). Ewing v. California, 538 US 11.

430 Ibídem, p. 225.

perpetua. En fin, pese al carácter reconocidamente constitucional del principio en los tres países, no funciona en ninguno como un verdadero derecho fundamental.

En segundo lugar, pese a ello, no se aprecian diferencias notables en la efectividad del principio entre los sistemas de derecho civil analizados y el de Derecho común, ya que en todos ellos se observa una aplicación bastante escueta.

En tercer lugar, tanto en el apartado anterior como en este se puede observar la mayor virtualidad práctica del principio de proporcionalidad en sentido estricto sobre las nociones de proporcionalidad en sentido amplio, idoneidad, necesidad o racionalidad de la selección criminalizadora del legislador estatal. Por esta causa, en el próximo Capítulo se tratará de concretar las distintas vertientes del principio de proporcionalidad de las penas y en el último Capítulo se evaluará la determinación de sus elementos y se estudiará su mecanismo de aplicación, con el fin de que se pueda considerar como una verdadera garantía ante el Leviatán estatal.

Capítulo 2
Los puzles de la proporcionalidad de las penas

I. EL "*MUMBO JUMBO*" DE LA PROPORCIONALIDAD DE LAS PENAS

La mayoría de la doctrina, como se ha dicho, coincide en otorgarle carácter autónomo y propio al principio de proporcionalidad, pero las dificultades de delimitarlo han llevado a algunos a que afirmen que sólo es desmesurado lo contrario de lo proporcional[431]; o a que entiendan que sólo se trata de una regla de razón o prudencia que informa la política criminal[432]. En general, la doctrina está de acuerdo en que la proporcionalidad rechaza el establecimiento de penas legales y la imposición de consecuencias jurídicas que carezcan de relación de concordancia con el hecho, teniendo en cuenta elementos tan variados como su significado global, la relación entre el delito y la consecuencia jurídica, la relación entre los males, o la relación medios-fines[433].

De este modo, el consenso sobre la idea de que el castigo debe ser proporcional esconde disensos relevantes sobre los distintos elementos que la proporcionalidad integra. Probablemente, estos disensos son consecuencia de la falta de desarrollo real del análisis doctrinal

---

431 HASSEMER, Winfried (1984). *Fundamentos del Derecho penal.* Barcelona: Bosch, p. 279.

432 BARNÉS, Javier (1998). "El principio de proporcionalidad: Estudio preliminar", op. cit., p. 29.

433 DE LA MATA BARRANCO, Norberto J. (2007). *El principio de proporcionalidad penal,* op. cit., p. 94; MUÑOZ CONDE, Francisco y GARCÍA ARÁN, Mercedes (2019). *Derecho penal, parte general,* op. cit., p. 85; LANDROVE DÍAZ, Gerardo (2006). *Introducción al Derecho penal español.* Madrid: Tecnos, p. 21; SILVA SÁNCHEZ, Jesús Mª (1992). *Aproximación al Derecho penal,* op. cit., p. 260; ÁLVAREZ GARCÍA, José J. (1999). "Principio de proporcionalidad", *La ley,* nº 5, p. 2053; FERNÁNDEZ RODRÍGUEZ, María D. (1994). "Los límites al ius puniendi", *ADPyCP,* tomo 47, f. 3, p. 103.

y jurisprudencial (más allá de la mera mención vacía de contenido) de la proporcionalidad de las penas[434], quedando en letra muerta la mención del principio de proporcionalidad estricto en los dos momentos de determinación de la pena: el legislativo y el judicial[435].

Se han realizado, en la doctrina, varios intentos por aproximar las diversas posiciones sobre la proporcionalidad de la pena. Así, afirma Berman que se pueden diferenciar las concepciones sobre el principio sobre tres ejes sustantivos: a) las relaciones a las que hace referencia[436]; b) la consideración de que funciona como determinante de un mínimo de punición, un máximo o ambos; y c) si es un principio sólo comparativo o también proporciona una guía absoluta sobre si cada castigo es en sí mismo proporcional al delito de que se trate[437]. A su vez, Aguado Correa distingue, siguiendo a Dorado Montero[438], entre proporcionalidad concreta y abstracta, según si se dirige al legislador (relativo, por tanto, a los tipos, en general) o al juez o tribunal (relativo, por ello, al delito en particular)[439]. Estas distinciones son fundamentales, aunque dada la diversidad de aristas sobre las que oscila el principio de proporcionalidad, resultan incompletas para comprehender la complejidad de la cuestión.

Existen, en definitiva, muchas variables sobre las que oscila la noción del principio de proporcionalidad entre delitos y penas. Aquí se

---

434 AGUADO CORREA, Teresa (1999). *El principio de proporcionalidad en derecho penal*, op. cit., p. 283; FERRAJOLI, Luigi (1995). *Derecho y razón*, op. cit., p. 399.

435 DEMETRIO CRESPO, Eduardo. (1999). *Prevención general e individualización de la pena*. Salamanca: Ed. USAL, pp. 328 y ss. (esp., p. 331).

436 Aprecia BERMAN, Mitchell (2021). "Proportionality, Constraint and Culpability", op. cit., pp. 8 y ss. que algunos autores hacen referencias genéricas a la gravedad o seriedad del delito (una afirmación con carácter informativo y sin contenido); otros hacen alusión a elementos internos del agente, al daño producido, o a la culpa —entendida como culpabilidad y daño producido; y también se hace alusión al elemento de censura por parte de otros autores.

437 Ibídem, p. 7. Aquí para Berman se situaría Von Hirsch, quien distingue entre proporcionalidad ordinal y cardinal, aunque en este trabajo se entiende que no es exactamente lo mismo que la determinación absoluta y relativa o comparada de la proporcionalidad.

438 DORADO MONTERO, Pedro (1916). "Sobre la proporción penal", op. cit., p. 5.

439 AGUADO CORREA, Teresa (1999). *El principio de proporcionalidad en derecho penal*, op. cit., pp. 282 y ss.

intentará realizar un análisis de aproximación a la cuestión, distinguiendo: 1) los elementos cardinal y ordinal de control de la proporcionalidad de las penas; 2) los métodos de control absoluto y relativo; 3) los sujetos a la proporción (según se considere destinatario al legislador, a los juzgadores o ambos); 4) el sentido de la proporción (fundamento y/o límite de la cuantía de pena); 5) la extensión de la proporción (si se considera determinante de un máximo de punición o también de un mínimo); 6) el objeto de la proporción (si se consideran los fines de la pena, los costes y beneficios, sólo la gravedad del hecho —y qué elementos se incorporan dentro de esta—); 7) el nivel de desproporción exigido para considerar vulnerado el principio; y 8) si se considera que determina penas fijas, máximos de pena o marcos de pena.

En este apartado se pretende analizar las cuestiones relativas a los distintos elementos de la proporcionalidad de la pena, desgranando las piezas de los puzles de la proporcionalidad estricta. El objeto de la proporción de la pena requiere de una mayor atención, dada la complejidad del asunto y la división cuasi estructural entre los entornos doctrinales anglosajón y continental y las implicaciones que ello ha tenido en el análisis, razón por la cual se estudia en otro Capítulo separado.

II. ELEMENTOS CARDINAL Y ORDINAL DEL CONTROL DE PROPORCIONALIDAD DE LAS PENAS

Uno de los teóricos más importantes sobre el principio de proporcionalidad de las penas es el anglosajón Von Hirsch. Este autor presenta una distinción entre dos aspectos del principio de proporcionalidad: el ordinal y el cardinal[440].

---

440 BASSO, Gonzalo (2019). *Determinación judicial de la pena y proporcionalidad con el hecho.* Madrid: Marcial Pons, y la mayoría de la doctrina también utilizan la denominación de proporcionalidad absoluta y relativa para referirse respectivamente a las nociones de proporcionalidad cardinal y ordinal. Sin embargo, aquí no se acoge porque las nociones de proporcionalidad absoluta y relativa se utilizan en el análisis del método de comparación, ubicándose, por tanto, dentro de la noción del elemento ordinal de la proporcionalidad aquí acogida.

1. La proporcionalidad cardinal

1.1. Los puntos de anclaje del sistema. Límites de las convenciones

La proporcionalidad cardinal, por una parte, supone el establecimiento de unos puntos de anclaje, es decir, de establecer los límites mínimos y máximos que tienen las penas en un ordenamiento penal[441]. Se trata de establecer la magnitud general de las penas en un sistema para determinar la gravedad del mismo.

Como señala Von Hirsch, si bien todos los puntos de partida son convenciones y por tanto dependerán de la tradición de la sociedad, no todas las convenciones son admisibles, y, por ejemplo, si se establecen penas desproporcionadamente altas para conductas de baja gravedad, se estarán vulnerando los derechos del condenado[442]. En consecuencia, afirma Von Hirsch que consideraciones normativas pueden alterar, y, por tanto, poner límite a las consideraciones sociales en la determinación de los puntos de anclaje de las penas en el sistema. Siguiendo al autor se considera, en este trabajo, que debe tenderse a la neutralidad como aspiración normativa que ponga límite a consideraciones sociales que se estimen injustas.

Con posterioridad se ha hecho referencia al principio de proporcionalidad cardinal como la determinación de la penalidad concreta aplicable a cada hecho delictivo dentro de la escala de penas en un ordenamiento penal[443]. De este modo, para evaluar la proporciona-

---

441 VON HIRSCH, Andrew (1998). *Censurar y castigar*, op. cit., pp. 45 y ss.; VON HIRSCH, Andrew (1992). "Proportionality in the Philosophy of Punishment", op. cit., pp. 77 y ss.

442 VON HIRSCH, Andrew (1998). *Censurar y castigar*, op. cit., p. 46. VON HIRSCH, Andrew (1992). "Proportionality in the Philosophy of Punishment", op. cit., p. 77. En el mismo sentido, RODRÍGUEZ MOURULLO, Gonzalo (1978). *Derecho penal, parte general*, Madrid: Civitas, p. 77 indica una "vinculación histórica de sentido axiológico" entre delito y pena, indicando que la apreciación subyacente de la norma estará condicionada por las jerarquías valorativas del orden social. Partiendo de las normas jurídicas y sus valoraciones es posible construir un sistema ordenado de delitos según su gravedad.

443 BASSO, Gonzalo (2019). *Determinación judicial de la pena y proporcionalidad con el hecho*. Madrid: Marcial Pons, op. cit., p. 303.

lidad cardinal y el nivel de severidad de castigos dentro de la escala general, se habría de atender a los límites máximos y mínimos de castigo en la escala general y a los marcos penales específicos previstos para cada delito en dicha escala[444].

1.2. Relevancia práctica

Esta vertiente del principio ha tenido muy poca relevancia en la práctica judicial y ha sido desatendida incluso por sus partidarios[445], principalmente porque al vincularse con el nivel general de severidad del sistema se considera extramuros de las atribuciones del juzgador en el marco restringido que le permite el sistema. Así, en la práctica el enfoque judicial se ha centrado en la proporcionalidad ordinal[446]. Sin embargo, como se verá, la consideración de cuestiones sistemáticas como la severidad del sistema penal para beneficiar al reo no es inaceptable, sino al revés, recomendable. Se trata de adaptar la severidad del castigo a la realidad del sistema penal, de la que el jurista (ni tampoco el legislador y el juzgador) no puede ni debe desvincularse. Asimismo, y como se verá también, en este trabajo se considera que estas recomendaciones de proporcionalidad estricta deberían ser también vinculantes para el legislador, que no se podría sujetar a esta excusa.

2. *La proporcionalidad ordinal*

La proporcionalidad ordinal hace referencia a la proporcionalidad estricta entre gravedad del delito y gravedad de la pena, y requiere que la severidad de las penas sea adecuada a la gravedad de la conducta culpable[447].

---

444 Ibídem, p. 304.

445 Ibídem.

446 Ibídem.

447 VON HIRSCH, Andrew (1992). "Proportionality in the Philosophy of Punishment", op. cit., pp. 76 y ss.

2.1. Triple exigencia

Esto lleva consigo una triple exigencia. En primer lugar, existe una exigencia de paridad, según la cual dos conductas de similar gravedad requieren dos penas similares. En segundo lugar, existe un criterio de ordenación por rango, según el cual sólo puede haber un mayor castigo si la conducta es más grave[448]. Además de ello, para Von Hirsch hay una exigencia de espaciamiento, esto es, que las diferencias de gravedad de las penas deben ser proporcionales a las diferencias de gravedad de los delitos[449].

2.2. Críticas a la severidad

A esta vertiente de la proporcionalidad se han planteado numerosas críticas. No son desconocidas las críticas de Morris y Tonry, según los cuales no se pueden comparar los efectos de las penas entre individuos porque lo que es un año para uno es mucho más duro que para otro[450]. A ello responde Von Hirsch afirmando que la ley se aplica a los casos estándares con garantías para las situaciones en que sea posible[451] y que la medida de la severidad no debe ser subjetiva, no necesita corresponderse con lo desagradable que se sienta subjetivamente[452]. En cambio, propone Von Hirsch algo similar a lo que propone para graduar la gravedad del delito (en ese caso era la afectación al estándar de vida de las personas). Así, para graduar la gravedad de las penas debe partirse de la importancia del interés afectado por una pena (el grado con el que afecta típicamente a la capacidad de movimiento, económica y demás), que se puede deter-

448 VON HIRSCH, Andrew (1998). *Censurar y castigar*, op. cit., pp. 45 y ss.; VON HIRSCH, Andrew (1992). "Proportionality in the Philosophy of Punishment", op. cit., pp. 79 y ss.

449 VON HIRSCH, Andrew (1998). *Censurar y castigar*, op. cit., pp. 45 y ss.; VON HIRSCH, Andrew (1992). "Proportionality in the Philosophy of Punishment", op. cit., pp. 82 y ss.

450 MORRIS, Norval y TONRY, Michael (1990). *Between prison and probation: intermediate punishments in a rational sentencing system*. New York: OUP.

451 VON HIRSCH, Andrew (1992). "Proportionality in the Philosophy of Punishment", op. cit., pp. 82 y ss.

452 VON HIRSCH, Andrew (1998). *Censurar y castigar*, op. cit., p. 37.

minar también con el grado de afectación de esos intereses al estándar de vida de una persona[453].

2.3. Criterios de ordenación de gravedad

2.3.1. Determinación de la gravedad de los delitos

En cuanto a la ordenación de la gravedad de los delitos, en la práctica se hace por sentido común, pero afirma Von Hirsch que la teoría es menos satisfactoria. Los criterios que se deben tener en cuenta son, para este autor, la dañosidad de la conducta y la culpabilidad del autor[454]. El siguiente problema es determinar los criterios para afirmar lo que es daño y lo que es culpa que sean mejores que la intuición[455]. Von Hirsch seguía originalmente la idea de afectación a la capacidad de elección o capacidad de las personas de conducir sus vidas[456]. Sin embargo, posteriormente cambió de criterio al considerarlo artificial, pasando a afirmar que es la afectación al estándar de vida de las personas lo que determina la gravedad del delito[457]. Von Hirsch y Jareborg siguen a Amartya Sen en la determinación del estándar de vida, por lo que van más allá del grado de afluencia económica, incluyéndose no sólo medios económicos sino otras capacidades que afectan al bienestar personal y permiten determinar una cierta calidad de vida[458] (y que afectan a una persona estándar[459]). Los intereses tenidos en cuenta, por tanto, ayudan a determinar esa calidad de vida. Siguiendo este razonamiento, para el autor, al anali-

---

453 Ibídem, p. 68.

454 VON HIRSCH, Andrew (1992). "Proportionality in the Philosophy of Punishment", op. cit., pp. 79 y ss.

455 Ibídem.

456 VON HIRSCH, Andrew. (1985). *Past or future crimes: deservdness and dangerousness in the sentencing of criminals.* New Brunswick: RUP, Capítulo 6.

457 VON HIRSCH, Andrew (1998). *Censurar y castigar*, op. cit., pp. 62 y ss.; VON HIRSCH, Andrew (1992). "Proportionality in the Philosophy of Punishment", op. cit., p. 82.

458 VON HIRSCH, Andrew y JAREBORG, Nils (1991). "Gauging criminal harm: A living-standard analysis", *Oxford journal of legal Studies*, Vol. 11, nº 1, Spring, pp. 7 y ss.

459 Ibídem, p. 10.

zar la gravedad de los delitos, los intereses principales son la integridad física, los medios materiales y así sucesivamente[460]. La gravedad del daño o peligro para los mismos influirá en la gravedad del delito concreto (así, por ejemplo, una bofetada de A a B apenas determinará daño del hecho delictivo[461]), así como la responsabilidad subjetiva del autor (como se verá al estudiar los criterios de determinación del objeto de la proporción).

2.3.2. Determinación de la gravedad de las penas

El estándar de vida como criterio funcionaría de una doble manera, pues para graduar las penas se debe atender a otros criterios diferentes a los que se atiende para determinar la gravedad de los delitos. Así, al graduar los castigos los intereses divergen; por ejemplo, la libertad de movimiento sería el interés principal (en lugar de la integridad física que el autor considera prioritaria en la determinación de la gravedad de los delitos). Por tanto, debe desarrollarse una taxonomía de intereses separada y nueva y aplicar el estándar de vida para graduar la importancia de estos[462].

2.3.3. El criterio del estándar de vida: aplicación y límites

Los mismos Von Hirsch y Jareborg, que incorporan el criterio del estándar de vida, lo limitan a conductas que dañen o amenacen con dañar a víctimas identificables[463], es decir, delitos contra bienes jurídicos individuales, por lo que a los demás delitos deberán aplicarse otros criterios.

---

460 VON HIRSCH, Andrew y JAREBORG, Nils (1991). "Gauging criminal harm: A living-standard analysis", op. cit., pp. 29 y ss. proponen crear una escala de niveles de gravedad del delito para adecuarlos a la gravedad de pena.

461 Ibídem, p. 25.

462 VON HIRSCH, Andrew (1992). "Proportionality in the Philosophy of Punishment", op. cit., pp. 68 y ss.

463 VON HIRSCH, Andrew y JAREBORG, Nils (1991). "Gauging criminal harm: A living-standard analysis", *Oxford journal of legal Studies*, Vol. 11, nº 1, Spring, pp. 3 y ss.

El criterio del estándar de vida no se configuraría como una norma generalizada, sino como un estándar útil que puede utilizar la ley para calibrar la dañosidad de los delitos y de las penas[464]. Este criterio se analizará al estudiar la definición del objeto de la proporcionalidad.

2.4. Relevancia práctica

En la práctica es en esta vertiente de la proporcionalidad en la que han estado enfocados los esfuerzos judiciales, restringidos a realización de juicios de comparación entre la gravedad relativa de diversos hechos y la penalidad aplicable a los mismos dentro de los márgenes legales de punición[465].

3. Dinámica del principio (cardinal-ordinal)

La dinámica del principio de proporcionalidad, según Von Hirsch, integraría ambas cuestiones —la ordinal y la cardinal—. En primer lugar, se determinarían los puntos de anclaje (proporcionalidad cardinal), estableciendo mínimos y máximos de punición. En segundo lugar, se aplicaría la proporcionalidad ordinal, con sus criterios más restrictivos[466]. Es decir, determinada la gravedad ordinal de cada delito y la cardinal del sistema, corresponde aplicar la triple exigencia mencionada arriba para determinar la pena correspondiente a cada delito: de paridad (que llevaría a precisar la misma gravedad de pena para delitos de semejante gravedad); ordenación por rango, dentro

---

464 Ibídem, p. 12. Distinguen los autores (Ibídem, pp. 17 y ss.) cuatro niveles de afectación al estándar de vida: 1) subsistencia (que comprende la supervivencia pero con mantenimiento únicamente de las capacidades humanas elementales para funcionar, sin presuponerse satisfacciones en este nivel); 2) bienestar mínimo (que se refiere al mantenimiento del nivel mínimo de confort y dignidad); 3) el bienestar adecuado (que se refiere al mantenimiento de un nivel "adecuado" de confort y dignidad); y 4) bienestar mejorado (que incluye una mejora significativa de la calidad de vida sobre el nivel "adecuado".

465 BASSO, Gonzalo (2019). *Determinación judicial de la pena y proporcionalidad con el hecho,* Op. Cit.

466 Ibídem, p. 77.

de los puntos de anclaje del sistema (que supondría la determinación de más castigo para los delitos más graves y menos castigo para los menos graves) y espaciamiento (que llevaría a fijar una distancia de gravedad de las penas en proporción a la distancia de gravedad a los delitos).

La magnitud de castigo, por tanto, ha de corresponderse a la magnitud de gravedad del delito y, en cuanto al elemento cualitativo —la clase de pena— sería posible intercambiar la clase de pena si esta tiene una gravedad similar[467].

No serían admisibles sistemas draconianos en los que la escala de gravedad fuese severa desde abajo. Por ejemplo, se plantea un sistema en que el delito menos grave (en el nivel 1 de gravedad) comporta una pena de prisión de varios meses; los delitos de gravedad media se castigan con varios años y los delitos graves con varias décadas. Von Hirsch plantea como inadmisible este sistema, por considerar que los delitos que sólo comportan un mínimo de daño no son merecedores de mucha desaprobación. Las penas de prisión para delitos poco reprensibles privan a las personas de intereses fundamentales, como la libertad de movimiento y asociación, de tal modo que los intereses fundamentales de los ciudadanos están siendo trivializados cuando se imponen penas de prisión ("privaciones drásticas") para expresar un ínfimo grado de censura, expresando el sistema que los intereses de los ciudadanos castigados son poco importantes. Si un sistema no fuese tan draconiano, pero sí fuese severo (por ejemplo, no imponiendo penas de prisión para los delitos menos graves del sistema, pero sí multas considerables u otras penas no privativas de libertad severas), también se podría considerar que el sistema plantea problemas semejantes a los del mencionado anteriormente, aunque en mayor medida. Es decir, el límite superior de la proporcionalidad cardinal se presenta "como un área sombreada que se va oscureciendo progresivamente a medida que la escala de penas deviene más drástica"[468]. El sistema mencionado se correspondería con el sistema

467 VON HIRSCH, Andrew (1992). "Proportionality in the Philosophy of Punishment", op. cit., pp. 79 y ss.

468 VON HIRSCH, Andrew (1998). *Censurar y castigar*, op. cit., pp. 73-85 (esp., pp. 73, 83).

penal español y, en general, con todos los ordenamientos de Occidente. Por ello, parece conveniente —y necesario— reformar el sistema de penas, reduciendo en general la severidad de los castigos y siendo especialmente estrictos con la introducción de penas de prisión.

En cuanto a si se puede reducir, en general, la escala de penas tanto que, al delito más grave, como el asesinato (más bien, el delito individual más grave), le correspondiese una pena demasiado indulgente (una pena que no sea privativa de libertad), Von Hirsch considera que es posible y no vulnera el límite cardinal de la escala de penas. Entiende el autor que es la función preventiva que tiene el Derecho penal, y no la proporcionalidad cardinal, la que determinaría la imposibilidad de reducir tanto las penas (un sistema en el que el asesinato se castigue con pena de multa disminuiría demasiado la efectividad del sistema penal, por lo que no estaría justificado el sistema). En consecuencia, él defiende una estrategia reduccionista según la cual el sistema penal debería ir reduciendo la escala de penas *pro-rata* hasta llegar a un límite mínimo necesario para la prevención. Para Von Hirsch, sin embargo, este razonamiento no puede ser aplicado en sentido inverso. Es decir, no puede determinar un incremento punitivo por la búsqueda de la proporción, porque se opondría al principio de proporcionalidad[469].

Para Von Hirsch, la introducción de otros criterios, como los preventivos, en la determinación de la pena, tiene que hacerse siempre de manera subordinada a los requisitos de proporcionalidad cardinal y ordinal, lo que en muchas ocasiones es difícil sino imposible[470]. Es admisible, siguiendo al autor, la introducción de criterios de utilidad social que se rijan por el requisito de justicia (igual que sucede con la proporcionalidad)[471]. Pero, para el autor, nunca serán admisibles —para matizar la pena proporcionad— objetivos tan genéricos como la mera idea de prevención de uno u otro tipo, debiéndose corresponder con nociones más complejas y sofisticadas relacionadas con

---

469 Ibídem.

470 BASSO, Gonzalo (2019). *Determinación judicial de la pena y proporcionalidad con el hecho*, op. cit., pp. 84 y ss.

471 Ibídem, p. 75.

el argumento de que los cánones de justicia ayuden a la gente a tener unas vidas más plenas y respetadas[472].

4. *Críticas de severidad del proporcionalismo*

Ante los críticos que afirman que el principio de proporcionalidad permite un aumento de penas y que el proporcionalismo a pesar de sus pretensiones de liberalismo se adapta bien a penas severas[473] se puede responder que introducir el criterio del merecimiento[474] como prioritario al de prevención, permite reducir las tentaciones de aumentar los castigos con la esperanza de conseguir un impacto preventivo[475], evita que empeoren la pena la consideración de factores sociales de los delincuentes que vienen de un medio social desfavorecido (como indicadores del riesgo de delincuencia)[476], y también evita las formas más terroríficas del utilitarismo penal como las de incapacitación selectiva[477]. Se rechaza así, por el autor, una concepción optimizadora de la prevención como base del punto de anclaje, ofreciéndose una versión alternativa como base de una estrategia reduccionista que haga disminuir los niveles de penalidad de forma significativa. Esta perspectiva es coherente con la concepción de la persona como agente moral que también subyace al principio de proporcionalidad[478]. En consecuencia, defiende una perspectiva penológica proporcionalista frente al populismo punitivo, que no justifique un incremento penal y permita un impacto menos desigual de las políticas criminales (siendo más difícil destacar cierto tipo de delito o de infractores para imponer penas desproporcionadas —como el robo o las drogas—[479]).

---

472 Ibídem.

473 VON HIRSCH, Andrew (1998). *Censurar y castigar*, op. cit., p. 147.

474 Para quien escribe este trabajo, no es admisible introducir criterios de merecimiento moral, por lo que es mejor restringirlos a las nociones de merecimiento institucional o de criterios de justicia.

475 Ibídem, p. 149.

476 Ibídem, p. 152.

477 Ibídem, p. 149.

478 Ibídem, p. 147.

479 VON HIRSCH, Andrew (1998). *Censurar y castigar*, op. cit., p. 157.

5. Reinterpretación sistemática de la proporcionalidad de Basso

La mayoría de la doctrina asume la necesidad de ordenación de los delitos y penas de conformidad con su gravedad relativa, como afirman Basso o García Arán[480]. En concreto, Basso propone un modelo basado en la reinterpretación de la proporcionalidad, que se orienta a la persecución de castigos moderados en términos cardinales e igualitarios en términos ordinales[481].

5.1. Introducción de elementos sistemáticos

Basso ha puesto sobre la mesa la importancia de proceder a replantear el potencial de rendimiento práctico del concepto de proporcionalidad cardinal[482]. Significa Basso que se debe realizar un esfuerzo por tener en consideración los condicionamientos sistemáticos que surgen de consideraciones ajenas al concreto delito.

Estos elementos sistemáticos comprenden consideraciones propias del campo dogmático, procesal, constitucional, del Derecho penal internacional y de las teorías de la pena. Entre las consideraciones en las que profundiza el autor, aquí se destacan, en el campo dogmático, las referencias a la regulación de los concursos; entre las constitucionales y la orientación a la resocialización. En el ámbito procesal, es destacable la usual deferencia al legislador al revisar la pena (que debe incidir en la delimitación del campo de actuación que se adjudique a los tribunales al fijar la pena), y de los juzgadores de alzada respecto a los de instancia (a la que debe contraponerse un correlativo deber de intervención restrictiva de los tribunales de instancia, que deberá conducir a legitimar únicamente la imposición de penas que aparezcan como manifiestamente razonables y proporcionadas), así como la aplicación desigual y selectiva del sistema en sus distintas fases (que aconseja que el órgano de instancia tenga un papel primordial, que

---

480 BASSO, Gonzalo (2019). *Determinación judicial de la pena y proporcionalidad con el hecho,* op. cit., p. 354; GARCÍA ARÁN, Mercedes (1982). *Los criterios de determinación de la pena en derecho español.* Barcelona: UB, p. 11.

481 Ibídem, p. 385.

482 Ibídem, p. 305.

interprete restrictivamente las normas penales con criterios sistémicos, que no se menoscabe la función jurisdiccional de determinación de la pena mediante la celebración de acuerdos entre acusador y acusado). En relación con las consideraciones derivadas de la teoría de la pena, se debe tener en cuenta la escasa contrastación empírica de los efectos perseguidos por la pena y el establecimiento de reglas de prevalencia en relación con las teorías del castigo, que excluye que se justifiquen segmentos de punición autónomos por encima del mínimo de pena legalmente prevista como obligatoria[483].

La consideración de estos elementos sistemáticos lleva al autor a la conclusión de que debe interpretarse de forma restrictiva el nivel de severidad general de castigos del sistema penal por parte del juzgador al determinar la pena. Se defiende, de este modo, que tanto las normas primarias de conducta como las secundarias de sanción deben ser interpretadas restrictivamente.

5.2. Interpretación sistemática pro-reo

El hecho de que la reinterpretación sistemática de Basso de la proporcionalidad cardinal y ordinal sea asimétrica (es decir, sólo juegue para restringir la magnitud de las penas y no al revés) debe señalarse como un aspecto positivo, pues desde luego no sería legítimo que se tuviesen en cuenta elementos sistemáticos —por tanto, ajenos al injusto culpable— para agravar la pena. La interpretación restrictiva lleva consigo el incremento los umbrales de lesividad de lo que se considere materialmente típico, lo que debe llevar a restringir las posibilidades "de *ingresar* y *recorrer*"[484] el marco del delito. Se propone por parte del autor que los tribunales de instancia legitimen únicamente la imposición de penas que aparezcan como manifiestamente razonables y proporcionadas[485], lo que generalmente llevará consigo aplicar los segmentos de castigo inferiores de la escala[486]. En fin, se

---

483 BASSO, Gonzalo (2019). *Determinación judicial de la pena y proporcionalidad con el hecho*, op. cit., pp. 305-344.

484 Ibídem, p. 309. Cursiva en el original.

485 Ibídem, p. 321.

486 Ibídem, pp. 320-321.

reinterpreta el contenido original de la magnitud del sistema penal y se pasa a considerar que influya en la determinación judicial de la pena individual.

5.3. Una tarea legislativa y judicial. Operaciones judiciales

En cuanto a la proporcionalidad ordinal, para Basso debe guiar el proceso legal y judicial del castigo (siguiendo la máxima de que la labor es esencialmente legislativa y sólo marginalmente judicial[487]). En relación con la tarea judicial, propone dividir las operaciones valorativas judiciales en dos.

5.3.1. Ingreso en el marco penal

Por una parte, la operación de ingresar en el marco penal, en la que se deberá verificar que la conducta tiene la gravedad material mínima para merecer el mínimo de pena[488] (por lo que no sólo se evalúa la gravedad de la pena, sino también de la conducta). Es una operación que debe ser marginal, dependiente de la previa del legislador y con mayor intensidad cuanto más exhaustivo sea el legislador en dar cumplimiento al mandato constitucional de determinación de los tipos y las penas[489]. Para llevar a cabo esta fase se requiere de un doble juicio de subsunción: uno de la tipicidad formal (se determina la posible calificación jurídica del hecho), y otro de la tipicidad material (se determina si la conducta reviste la suficiente gravedad para ser proporcional con la pena mínima).

5.3.2. Determinación del recorrido de la pena en el marco penal

Por otra parte, si la primera operación da un resultado positivo de acceso al marco penal, se lleva a cabo la operación de recorrido del marco penal en la que se determinará qué pena es adecuada en

---

487 Ibídem, p. 374,

488 Ibídem, pp. 347 y ss.

489 Ibídem.

relación con la gravedad del delito[490]. Los máximos de pena se reservarían para el enjuiciamiento de casos de mayor contenido de injusto acumulado para supuestos concursales[491]. En ambas operaciones se incorporan las exigencias cardinales de interpretación restrictiva de las penas, por lo que las dos categorías se tratan como interrelacionadas.

El aumento de la severidad de las penas por encima del mínimo de punición requiere de una justificación reforzada, para fundamentar la mayor afectación de derechos fundamentales[492]. Así, al determinar la pena final hay que tener en cuenta en relación con la escala abstracta prevista para el tipo que no toda cantidad de pena formalmente contenida en el marco penal debe resultar legítimamente imponible sólo porque se resuelva que la norma de conducta es lo suficientemente grave como para merecer la calificación de típica y, con ello, acceder a la pena. Por esta razón, también deben delimitarse los fragmentos materialmente relevantes de pena bajo una interpretación sistemática, adecuándolos a la gravedad de la conducta concreta (es una situación análoga a la que sucede con el acceso al marco penal; no todas las conductas formalmente típicas lo deben ser materialmente).

El modelo propuesto por Basso se orienta, en fin, en sus propias palabras, a la persecución de castigos moderados en términos cardinales e igualitarios en términos ordinales[493].

5.3.3. Dogmática y determinación de la pena

La propuesta de Basso integra, adecuadamente, como dos elementos no separados la teoría del delito y la dogmática de la determinación de la pena. Es decir, en sede de determinación del tipo penal ya se aborda la cuestión de la gravedad de la conducta para poder después punir, no siendo dos nociones separadas la solución de tipi-

---

490 Ibídem.

491 Ibídem, p. 370.

492 BASSO, Gonzalo (2019). *Determinación judicial de la pena y proporcionalidad con el hecho*. Madrid: Marcial Pons, op. cit., pp. 373 y ss.

493 Ibídem, p. 385.

cidad y la solución de medición de la pena[494]. Tanto para acceder al castigo mínimo como para determinar el castigo final se debe hacer un particular énfasis en determinar la gravedad material del hecho, lo que se vincula primordialmente con ámbito de la teoría del delito.

6. *Toma de postura*

6.1. Los elementos cardinal y ordinal de la proporcionalidad

Las nociones de proporcionalidad cardinal y ordinal y el desarrollo teórico que las acompaña, tanto en la versión original de Von Hirsch como en la contemporánea de Basso, son de verdadera utilidad para comprender y articular una noción aplicable y justa del principio de proporcionalidad de las penas.

En este trabajo se prefiere hablar de los elementos cardinal y ordinal de la proporcionalidad (y no de la proporcionalidad cardinal y la ordinal), pues no son dos conceptos absolutamente escindibles sino dos cuestiones que integran el desarrollo de un mismo principio (el de proporcionalidad de las penas).

6.2. Los sujetos vinculados a sendos elementos de la proporcionalidad

En cuanto a los sujetos vinculados a ambos elementos de la proporcionalidad, como se profundizará posteriormente, son tanto el legislador como el intérprete y juzgador. El primero, al establecer el primer momento de determinación de la pena, el legislador debería reducir en general las penas, restringiendo las de prisión a las conductas que afecten a los intereses más graves, que desde luego deberían afectar al estándar de vida de las personas; y también ordenarlas según los criterios de proporcionalidad ordinal expresados[495].

---

494 Ibídem, p. 371.

495 Aunque BASSO, Gonzalo (2019). *Determinación judicial de la pena y proporcionalidad con el hecho.* Madrid: Marcial Pons, op. cit., p. 372, se centra en la determinación judicial de la pena el mismo reconoce que la tarea es primordialmente legislativa.

El principio democrático y las valoraciones de la mayoría representada por el poder legislativo, deben encontrar su límite en el principio de proporcionalidad estricta, en garantía de la libertad, la justicia, la igualdad, la aspiración a la neutralidad moral del Derecho penal, el Estado de Derecho, la interdicción de arbitrariedad, la dignidad de la persona y la humanidad de las penas. Existen evidentes dificultades derivadas de la libertad política al configurar los delitos y las penas, pero debe intentarse el aseguramiento del principio de proporcionalidad estricta también en este ámbito.

El segundo, al determinar la pena final a imponer, el juzgador debe interpretar las conductas a las que se aplican penas con carácter restrictivo, muy especialmente cuando la pena a imponer sea privativa de libertad. Asimismo, el juzgador debe tener en cuenta el rango de conductas que se castigan en el mismo tipo para realizar una comparación ordinal, así como las castigadas en diferentes tipos con penas semejantes o diferentes (atendiendo a los criterios de proporcionalidad ordinal).

6.3. Los elementos sistemáticos

La integración por Basso de elementos sistemáticos en la consideración evita desconocer las circunstancias que en el sistema penal afectan a la noción de justicia en de la proporcionalidad de las penas, pero —como el autor ya resalta— sólo se pueden tener en cuenta para restringir —nunca para agravar— la intensidad de las penas.

Sobre el carácter valorativo de los elementos sistemáticos se adelanta que, dada su objetividad, basados en datos imparciales, y su interpretación garantista, favorable al individuo, se considera que es aceptable su inclusión (como se explicará *infra* en el apartado dedicado a la definición del contenido del principio de proporcionalidad).

Además de los elementos sistemáticos a tener en cuenta mencionados por Basso, se deben añadir otros, de calado político-criminal (de análisis de políticas públicas en Derecho penal). Por una parte, el número de reformas penales realizadas en un país (que, en el caso de España, especialmente desde 2015, es elevadísimo), que hacen ver que el Derecho penal, —que por la reserva de ley orgánica a la que se encuentra sometido debería ser una de las ramas del Derecho más estable— se emplea cada vez menos como *extrema ratio* de salvaguarda de los máximos ataques a los bienes individuales y a la convivencia pacífica, y cada vez más como herramienta política[496]. Por otra parte, se debe tener en cuenta que el foco de las políticas criminales populistas se centra en los delitos de terrorismo, los de expresión (incluyendo los enaltecimientos, las exaltaciones y los discursos de odio) y los de bagatela (hurto, ocupaciones de bienes inmuebles que no constituyen morada, top manta, etc.). Razón por la cual, la interpretación de tales delitos debe ser desarrollada de modo especialmente restrictivo. Por último, también se debe tener en cuenta que existe (tanto en Derecho anglosajón como en Derecho continental) una tendencia al moralismo penal en ciertos ámbitos —particularmente y en lo que interesa a este trabajo, en los ámbitos de los delitos de bagatela y los delitos de expresión—, castigándose conductas que son inofensivas (es decir, no dañinas para los bienes jurídicos más importantes) pero sí desvaloradas moralmente. También esto apoya la última conclusión de que, en el ámbito de estos delitos, la interpretación debe ser especialmente restrictiva.

A ello se pueden añadir otros elementos sistemáticos vinculados con los efectos de las penas sobre los derechos fundamentales del individuo, como el derecho a la libertad de expresión en los delitos relacionados, en lo que se conoce como *chilling effect* o efecto desaliento[497], reconocido por nuestro TC en las SSTC 35/2020, de 25

---

496 No siendo ajenos, de hecho, los programas electorales de los partidos políticos, a la inclusión de previsiones en materia penal. Por ejemplo, en el año 2023, el programa político de Vox para las elecciones generales incluía la recuperación del delito de sedición, la agravación de la pena prevista para la malversación de caudales, la derogación de la Ley de Violencia de Género y la supresión los Juzgados de Violencia sobre la mujer.

497 Sobre el efecto desaliento, los factores intervinientes, su naturaleza, y las posibilidades de su minimización, véase CUERDA ARNAU, Mª Luisa (2022). "El control constitucional deferente en materia penal", *Teoría y Derecho*, nº 32, pp. 68-87; CUERDA ARNAU, Mª Luisa (2007). "Proporcionalidad penal y libertad de expresión", *RGDP*, nº 8; RECCHIA, Nicola. *Il principio di proporzionalità nel Diritto penale*. Op. Cit., pp. 252-314. También, sobre este efecto, *vid.* VIGANÒ, Francesco (2021). *La proporzionalità della pena*, op. cit., pp. 277 y ss.

de febrero[498] (FFJJ 4.iv y 5), 112/2016, de 20 de junio[499] (FJ 2.iii) y 177/2015, de 22 de julio[500] (FJ 3).

Por último, se debe tener en cuenta el efecto desocializador de las penas sobre los individuos que las sufren[501].

6.4. Consecuencias

6.4.1. Sobre la gravedad general del sistema penal

Como ya se ha afirmado, por todo ello no serán admisibles sistemas draconianos en los que la escala de gravedad fuese severa desde las penas mínimas a imponer para delitos menos graves.

---

498 Tribunal Constitucional. Pleno. Sentencia 35/2020, de 25 de febrero. Ponente: D. Juan Antonio Xiol Ríos.

499 Tribunal Constitucional. Sala primera. Sentencia 112/2016, de 20 de junio. Ponente: D. Juan Antonio Xiol Ríos.

500 Tribunal Constitucional. Pleno. Sentencia 177/2015, de 22 de julio. Ponente: D. Juan Antonio Xiol Ríos.

501 Como sintetiza GARCÍA DOMÍNGUEZ, Isabel (2023). *Un análisis criminológico de la aporofobia en el sistema penal español* (tesis doctoral). Universidad de Salamanca, p. 49 (nota 227) la doctrina ha venido situando en los 15 años de privación de libertad el límite temporal a partir del cual necesariamente hay desocialización del reo; *vid.* también GARCÍA DOMÍNGUEZ, Isabel (2024). *Aporofobia y sinhogarismo. Un análisis criminológico del sistema penal español.* Salamanca: Tirant lo Blanch y Ediciones Universidad de Salamanca, *passim*; LOEFFLER, Charles E. y NAGIN, Daniel S. (2022). "The impact of incarceration on recidivism", *Annual review on criminology*, nº5, pp. 133-152; MINISTERIO DEL INTERIOR (2017). *La estancia en prisión: consecuencia y reincidencia.* Documentos penitenciarios 16, pp. 21-22; MARCUELLO-SERVÓS, Chaime y GARCÍA-MARTÍNEZ, Jesús (2011). "La cárcel como espacio de de-socialización ciudadana", *Portularia*, Vol. XI, nº 1, pp. 49-60; VIERAITIS, Lynne, KOVANDZIC, Tomislav y MARVELL, Thomas (2007). "The criminogenic effects of imprisonment: Evidence from state panel data, 1974-2002", *Criminology & Public Policy*, 6, pp. 589-622. Se ha planteado también que hay que tener en cuenta los peligros de la posible consideración elitista de este elemento que lleve a favorecer a personas privilegiadas frente a las marginadas, entendiendo que la idea de "no necesidad de resocialización" se relaciona con la susceptibilidad del sujeto para lesionar bienes jurídicos, y la resocialización se dirigiría, por tanto, a dotar al reo de la capacidad de no lesionar bienes jurídicos, por lo que la resocialización la necesitan tanto las personas privilegiadas como las que no (DEMETRIO CRESPO, Eduardo. [1999]. *Prevención general e individualización de la pena*, op. cit., p. 312).

El ejemplo que planteaba Von Hirsch, de un sistema en que el delito menos grave comporta una pena de prisión de varios meses; los delitos de gravedad media se castigan con varios años y los delitos graves con varias décadas, se corresponde con el sistema español. El ejemplo más evidente se encuentra en los delitos de expresión. En el apartado 1.a) del art. 510 se sanciona a quienes públicamente fomenten, promuevan o inciten directa o indirectamente al odio, hostilidad, discriminación o violencia contra un grupo, una parte de este o contra una persona determinada por razón de su pertenencia a aquel, por razones discriminatorias, con la pena de prisión de uno a cuatro años. En el mismo artículo, el apartado segundo castiga el enaltecimiento o justificación de la comisión de delitos discriminatorios, con la pena de prisión de seis meses a dos años (o de uno a cuatro años cuando se hubiera promovido o favorecido un clima de violencia, hostilidad, odio o discriminación). O, por ejemplo, el art. 578 CP castiga el enaltecimiento o justificación del terrorismo con una pena de prisión de uno a tres años y pena de multa. Recuérdese que se trata de delitos en los que el único resultado requerido (en los dos primeros), es la generación indirecta de un clima de hostilidad u odio (un sentimiento), subjetivo y sometido a valoraciones. Tratándose de expresiones y formas de pensamiento especialmente reprochables (desde el punto de vista ético) no está justificada una pena de prisión (ni siquiera, probablemente, su criminalización).

Por tanto, el sistema de delitos de nuestro Código penal es inadmisible por draconiano; siendo requerida una reforma general de la parte especial, reduciendo en general las penas (en concreto, las de prisión), y las conductas criminalizadas.

6.4.2. *Sobre la gravedad de los delitos y la gravedad de las penas*

Siguiendo los razonamientos anteriores, en este trabajo se propone que a nivel legal la gravedad de las penas sea dependiente de la gravedad de los delitos, a diferencia de lo que sucede en el sistema español. En nuestro Código, el art. 33 clasifica "en función de su naturaleza y duración" las penas, entre graves (que incluye las penas de prisión superiores a 5 años), menos graves (que incluyen las penas de prisión de 3 meses a 5 años) y leves (que excluye las penas de privativas de libertad)[502]. Además, el art. 13 CP dispone que son delitos graves los que la ley castiga con pena grave; son delitos menos graves los que la ley castiga con pena menos grave, y son delitos leves

---

502 Expresamente, dispone el apartado 2: "Son penas graves: a) La prisión permanente revisable. b) La prisión superior a cinco años. c) La inhabilitación absoluta. d) Las inhabilitaciones especiales por tiempo superior a cinco años. e) La suspensión de empleo o cargo público por tiempo superior a cinco años. f) La privación del derecho a conducir vehículos a motor y ciclomotores por tiempo superior a ocho años. g) La privación del derecho a la tenencia y porte de armas por tiempo superior a ocho años. h) La privación del derecho a residir en determinados lugares o acudir a ellos, por tiempo superior a cinco años. i) La prohibición de aproximarse a la víctima o a aquellos de sus familiares u otras personas que determine el juez o tribunal, por tiempo superior a cinco años. j) La prohibición de comunicarse con la víctima o con aquellos de sus familiares u otras personas que determine el juez o tribunal, por tiempo superior a cinco años. k) La privación de la patria potestad"; el apartado 3 dispone: "Son penas menos graves: a) La prisión de tres meses hasta cinco años. b) Las inhabilitaciones especiales hasta cinco años. c) La suspensión de empleo o cargo público hasta cinco años. d) La privación del derecho a conducir vehículos a motor y ciclomotores de un año y un día a ocho años. e) La privación del derecho a la tenencia y porte de armas de un año y un día a ocho años. f) Inhabilitación especial para el ejercicio de profesión, oficio o comercio que tenga relación con los animales y para la tenencia de animales de un año y un día a cinco años. g) La privación del derecho a residir en determinados lugares o acudir a ellos, por tiempo de seis meses a cinco años. h) La prohibición de aproximarse a la víctima o a aquellos de sus familiares u otras personas que determine el juez o tribunal, por tiempo de seis meses a cinco años. i) La prohibición de comunicarse con la víctima o con aquellos de sus familiares u otras personas que determine el juez o tribunal, por tiempo de seis meses a cinco años. j) La multa de más de tres meses. k) La multa proporcional, cualquiera que fuese su cuantía, salvo lo dispuesto en el apartado 7 de este artículo. l) Los trabajos en beneficio de la comunidad de treinta y un días a un año"; y el apartado 4 establece: "Son penas leves: a) La privación del derecho a conducir vehículos a motor y ciclomotores de tres meses a un año. b) La privación del derecho a la tenencia y porte de armas de tres meses a un año. c) Inhabilitación especial para el ejercicio de profesión, oficio o comercio que tenga relación con los animales y para la tenencia de animales de tres meses a un año. d) La privación del derecho a residir en determinados lugares o acudir a ellos, por tiempo inferior a seis meses. e) La prohibición de aproximarse a la víctima o a aquellos de sus familiares u otras personas que determine el juez o tribunal, por tiempo de un mes a menos de seis meses. f) La prohibición de comunicarse con la víctima o con aquellos de sus familiares u otras personas que determine el juez o tribunal, por tiempo de un mes a menos de seis meses. g) La multa de hasta tres meses. h) La localización permanente de un día a tres meses. i) Los trabajos en beneficio de la comunidad de uno a treinta días".

los que la ley castiga con pena leve. Es decir, no se clasifica la gravedad de los delitos dependiendo de la gravedad correspondiente a la conducta sancionada, sino de acuerdo con la gravedad de la norma secundaria, de sanción. Ello no sólo es ilógico, sino también injusto. Es cierto que indirectamente se relaciona con la gravedad de la conducta, pues se supone que intuitivamente el legislador ha procedido a ordenar los delitos según criterios de proporcionalidad, aunque lo cierto es que no lo ha hecho de modo riguroso ni estricto.

Es decir, no sólo es necesaria una reforma del Código penal para ajustar las penas en los tipos penales a las exigencias ordinales y cardinales mencionadas, sino que, en particular, es necesario que la severidad de las penas dependa de la gravedad de los delitos, y no a la inversa.

En adición, es recomendable una mayor determinación y concreción, tanto en relación con las conductas descritas como típicas, como en relación con las penas que se les asignan, no siendo admisibles marcos de pena demasiado amplios, que podrían conducir a penas de gravedad diversa para conductas de gravedad semejante.

6.4.3. *Sobre la gravedad de las penas en particular*

Como se ha señalado, las penas deben asignarse de conformidad con la gravedad del delito.

Además, dada la severidad del sistema penal en general, debe asignarse la pena por el legislador siguiendo un criterio restrictivo, y, del mismo modo, los juzgadores deben interpretar y aplicar las reglas relativas a la respuesta coercitiva de modo restrictivo —particularmente en los supuestos en que la pena en cuestión sea privativa de libertad—, atendiendo muy particularmente a la lesividad de la conducta, como se mencionará a continuación.

La tarea restrictiva del legislador penal, como elemento de la pena proporcionada, lleva consigo la inadmisibilidad de las penas excesivamente elevadas y la pena de prisión permanente[503] (incluso,

---

[503] Existen dos penas que son contrarias al principio de proporcionalidad estricto, según FERRAJOLI, Luigi (1995). *Derecho y razón*, op. cit., p. 402, la cadena perpetua, al no ser graduable equitativamente por el tribunal y ser potencialmente

si se plantea como "revisable"), porque no respetan el principio de proporcionalidad cardinal. También lleva consigo la inadmisibilidad de las penas de prisión para delitos que no comporten un grave menoscabo para los derechos individuales (que, al menos, deben situarse al nivel de la libertad personal). Tampoco será admisible prever penas alternativas de prisión y multa (porque si es posible aplicar una pena pecuniaria, menos gravosa, no está justificada la privación de libertad).

6.4.4. Sobre la gravedad de las conductas en particular

La conclusión fundamental de este apartado es que la atención del principio de proporcialidad no debe estar sólo en el nivel de severidad de las penas, sino que, particularmente, también debe estar enfocado en la gravedad de las conductas.

Es decir, la gravedad de las conductas debe ser el núcleo alrededor del que oscile la gravedad de la pena, tanto en el momento de determinación legal como en el de determinación judicial. Ese enfoque en la conducta material es inherente a los elementos ordinal y cardinal de la proporcionalidad, tal y como se han planteado[504].

---

más duradera para los jóvenes, y la pecuniaria, que es desproporcionada al encontrarse por debajo del límite mínimo que justifica la imposición de la pena, y depender su gravedad de la riqueza del reo. Sin embargo, en el Derecho penal español, el sistema de días-multa resuelve adecuadamente esta crítica con carácter general, además de que, usualmente, las penas de multa se prevén sólo como penas alternativas a la de prisión. La primera cuestión señalada de las multas (el que puede ser que la gravedad del delito no justifique la imposición de ninguna pena), es más desafiante, pues no se puede decir que en todos los casos esté justificada.

504 Se debe tener en cuenta que la idea de proporcionalidad de las conductas no sólo tiene relevancia en el ámbito de la proporcionalidad estricta entre gravedad del delito y gravedad de la pena, sino también en el ámbito de la proporcionalidad en sentido amplio (en particular, en la idea de necesidad), cuyo epicentro queda extramuros de este estudio. En este sentido, parece fundamental que se desarrollen más estudios sobre el elemento de la gravedad de la conducta en relación con el criterio de necesidad de pena. Pese a que está fuera del foco del objeto del trabajo, se adelanta que la coherencia del sistema de penas parece indicar que en la selección de las conductas a castigar el principio jugaría también un papel positivo, de mandato de penalización de ciertas conductas

Ello influye en la conducta del juzgador, quien, si el legislador prevé penas injustificadamente elevadas para la conducta pena, debe interpretar restrictivamente los elementos del tipo a la luz de la legalidad ordinaria, atendiendo a una interpretación literal y sistemática, lo que podría conducir a no atribuir el castigo por considerar la conducta atípica[505] (esto se mencionará con mayor profundidad en el próximo Capítulo). De este modo, se reconoce la influencia fundamental de la norma secundaria (de sanción) en la norma primaria (de conducta)[506].

6.4.5. Una previsión expresa

Se considera que sería apropiado incluir expresamente una triple previsión en nuestro Código penal:

> a) que la magnitud de la pena final a determinar por el juzgador debe considerar la severidad del sistema penal en su conjunto, teniendo en consideración, en particular, i) la cantidad de conductas sancionadas penalmente y ii) los puntos de anclaje (penas máximas y mínima) del sistema penal, y del delito que se está juzgando en concreto; para determinar una reducción de la pena adecuada a la gravedad del hecho, o incluso renunciar a la misma. La interpretación de las conductas a las que corresponde una pena debe realizarse de modo especialmente restrictivo cuando la pena prevista sea privativa de libertad;
> b) que las penas deberán ser proporcionadas a la gravedad de las conductas sancionadas penalmente, de tal modo que la gravedad del de-

---

especialmente graves. La delimitación de esas conductas viene dada por dos indicios fundamentales: a) los tratados y convenios internacionales sobre derechos humanos ratificados por España, en la medida en que imponen obligaciones de penalización de conductas especialmente graves; y b) el criterio de las conductas más graves de nuestro sistema penal (como el homicidio, en relación con los bienes jurídicos individuales, o el genocidio, en relación con los bienes jurídicos colectivos), entendiendo que si una conducta de semejante gravedad no está incluida en el Código penal, se percibe una necesidad positiva de castigo. Ese elemento coherentista en el mínimo de conductas especialmente graves que deben ser castigadas, se podría decir que existen indicios de la necesidad de penalización de esas conductas (por motivos de coherencia, por motivos de garantía y por motivos de gravedad).

505 BASSO, Gonzalo (2019). *Determinación judicial de la pena y proporcionalidad con el hecho*, op. cit., pp. 357-358.

506 Ibídem, Capítulo 4.

lito determinará la cantidad y calidad de pena, tanto en la previsión legislativa como en su aplicación judicial, aplicándose la triple regla que sigue:
b1. a conductas más graves (del mismo o diferentes tipos) corresponderán penas proporcionalmente más graves,
b2. a conductas menos graves, corresponderán penas proporcionalmente menos graves,
b3. a conductas de gravedad semejante, corresponderán penas de gravedad semejante;
y c) que se debe justificar la determinación final de la pena motivándola expresamente con arreglo a los criterios mencionados en b);

Incluir expresamente CP contribuiría no sólo a incrementar la racionalidad del sistema penal, sino a generalizar un criterio de justicia que determine que las privaciones de derechos de los ciudadanos sólo puedan deberse a criterios de igual o superior gravedad[507].

III. LOS MÉTODOS DE CONTROL: ABSOLUTO Y RELATIVO

1. *Control absoluto y relativo*

Se ha mencionado que varios autores encarnan las nociones de proporcionalidad absoluta y relativa en las de proporcionalidad cardinal y ordinal. Sin embargo, aquí se entiende que son cosas diferentes[508]. La proporcionalidad absoluta y relativa o proporcionalidad no comparada y comparada se entiende que se encuadra siempre

---

507 En relación con esta propuesta, se debe señalar que el Proyecto europeo de armonización de las sanciones penales del art. 83 TFUE concluyó que el sistema de armonización de sanciones debe basarse en un sistema de comparabilidad relativa, que llevaría consigo la posibilidad de clasificar los delitos armonizado en un número predeterminado de categorías, creándose una relación sistemática y jerárquica entre los delitos armonizados de la UE. *Vid.* SATGER, Helmut (2019). "The Harmonisation of Criminal Sanctions in the European Union", *Eucrim* 2/2019.

508 V. gr. VIGANÒ, Francesco (2021). *La proporzionalità della pena*, op. cit., pp. 221 y ss.; BERMAN Mitchell (2021). "Proportionality, Constraint and Culpability", op. cit., pp. 8 y ss.; o BASSO, Gonzalo (2019). *Determinación judicial de la pena y proporcionalidad con el hecho*, Op. Cit.

dentro del principio de proporcionalidad ordinal, y no cardinal (ya que esta vertiente de la proporcionalidad tiene lugar al margen de las comparaciones *inter* e *intra*-delitos).

Autores como Duus-Otterström, Robinson o Berman han adoptado la denominación de proporcionalidad absoluta y comparada o relativa para hacer referencia a los posibles mecanismos que se considera que deben ser utilizados para determinar si una pena es proporcional a un delito[509]: la proporcionalidad absoluta hace referencia al contraste entre la gravedad del delito en cuestión y la gravedad de la pena, mientras la proporcionalidad comparada haría referencia a la comparación de la gravedad de la pena en cuestión con la gravedad de penas asignadas para otras conductas tipificadas (en el mismo tipo o tipos diferentes, y relativas al mismo bien jurídico o a otros).

En cambio, la denominación de control absoluto de la proporcionalidad se podría corresponder mejor con la proporcionalidad *intra*-delictiva (comparación de cada delito con la pena asignada al mismo), mientras que la *inter*-delictiva incluiría la comparación con las penas asignadas a otros delitos, ya sean próximos al delito en cuestión o más lejanos.

Explica brillantemente Viganò que ambos mecanismos de comparación responden a principios diferentes. El mecanismo de control comparado haría referencia a la interdicción de desigualdad en la distribución de la pena, esto es, a un ideal de justicia distributiva que se preocupa porque situaciones de diferente gravedad sean asignadas un diferente grado de pena. Mientras tanto, el mecanismo de control absoluto se preocupa por un ideal de justicia en sí, basado en el carácter inaceptable de que el reo reciba un sufrimiento que no sea racionalmente defendible como una reacción justa por el daño provocado por el delito[510], pudiéndose apreciar también una vinculación con la dignidad de la persona y la interdicción de penas degradantes.

---

509 BERMAN, Mitchell (2021). "Proportionality, Constraint and Culpability", Op. Cit.; DUUS-OTTERSTRÖM, Göran (2020). "Weighing Relative and Absolute Proportionality in Punishment". En TONRY, Michael (ED.), *OF ONE-EYED AND TOOTHLESS MISCREANTS*, Oxford: OUP, pp. 30, 34; ROBINSON, Paul H. y ROBINSON, Sarah M. (2022). *American Criminal Law*, Op. Cit.

510 VIGANÒ, Francesco (2021). *La proporzionalità della pena*, op. cit., pp. 167-170.

2. *Discusión doctrinal*

Pese a ello, no toda la doctrina considera que se hayan de aplicar ambos mecanismos de comparación.

2.1. Posiciones contra el control comparado o *inter*-delictivo

Berman defiende que el principio funcione como absoluto y no como comparativo. El principio se suele fundamentar en distintos valores: de justicia (*fairness*), de igualdad, o de humanidad. Los dos primeros son valores relativos o comparativos, mientras que el de humanidad es un valor absoluto. Para Berman, será el principio que fundamente el de proporcionalidad el que determine si se debe emplear un mecanismo de control absoluto o relativo. Como para el autor el principio se fundamenta sobre la idea de humanidad (por la noción de dignidad de la persona y prohibición de ser utilizado para fines, incluso benéficos, de los ciudadanos) —cuestión ya mencionada al estudiar el fundamento del principio de proporcionalidad—, entonces el método de control de la proporcionalidad penal debe ser fundamentalmente absoluta: de la gravedad del delito con la de su pena[511]. Como se deriva de ese principio de humanidad, que no es comparativo —sino absoluto— entiende Berman que el principio de proporcionalidad es también absoluto. Por ello, entiende que no será contradictorio con el principio de proporcionalidad que se impongan dos castigos diferentes para dos conductas de semejante gravedad[512].

---

511 BERMAN, Mitchell (2021). "Proportionality, Constraint and Culpability", op. cit., pp. 14 y ss.

512 Ello parece coherente con la posición pluralista del autor, que comparte que es legítimo que se persigan distintos fines con la imposición de la pena, pues se legitima en consecuencia penas diferentes según la posibilidad de consecución de esos fines, aunque se tenga el límite en la proporcionalidad absoluta del hecho y la pena (con una prohibición de penas excesivas a la gravedad del concreto hecho delictivo). En todo caso, para el autor hay otros principios, como el de igualdad (no el de proporcionalidad) que garantizarían que no haya penas diferentes para situaciones comparables. Por otra parte, sin embargo, el propio autor plantea las dificultades derivadas de considerar que la desproporción sea completamente acontextual (es decir, que se pueda afirmar que los castigos X

De igual modo, aunque oscilando sobre el elemento subjetivo de los destinatarios y no sobre el elemento objetivo del delito, para Ashworth, el foco de la proporcionalidad no debe ser la comparación con la gravedad de las penas impuestas a otros delincuentes, sino que debe asegurarse una determinación de la misma de modo absoluto: debe asegurarse que el castigo es proporcionado al "mal" por el que el sujeto es castigado[513]. Gardner, por su parte, ha planteado las limitaciones del principio de proporcionalidad para escalar las penas, dada la dificultad en ocasiones de comparar delitos igualmente graves desde un punto de vista subjetivo, cuando los objetos de protección difiere (por ejemplo, un hurto con una "agresión")[514].

También Ferzan y Alexander han afirmado que el merecimiento retributivo (que ellos defienden) es no comparativo, por lo que la pena es independiente del castigo de los otros[515] (pero para ellos existen otros criterios de justicia que llevan a la tendencia en la semejanza del castigo en la distribución).

En nuestro entorno, simpatiza Barnés con esta visión, para quien el control de proporcionalidad de las penas es absoluto (es decir, se compara cada sanción en sí misma en relación con la conducta y el fin perseguido). No obstante, para el autor ello se complementa con la posibilidad de utilizar el control de "proporcionalidad relativa", que para el autor recibiría mejor denominación de "coherencia interna del sistema punitivo"; "paralelismo", o "congruencia de determinadas penas o sanciones entre sí". Y ello porque para Barnés, en estos casos, la inconstitucionalidad no vendría por una declaración

---

sean demasiado elevados en todos los lugares y momentos). Por ello, entiende que lo que sea o no una pena excesiva dependerá del contexto político-cultural. Esta cuestión, sin embargo, se resuelve introduciendo los criterios sistemáticos en la valoración, a través del elemento cardinal de la proporcionalidad, como se ha propuesto *supra* y se concretará *infra*.

513 ASHWORTH, Andrew J. y VON HIRSCH, Andrew (2005). *Proportionate sentencing: exploring the principles*. Oxford: OUP, p. 142.

514 GARDNER, John (2007). "Crime: In Proportion and in Perspective". En GARDNER, John, *OFFENCES AND DEFENCES*. Oxford: OUP, p. 29.

515 FERZAN, Kimberly, y ALEXANDER, Larry (2018). *Reflections on crime and culpability*. Cambridge: CUP, p. 181.

de desproporción de la sanción sino por otros parámetros como la arbitrariedad o la manifiesta irrazonabilidad[516].

2.2. Posiciones a favor de integrar sendos controles (absoluto y comparado)

Robinson indica que se deben emplear dos mecanismos para graduar los delitos, desarrollando un contraste de manera absoluta (en cada delito) y comparativa (entre delitos)[517]. La tarea de graduación de las penas en el Código, señala, es doble. En primer lugar, se debe distinguir entre los grados de un delito, lo que lleva consigo dos distintas subtareas: especificar los requisitos mínimos para el delito en cuestión y especificar las circunstancias que pueden determinar una versión más agravada del delito. En segundo lugar, se deben poner los diferentes delitos en una relación comparativa de gravedad[518].

La mayoría de la doctrina continental incluye también ambos mecanismos absoluto y relativo para determinar la gravedad del delito[519], por lo que se entiende que si desde el punto externo dos de-

---

516 BARNÉS, Javier (1998). "El principio de proporcionalidad: Estudio preliminar", op. cit., p. 32.

517 ROBINSON, Paul H. (2013). *Intuitions of Justice and the Utility of Desert*. Oxford: OUP, pp. 362 y ss. (Ch. 16).

518 Ibídem, p. 367.

519 Así, BASSO, Gonzalo (2019). *Determinación judicial de la pena y proporcionalidad con el hecho,* op. cit., pp. 350 y ss. señala que en el juicio de apreciación de la tipicidad material se debe tener en cuenta la gravedad análoga de hechos subsumibles en el mismo tipo, a la vez que la forma de proceder frente a hechos castigados con idéntica penalidad mínima de otros tipos penales; DE LA MATA BARRANCO, Norberto J. (2008). *Individualización de la pena en los tribunales de justicia,* op. cit., p. 297, afirma que para determinar la pena proporcionada se debe determinar si resulta estrictamente necesaria "a la luz del razonamiento lógico, de datos empíricos no controvertidos y del conjunto de sanciones que el mismo legislador ha estimado necesarias para alcanzar fines de protección análogos"; AGUADO CORREA, Teresa (1999) *El principio de proporcionalidad en derecho penal,* op. cit., p. 280; MARTÍN LORENZO, María (1997). "Una explicación dual del castigo", *ADPCP,* p. 542, también recoge con referencia a la proporcionalidad cardinal y ordinal la importancia de los castigos dispuestos para otros delitos; GARCÍA ARÁN, Mercedes (1982). *Los criterios de determinación de la pena en derecho español,* op. cit., pp. 213-214 (sin hacer referencia expresa a los

litos no tienen la misma gravedad y se sancionan con la misma pena o el más grave se sanciona con pena menor, se está vulnerando el principio de proporcionalidad en sentido estricto[520]. Ferrajoli alude, acertadamente, a la necesidad de utilizar el método comparado para determinar la proporcionalidad de la pena:

> Aunque sea imposible medir la gravedad de un delito singularmente considerado, es posible, por tanto, afirmar, conforme al principio de proporcionalidad, que desde el punto de vista interno, si dos delitos se castigan con la misma pena, es que el legislador los considera de gravedad equivalente, mientras que si la pena prevista para un delito es más severa que la prevista para otro, el primer delito es considerado más grave que el segundo. De ello se sigue que si desde el punto de vista externo dos delitos no son considerados de la misma gravedad o uno se estima menos grave que el otro, es contrario al principio de proporcionalidad que sean castigados con la misma pena o, peor aún, el primero con una pena más elevada que la prevista para el segundo. En todos los casos el principio de proporcionalidad equivale al principio de igualdad en materia penal[521].

Como afirma Aguado Correa, aun cuando se estime que es imposible medir la gravedad del injusto individualmente considerado, se puede afirmar que, si el legislador castiga dos delitos con la misma pena, entonces "el legislador los considera que de gravedad equivalente"; y si los castiga con penas diferentes, el que prevea una pena más severa "es considerado por el legislador más grave que el segundo"[522].

---

mecanismos absoluto y relativo) sea la que es evidente que la determinación de la mayor o menor gravedad del hecho encuentra "una vía indiciaria en aquello que es considerado como más o menos grave en otros lugares del código".

520 AGUADO CORREA, Teresa (1999) *El principio de proporcionalidad en derecho penal*, Op. Cit.

521 FERRAJOLI, Luigi (1995). *Derecho y razón*, op. cit., p. 402.

522 AGUADO CORREA, Teresa (1999). *El principio de proporcionalidad en derecho penal*, op. cit., pp. 279-280. Pone la autora como ejemplos de desproporción en sentido estricto el delito de violación previo al Código penal de 1995, que preveía una pena idéntica a la del homicidio doloso; o el delito de malversación de caudales públicos del antiguo CP, que preveía penas que podían alcanzar las del homicidio doloso; también se han planteado estas cuestiones. También, por todos, DE LA MATA BARRANCO, Norberto J. (2007). *El principio de proporcionalidad penal*, op. cit., p. 207; FERRAJOLI, Luigi (1995). *Derecho y razón*, op. cit., p. 402.

Por otra parte, en referencia a la individualización judicial, Demetrio Crespo ha afirmado que, que para poder valorar los factores que determinan la pena, se requiere una medida de comparación, un caso tipo, conforme al cual el factor real del caso puede determinar cuatro resultados: correspondencia con el grado de injusto del caso tipo, agravación del caso tipo, atenuación por caso tipo, o ser un elemento del tipo[523].

En relación con ello, recientemente Donini propuso escalar las penas interna y externamente (esto es, de modo absoluto y comparado) sobre la base del daño y la reparación, teniendo en cuenta que los delitos irreparables, como el genocidio, serán los de más gravedad, y los demás deben medirse de modo descendente de acuerdo con su reparación o reparabilidad[524], frente a conceptos manipulables por concepciones moralistas de culpa.

En la práctica jurisprudencial española, como se ha expuesto en el Capítulo precedente, se han empleado —aunque se hayan utiliza-

---

523 DEMETRIO CRESPO, Eduardo. (1999). *Prevención general e individualización de la pena*, op. cit., p. 293.

524 DONINI, Massimo (2020). "Pena agìta e pena subìta", op. cit., pp. 25 y ss., propone la introducción de una doble escala (interna y externa) de los marcos penales. Las escalas se parametrizarían sobre la idea de daño, pero centrándose sobre la noción de reparación. La escala externa (la relación del delito con los demás delitos) debe ser descendente: comenzando con la mayor gravedad para los más inconmensurables y por tanto necesariamente desproporcionados por defecto en la pena —como el genocidio—, a los demás delitos, ordenados por nivel de gravedad (aclara el autor, salvo las exigencias políticas de prevención general que aparezcan legítimas en términos de proporción). La escala interna, en cambio, se mide respecto al bien jurídico ofendido, pero en relación con su reparabilidad o reparación como base de cálculo como unidad de gravedad. Los delitos reparados tendrán en las escalas una pena reducida, parecida a los delitos de tentativa, con un marco de pena autónomo o una atenuante de efecto específica. Se tendría en cuenta la proporción relativa al delito y su reparabilidad, pero excluye el autor la culpabilidad ex ante. La base estaría, por tanto, según el autor, construida sobre el nexo ofensa-reparación y no sobre el nexo culpa-castigo: "*È il danno fatto allá nazione di BECCARIA, più che la voluntas di cui parla ADRIANO nel suo famoso rescritto a risultare rifondativo. C'è allora —c'è già e può ragionevolmente essere aumentata— una base commisurativa costruita sul nesso offesa/riparazione, non sul nesso colpa/castigo*".

do de forma inconsistente— sendos mecanismos de contraste de la proporcionalidad estricta —absoluto[525] y relativo[526]—.

3. *Toma de postura y propuestas*

Como ha afirmado Ferrajoli, la comparación absoluta (delito-pena) no es en sí misma suficiente para asegurar el carácter garantista del principio[527].

Sólo en dos supuestos será evidente la desproporción utilizando únicamente el método de control absoluto: 1) los supuestos en que se proteja un bien jurídico de valor muy inferior al de la libertad personal y la conducta se castigue con una pena de prisión; y 2) los supuestos en que una conducta sea castigada con penas alternativas de privación de libertad y multa u otra no privativa de libertad.

En los demás casos, siquiera introduciendo el elemento cardinal de la proporcionalidad que lleve a reducir, en general, la severidad de las penas, no es suficiente para determinar qué pena corresponde a cada delito (tanto en la previsión legislativa como en la determinación judicial). Es necesario, por ello, introducir los elementos de comparación (relativa) entre la gravedad de la conducta tipificada y otras conductas tipificadas, y sus correlativos castigos, cuestión que deberían motivar los legisladores en las decisiones político-criminales, y también deberían motivar los jueces al determinar la pena final. De este modo, lo ideal sería que para determinar la pena final (por ejemplo, para un delito de lesiones menos grave de seriedad intermedia [*x*]), el juzgador justificase su decisión de asignar una pena [X], motivando expresamente que al delito de lesiones le corresponde una pena de [X] gravedad, porque es una pena de menor gravedad que la prevista para el delito de lesiones agravadas, y de mucha menor gravedad que la prevista para el delito de tortura, pero mayor que la conducta del delito de lesiones leves (hasta aquí estaría justificando la pena mediante un mecanismo comparado). Por otra

---

525 V. gr en la citada STC 60/2010, FJ 16.

526 V. gr. las SSTC 99/2008, FJ 4 y 112/2016, FJ 4.

527 FERRAJOLI, Luigi (1995). *Derecho y razón*, Op. Cit.

parte, desde el mecanismo de control absoluto, debería afirmar que la conducta de mínima gravedad [*z*] prevista en el tipo se correspondería con la pena mínima [Z], equivalente a [X-Y], teniendo la misma relación proporcional de gravedad las conductas mínima [*x*-*y*] e intermedia [*x*] en cuestión, de tal modo que existe entre ellas una distancia de [*y*] gravedad del delito, por lo que corresponde a la conducta [*x*] una pena [X].

Sí es cierto, como ha afirmado Gardner, que en ocasiones pueden existir dificultades de comparación[528], razón por la cual es recomendable que se ordenen los bienes jurídicos penalmente protegidos según su importancia (tarea que excede de este trabajo), pudiendo haber bienes jurídicos que tengan importancia equivalente, y que después los juzgadores tengan en cuenta la importancia relativa de los bienes jurídicos en cuestión, así como de la gravedad del ataque a los mismos.

Incluso es razonable que dentro del control se realice un control relativo con el castigo asignado al mismo delito, y otros delitos en países de nuestro entorno y de entornos diferentes, pues puede dar una pista de cuándo una sanción de un determinado tipo ha sido considerada como inaceptable en otros países de nuestro entorno cultural, o cuando, por contraste, una conducta se penaliza como aceptable en países con los que no compartimos fundamentos (por ejemplo, países autoritarios o totalitarios). Sin embargo, desde luego es menos garantista, y lo que sí lo es la comparación absoluta y relativa dentro del contexto español de los derechos humanos, del Estado social y democrático de Derecho, del reconocimiento de la dignidad de la persona como fundamento del orden político y la paz social y de los valores superiores del ordenamiento jurídico (libertad, justicia, igualdad y pluralismo político).

Se considera que sería apropiado incluir, en la previsión propuesta en el apartado dedicado a los elementos ordinal y cardinal de la proporcionalidad, una previsión adicional, que figura en cursiva a continuación:

---

528 GARDNER, John (2007). "Crime: In Proportion and in Perspective", op. cit., p. 29.

> a) que la magnitud de la pena final a determinar por el juzgador debe considerar la severidad del sistema penal en su conjunto, teniendo en consideración, en particular, i) la cantidad de conductas sancionadas penalmente y ii) los puntos de anclaje (penas máximas y mínima) del sistema penal, y del delito que se está juzgando en concreto; para determinar una reducción de la pena adecuada a la gravedad del hecho, o incluso renunciar a la misma. La interpretación de las conductas a las que corresponde una pena debe realizarse de modo especialmente restrictivo cuando la pena prevista sea privativa de libertad;
> b) que las penas deberán ser proporcionadas a la gravedad de las conductas sancionadas penalmente, de tal modo que la gravedad del delito determinará la cantidad y calidad de pena, tanto en la previsión legislativa como en su aplicación judicial, aplicándose la triple regla que sigue:
> b1. a conductas más graves (del mismo o diferentes tipos) corresponderán penas proporcionalmente más graves,
> b2. a conductas menos graves, corresponderán penas proporcionalmente menos graves,
> b3. a conductas de gravedad semejante, corresponderán penas de gravedad semejante.
> *A estos efectos, el juzgador debe tener en cuenta tanto las previsiones legislativas de penas para el mismo tipo (considerando, particularmente la gravedad necesaria para que la conducta alcance el mínimo de pena previsto por el marco delictivo), para diferentes tipos, y la aplicación judicial que se ha hecho en relación con el mismo delito y diferentes delitos, al determinar la pena final a imponer.*
> c) que se debe justificar la determinación final de la pena motivándola expresamente con arreglo a los criterios mencionados en b).

Se considera que incluir expresamente en el Código penal el mecanismo de comparación a emplear por el juez o tribunal al determinar la pena a imponer favorecerá la previsibilidad de las penas finalmente impuestas, y con ello el respeto al principio de proporcionalidad en sentido estricto, y el principio de igualdad.

4. Ejemplos de desproporción con ambos métodos de control

4.1. Ejemplos de desproporción absoluta

En nuestro Código penal, son ejemplos de desproporción absoluta:

a) La previsión del delito de hurto como delito sin incluir un mínimo de gravedad objetiva en relación con el bien hurtado en el art.

234.2 CP (que prevé una pena de multa para los supuestos atenuados en que la cuantía de lo sustraído no exceda de 400€). Para estos supuestos, en la práctica jurisprudencial de otros países, como el estadounidense, se emplearía el principio de oportunidad procesal, renunciándose al procesamiento de los hechos.

b) El mero hecho de preverse penas de prisión para los delitos patrimoniales en general, y, en particular para los delitos patrimoniales menos graves, como el hurto cualificado (art. 235 CP), o los delitos del "top manta" (la venta callejera ilegal de productos con derechos de propiedad industrial, prevista en el art. 274.3 CP, aunque es cierto que se prevé la posibilidad de que atendiendo a las características del culpable y el reducido beneficio económico obtenido o potencial se imponga la pena de multa o trabajos en beneficios de la comunidad —pero es una potestad, no un mandato al juzgador—).

c) La previsión en el CP como delitos de los delitos de enaltecimiento del terrorismo o de sus autores (en el art. 578.1.i CP), de la promoción, fomento, o incitación directa o indirecta al odio, hostilidad, violencia o discriminación contra un grupo o sus miembros por motivos discriminatorios (art. 510.1.a) CP), la negación, trivialización grave o enaltecimiento públicos de los delitos de genocidio, lesa humanidad o crímenes de guerra cuando se cometan por motivos discriminatorios. No se exige la producción de ningún resultado. En este sentido, aunque el TC ha exigido, en relación con el enaltecimiento del terrorismo la generación de un riesgo (pero después, en la práctica, no se comprueba su intervención); y en relación con el enaltecimiento de los delitos de genocidio, lesa humanidad y crímenes de guerra se agrava la pena si se favorece un clima de violencia, hostilidad, odio o discriminación (art. 510.2.a) CP), sin embargo se trata de un resultado amplio, no lesivo de bienes jurídicos (no lesiona nada el favorecimiento de un clima de odio, un sentimiento); y se prevé en el art. 510.4 CP una agravación mayor para los supuestos en que los hechos sean idóneos para alterar la paz pública o crear un grave sentimiento de inseguridad o temor entre los integrantes del grupo (de nuevo, resultados subjetivos y difíciles de concretar).

c) La previsión como delito de las conductas de posesión, elaboración o producción con la posibilidad de distribuir, facilitación a terceros el acceso, distribución, difusión o venta de escritos, material o soportes que por su contenido sean idóneos para promover, incitar directa o indirectamente al odio, hostilidad, violencia o discriminación contra un grupo, parte del mismo por motivos discriminatorios (art. 510.1.b CP).

d) La clasificación ya mencionada de la gravedad de los delitos de acuerdo con la gravedad de las penas que se les asignen también supone una vulneración de la proporcionalidad absoluta, cuando los delitos deberían ser clasificados de acuerdo con la gravedad de las conductas delictivas y esta clasificación de la gravedad de los delitos determinar la gravedad de las penas.

e) La pena de prisión permanente revisable, cuya justificación se basó precisamente en el principio de proporcionalidad, también es incompatible de modo absoluto con la pena[529]. Teniendo en cuenta el factor cardinal de proporcionalidad, que exige restringir las penas en la medida de lo posible, una pena sin una duración predeterminada —siquiera con condiciones de revisión más o menos exigentes— no es proporcionada con la gravedad del delito, cualquiera que sea. El Estado no se puede colocar en el lugar del delincuente, e imponer una pena de tan larga duración —y duración indefinida— no es otra cosa que imponer una pena desproporcionada, inhumana e indigna.

4.2. Ejemplos de desproporción relativa o comparada

a) La previsión, sin diferencias de punibilidad, como delito de hurto ordinario en el art. 234.1 CP de las conductas de tomar cosas muebles ajenas cuando la cuantía de lo sustraído exceda de 400€, sin previsión de diferencias de punibilidad según la cuantía de lo sustraído (la pena prevista no se diferencia si la cuantía es 401€

---

529 El preámbulo de la Ley Orgánica 1/2015, de 30 de marzo, por la que se regula la PPR hace mención en el párrafo segundo de su apartado I a que "la necesidad de fortalecer la confianza en la administración de justicia hace preciso poner a su disposición un sistema legal que garantice resoluciones judiciales previsibles que, además, sean percibidas en la sociedad como justas. Con esta finalidad, siguiendo el modelo de otros países de nuestro entorno europeo, se introduce la prisión permanente revisable para aquellos delitos de extrema gravedad, en los que los ciudadanos demandaban una pena proporcional al hecho cometido". Ello es ilógico e inadmisible desde la perspectiva sostenida en este trabajo.

que 400000€). Sí es cierto que se prevé una cualificación en el art. 235.1.5º CP, al disponerse que el hurto prevé una pena de prisión de 1 a 3 años cuando la conducta revista especial gravedad "atendiendo al valor de los efectos sustraídos", pero al no preverse una cuantía específica, el límite podría ubicarse en los 500 o en los 50000€[530].

b) El artículo 368.i CP, en el que se sanciona una serie de conductas omnicomprensivas de todos los actos de cultivo, elaboración, tráfico, promoción, favorecimiento o facilitación de drogas tóxicas, estupefacientes o psicotrópicas o la posesión con los fines de realizar aquellos actos, sancionándose con penas de prisión y de multa, dependiendo la pena de si las sustancias causan o no grave daño a la salud. En el párrafo ii se prevé una atenuación en atención a la escasa entidad del hecho o las circunstancias personales del culpable. Sin embargo, la previsión de la misma pena para toda esa serie de conductas (desde la posesión, el cultivo o el favorecimiento hasta el mismo tráfico) es incompatible con el principio de proporcionalidad, ya que las conductas son de gravedad objetiva diversa.

c) El artículo 578.1 CP, en el que se sancionan con la misma pena el mero enaltecimiento o justificación públicos de los delitos de terrorismo o de sus autores y los actos que entrañen descrédito, menosprecio o humillación a las víctimas de terrorismo. Las primeras conductas suponen una mera expresión de opiniones —siquiera inmorales o desagradables—, mientras que las segundas entrañan unos actos lesivos para el honor o dignidad de las víctimas de terrorismo, por lo que la gravedad objetiva de la conducta es suficiente. Asimismo, si se comparan con los delitos de odio, en estos se prevé una penalidad diferente para los supuestos en que simplemente se genere ese fomento al odio, o trivialización o enaltecimiento de los delitos de genocidio, etc. (510.1.a) y.c) CP), en comparación con los supuestos en que se lesione la dignidad de las víctimas mediante actos que entrañen menosprecio, humillación o descrédito por motivos discriminatorios (510.2.a) CP), que supone una modalidad agravada), de tal modo que se prevé una diferencia penológica en el segundo tipo de delitos y no en el primero, que no está justificada por razones de gravedad del delito.

---

530 En este sentido, ya se pronunciaba QUINTERO OLIVARES, Gonzalo (1982). "Acto, resultado y proporcionalidad", op. cit., pp. 400 y ss.

d) La sanción penal de conductas de enaltecimiento del terrorismo que se ha producido en el marco de la expansión jurisprudencial de la interpretación del tipo, por la cual se han sancionado incluso conductas sarcásticas, por lo cual una interpretación jurisprudencial del tipo ha venido ignorando el diferente grado de gravedad que entrañan las conductas que subjetivamente persiguen enaltecer al terrorismo de aquellas que sólo pretenden ironizar (como en el caso Strawberry), realizar actos de protesta (como el caso de los titiriteros) o bromear con el empleo de los delitos (como los tuits de humor en referencia al asesinato de Carrero Blanco).

IV. SOBRE EL OBJETO DE PROPORCIÓN: SÍNTESIS

En relación con el objeto de la proporcionalidad que determina la gravedad de la pena, se pueden sintetizar las posiciones doctrinales en tres principales corrientes: 1) la primera, que entiende que la proporcionalidad es una relación medio-fin, cuyo objeto abarca las finalidades perseguidas con el Derecho penal (obtenidas o potenciales); 2) la segunda, que entiende que implica una comparación más amplia, que determina una comparación coste-beneficios —que incluye, por un lado, los costes de la pena en comparación con los costes del delito y por otro, los beneficios de la pena (que incluye una referencia a los distintos fines de la pena), en comparación con los interés protegidos por el delito (aunque los elementos concretos son debatidos)—; y 3) la tercera, que entiende que sólo los elementos relativos a la gravedad del delito, retrospectivos, pueden ser tenidos en cuenta para determinar la gravedad de la pena. La primera y la segunda posición (que incluyen los fines de la pena dentro del objeto de la proporcionalidad de las penas) son mayoritarias en España y el entorno continental, mientras que la tercera es mayoritaria en el ámbito anglosajón.

Dada la complejidad de la materia, se tratará *infra* en el apartado dedicado a la definición del contenido de la proporcionalidad, si bien se concluye que para determinar la imposición y el *quantum* de la pena sólo es posible atender a criterios retrospectivos, basados en la gravedad del delito cometido (y elementos sistemáticos para atenuar la pena), pero por justicia y por respeto a los principios de responsabilidad por el hecho y seguridad jurídica no se deben incluir las finalidades de la pena ni las valoraciones Coste-Beneficio en la ponderación.

V. SOBRE LOS SUJETOS A LA PROPORCIÓN

1. Doctrina al respecto

1.1. Posiciones históricas

Como se ha mencionado ya, cuando Dorado Montero abordó la cuestión de la proporción penal afirmaba que "[...] la justicia de una pena es [...] su cualidad de ser proporcionada, y no otra cosa: proporcionada en general y abstractamente (v.g., tal género y cuantía de pena para tal grupo de delitos, de delincuentes, etc.), o proporcionada en concreto, para algún caso específicamente determinado"[531]. Abordaba, de esta manera, el autor salmantino, la cuestión de la proporcionalidad de las penas como orientada hacia ambos, el legislador y los juzgadores. Como ya se ha expuesto, lo hizo incorporando la distinción entre la proporcionalidad abstracta y concreta, incorporada por la doctrina[532] pero que aquí no se acoge por considerar que, conceptualmente, puede ser confusa en relación con las nociones de proporcionalidad en sentido amplio y en sentido estricto.

Bentham coincidía con esta visión, pues para el autor el principio se dirige tanto a guiar al legislador como a guiar al juez en sus esfuerzos por ajustarse a la intención del legislador[533].

---

531 DORADO MONTERO, Pedro (1916). "Sobre la proporción penal", op. cit., p. 5.

532 V. gr. AGUADO CORREA, Teresa (1999). *El principio de proporcionalidad en derecho penal*, op. cit., p. 282. La exigencia de proporcionalidad abstracta se entendería como proporción entre la gravedad del injusto y la gravedad de la pena y que se dirige al legislador, y la exigencia de proporcionalidad concreta como la necesaria proporción entre la gravedad del hecho concreto cometido y la pena aplicada al autor, que tiene como destinatario al Juez o Tribunal.

533 BENTHAM, Jeremy (1981, Ed.). *Tratados de legislación civil y penal*, op. cit., p. 142. La guía dirigida por Bentham a los juzgadores establece que una cantidad de castigo dada para dos delincuentes que hayan cometido infracciones

Por último, también Carrara en su *Programa de Derecho penal* afirmaba que la fórmula de que la pena no debe ser excesiva (no superar la proporción con el mal causado por el delito) presentaba dos puntos de vista. Uno de ellos era el precepto dictado por la ciencia al legislador penal, que prohibía el exceso en las penas por principio de justicia. El otro precepto de no exceso de las penas se dicta al juez. Este segundo punto de vista era el que habían considerado los antiguos criminalistas, quienes, para Carrara, habían tratado de modo confuso los límites que se deben imponer al legislador y los que se deben imponer al juez[534].

1.2. Posiciones contemporáneas

La doctrina contemporánea muestra una división entorno a los sujetos a los que se destina el principio de proporcionalidad de las penas. En el entorno de los sistemas de derecho común se aprecia un mayor debate entre quienes consideran que el principio vincula primordialmente al legislador y sólo residualmente a los juzgadores y quienes estiman que el principio vincula a ambos (sin perjuicio de reconocer el margen de arbitrio del legislador y el marco más restringido del juez). En el debate académico estadounidense, sin embargo, esta discusión no está presente, pues se da por hecho que, al ser dos momentos del mismo proceso de determinación de la pena, en todo caso deben estar regidos por los mismos criterios de justicia[535].

---

similares puede tener efectos muy diferentes, por lo que las circunstancias que influyan sobre la sensibilidad de cada infractor deben ser siempre tenidas en cuenta. Esta afirmación tiene un reflejo positivo sobre el principio de igualdad, ya que circunstancias distintas de los infractores (por ejemplo, una distinta capacidad económica o un contexto social diferente) pueden llevar consigo a que el impacto de una misma pena sea muy diferente y es algo que se debe tener en cuenta. Pero es peligrosa en la medida en que puede llevar a sobreestimar las circunstancias personales, sociales o del carácter de quien ha cometido el delito, contra el principio del hecho —en cualquier caso, es comprensible dado el momento de publicación de la obra, en pleno apogeo del movimiento ilustrado—.

534 CARRARA, Francesco (2000). *Programa de Derecho criminal, Parte general*, op. cit., p. 48 (primera nota al pie).

535 Agradezco al prof. Paul H. Robinson sus aclaraciones sobre esta cuestión.

Otra cuestión es que, como se verá al definir el contenido del principio, parte de la doctrina incluya los fines de la pena dentro del contenido de la proporcionalidad, y, en consecuencia, distinga si el principio de proporcionalidad relativo a uno u otro fin se manifiesta en una u otra fase de la pena —desvirtuándose, muchas veces, su contenido—.

1.2.1. Principio dirigido principalmente al legislador

La idea de que el principio se dirige principalmente al legislador y sólo marginalmente a los juzgadores se deriva, parcialmente, del principio de legitimidad democrática y el amplio margen del que disfruta, en consecuencia, el legislador penal (ya mencionado). Por ello, los autores aluden al protagonismo y prioridad de la sujeción del legislador al principio de proporcionalidad de las penas[536], u omiten directamente toda referencia al juzgador, dejándolo en manos del legislador[537]. Pese a ello, se ha denunciado la pérdida de atención sobre el alcance del principio de proporcionalidad entre delito y pena en relación con el legislador, en detrimento de la ciencia de la legislación y el control de legitimidad externo de la normativa vigente[538].

1.2.2. Principio dirigido a ambos destinatarios

Para otra parte de la doctrina, se parte de que el proceso de determinación de la pena cuenta con dos fases. Una primera fase legislativa (determinación legal de la pena, *Strafbemessung*) y una fase judicial (determinación o individualización judicial de la pena, *Straf-*

536 En este sentido, BASSO, Gonzalo (2019). *Determinación judicial de la pena y proporcionalidad con el hecho*, op. cit., pp. 329-330, 353-354; COBO DEL ROSAL, Manuel y VIVES ANTÓN, T. Salvador (1996). *Derecho penal, parte general*, op. cit., p. 81; TERRADILLOS BASOCO, Juan Mª y MAPELLI CAFFARENA, Borja (1996). *Las consecuencias jurídicas del delito*, Madrid: Civitas, p. 52.

537 BERDUGO GÓMEZ DE LA TORRE, Ignacio, PÉREZ CEPEDA, Ana Isabel y ZÚÑIGA RODRÍGUEZ, Laura (2015). *Lecciones y materiales para el estudio del derecho penal* (tomo 1), op. cit., p. 90.

538 FERRAJOLI, Luigi (1995). *Derecho y razón*, op. cit., p. 399; AGUADO CORREA, Teresa (1999). *El principio de proporcionalidad en derecho penal*, op. cit., pp. 283 y ss.

zumessung). Algunos autores, como Quintero Olivares, hacen alusión a una tercera fase (previa a las dos mencionadas), que sería la fase constitucional de determinación de la pena[539].

En cuanto a la denominación, aquí se utilizan indistintamente los conceptos de "determinación judicial", e "individualización judicial" de la pena, pese a que el segundo usualmente tiene atribuido un especial interés en la prevención especial[540]. Sin embargo, dado que en nuestro sistema constitucional la orientación general a la prevención especial viene determinada por la Constitución, ambas denominaciones son compatibles necesariamente con ella en ese marco, razón por la que se utilizarán indistintamente. Mir Puig define la determinación de la pena como la fijación de la clase y cantidad de pena que corresponde al delito, incluyendo en sentido amplio la decisión sobre la sustitución o suspensión de la pena[541]. En el sistema penal español, se puede considerar que el proceso judicial de determinación de la pena es cuantitativo, pero también es un proceso cualitativo —especialmente en los supuestos de existencia de penas alternativas—[542].

Por ello, para parte de la doctrina, en cambio, la sujeción al principio se produce también respecto a los juzgadores, lo que no obsta para reconocer el mayor margen de arbitrio del que dispone el legislador por el principio democrático, y, con ello, el mayor potencial del escrutinio de las decisiones judiciales (en comparación con las legislativas) sobre la base del principio de proporcionalidad de las penas. El principio de proporcionalidad se aplica, en este sentido, tanto a los legisladores en la creación del Derecho, como a los juzgadores en el momento de su aplicación y en el de la ejecución de la pena o medida, exigiendo el principio estricto "una relación entre la gravedad del injusto y la gravedad de la pena en el momento legislativo" y en el

---

539 QUINTERO OLIVARES, Gonzalo (1978). "Determinación de la pena y política criminal", *CPC* nº 44, pp. 49-84.

540 BASSO, Gonzalo (2019). *Determinación judicial de la pena y proporcionalidad con el hecho*, op. cit., pp. 47 y ss.

541 MIR PUIG, Santiago (1996). *Derecho penal, parte general*, Barcelona: PPU, pp. 736-737.

542 DEMETRIO CRESPO, Eduardo. (1999). *Prevención general e individualización de la pena*, op. cit., p. 42.

judicial "que la pena resulte proporcionada a la gravedad del hecho concreto cometido"[543].

Viganò afirma, en este sentido, que la proporcionalidad de las penas (en concreto, lo que para él configura el derecho fundamental a no sufrir penas desproporcionadas) vincula a todos los poderes del Estado que tienen competencia en la determinación de la pena que formalmente se inflige al condenado, razón por la que tanto el legislador (en la fijación del marco de pena y la clase de penas) como el juez penal (que concreta la voluntad del legislador en el caso concreto) son destinatarios de la prohibición constitucional de penas desproporcionadas[544].

También De la Mata Barranco defiende que corresponde a los dos sujetos[545], aunque aclara que la vulneración del principio de proporcionalidad en relación con la actuación del juzgador sólo podrá ser alegada cuando se hayan aplicado correctamente las normas de

---

543 AGUADO CORREA, Teresa (1999). *El principio de proporcionalidad en derecho penal*, op. cit., p. 114, 278 y ss. Afirma LASCURAÍN SÁNCHEZ, Juan A. (1998). "La proporcionalidad de la norma penal", op. cit., p. 183, el principio vincula al legislador en sus decisiones de incriminación de un comportamiento y de modificación de los elementos positivos de cada tipo, en la previsión de causas de justificación o disminución de la culpabilidad y en la determinación de la pena que corresponde a cada comportamiento punible; y vincula al juez el cuanto agente de la fase final del proceso con parámetros similares y en unos momentos normativos análogos: para seleccionar la concreta regla legal de resolución del conflicto, desechar la punición de conductas cuyo escaso desvalor convierte en desproporcionada la sanción prevista, interpretar las cláusulas de justificación o exculpación, escoger la sanción mínima eficaz para los fines perseguidos y sancionar mínimamente "cuando las facultades de elección no permitan la imposición de una pena estricta o internamente proporcionada en comparación con la entidad del comportamiento perseguido y no sea posible la falta de subsunción, la justificación o la exculpación del comportamiento, exponiendo al Gobierno lo que estime conveniente acerca de la derogación o modificación del precepto o de la concesión de un indulto".

544 VIGANÒ, Francesco (2021). *La proporzionalità della pena*, op. cit., pp. 253-254.

545 DE LA MATA BARRANCO, Norberto J. (2007). *El principio de proporcionalidad penal*, op. cit., pp. 128 y ss. aunque sitúa en primer lugar al legislador (en la graduación de las penas en virtud de su gravedad), también incluye vigencia del principio sobre la actividad del juzgador. También en este sentido, AGUADO CORREA, Teresa (1999). *El principio de proporcionalidad en derecho penal*, op. cit., p. 316.

aritmética penal, pues en otro caso correspondería la impugnación por infracción de la ley y no por vulneración de la proporcionalidad penal[546]. Esta cuestión, sin embargo, parece discutible, pues si el juzgador aplica una pena desproporcionada porque así lo imponen las reglas materiales y aritméticas de nuestro ordenamiento jurídico, estaría contraviniendo un principio constitucional, contra la sujeción de todos los poderes públicos a la Constitución y la primacía de esta sobre el resto del ordenamiento jurídico. No obstante, es el art. 4 CP el que plantea el conflicto, cuestión que será objeto de análisis posteriormente.

Nuestro ordenamiento jurídico parcialmente confirma esta visión, tanto por la aritmética penal como por los criterios establecidos en el art. 66.1 CP para la determinación de la pena[547]. La labor del juzgador se basa en el principio de proporcionalidad. En primer lugar, al determinar la norma a aplicar, porque dado que ya tiene un marco de pena requiere un primer análisis judicial de la proporcionalidad de la misma con el supuesto de hecho en cuestión[548]. Después, la labor de determinación de la pena se basa doblemente en el principio de proporcionalidad de las penas. Por una parte, porque en Derecho penal español la parte artística o la aritmética penal —las reglas que determinan la pena— general están inspiradas en el principio de proporcionalidad[549]. Por otra parte, en relación con el margen de arbitrio restante que tiene el juzgador-intérprete en la determinación

---

546 AGUADO CORREA, Teresa (1999). *El principio de proporcionalidad en derecho penal*, op. cit., p. 316.

547 La aritmética penal en nuestro ordenamiento está inspirada en el principio de proporcionalidad (BERDUGO GÓMEZ DE LA TORRE, IGNACIO et al. (2010). *Curso De Derecho Penal, Parte General*, op. cit., p. 53) y, además, el art. 66.1 CP exige al juez o tribunal que atienda a la gravedad del hecho como a las circunstancias personales del delincuente —en principio, se destina a los supuestos en que no concurran circunstancias modificativas de la responsabilidad o concurran atenuantes y agravantes, pero la doctrina estima que estos criterios también deben ser tenidos en cuenta en el resto supuestos del artículo 66 CP. Al respecto, *vid.* TERRADILLOS BASOCO, Juan Mª y MAPELLI CAFFARENA, Borja (1996). *Las consecuencias jurídicas del delito*, Madrid: Civitas, op. cit., p. 194.

548 DE LA MATA BARRANCO, NORBERTO J. (2007). *El principio de proporcionalidad penal*, OP. CIT., pp. 220 y ss.

549 BERDUGO GÓMEZ DE LA TORRE, Ignacio et al. (2010). *Curso de Derecho penal, parte general*, op. cit., p. 62.

de la pena (tanto cualitativa como cuantitativa[550]), como proceso que permite un mejor ajuste a la gravedad del hecho de la pena. Para ambas situaciones se puede plantear la vulneración del principio en el ejercicio de la actividad judicial[551].

Por último, como aclara De la Mata Barranco, en el proceso de determinación proporcional de la pena no hay problema en fijar la pena atendiendo a criterios ya considerados en fases anteriores que puedan, no obstante, modularse[552] (por ejemplo, si se tuvo en cuenta la gravedad del delito en la determinación del marco penal por parte del legislador, lo natural es que en el proceso de individualización judicial de la pena se concreten los elementos de gravedad en particular para el caso enjuiciado).

2. *Situación en España, Italia y EE. UU.*

2.1. España

El TC ha tenido una doctrina cambiante sobre los destinatarios del principio. En la STC 65/1986, de 22 de mayo[553], la Sala Segunda del TC intenta desarrollar una diferenciación entre dos ámbitos relativos al principio de proporcionalidad según los sujetos a los que se refiera. Por una parte, indica que "el juicio sobre la proporcionalidad de la pena, prevista por la ley con carácter general, con relación a un hecho punible que es presupuesto de la misma, es competencia del legislador". Por otra, según la Sala Segunda, a los jueces y tribunales "sólo les corresponde, según la Constitución, la aplicación de las Leyes y no verificar si los medios adoptados por el legislador para la protección de los bienes jurídicos son o no adecuados a dicha finalidad, o si son o no proporcionados en abstracto"[554]. Así, en las primeras sentencias se puede ver que el TC atribuía competencia exclusiva al legislador penal.

550 DE LA MATA BARRANCO, Norberto J. (2007). *El principio de proporcionalidad penal*, op. cit., p. 222.

551 Ibídem.

552 Ibídem, p. 220.

553 Tribunal Constitucional (Sala Segunda). Sentencia 65/1986, de 22 de mayo (ponente D. Ángel Latorre Segura), FJ 2.

554 Ibídem.

En sentencias posteriores, se ha afirmado que el margen de libertad asignado al legislador hace que el control constitucional tenga lugar de forma "cualitativamente distinta a las aplicadas a los órganos encargados de interpretar y aplicar las leyes". El legislador no dispone de una guía fija para determinar las conductas criminalizadas y las penas aplicables, pero el intérprete/juzgador debe seguir la guía que a tal efecto establezca el legislador, por lo que tiene un margen de actuación mucho menor[555].

Sin embargo, recientemente, en la STC 184/2021 se hace referencia a que la proporcionalidad de las penas tiene incidencia tanto en relación con el legislador, como en relación con los juzgadores (acogiendo las nociones de proporcionalidad abstracta y concreta, respectivamente), aunque, en coherencia con lo ya expresado, reconoce un mayor margen de actuación del legislador, en el marco de aplicación del principio de proporcionalidad de las penas[556].

2.2. Italia

La jurisprudencia de la Corte Costituzionale italiana, pese a que es una de las más protectoras del principio de proporcionalidad de las penas, mantiene como objeto del escrutinio el contenido de la ley, y siempre derivado de una previa remisión por parte del juzgador que sostiene que la legislación le vincularía en el caso concreto para infligir o confirmar una pena incompatible con la prohibición de penas desproporcionadas[557].

2.3. EE.UU.

En Estados Unidos, generalmente lo que se controla es la aplicación al caso concreto de una norma, que si se considera inconstitucional no determinará la derogación de la norma, que, como norma

555 V. gr., STC 55/1996, FFJJ 5 y 6.

556 STC 184/2021, FJ 12.

557 VIGANÒ, Francesco (2021). *La proporzionalità della pena*, op. cit., Op. Cit., pp. 254 y ss.

general, no determinará la imposibilidad de ser aplicada a otros supuestos. En todo caso, como se ha dicho, se reconoce también en la jurisprudencia angloamericana el margen de libertad del legislador estatal.

3. *Toma de postura*

Para Demetrio Crespo, la determinación de la pena (individualización judicial de la pena, IJP en adelante) viene determinada por dos momentos: a) el anterior a la IJP, en el que el legislador debe atender a criterios de prevención general negativa en función del valor correspondiente del bien jurídico lesionado, e imponiendo límites a la pena; b) el momento de imposición de la pena, en el que se confirma la amenaza y se individualiza criterios de prevención especial[558].

Esta asunción de que ambos sujetos están sometidos al principio es coherente con la sumisión de los poderes públicos a la Constitución (art. 9.1 CE) y la consideración de que el principio tiene rango constitucional. Dado que en el proceso de determinación de la pena hay dos fases, la legislativa y la judicial, si se estima que por criterios de justicia, dignidad y libertad la pena final debe ser proporcionada a la gravedad del delito, eso requiere que lo sea a lo largo de todo el continuo de determinación de la pena. Esto es, si en la fase legislativa, el criterio de determinación de las penas se aleja de la gravedad del delito (centrándose, por ejemplo, en la neutralización del delincuente o la satisfacción de las demandas sociales de retribución o venganza), entonces la determinación judicial no podrá compensar el efecto de distorsión de la proporcionalidad generado legislativamente. Del mismo modo, si las penas asignadas a los delitos responden a criterios de proporcionalidad, pero después la determinación judicial de la pena responde a otros criterios (v. gr., la prevención general), la pena concreta asignada al delincuente no será proporcionada, y no responderá a criterios de justicia, lo que es contrario a la dignidad del penado. Ello no excluye la mayor dificultad que en-

---

558 DEMETRIO CRESPO, Eduardo. (1999). *Prevención general e individualización de la pena*, op. cit., pp. 328 y ss. (esp., p. 331).

traña el control del legislador que el del juzgador —ya mencionada, y que tiene vigencia en nuestra jurisprudencia constitucional—[559].

Aquí se entiende, por tanto, que incluso la libertad del legislador penal está sujeta al respeto al valor de justicia del Estado de Derecho, a la interdicción de la arbitrariedad y la dignidad de la persona y que "siempre que las respete tiene un amplio poder de decisión"[560]. Sin embargo, para respetarlas debe establecer marcos de pena que se adecúen a la gravedad de las conductas para las que se prevén.

Por esta razón, el principio de proporcionalidad de las penas se reduce a una fórmula vacía de contenido si no se establece qué criterios de proporcionalidad son constitucionalmente legítimos, debiéndose traducir el principio en directivas más precisas para el legislador[561]. Se estima, por ello, que definir el contenido del principio, considerado aquí como un *continuum* a aplicar por legislador y juzgadores, es fundamental para otorgarle carácter garantista.

---

559 Para BARNÉS, Javier (1998). "El principio de proporcionalidad: Estudio preliminar", *Cuadernos de derecho público*, n°5, pp. 30 y ss. —apoyándose en la jurisprudencia del TC— el principio de proporcionalidad exige, para hacerse eficaz, al determinar la cuantía proporcional de la pena, una distinción según el sujeto al que se destine. Según el autor, el principio en relación con el legislador (relativo a la cuantía de la pena o de la sanción "*en la ley*") sólo puede arrojar un resultado desproporción en supuestos de verdadero límite, difícilmente pensables en un Estado de Derecho, dado el contenido del principio democrático y el margen de libertad del que dispone el legislador. En este caso sería necesario que sea "*de todo punto manifiesto y evidente*" que la pena es "del todo inútil" para alcanzar el fin perseguido, o que con una pena menor se pueda alcanzar este. En cambio, para el autor es diferente de la proporcionalidad en relación con el legislador (lo que él denomina "proporcionalidad *en la ley penal*") la proporcionalidad *en la aplicación* de la ley penal, donde el control por inconstitucionalidad de las decisiones judiciales en los supuestos de desproporción es más factible al tener menor margen de discrecionalidad el tribunal que el legislador. Esta declaración de inconstitucionalidad podría realizarse a través de recursos ordinarios, el recurso de casación, o el recurso de amparo ante el TC. Cursiva en el original.

560 Ibídem, p. 285.

561 BACIGALUPO ZAPATER, Enrique (1982). "¿Tienen rango constitucional las consecuencias del principio de culpabilidad?", op. cit., p. 941.

Nuestro TC ha insistido en que el principio de proporcionalidad se dirige fundamentalmente al legislador. De este modo, en la STC 65/1986, de 22 de mayo, FJ 3, se afirma:

> En principio, el juicio sobre proporcionalidad de la pena, prevista por la Ley con carácter general, con relación a un hecho punible que es presupuesto de la misma, es de competencia del legislador. A los Tribunales de justicia sólo les corresponde, según la Constitución, la aplicación de las Leyes y no verificar si los medios adoptados por el legislador para la protección de los bienes jurídicos son o no adecuados a dicha finalidad, o si son o no proporcionados en abstracto. Ello se deduce, como es claro, del art. 117 de la Constitución. Consecuentemente, no cabe deducir del artículo 25.1 de la Constitución Española un derecho fundamental a la proporcionalidad abstracta de la pena con la gravedad del delito[562].

En todo caso, como se ha visto al estudiar la aplicación del principio, el TC apenas ha hecho referencia al principio de proporcionalidad relativo al legislador, pues en los casos en que se ha referido a ello ha restringido sus pronunciamientos al afirmar la potestad exclusiva del legislador para realizar ese juicio[563]. En la STC 55/1996 se afirma:

> Debe recordarse una vez más que este juicio corresponde al legislador en el ejercicio de su actividad normativa [SSTC 65/1986, fundamento jurídico 3°; 160/1987, fundamento jurídico 6° b); ATC 949/1988, fundamento jurídico 1°], que se rige, por lo demás, a la hora de delimitar el marco abstracto de la pena que se anuda a un determinado tipo delictivo, por una multiplicidad de criterios que debe conjugar con el

562 Tribunal Constitucional. Sala Segunda. Sentencia 65/1986, de 22 de mayo. Ponente: D. Ángel Latorre Segura.

563 Así, en las SSTC 169/2021, de 6 de octubre (Tribunal Constitucional. Pleno. Sentencia 169/2021, de 6 de octubre. Ponente: Dña. Encarnación Roca Trías); 55/1996, ya citada, FJ 9 y 161/1997, ya citada, FJ 12, se afirma: "No sólo cabe afirmar, pues, que, como no puede ser de otro modo en un Estado social y democrático de Derecho, corresponde en exclusiva al legislador el diseño de la política criminal, sino también que, con la excepción que imponen las citadas pautas elementales que emanan del Texto constitucional, dispone para ello de plena libertad. De ahí que, en concreto, la relación de proporción que deba guardar un comportamiento penalmente típico con la sanción que se le asigna será el fruto de un complejo juicio de oportunidad del legislador que, aunque no puede prescindir de ciertos límites constitucionales, éstos no le imponen una solución precisa y unívoca".

> que ahora se invoca; no obstante, esta relación de proporcionalidad en ningún caso puede sobrepasar el punto de lesionar el valor fundamental de la justicia propio de un Estado de Derecho y de una actividad pública no arbitraria y respetuosa con la dignidad de la persona[564].

Y, de hecho, para el TC no es misión de los tribunales verificar si los medios aportados por el legislador son o no adecuados a la protección de bienes jurídicos o si son proporcionados o no (así, por ejemplo, en el FJ 3 de la STC 111/1993[565]).

Sin embargo, esta interpretación es contraria a la Constitución, pues como se ha mencionado es el art. 9.1 CE el que sujeta a todos los poderes públicos (lo que incluye al poder judicial) a la Constitución —en primer lugar— y al resto del ordenamiento jurídico —subordinado, por jerarquía, a la primera—. Si el principio de proporcionalidad es un principio constitucional, aplicar una ley que imponga una pena desproporcionada sería contrariar la Constitución, por lo que el juzgador en estos casos no debería aplicar la pena y debería plantear la cuestión de inconstitucionalidad al TC. Por ello, es también misión de los tribunales verificar, en primer lugar, que se esté cumpliendo la Constitución con los marcos de pena aplicables al delito, y, si la respuesta es afirmativa, determinar una pena en concreto que se proporcionada al delito concreto cometido en el caso, teniendo en cuenta la proporcionalidad al individualizar la conducta y la pena a través de la teoría del delito.

---

564 STC 55/1996, FJ 9.

565 Tribunal Constitucional. Pleno. Sentencia 111/1993, de 25 de marzo. Ponente: D. Álvaro Rodríguez Bereijo: "En realidad, aquí no se suscita la cuestión de la desproporción de la pena en el momento de su individualización llevada a cabo por los Tribunales por razón de la culpabilidad... sino una cuestión distinta: los criterios del legislador al establecer en abstracto y con carácter general las penas correspondientes a diversas conductas tipificadas como delitos, lo que nada tiene que ver con la culpabilidad del autor concreto. En principio, el juicio sobre la proporcionalidad de la pena, prevista por la ley con carácter general, con relación a un hecho punible que es presupuesto de la misma, es de competencia del legislador. A los Tribunales de justicia sólo les corresponde, según la Constitución, la aplicación de las leyes y no verificar si los medios adoptados por el legislador para la protección de los bienes jurídicos son o no adecuados a dicha finalidad, o si son o no proporcionados en abstracto".

VI. SOBRE EL SENTIDO DE LA PROPORCIÓN

Sobre si la proporcionalidad con la gravedad del delito funciona como fundamento de la cantidad de pena o como límite de la misma, apenas se ha planteado en la de nuestro entorno. De la Mata Barranco ha afirmado que sólo funciona como prohibición de desproporción o exceso. No se castiga "para asegurar la proporción", sino que se castiga con el límite de lo proporcionado[566].

En este trabajo, en cambio, se entiende que lo justo es que la pena sea proporcionada, lo que requiere no que se castigue "para asegurar la proporción", pero sí que se castigue en todo caso, asegurando la proporcionalidad de la pena con el delito. La proporcionalidad, por tanto, sí determina el acceso a la pena y la determinación de la cuantía, porque lo justo es que se castigue al condenado "sólo" en proporción a la gravedad del delito[567]. Ello se deriva de los fundamentos de la proporcionalidad penal, que se ubican en la libertad, la justicia, la igualdad, la dignidad de la persona, la humanidad de las penas, la aspiración a la neutralidad, la interdicción de arbitrariedad y el Estado de Derecho.

Pese a reconocerse sentido tanto positivo como negativo, se reconoce también que es el segundo el que despliega un mayor potencial aplicador y el que, por tanto, es más garantista. No se trata de que se castigue "para" asegurar la proporción, sino porque es justo que se castigue sólo por las conductas más lesivas de los bienes jurídico-penales que se puedan vincular al sujeto infractor, al tratarse del mínimo necesario para asegurar la convivencia pacífica. La proporcionalidad no fundamenta la institución del Derecho penal, pero sí la determinación de su cuantía[568].

---

566 El principio sólo funciona en sentido negativo, como prohibición de desproporción o exceso (DE LA MATA BARRANCO, Norberto J. [2007]. *El principio de proporcionalidad penal*, op. cit., pp. 93, 203; en igual sentido SÁNCHEZ GARCÍA, Isabel [1994]. "El principio constitucional de proporcionalidad en Derecho penal", op. cit., p. 1114).

567 A ello parece apuntar BASSO, Gonzalo (2019). *Determinación judicial de la pena y proporcionalidad con el hecho*, op. cit., *passim*.

568 Postura que entiendo que comparte BASSO, Gonzalo (2019). *Determinación judicial de la pena y proporcionalidad con el hecho*, Ibídem.

VII. SOBRE LA EXTENSIÓN DE LA PROPORCIÓN

1. Revisión de literatura histórica

En relación con la legislación penal, para Beccaria, la proporcionalidad determina un tope por arriba y por abajo de lo que ha de ser la pena. Dentro de los delitos podemos encontrar "una escala de desórdenes, cuyo primer grado consiste en aquellos que destruyen inmediatamente la sociedad, y el último en la más pequeña injusticia posible cometida contra los miembros particulares de ella. Entre estos extremos están comprehendidas todas las acciones opuestas al bien público que se llaman delitos, y todas van aminorándose, por grados insensibles, desde el mayor al más pequeño [...]. Cualquiera acción no comprendida entre los dos límites señalados no puede ser llamada delito, o castigada como tal"[569].

En relación con la pena final y el legislador, para Bentham (desde la perspectiva de costes-beneficios), el castigo impone límites mínimos y límites máximos, no debiendo ser ninguno de ellos sobrepasado[570]. Así, la regla 1 de sus reglas sobre la proporción establece que el valor del castigo no ha de ser en ningún caso menor que el que es suficiente para superar el peso del beneficio producido por el delito. Si no, según Bentham, el castigo será desperdiciado e ineficaz[571].

2. Ejemplos prácticos: Gäfgen contra Alemania y la situación de la esclavitud en España

Como ya se ha mencionado, el TEDH en el caso *Gäfgen* contra Alemania condenó a Alemania por violar la obligación procesal derivada del artículo 3 CEDH por no haber sancionado con una pena suficientemente severa a dos oficiales de policía que habían amena-

569 BECCARIA, Cesare. (1764). *Dei delitti e delle penne*, op. cit., pp. 17-18.

570 BENTHAM, Jeremy (1981, Ed.). *Tratados de legislación civil y penal*, op. cit., p. 142.

571 Ibídem, p. 141.

zado con torturar a un arrestado para obtener información necesaria para liberar a un niño privado de libertad por el detenido[572].

En España, la situación de la vulneración del principio de proporcionalidad de las penas por parte del legislador se plantea en relación con la ausencia de pena suficiente para las conductas de sometimiento de otros a esclavitud, explotación laboral, servidumbre y trabajos forzados. Al no existir una previsión específica relativa a estos tipos —con la excepción de la explotación sexual—, el castigo penal de estas conductas se tiene que remitir a tipos imprecisos y de pena muy inferior (como el delito de imposición de condiciones ilegales de trabajo). El art. 4 CEDH prohíbe la esclavitud, servidumbre y trabajos forzados, de lo que emana, según la jurisprudencia del TEDH, una obligación positiva de establecer un marco legislativo adecuado ante las violaciones del TEDH y una obligación de investigación efectiva de tales situaciones[573].

No se ha planteado, en cambio, en la práctica, la vulneración del principio de proporcionalidad de las penas por infraprotección en relación con las decisiones finales de los juzgadores. En la práctica, es razonable que así sea, por la vinculación del juzgador penal a las

---

572 "*Such punishment, which is manifestly disproportionate to a breach of one of the core rights of the Convention, does not have the necessary deterrent effect in order to prevent further violations of the prohibition of ill-treatment in future difficult situations*". TEDH. Grand Chamber. Gäfgen v. Germany. 3 de junio de 2010.

573 En este sentido, VALVERDE CANO, A. Belén (2017). "Ausencia de un delito de esclavitud, servidumbre y trabajos forzosos en el Código penal español". En PÉREZ ALONSO, Esteban, *El Derecho ante las formas contemporáneas de esclavitud*. Valencia: Tirant lo Blanch, pp. 438 y ss., ha indicado que la similitud entre la normativa española y la francesa hace aplicables las conclusiones del caso Sialiadin v. Francia del TEDH a España. Según la jurisprudencia del TEDH, emanan dos tipos de obligaciones del art. 4 CEDH: una obligación positiva de establecer un marco legislativo adecuado ante las violaciones del art. 4 CEDH, y una obligación de investigación efectiva de dichas situaciones. Así, el Estado español estaría incumpliendo sus obligaciones como Estado garante, porque no está actuando adecuadamente para sancionar la violación de la previsión del art. 4 CEDH de prohibición de esclavitud, servidumbre o trabajos forzados. *Vid.* también PENA GONZÁLEZ, Wendy (2020). "Derecho penal y COVID-19: La explotación de seres humanos como ejemplo de un Derecho penal aporófobo". En PÉREZ ADROHER, Ana (Ed.). *Derechos humanos ante los nuevos desafíos de la globalización*, pp. 1435-1466.

reglas establecidas por el legislador, y el consiguiente menor margen de maniobra.

En todo caso, estas situaciones de vulneración de la proporcionalidad de las penas "por abajo" se centran más en la conducta desprotegida a través del Derecho penal que en relación con la pena. Es decir, es el hecho de que la conducta necesite y merezca de protección penal, y no tanto la potencial pena aplicable, en el que se centran las reivindicaciones. En relación con ello, en el apartado relativo a los elementos ordinal y cardinal de la proporcionalidad se ha presentado el protagonismo que la gravedad de la norma primaria (de conducta) debe tener también en el principio de proporcionalidad de las penas —protagonismo, muchas veces, dejado de lado—.

3. Posturas doctrinales: Techo, suelo; Übermaßverbot y Untermaßverbot

El nivel de protección que se otorgue al principio lleva consigo la distinción entre que lo configure como un techo o *ceiling* (máximo de pena), un suelo o *floor* (mínimo de pena), o un corchete o *bracket*[574] —la casa completa— (tanto un máximo como mínimo de punición). La clasificación se refleja con claridad en la ilustración siguiente.

Ilustración 2. Clasificación del principio de proporcionalidad entre gravedad del delito y gravedad de la pena de acuerdo con la extensión de la proporción

Fuente: elaboración propia a partir de la clasificación de Berman (2021, pp. 12 y ss.).

---

574 La clasificación entre *ceiling* (techo), *floor* (suelo) y *bracket* (corchete) es introducida por BERMAN, Mitchell (2021). "Proportionality, Constraint and Culpability", op. cit., pp. 5 y ss.

No hay constancia de autores que defiendan que la proporcionalidad sólo determina un suelo de punición[575]. El análisis de la literatura académica al respecto lleva a concluir que esta brecha entre las consideraciones del principio como techo (*ceiling*) o como corchete (*bracket*) se da fundamentalmente en el ámbito anglosajón.

3.1. El principio como techo de castigo (*Übermaßverbot*)

La gran mayoría de la doctrina continental parte de la idea de que el principio de proporcionalidad de las penas sólo configura un máximo de punición, por lo que sería sólo determinante de una prohibición de exceso (*Übermaßverbot*). Ello implica que la pena adecuada a la culpabilidad del autor pueda ser desbordada por abajo, generalmente por razones de prevención[576] (general[577] o especial)[578], de

575 Ibídem.

576 Según NAVARRO FRÍAS, Irene (2010). "El principio de proporcionalidad en sentido estricto...", op. cit., pp. 15 y ss., la pena puede ser rebajada o se puede renunciar a ella por falta de necesidad preventivo-especial o preventivo general (por la escasa comisión del tipo de conducta). MARTOS NÚÑEZ, Juan A. (1991). "Principios penales en el Estado social y democrático de Derecho", *RDPyC*, N° 1, p. 525, también afirma que si la finalidad de tutela se puede alcanzar con una pena menor a la pena adecuada a la gravedad del delito entonces se debe aceptar la pena menor.

577 Para LUZÓN PEÑA, Diego M. (1989). *Medición de la pena y sustitutivos penales*. Madrid: UCM, op. cit., puede renunciarse a la pena cuando razones de prevención especial relativas a las características del sujeto (en un análisis individualizado y sin automatismos), aconsejen, dada la colisión de la prevención especial con la prevención general, no imponer la pena. Para VON HIRSCH, Andrew (1998). *Censurar y castigar*, op. cit., pp. 73-85 (esp., pp. 73, 83), como ya se ha mencionado al trabajar *supra* la proporcionalidad cardinal y ordinal, el principio no se opone a penas que reduzcan el castigo proporcional (por ejemplo, por motivos preventivo-generales), pero sí a penas que amplíen, por los mismos motivos, la pena. BERMAN, Mitchell (2021). "Proportionality, Constraint and Culpability", op. cit., p. 6, nota 14, entiende, en cambio, que Von Hirsch es representante de una posición de corchete, pero por el motivo señalado, tal consideración no se puede compartir aquí.

578 BUSTOS RAMÍREZ, Juan (1994). *Manual de Derecho penal*. Ariel: Barcelona, p. 554, afirma que el principio de necesidad de pena en relación con el de subsidiariedad debe conllevar marcos penales abiertos en su mínimo, es decir, que sólo se establezca el límite máximo, para resolver el problema de aquellos casos

insignificancia de la conducta[579] o de consideraciones sistemáticas[580]. Esto último vincula la idea de la proporcionalidad de la pena con uno de sus fundamentos —la libertad—, de lo que se predica que sólo se debe intervenir penalmente cuando la conducta integre un desvalor significativo, como garantía para los ciudadanos[581]. Se ha

---

en que el injusto o responsabilidad son muy mínimos o vagos, o cuando la pena aparezca inconveniente por otros motivos político-criminales.

579 AGUADO CORREA, Teresa (1999). *El principio de proporcionalidad en derecho penal*, op. cit., p. 289, afirma: "Ya que en virtud del principio de proporcionalidad en sentido estricto debe existir una relación de proporcionalidad entre la gravedad de la sanción y la gravedad de la ofensa, si la ofensa no reúne un cierto nivel de gravedad, es decir, si es exigua, no puede seguir considerándose proporcional a la sanción penal: "*Minima non curat praetor*" [...] Por este motivo, es por el que hemos sostenido que el principio de insignificancia responde fundamentalmente a la exigencia del respeto del principio de proporcionalidad en sentido estricto: no se puede seguir considerando proporcional la pena prevista por el legislador para determinados comportamientos, cuando nos encontremos ante supuestos en los que el contenido de injusto es mínimo. Para estos supuestos se debe prever la posibilidad de que el Juez deje de aplicar la pena por desproporcionada". Para la autora, el principio de proporcionalidad en sentido estricto puede ser vulnerado hacia arriba, pero no hacia abajo, configurándose sólo como límite máximo, pero pudiendo ser reducido por abajo por razones de no desocialización o resocialización, de tal modo que el juez debería poder renunciar a la pena cuando sea desproporcionada o innecesaria (Ibídem, pp. 321-322). Para la autora, confluyen en este punto la proporcionalidad en sentido estricto y la necesidad. BERDUGO GÓMEZ DE LA TORRE, Ignacio et al. (2010). *Curso de Derecho penal, parte general*, op. cit., p. 53, afirman que la posibilidad que debe tener el juez de reducir la pena, sustituirla o prescindir de la misma atiende a criterios que no son de proporcionalidad, sino de adecuación a los fines de prevención general y resocialización; También en este sentido en relación con la prevención especial, SILVA SÁNCHEZ, Jesús Mª (1992). *Aproximación al Derecho penal*, op. cit., p. 297.

580 Así, para BASSO, Gonzalo (2019). *Determinación judicial de la pena y proporcionalidad con el hecho*, op. cit., pp. 347 y ss. la proporcionalidad se configura como máximo porque se defiende que se pueden imponer penas moderadas inferiores a lo merecido por exigirlo razones de proporcionalidad cardinal; para DEMETRIO CRESPO, Eduardo. (1999). Prevención general e individualización de la pena, op. cit., pp. 203, 255, las penas proporcionadas no pueden ser reducidas por razones de prevención genera ni especial (resocialización en sentido estricto), pero sí por razones de evitación de la desocialización.

581 La doctrina continental particularmente ha insistido en la concepción garantista del derecho penal que lleva a determinar que el principio de proporcionalidad determina máximos y no mínimos irreductibles de pena. Así, v. gr. BERDUGO GÓMEZ DE LA TORRE, Ignacio et al. (2010). *Curso de Derecho penal, parte*

afirmado que esta concepción de la proporcionalidad como límite únicamente máximo de la pena sería inadmisible en una concepción retributiva de la pena[582] (aunque hay autores retribucionistas, como se verá en el siguiente apartado, que lo defienden).

3.2. El principio como corchete —o la casa completa— (*Untermaßverbot*)

Esta posición se entendería que se apoya por quien parta de la idea de que la vulneración de la proporcionalidad de las penas se puede producir por infraprotección penal del legislador (*Untermaßverbot*), como en los supuestos citados de *Gäfgen* contra Alemania o el supuesto que se plantea en relación con la ausencia de penalización de la esclavitud, explotación y servidumbre en España. Como se

---

general, op. cit., p. 53 afirman: "la novedad que el Estado social y democrático de Derecho debería representar para ese complejo sistema de aritmética penal es la de definirse e interpretarse en el sentido de que la proporcionalidad que se pretende garantizar es una proporcionalidad de sentido garantista, es decir, que ha de servir para determinar los grados máximos de la penalidad y no para definir mínimos irreductibles. Dicho de otro modo, el juicio de proporcionalidad con la gravedad del delito y la personalidad del autor debe servir para impedir penas superiores a dicha proporción, pero debe permitirse siempre al juez la posibilidad de reducir la pena por debajo del mínimo genérico de la pena, e incluso sustituir la pena de prisión por otras más leves, o prescindir de la pena"; SERRANO-PIEDECASAS FERNÁNDEZ, José R. (2005). *Conocimiento científico y fundamentos de Derecho penal*. Bogotá: Ediciones Jurídicas Gustavo Ibáñez, p. 110; en el mismo sentido, SILVA SÁNCHEZ, Jesús Mª (1992). *Aproximación al Derecho penal*, op. cit., pp. 299 y ss., ha afirmado que el aspecto garantístico del principia significa, entre otras cosas, que su conflicto con la lógica de la prevención sólo tendrá lugar cuando consideraciones preventivas puedan conducir a penas superiores a lo que demande la proporcionalidad (si la lógica preventiva impone sanciones inferiores a lo proporcionado, entonces no se produciría ese conflicto); BACIGALUPO ZAPATER, Enrique (1994). *Principios de derecho penal, parte general*, 3ª ed. Madrid: Akal, p. 30, sostiene que la falta de proporción de la pena sólo determinará su ilegitimidad constitucional si opera en perjuicio del autor; MIR PUIG, Santiago (1976). *Introducción a las bases del Derecho penal*. Montevideo: BdeF, pp. 104 y ss. afirma que el principio opera como límite máximo y no mínimo "puesto que cumple una función de garantía del ciudadano".

582 NAVARRO FRÍAS, Irene (2010). "El principio de proporcionalidad en sentido estricto...", op. cit., p. 15.

ha dicho, esta argumentación se centraría en la norma de conducta más que en la norma de sanción.

Pero no sólo sería esta argumentación (relativa al legislador) la que puede defender que el principio determina también una prohibición de infraprotección. También se puede deducir que el principio determina también un mínimo de punición para el caso concreto, y, por tanto, que vincula al juez en esa prohibición de infraprotección a través del principio de proporcionalidad.

Esta posición es bastante habitual en el contexto anglosajón, en particular entre autores que defienden una teoría retributiva-instrumental —que pone el límite de los fines instrumentales en el principio de merecimiento—.

Aquellos que defienden simplemente una teoría retributiva-instrumental (que pone el límite en el principio retributivo de merecimiento) pueden ver justificado que la proporcionalidad sea determinante de un corchete o *bracket* de pena. Dentro de esas teorías pluralistas —del instrumentalismo limitado por la proporcionalidad y retribución— se pueden distinguir dos fundamentos relativos a la proporcionalidad de las penas: uno es la aseguración de que los delincuentes reciban el castigo que merecen, y el otro prohibir castigos desproporcionados. Si ambos fundamentos se considera que tienen la misma fuerza, entonces se puede defender un principio de proporcionalidad que funcione también como determinador de un mínimo de pena. En cambio, si se entiende —como lo hacen algunos autores— que la prohibición de castigos desproporcionados tiene más fuerza que el fundamento de merecimiento, entonces sólo se estimará que funciona como máximo de punición[583].

En cambio, es menos habitual esta concepción en el ámbito continental. Se ha sostenido, en este sentido, que, dado que para las teorías no retributivas o anti-retributivas es claro que el principio de proporcionalidad sólo juega como un máximo de pena, pues si no se parte de la idea de merecimiento (de que el comportamiento constitutivo del ilícito penal determina que el delincuente merezca sufrir algo malo o

583 BERMAN, Mitchell (2021). "Proportionality, Constraint and Culpability", op. cit., pp. 13 y ss.

desagradable, o que no es legítimo que el Estado provea de ese "sufrimiento"), entonces no se le dará valor a que el principio de proporcionalidad excluya las actuaciones demasiado indulgentes[584].

En nuestro entorno, defiende la posición de corchete (determinante de un máximo y mínimo de punición) De la Mata Barranco, para quien es incorrecto considerar que pueda desbordarse la exigencia de proporción hacia arriba o hacia abajo sin romper el principio de proporcionalidad[585]. Otra cosa es que se estime admisible o procedente su vulneración para el caso concreto, "lo que, en todo caso, tampoco compartiría". Para De la Mata Barranco al principio de proporcionalidad puede renunciarse por razones de prevención especial, pero ello no significa que la pena pueda ser inferior a la medida de lo injusto o de culpabilidad por razones de prevención general o especial, porque la finalidad está incluida en el elemento de comparación y por tanto la pena es proporcionada, coherente con ese fin de prevención[586]. Ello responde a la concepción de la proporcionalidad de De la Mata Barranco, quien entiende que la proporcionalidad es una garantía frente al *ius puniendi* estatal pero también es algo más, la proporcionalidad es definitoria de toda la actuación estatal[587].

3.3. Toma de postura

3.3.1. Principio garantista, aunque sea fundamentador

Como se ha dicho, el principio responde a una fundamentación garantista del ciudadano frente al Estado, sobre la base de la liber-

---

584 Ibídem, p. 13. Sí podrían estas teorías instrumentalistas ver un impedimento en el principio de proporcionalidad frente a conductas que sean demasiado indulgentes para alcanzar objetivos o fines genéricos como, por ejemplo, el interés de la comunidad en la seguridad.

585 DE LA MATA BARRANCO, Norberto J. (2007). *El principio de proporcionalidad penal*, op. cit., pp. 202 y ss.

586 Ibídem, pp. 244-256. Afirma el autor en la p. 178: "una pena no podrá considerarse desproporcionada pero justificada por razones de prevención especial, porque o esta finalidad se integra como criterio de análisis de la norma, o bien no se integra como tal en cuyo caso claro que será desproporcionada la norma, pero es que además en modo alguno podrá aceptarse su legitimidad".

587 Ibídem, p. 203.

tad de los ciudadanos en el Estado de Derecho, la justicia el principio de no arbitrariedad, el principio de igualdad y los principios de dignidad de la persona y humanidad de las penas. Ello no es contradictorio con que se conciba que la proporcionalidad de la pena fundamenta el acceso a la pena y la determinación de su cuantía, ya que, precisamente, por motivos de justicia, no se puede determinar la pena a un condenado con arreglo algo distinto a lo que esa persona haya hecho.

3.3.2. Integración de los elementos sistemáticos: la pena sigue siendo proporcionada

Dentro de la proporcionalidad, de acuerdo con lo explicado ya en el análisis de los elementos ordinal y cardinal de la proporcionalidad, se integran algunos elementos sistemáticos que llevan consigo la reducción general del acceso a la pena y de la determinación de su cuantía (por ejemplo, con arreglo a criterios como la no desocialización, la severidad del sistema penal y su carácter selectivo)[588]. La consideración de estos elementos sistemáticos no es la que determina la apertura hacia abajo del principio, ya que su integración en el objeto de la ponderación lleva a que la pena a la que se renuncia, por ejemplo, para evitar al desocialización del condenado, siga siendo proporcionada. Es decir, en estos casos no se quiebra el principio de proporcionalidad estricto.

Esto mismo sucedería con la renuncia a la consideración de delictiva de una conducta a la que le podría corresponder formalmente una gravedad mínima de pena en los supuestos de escasa gravedad objetiva —en particular, en el caso de delitos patrimoniales o delitos relacionados con la libertad de expresión—, lo que puede responder

---

588 Así, para BASSO, Gonzalo (2019). *Determinación judicial de la pena y proporcionalidad con el hecho*, op. cit., pp. 347 y ss. la proporcionalidad se configura como máximo porque se defiende que se pueden imponer penas moderadas inferiores a lo merecido por exigirlo razones de proporcionalidad cardinal; para DEMETRIO CRESPO, Eduardo. (1999). *Prevención general e individualización de la pena*, op. cit., pp. 203, 255 las penas proporcionadas no pueden ser reducidas por razones de prevención genera ni especial (resocialización en sentido estricto), pero sí por razones de evitación de la desocialización.

al criterio de justicia del art. 9.2 CE y al fundamento de libertad (ya que la conducta no integra la gravedad material suficiente para que esté justificado acceder al castigo penal, y, es, por tanto, atípica)[589].

3.3.3. *Principio abierto hacia abajo por principios de justicia que estén al mismo nivel que la proporcionalidad de las penas*

Sin embargo, el principio, dado su carácter garantista y que responde a criterios de justicia, sí se estima que funciona como un techo de punición[590], de tal modo que se pueda renunciar a la pena proporcionada cuando existan otros criterios de justicia que estén al mismo nivel de proporcionalidad. Como ejemplo de estos criterios se encuentra, por una parte, la toma en consideración de las circunstancias socioeconómicas del sujeto (por ejemplo, su situación de indigencia), que no determinan una reducción de la responsabilidad, pero que sí pueden ser tenidos en cuenta para renunciar a la pena al tener en cuenta el mandato del art. 9.2 CE de remoción de los obstáculos que impiden o dificultan la igualdad y libertad del individuo o los grupos en que se integra.

3.3.4. *Excurso: sobre la cuestión de las conductas y el legislador*

¿Qué sucede con las conductas de mayor gravedad?, ¿no impone el principio de proporcionalidad un mínimo de punición? Se ha puesto el ejemplo de la ausencia de previsión como delito en nuestro Derecho penal de las conductas relativas a la explotación laboral, trabajos forzados, esclavitud o servidumbre. Sin embargo, esto no es una cuestión del principio de proporcionalidad estricto, que se refiere a la relación entre la gravedad del delito ya tipificado y la gravedad

---

589 QUINTERO OLIVARES, Gonzalo (2005). *Curso de Derecho penal, parte general*, op. cit., p. 542, ha defendido también la renuncia a la pena por parte del juzgador en los casos en que se reporte desproporcionada o necesaria.

590 En este sentido, VIGANÒ, Francesco (2021). *La proporzionalità della pena*, op. cit., p. 300, sostiene que la proporcionalidad no debe ser un límite mínimo a la pena, pues para el autor no es un mero (impersonal) principio ordinamental, sino un derecho de la persona.

de la pena. Es, en cambio, una cuestión relativa al principio de necesidad, propio del principio de proporcionalidad en sentido amplio y que —aunque excede del objeto de este trabajo— en este trabajo se entiende que no sólo determina la exclusión de las conductas que no sea necesario castigar, sino que también, en un Estado de Derecho, determina la necesidad de punición de las conductas en que la intervención penal sea necesaria, como las mencionadas[591].

El TEDH realmente no se refiere al principio de proporcionalidad estricta, sino a las obligaciones positivas de tutela estatal, relativas a los requisitos de actuación de los Estados como garantes de los derechos humanos que incluyen el deber de desarrollar investigaciones sobre las agresiones a los mismos e individualizar a los responsables[592]. Estas obligaciones —en Derecho constitucional alemán— se han venido a denominar como prohibiciones de infraprotección, y suponen un límite por abajo a la discrecionalidad legislativa[593]. Estas obligaciones de tutela estatal no se refieren al principio de proporcionalidad estricta, sino, como se ha dicho, al de necesidad[594].

El cómo saber qué conductas deben estar previstas necesariamente por esas obligaciones de tutela no es una cuestión fácil, pero en la delimitación nos dan una pista, en primer lugar, las conductas más graves (relativas a bienes jurídicos individuales o colectivos sancionados en el ordenamiento penal), pues conductas de semejante o supe-

---

591 QUINTERO OLIVARES, Gonzalo; JARIA I MANZANO, Jordi y PIGRAU SOLÉ, Antoni (2015). "Aspectos generales", op. cit., pp. 34-35, consideran que la jerarquía material de las normas y el origen constitucional del principio de proporcionalidad determina que el Derecho penal no pueda castigar cuestiones de poca gravedad pero que también "ha de operar en sentido contrario y por eso se ha de censurar que cuestiones de alta gravedad se dejen extramuros del Derecho penal".

592 Ibídem, pp. 300-302.

593 GARCÍA DE LA TORRE GARCÍA, Faustino (2022). *Las obligaciones estatales de tutela penal*, op. cit., p. 343.

594 En la línea de VIGANÒ, Francesco (2021). *La proporzionalità della pena*, op. cit., pp. 300-302, se entiende, por tanto, que, no se viola el artículo 14 de la Constitución española contra las discriminaciones irracionales por parte del Estado por la falta de sanción penal de conductas como las de explotación laboral, sí se estaría vulnerando la obligación del estado de tutelar los derechos fundamentales de los ciudadanos —no, en cambio, el derecho a no sufrir penas desproporcionadas

rior gravedad relativas a los mismos u otros bienes jurídicos, por un principio de coherencia, deben también ser sancionados. En segundo lugar, el indicio viene dado (impuesto, en realidad), por los tratados internacionales relativos a los derechos humanos que imponen obligaciones de penalización e investigación por parte de los Estados (especialmente, teniendo en consideración la posición jerárquica de los tratados en nuestro ordenamiento jurídico, justo por debajo de la Constitución)[595].

VIII. SOBRE LA EXIGENCIA DE DESPROPORCIÓN

Beccaria no exigía de la proporcionalidad una relación de proporción absoluta, ni siquiera aproximada, sino simplemente que no exista una desproporción absoluta: "Si la geometría fuese adaptable a las infinitas y oscuras combinaciones de las acciones humanas, debería haber una escala correspondiente de penas, en que se graduasen desde la mayor hasta la menos dura; pero bastará al sabio legislador señalar los puntos principales, sin turbar el orden, no decretando contra los delitos del primer grado las penas del último"[596].

Es importante cuestionarse qué nivel de desproporción o de proporción se exige para que intervenga el principio y despliegue su función de garantía.

1. *Niveles de funcionalidad del principio y exigencia de desproporción manifiesta*

En relación con los niveles de funcionalidad del principio, Lascuraín Sánchez distingue (aunque en relación con el principio de pro-

595 Cfr. GARCÍA DE LA TORRE GARCÍA, Faustino (2022). *Las obligaciones estatales de tutela penal*, op. cit., esp. pp. 338 y ss. y 858 y ss., quien concluye que la prohibición de infraprotección es algo diferente al de la desproporción por defecto (p. 359) y que el margen de discrecionalidad legislativo se ubica entre el límite máximo y el mínimo de protección, en relación con las normas constitucionales de derechos fundamentales (p. 851).

596 BECCARIA, Cesare. (1764). *Dei delitti e delle penne*, op. cit., pp. 17-18.

porcionalidad en sentido amplio) tres grados de funcionalidad del principio —óptima, razonable y pésima— y entiende que el principio de proporcionalidad en el control de las normas penales debe entenderse que es imposible que alcance una funcionalidad óptima, por lo que el principio funcionará como un juicio de legitimidad de mínimos, dada la vaguedad del juicio, la legitimidad democrática del legislativo y las limitaciones del TC, lo que se une al alto componente valorativo del juicio, con una débil base empírica y alto margen de error[597].

De igual modo, Barnés —en relación con el principio de proporcionalidad en sentido amplio— defiende que el principio de proporcionalidad, si bien es un principio jurídicamente exigible y justiciable, exige —para hacerse eficaz al determinar la cuantía proporcional de la pena—, una distinción según el sujeto al que se destine. Según el autor, el principio en relación con el legislador (en relación con la cuantía de la pena o de la sanción "*en la ley*"[598]) sólo puede arrojar un resultado desproporción en supuestos de verdadero límite, difícilmente pensables en un Estado de Derecho, dado el contenido del principio democrático y el margen de libertad del que dispone el legislador[599]. En este caso sería necesario que sea "*de todo punto manifiesto y evidente*" que la pena es "del todo inútil" para alcanzar el fin perseguido, o que con una pena menor se pueda alcanzar este. En cambio, para el autor es diferente de la proporcionalidad en relación con el legislador (lo que él denominad "proporcionalidad *en la ley penal*") la proporcionalidad *en la aplicación* de la ley penal, donde el control por inconstitucionalidad de las decisiones judiciales en los supuestos de desproporción es más factible al tener menor margen de discrecionalidad el tribunal que el legislador[600]. Esta declaración de inconstitucionalidad podría realizarse a través de recursos ordinarios, el recurso de casación, o el recurso de amparo ante el TC[601].

---

597 LASCURAÍN SÁNCHEZ, Juan A. (1998). "La proporcionalidad de la norma penal", op. cit., p. 176.

598 BARNÉS, Javier (1998). "El principio de proporcionalidad: Estudio preliminar". *Cuadernos de derecho público*, n°5, p. 30. Cursiva en el original.

599 Ibídem.

600 Ibídem.

601 Ibídem, pp. 30 y ss. El principio debería ser ponderado en cuestiones de inconstitucionalidad o amparo "en un caso concreto una pena resulta desproporcionada, bien porque es desorbitada, o porque no resiste un juicio de adecuada

Esta es la postura que ha adoptado la jurisprudencia en los tres países analizados, y también la doctrina mayoritaria.

2. *Exigencia jurisprudencial de grave desproporción (España, Italia, EE.UU.)*

En España el control del TC sobre la proporcionalidad penal sólo lleva a excluir las intervenciones legislativas que se configuren como manifiestamente inidóneas, abiertamente innecesarias o gravemente desproporcionadas, exigiéndose que concurra una patente y excesiva o irrazonable desproporción[602]. Lo mismo sucede en Italia, donde

---

ponderación" (MARTOS NÚÑEZ, Juan A. (1991). "Principios penales en el Estado social y democrático de Derecho", op. cit., pp. 217-296; ZUGALDÍA ESPINAR, José M. (1993). *Fundamentos de Derecho penal.* Valencia: Tirant lo Blanch, pp. 201 y ss.).

602 En la STC 161/1997, de 2 de octubre, se cuestionaba el TC el respeto del principio de proporcionalidad en sentido estricto de la pena prevista en el art. 380 CP para la negativa al sometimiento a pruebas de alcoholemia (en relación con la pena prevista para los casos de desobediencia grave en el art. 566 CP. Se argumentaba en la Cuestión de inconstitucionalidad: "en la desobediencia específica del artículo 380 CP falta la gravedad propia de la desobediencia del artículo 566, con lo que se establecería una pena igual para comportamientos de gravedad notablemente desigual". Pero para el TC no es "irrazonable": "En este ámbito de comparación con el delito de desobediencia grave se ha intentado también sustentar la desproporción en el plano objetivo de los tipos comparados: en que en la desobediencia específica del art. 380 C.P. falta la gravedad propia de la desobediencia del art. 556 C.P., con lo que se establecería una pena igual para comportamientos de gravedad notablemente desigual. Sin embargo, tampoco este argumento parece convincente para sostener el reproche de inconstitucionalidad, pues, con independencia del juicio que al respecto pudieran venir realizando algunos órganos judiciales y con independencia también de cualquier otra consideración de política criminal, no puede calificarse en absoluto de irrazonable el que el legislador haya decidido catalogar como grave un determinado tipo de desobediencia en virtud de que se produce en un ámbito socialmente tan trascendente como es el de la seguridad del tráfico en relación con la conducción bajo la influencia de las drogas o del alcohol. La orden cuya desobediencia se sanciona tiende a proteger, en última instancia, bienes tan trascendentales como la vida y la integridad física de las personas". Tribunal Constitucional. Pleno. Sentencia 161/1997, de 2 de octubre (Ponente: Carles Viver Pi-Sunyer), FJ 13.b). En esa misma sentencia, el TC concluye que no se constata el "desequilibrio patente y excesivo o irrazonable".

la Corte Costituzionale ha exigido que las penas sean "*grossolanamente sproporzionate*"[603], en la jurisprudencia estadounidense (donde se exige una grave desproporción absoluta), y en la del TEDH.

3. Exigencia de manifiesta proporción

Como se ha dicho, el fundamento de exigir que la proporcionalidad sólo actúe en casos de gran desproporción manifiesta es doble: por una parte, el principio democrático, y, por otra la vaguedad del juicio.

Sin embargo, si consideramos que el principio de proporcionalidad debe jugar como un límite al principio democrático, así como que, en lugar de reducir su capacidad de garantía, deberían concretarse más sus elementos para evitar que el juicio sea intrínsecamente vago.

Basso afirma que, en la determinación de la pena, para que se pueda justificar el acceso a la penalidad mínima, debe exigirse que concurra

---

La misma exigencia ha sido defendida por el Pleno del Tribunal Constitucional español en la STC 60/2010, de 7 de octubre (aunque en referencia al principio de proporcionalidad en sentido amplio) indicando que por respeto al principio de legitimidad democrática debe tratarse de un exceso o desproporción verdaderamente patente y manifiesto: "[...] desde la posición institucional que le es propia a este Tribunal, para poder apreciar la inconstitucionalidad de las decisiones del legislador que expresan el resultado de juicios de ponderación entre principios constitucionales es preciso que las razones derivadas de aquellos a los que éste haya otorgado menor peso sean de una tal intensidad que resulten capaces de desplazar no sólo a las que se derivan de los principios opuestos, sino también a las exigencias procedentes de los principios de democracia y pluralismo político, especialmente intensas en relación con la formulación normativa de la política criminal. Esas exigencias conducen, según hemos señalado ya, a que sólo quepa declarar la inconstitucionalidad, por su desproporción, de la ley penal cuando el exceso o desequilibrio imputado a la medida que incorpore resulte verdaderamente manifiesto o evidente. En otras palabras, mientras que cualquier desajuste entre las dos variables objeto de recíproca valoración en este estadio de control puede dar lugar a un reproche al legislador desde el punto de vista de la legitimidad externa u oportunidad de la medida adoptada, para que esa desproporción adquiera relevancia constitucional ha de tratarse de un exceso verdaderamente patente y manifiesto" (Tribunal Constitucional. Pleno. Sentencia 60/2010, de 7 de octubre, Ponente: D. Javier Delgado Barrio, FJ 22.).

603 VIGANÒ, Francesco (2021). *La proporzionalità della pena*, op. cit., pp. 42 y ss., 230 y ss.

una proporción manifiesta entre la gravedad del hecho y la severidad de la pena mínima[604]. Bajo el requisito de concreción de los elementos que integran la proporcionalidad, y la consecuente elusión de la vaguedad del juicio, parece más coherente exigir que la proporcionalidad sea manifiesta. Y no sólo en el acceso a la pena sino en cada incremento de punición por encima de la pena mínima. Para su garantía es fundamental la exigencia de motivación de la resolución por la que se determine la pena. Asimismo, en este trabajo se considera que no sólo debe exigirse una proporcionalidad manifiesta al juzgador al determinar la pena, sino también al legislador al establecerla, lo que se podrá controlar tanto en procesos de amparo como de constitucionalidad de las normas penales[605]. Ello requeriría, sin embargo, que se exigiese una motivación al legislador para motivar la cantidad de pena y los procesos de determinación de la misma en las leyes penales. Ante la ausencia de desarrollo de una ley orgánica relativa al derecho fundamental a la libertad de expresión, parece que su aprobación, incluyendo esta exigencia sería la sede idónea para garantizar la efectividad de la proporcionalidad manifiesta de las normas penales. Ello garantizaría que el principio tuviera una funcionalidad sino óptima, al menos razonable. Sin embargo, con los pies en la tierra se debe asumir que su aprobación es bastante improbable.

IX. SOBRE EL NIVEL DE PROTECCIÓN: ¿UN DERECHO FUNDAMENTAL?

Según Viganò la proporcionalidad entre gravedad del delito y gravedad de la pena es un derecho fundamental del condenado. Sin embargo, defiende el autor que solo en los supuestos de manifiesta desproporción entra a jugar su papel como derecho fundamental[606], y que positivamente no se puede determinar cuándo una pena es "proporcionada".

604 BASSO, Gonzalo (2019). *Determinación judicial de la pena y proporcionalidad con el hecho*, op. cit., p. 367.

605 En el mismo sentido, VIGANÒ, Francesco (2021). *La proporzionalità della pena*, op. cit., quien habla de la proporcionalidad *tout court* (y no sólo aplicable a casos de manifiesta y grave desproporción).

606 VIGANÒ, Francesco (2021). *La proporzionalità della pena*, op. cit., pp. 220 y ss.

1. La colisión con el arbitrio del legislador

En la STC 65/1986, de 22 de mayo, ya citada, la Sala Segunda considera que "no cabe deducir del artículo 25.1 de la Constitución Española un derecho fundamental a la proporcionalidad abstracta de la pena con la gravedad del delito"[607]. Sin embargo, el pronunciamiento tiene lugar en el marco de un recurso de amparo, lo que no excluye el juicio de constitucionalidad en relación con la sanción penal establecida en abstracto por la norma penal, siempre que la desproporción se derive de una violación de la Constitución, lo que implica que "una ley penal puede ser inconstitucional sin necesidad de que se haya llegado a aplicar"[608].

En este sentido, ha afirmado Cancio Meliá que "al tratarse de un principio constitucional, se plantea la delicada cuestión de en qué medida la concreta aplicación del principio de proporcionalidad por parte del legislador permanece en el ámbito de decisión del legislador ordinario, y cuándo, por el contrario, pasa a infringir la Constitución"[609].

Lopera Mesa hace alusión a varios ámbitos en que se otorga al legislador márgenes de acción que restringen el control de proporcionalidad (el margen de elección de fines —siempre que no sean abiertamente inconstitucionales—, el margen para la elección de medios, el margen para la ponderación en supuestos de equivalencia en la misma y el margen de acción epistémico —el legislador puede actuar afectando a derechos fundamentales sobre premisas inciertas—[610]). Ello se traduce, para la autora, en un déficit de legitimidad de algunas normas penales que son válidas, y hace que no sean equiparables el control de validez que realiza el TC con la posible legitimidad externa de la misma.

---

607 STC 65/1986, ya citada, FJ 3.

608 QUINTERO OLIVARES, Gonzalo; JARIA I MANZANO, Jordi y PIGRAU SOLÉ, Antoni (2015). "Aspectos generales", op. cit., p. 34.

609 CANCIO MELIÁ, Manuel (2019). "Capítulo III: Principios del Derecho penal". En LASCURAÍN SÁNCHEZ, Juan A. (Coord.). *Introducción al Derecho Penal.* Madrid: BOE, pp. 80 y ss.

610 LOPERA MESA, Gloria P. (2010). "Posibilidades y límites del principio de proporcionalidad como instrumento de control del legislador penal", op. cit., pp. 120 y ss.

También afirma Aguado Correa que del principio de proporcionalidad de las penas funciona como un límite más estricto al legislador que los subprincipios de idoneidad y necesidad del principio de proporcionalidad en sentido amplio[611]. Según la autora el control del TC debe contrastar que el legislador haya contrapesado: "por una parte, el menoscabo de derechos fundamentales que implica toda amenaza penal; y, por otra, la mejora que a través de la misma se consigue para la protección del bien jurídico"[612]. En este sentido, el propio TC afirma que el margen del legislador no puede lesionar el valor de la justicia[613].

---

611 AGUADO CORREA, Teresa (1999). *El principio de proporcionalidad en derecho penal*, op. cit., pp. 307 y ss.

612 Ibídem.

613 En la STC 55/1996 se afirma, como se ha dicho que el margen del legislador "en ningún caso puede sobrepasar el punto de lesionar el valor de la justicia propio de un Estado de Derecho y de una actividad pública no arbitraria y respetuosa con la dignidad de la persona" [...] "Sólo el enjuiciamiento de la no concurrencia de ese desequilibrio patente y excesivo o irrazonable entre la sanción y la finalidad de la norma compete en este punto a este Tribunal en su labor de supervisar que la misma no desborda el marco constitucional. Para su realización también aquí habrá de partir de las pautas axiológicas constitucionalmente indiscutibles y de su concreción en la propia actividad legislativa". Asimismo, en la STC 161/1997, FJ 12, afirma que "la relación valorativa entre precepto y sanción sólo será indicio de una vulneración del derecho fundamental que la sanción limita cuando atente contra "el valor fundamental de la justicia propio de un Estado de Derecho y de una actividad pública no arbitraria y respetuosa con la dignidad de la persona". El magistrado García Manzano formuló un voto particular a la STC 161/1997, de 2 de octubre (al que se adhiere el magistrado Gimeno Sendra), donde se criticaba el control efectuado por el TC en la sentencia, pues según el magistrado es posible constatar que existe desproporción cuantitativa de la pena en aquel entonces prevista para el delito del art. 380 CP (negativa a someterse al control de alcoholemia) en comparación con el art. 379 CP (conducir bajo los efectos de bebidas alcohólicas), porque el delito del art. 380 es un delito instrumental en comparación con el del art. 379 y sin embargo se prevé un apena más grave para el que para el principal, lo que, por una parte, puede desembocar en consecuencias jurídico-penales de trato desigual y también en sentencias condenatorias que sean contrarias a la adecuación de los medios a los fines.

2. *La importancia del escrutinio*

Es muy digna de mención la propuesta de Lopera Mesa para ampliar el control constitucional sobre la proporcionalidad de la ley penal y así hacer que el control sea más efectivo y estricto, frente a su carácter endeble actual. Propone un modelo que se articule sobre una serie de elementos, una verdadera propuesta para la efectividad del control constitucional de la proporcionalidad (en sentido amplio), que vincule con mayor vigor la legitimidad externa con la validez de las normas penales. En este sentido, se propone integrar una serie de elementos: 1) la atribución de la carga de argumentación y prueba al legislador (una vez impugnada una norma, será el legislador el que tenga que argumentar los fines, las razones que sustentan la idoneidad, las alternativas contempladas y las razones para optar por la medida, y los argumentos que avalan la proporcionalidad entre beneficios y sacrificios); 2) una perspectiva *ex post*, que permita determinar la inconstitucionalidad sobrevenida por estimaciones actualizadas sobre los elementos de proporcionalidad de la medida enjuiciada (en relación con la efectividad, considerando que el reproche es objetivo —a la norma— y no subjetivo —al sujeto—, de tal modo que es un mecanismo de depuración normativa); 3) el respaldo de premisas empíricas en el control de constitucionalidad; y 4) un alto grado de certeza de las premisas[614]. La consecuencia de la aplicación de esta estructura sería la declaración del carácter desproporcionado de la mayoría de las normas que prevén la pena de prisión[615].

---

[614] LOPERA MESA, Gloria P. (2010). "Posibilidades y límites del principio de proporcionalidad como instrumento de control del legislador penal", op. cit., pp. 130 y ss.

[615] Ibídem, p. 136. Las razones son que la protección de bienes jurídicos es inferior a la mayor intensidad de afectación de derechos fundamentales que se produce con la prisión; dado el mayor peso abstracto de los derechos fundamentales afectados con la prohibición y la pena en relación con el peso de los bienes jurídicos protegidos, y, por último, la menor certeza sobre la eficacia preventiva en relación con la seguridad de la afectación a los derechos fundamentales de la prisión. BASSO, Gonzalo (2019). *Determinación judicial de la pena y proporcionalidad con el hecho*, op. cit., pp. 329 y ss.; 356 y ss.; 360 y ss. defiende que se pueda controlar que las sanciones sean proporcionales en todos los escalones de la justicia.

Como ya se ha mencionado en el apartado anterior, en este trabajo se entiende que si se vierte certidumbre sobre los elementos que integran el principio de proporcionalidad, se asegurará su carácter definido para que pueda ser controlado tanto en relación con la determinación legislativa como judicial de las penas. El principio de proporcionalidad en sentido estricto, como garantía más precisa de la exigencia de justicia que los demás elementos de la proporcionalidad requiere, para ello (como se verá), de la exclusión de los fines de la pena como elementos de la contrastación.

En este sentido, también Von Hirsch afirma que, si nos importa la moderación del castigo y que su determinación venga guiada por principios, ello requiere de modelos de castigo que permitan el escrutinio de las condenas[616]. El modelo de Von Hirsch, que como ya se expuso se orienta alrededor de tres valores liberales fundamentales (la justicia, la moderación del castigo y el establecimiento de una guía para determinar las penas) requiere de escrutinio y limitación sistemáticos[617].

3. *¿Un principio?*

Su reconocimiento como principio es problemático. Pues, como denuncia Sánchez Martínez, a diferencia de lo que sucede en el ámbito de la teoría del Derecho, en la teoría del Derecho penal no se ha desarrollado un planteamiento amplio y detallado sobre los principios determinando si son normas, su peculiaridad, validez, etc. Ello, sin embargo, como afirma la autora, no obsta a que se reconozca su existencia (a veces con incoherencias, a veces con coincidencias)[618]. Asimismo, esta falta de desarrollo de la teoría de los principios en el ámbito de la doctrina penal ha llevado a que se niegue en ocasiones su existencia por incompatibilidad con el principio de legalidad[619]. Sin embargo, no comparte esta idea, pues los principios no explícitos en la ley son compatibles con el principio de legalidad, no siéndolo

616 VON HIRSCH, Andrew (2007). "The 'desert' model for sentencing", op. cit., p. 427.

617 Ibídem.

618 SÁNCHEZ MARTÍNEZ, Olga (2004). *Los principios en el Derecho*, Madrid: Dykinson, p. 108.

619 Ibídem.

en cambio una aplicación literal de la misma que contradiga los principios generales que ella lleva implícitos[620].

Asimismo, la comprensión de los principios como normas jurídicas reforzadas lleva consigo peculiaridades que lo diferencian de las reglas: los principios determinan de modo abierto cuáles son sus condiciones de aplicación; son aptos para introducir en el razonamiento jurídico criterios axiológicos y tienen una dimensión de importancia de la que carecen otras normas jurídicas[621]. De este modo, los principios presentan el rol de configurar no sólo criterios de legitimidad interna de las normas penales, sino también de legitimidad externa, razón por la cual tiene el doble papel de normas vinculantes y criterios que permiten someter a escrutinio crítico el Derecho vigente[622].

Dentro de la doctrina penal se ha caracterizado a los principios de una triple forma: como líneas orientadoras, como fundamento de las normas penales y como límites a las normas, apreciándose también un esfuerzo por definirlos desde una perspectiva constitucional, con mayor o menor éxito[623]. En fin, esa comprensión singular de los principios del Derecho penal ha llevado a que el principio de proporcionalidad se interprete de muchas maneras: como principio básico del Derecho penal[624] (que lo informa[625], lo constituye[626], lo fundamenta[627], o lo limita[628]); o como derecho fundamental[629].

---

620 En este sentido, DE LA MATA BARRANCO, Norberto J. (2007). *El principio de proporcionalidad penal*, op. cit., p. 59; BACIGALUPO ZAPATER, Enrique (1995). “La rigurosa aplicación de la ley”, *ADPCP*, p. 855.

621 SÁNCHEZ MARTÍNEZ, Olga (2004). *Los principios en el Derecho*, op. cit., p. 64.

622 Ibídem, pp. 109 y ss.

623 Ibídem, pp. 58-108.

624 *Vid.* sobre estas reflexiones en más profundidad DE LA MATA BARRANCO, Norberto J. (2007). *El principio de proporcionalidad penal*, op. cit., pp. 62 y ss.

625 LASCURAÍN SÁNCHEZ, Juan A. (1998). “La proporcionalidad de la norma penal”, op. cit., pp. 160 y 188; COBO DEL ROSAL, Manuel y VIVES ANTÓN, T. Salvador (1996). *Derecho penal, parte general*, op. cit., p. 82.

626 Por ejemplo, BASSO, Gonzalo (2019). *Determinación judicial de la pena y proporcionalidad con el hecho*, op. cit., *passim*.

627 DE LA MATA BARRANCO, Norberto J. (2007). *El principio de proporcionalidad penal*, op. cit., p. 67.

628 MIR PUIG, Santiago (1976). *Introducción a las bases del Derecho penal*, op. cit., p. 159.

629 En este sentido, VIGANÒ, Francesco (2021). *La proporzionalità della pena*, Op. Cit.

El análisis del principio de proporcionalidad como básico en el Derecho penal, se vincula a la innegable afirmación de que hay dos principios que marcan la superación del Antiguo Régimen, y son los principios de legalidad y de proporcionalidad[630], y son garantía de la (pretendida) aspiración a la neutralidad moral del Derecho penal.

Sin embargo, cabe cuestionarse si el principio de proporcionalidad de las penas debería funcionar como algo más que un principio.

4. *¿Un derecho fundamental?*

Barnés defiende que el principio de proporcionalidad si bien es un principio jurídicamente exigible y justiciable[631], y de carácter irrenunciable[632].

Viganò da un paso más y, como se ha mencionado ya, defiende que la proporcionalidad entre delito y pena se configura como un verdadero derecho fundamental a no sufrir penas manifiestamente desproporcionadas. Y no solo eso, sino que, para el autor —a diferencia de la mayoría de los derechos fundamentales, que son, por defecto, ponderables y limitables—, el derecho a no sufrir penas desproporcionadas es un derecho absoluto e innegociable, igual que lo es el derecho a no sufrir tortura, penas o tratos inhumanos o degradantes[633]. De negarlo, dice el autor, se estaría instrumentalizando al reo por razones preventivas en la medida de los términos kantianos, y, por tanto, se estaría vulnerando la dignidad humana[634].

Lo mismo se ha reconocido —aunque no unánimemente— en la jurisprudencia estadounidense, donde se ha reconocido como un

---

630 DE LA MATA BARRANCO, Norberto J. (2007). *El principio de proporcionalidad penal*, op. cit., p. 63.

631 BARNÉS, Javier (1998). "El principio de proporcionalidad: Estudio preliminar", op. cit., p. 30.

632 Ibídem, pp. 34 y ss.

633 Aunque es distinto de estos derechos en que se refieren a la modalidad de penas y el derecho a no sufrir penas desproporcionadas solo hace alusión al *quantum* de pena, señala VIGANÒ, Francesco (2021). *La proporzionalità della pena*, op. cit., pp. 300-326.

634 Ibídem.

derecho fundamental emanado de la Octava Enmienda, que proscribe las multas y fianzas excesivas y las penas crueles e inusuales.

En este trabajo se entiende que la proporcionalidad de las penas debería configurarse como un derecho fundamental —pues es exigencia de justicia, libertad, del Estado de Derecho, de la humanidad de las penas, de la igualdad y de la dignidad de la persona—, pero para ello debe estar bien concretado su contenido. Bajo esas circunstancias de concreción, se debe exigir que la proporcionalidad de las penas se configure como un verdadero derecho fundamental a favor del reo a recibir una pena manifiestamente proporcionada con la gravedad del delito. Sin esa concreción del contenido del principio, sin embargo, sólo se podrá excluir la legitimidad de las conductas que sean manifiestamente desproporcionadas, porque se desdibujan los lindes de la proporcionalidad (quedándose en la nada, y la nada no se puede garantizar).

X. PENAS FIJAS, MÁXIMOS DE PENA O MARCOS DE PENA

1. Análisis introductorio del contexto[635]

Los márgenes legal y judicial para la determinación de la pena final a aplicar al condenado han sufrido cambios a lo largo de los siglos. Tras la explosión del movimiento ilustrado frente a la arbitrariedad judicial del Antiguo Régimen, se restringió enormemente la capacidad de los juzgadores para determinar la pena, considerándose que eran meros aplicadores —y no intérpretes— del Derecho penal. Afirmaba Beccaria, contra la discrecionalidad del juez:

---

635 DEMETRIO CRESPO, Eduardo. (1999). *Prevención general e individualización de la pena,* op. cit., p. 274, explica que el análisis de la relación entre la fundamentación Derecho penal y la determinación judicial de la pena ha estado muy vinculado con el estudio de la naturaleza de la decisión sobre la pena como un acto de discrecionalidad jurídicamente vinculado, centrándose en el examen del arbitrio judicial (*das Ermessen des Strafrichters*). Con profundidad, *vid.* sobre esta cuestión BASSO, Gonzalo (2019). *Determinación judicial de la pena y proporcionalidad con el hecho.* Madrid: Marcial Pons, op. cit., pp. 56 y ss.

> *In ogni delitto si debe fare dal giudice un sillogismo perfetto: la maggiore dev'essere la legge generale, la minore l'azione conforme o no allá legge, la consegueza la libertà o la pena*[636].

Sin embargo, esta máxima se vio ahogada progresivamente con los tránsitos a Estados sociales y democráticos de Derecho, que llevaron consigo la adopción de sistemas de determinación relativa de la pena, en la que los juzgadores adoptan importantes atribuciones valorativas en la fijación de la pena final. En este sentido, ha afirmado Rodríguez Mourullo que toda norma jurídica y no sólo las oscuras requiere de interpretación para ser aplicada, y que esa interpretación no es una mera subsunción mecánica, sino que siempre tiene alguna aportación personal y creadora[637]. También García Arán ha enfatizado en el carácter no automático o mecánico en la aplicación de las normas[638].

La tendencia mencionada se refleja muy claramente en la evolución del *Code penal* francés. En 1791, la aprobación del código ilustrado determinó la introducción de un sistema de penas fijas, tasadas y en las que no se asignaba margen al juzgador[639]. Con posterioridad, el Código de 1810 introdujo marcos de pena judiciales en los que el juez tenía mayor margen interpretativo —algo que sigue siendo habitual en los países de tradición continental—. Más adelante, el nuevo código de 1994 introduce únicamente penas máximas, por debajo de las cuales el juez puede decidir libremente.

---

636 BECCARIA, Cesare. (1764). *Dei delitti e delle pene*, op. cit., p. 9.

637 RODRÍGUEZ MOURULLO, Gonzalo (1978). *Derecho penal, parte general*. Madrid: Civitas, pp. 103 y ss.

638 GARCÍA ARÁN, Mercedes (1982). *Los criterios de determinación de la pena en derecho español*, op. cit., pp. 176 y ss. AGUADO CORREA, Teresa (1999). *El principio de proporcionalidad en derecho penal*, op. cit., pp. 276 y ss. afirma que la pena habrá de aparecer en abstracto y en concreto como merecida, necesaria y proporcionada.

639 Lo mismo sucedió con el Código penal de Baviera de Feuerbach de 1813, aunque sí se incluía una etapa de medición judicial de la pena, pero en la que el juzgador tenía carácter de mero aplicador, como explica BASSO, Gonzalo (2019). *Determinación judicial de la pena y proporcionalidad con el hecho*. Madrid: Marcial Pons, op. cit., p. 56.

En EE. UU., en cambio, reinaron los sistemas de pena indeterminada, basados en las finalidades resocializadoras de la *new penology* hasta la intromisión de los sistemas de *just desert* en la década de los 70 del pasado siglo. Los sistemas de pena indeterminada se basaban en una norma penal que determinaba una pena máxima muy elevada (excepcionalmente también una pena mínima) con base en la cual el juez debía fijar un marco penal a cumplir con respeto a los límites fijados, que era la que se ejecutaba y cuya duración final dependía de la evolución del condenado, siendo las autoridades de *parole* las que determinaban el tiempo real a cumplirse[640]. El estallido de los sistemas de justo merecimiento o *just desert* en el contexto estadounidense, que llevó consigo el fin del paradigma resocializador, y se incorpora un paradigma de pena determinada, que se desarrolla de dos maneras. La primera es a través de los sistemas de *sentencing guidelines* o guías de condena, que son pautas numéricas basadas en tablas en las que se establecen los criterios de medición de la pena (sobre la base de la gravedad del hecho y los antecedentes del condenado), y que, elaboradas por *sentencing comissions* de expertos, determinan la gravedad de la pena. A nivel federal no son vinculantes y su carácter vinculante varía según los estados, y aunque se siguen con carácter general, no excluyen la discrecionalidad judicial para determinar la pena final en el marco que hayan indicado previamente las guías. La segunda es la que se puede observar en el *Model Penal Co*de estadounidense, donde las directrices no son numéricas sino basadas en principios a seguir durante la determinación de la pena[641].

---

640 Ibídem, pp. 63 y ss.

641 El Model Penal Code (MPC) es un Código penal "modelo", elaborado por el American Law Institute y que no tiene carácter legal, pero ha regido las reformas estatales y federales estadounidenses desde su aprobación en 1962. En su redacción actual, tras la reforma de 2017, dice así: "*(Sect. 1.02) The general purposes of the provisions on sentencing, applicable to all official actors in the sentencing system, are: (a) in decisions affecting the sentencing of individual offenders: (i) to render sentences in all cases within a range of severity proportionate to the gravity of offenses, the harms done to crime victims, and the blameworthiness of offenders; (ii) when reasonably feasible, to achieve offender rehabilitation, general deterrence, incapacitation of dangerous offenders, and restitution to crime victims, preservation of families, and reintegration of offenders into the lawabiding community, provided these goals are pursued within the boundaries of proportionality in subsection (a)(i)*" —PENN LAW SCHOOL (2023). "Selected model Penal Code Provisions". Criminal Law Reference Pamphlet—.

La situación actual en el ámbito del Derecho penal de los sistemas de Derecho civil continúa siguiendo el sistema de pena determinada[642] o discrecionalidad jurídicamente vinculada[643]. En el sistema español, el Código penal establece unas reglas materiales y aritméticas[644] para la identificación del marco concreto aplicable al hecho delictivo, partiendo del marco abstracto que determina el código para el delito en cuestión (es decir, se segmenta la pena aplicable al delito según las circunstancias del caso concreto). Después de ello, el juzgador debe acudir al art. 66.1.6ª del Código penal, que determina la determinación de la pena final en atención a las circunstancias personales del delincuente y a la gravedad del hecho:

> Artículo 66.1.6ª CP: Cuando no concurran atenuantes ni agravantes aplicarán la pena establecida por la ley para el delito cometido, en la extensión que estimen adecuada, en atención a las circunstancias personales del delincuente y a la mayor o menor gravedad del hecho[645].

El *Codice penale* italiano, por su parte, prevé un primer momento en el que el juzgador recorre el marco penal abstracto previsto para el delito determinando un punto de pena provisional. Con posterioridad, se valoran los artículos 132 y 133 del código[646], y, por último,

---

642 BASSO, Gonzalo (2019). *Determinación judicial de la pena y proporcionalidad con el hecho*, Op. Cit.

643 Sobre la discrecionalidad frente a la arbitrariedad en la normativa penal española, véase DEMETRIO CRESPO, Eduardo. (1999). *Prevención general e individualización de la pena*, op. cit., pp. 273 y ss.

644 Artículos 13, 21-23, 61-63, 66-68 y 70 CP.

645 Sobre las circunstancias que en Derecho penal español se prevén para la individualización judicial de la pena en el art. 66.1.6ª CP plantean la antinomia entre retribución y prevención especial, lo que ha llevado a autores como DEMETRIO CRESPO, Eduardo. (1999). *Prevención general e individualización de la pena*, op. cit., p. 329, a afirmar que se plantea una teoría mixta contradictoria a conciencia.

646 El Art. 132 indica: "1. Dentro de los límites establecidos por la ley, el juez aplica la pena discrecionalmente; pero deberá indicar las razones que justifican el uso de esta facultad discrecional; 2. En el aumento o disminución de la pena no podrán excederse los límites establecidos para cada tipo de pena, salvo en los casos expresamente determinados por la ley"; el artículo 133 (gravedad del delito: valoración a los efectos de pena), contempla lo siguiente: "1. En el ejercicio de la facultad discrecional indicada en el artículo anterior, el juez deberá tener en cuenta la gravedad del delito, deducida: 1) de la naturaleza, especie, medio, objeto, tiempo, lugar y cualquier otro modo de actuación; 2) la gravedad del

se aplican las circunstancias atenuantes y agravantes. No se determina en el código cómo el juzgador debe determinar la extensión del marco penal a aplicar[647].

---

daño o peligro causado a la persona perjudicada por el delito; 3) la intensidad del fraude o el grado de culpabilidad. 2. El juez también debe tener en cuenta la capacidad del culpable para delinquir, deducida de: 1) los motivos delictivos y el carácter del delincuente; 2) de los antecedentes penales y judiciales y, en general, de la conducta y vida del delincuente, anterior al delito; 3) por conducta contemporánea o posterior al delito; 4) las condiciones de vida individuales, familiares y sociales del infractor". En el original italiano: Art. 132: "*Nei limiti fissati dalla legge, il giudice applica la pena discrezionalmente; esso deve indicare i motivi che giustificano l'uso di tale potere discrezionale. Nell'aumento o nella diminuzione della pena non si possono oltrepassare i limiti stabiliti per ciascuna specie di pena, salvi i casi espressamente determinati dalla legge*"; Art. 133: "*Gravità del reato: valutazione agli effetti della pena: 1. Nei limiti fissati dalla legge, il giudice applica la pena discrezionalmente; esso deve indicare i motivi che giustificano l'uso di tal potere discrezionale. 2. Nell'aumento o nella diminuzione della pena non si possono oltrepassare i limiti stabiliti per ciascuna specie di pena, salvi i casi espressamente determinati dalla legge*".

647 El §46 del StGB asigna un mayor protagonismo al juzgador, enunciando de forma no exhaustiva circunstancias que debe tener en cuenta al fijar la pena: "§46 Principios de determinación de la condena: (1) La culpabilidad del autor es la base para determinar la pena. Deben tenerse en cuenta los efectos que pueden esperarse de la pena en la vida futura del infractor en la sociedad. (2) Al realizar la evaluación, el tribunal sopesa las circunstancias que hablan a favor y en contra del autor. En particular, entran en consideración los siguientes: los motivos y objetivos del autor, especialmente los racistas, xenófobos, antisemitas, relativos al la orientación sexual u otros inhumanos, la actitud que habla del hecho y la voluntad empleada en el hecho, el alcance del incumplimiento del deber, el tipo de ejecución y los efectos responsables del acto, la vida anterior del autor, sus circunstancias personales y económicas, así como su comportamiento después del delito, especialmente sus esfuerzos por reparar el daño, así como los esfuerzos del autor por llegar a un acuerdo con la parte perjudicada. (3) No podrán tenerse en cuenta circunstancias que ya sean características de los hechos jurídicos".
En el original §46 del StGB alemán: "*§ 46 Grundsätze der Strafzumessung*
(1) Die Schuld des Täters ist Grundlage für die Zumessung der Strafe. Die Wirkungen, die von der Strafe für das künftige Leben des Täters in der Gesellschaft zu erwarten sind, sind zu berücksichtigen. (2) Bei der Zumessung wägt das Gericht die Umstände, die für und gegen den Täter sprechen, gegeneinander ab. Dabei kommen namentlich in Betracht: die Beweggründe und die Ziele des Täters, besonders auch rassistische, fremdenfeindliche, antisemitische, geschlechtsspezifische, gegen die sexuelle Orientierung gerichtete oder sonstige menschenverachtende, die Gesinnung, die aus der Tat spricht, und der bei der Tat aufgewendete Wille, das Maß der Pflichtwidrigkeit, die Art der Ausführung und die verschuldeten Auswirkungen der Tat, das Vorleben des Täters, seine persönlichen und

En cualquier caso, se debe prestar atención a las tendencias en los criterios de determinación judicial de la pena. Así, pese a que cada vez se sigue con mayor vigor el principio de legalidad de las penas (incluso en los países de tradición anglosajona y acompañada de la consecuente reducción del protagonismo del juzgador penal), no se puede dejar de lado la existencia de una tendencia político-criminal de vaguedad en los criterios de medición judicial de la pena, contraria al principio de legalidad y una orientación real a los juzgadores para determinar la pena. En este sentido, si bien suele señalarse tanto en la tradición continental como la anglosajona la gravedad del hecho y las circunstancias del autor como los criterios para determinar la pena, esos criterios genéricos son tan abstractos que no proporcionan seguridad jurídica[648]. Otra tendencia es la de asignar relevancia para determinar la pena a factores distintos al injusto culpable, tanto vinculados al sujeto, pero desvinculados del hecho delictivo (la conducta del acusado, su comportamiento posterior y previo al delito), como absolutamente desligados del reproche (la relevancia de la duración del juicio o juicios paralelos, por ejemplo)[649]. Por último, es especialmente relevante la tendencia judicial genérica a la aplicación de penas moderadas (situadas en la parte inferior de la escala que indica el legislador)[650]. Sin embargo, también es cierto que al menos en España la doctrina ha venido denunciando que el aumento legislativo derivado del populismo punitivo no se ha acompañado con una relajación o moderación en la interpretación judicial de los tipos

---

wirtschaftlichen Verhältnisse sowie sein Verhalten nach der Tat, besonders sein Bemühen, den Schaden wiedergutzumachen, sowie das Bemühen des Täters, einen Ausgleich mit dem Verletzten zu erreichen. (3) Umstände, die schon Merkmale des gesetzlichen Tatbestandes sind, dürfen nicht berücksichtigt werden".

648 BASSO, Gonzalo (2019). *Determinación judicial de la pena y proporcionalidad con el hecho.* Madrid: Marcial Pons, op. cit., pp. 71 y ss.; DEMETRIO CRESPO, Eduardo. (1999). *Prevención general e individualización de la pena*, op. cit., p. 47; DE LA MATA BARRANCO, Norberto J. (2008). *Individualización de la pena en los tribunales de justicia*, op. cit., p. 308; GARCÍA ARÁN, Mercedes (1982). *Los criterios de determinación de la pena en derecho español*, op. cit., p. 12.

649 BASSO, Gonzalo (2019). *Determinación judicial de la pena y proporcionalidad con el hecho.* Madrid: Marcial Pons, op. cit., p. 79.

650 BASSO, Gonzalo (2019). *Determinación judicial de la pena y proporcionalidad con el hecho.* Madrid: Marcial Pons, op. cit., pp. 76 y ss.; MORRIS, Norval (1982). *Madness and the criminal law.* Chicago: UCP, pp. 173-176.

y sus penas en determinados ámbitos delictivos, que precisamente se caracterizan por ser cometidos por personas en situación de marginalidad, pobreza y/o exclusión social, y habitualmente tienen lugar en contextos de necesidad y/o protesta social pacífica. Ello se puede apreciar tanto en relación con los delitos de bagatela (hurtos, ocupación, y top manta, por ejemplo), como en los delitos de expresión (enaltecimientos, apologías, delitos de odio e injurias).

En cualquier caso, y pese a que se coincide en la necesidad de prestar atención al contexto y a la vaguedad de los factores incorporados en la práctica para determinar la pena, en este trabajo se estima, como ya lo hacía Beccaria, que el sistema debe aspirar a la mínima discrecionalidad, partiendo de unas guías claras y precisas que determinen qué pena es la justa, la correcta. El análisis del contexto sirve, precisamente, para tomar una postura crítica con él: no es admisible que los criterios sean vagos y, con ello, sujetos a la voluntad del juzgador de turno. Además de la necesidad de establecer unos criterios y pautas más claras, en relación con ello, es fundamental la motivación de la resolución, que indique el fundamento racional, fáctico y jurídico de la decisión judicial y que evite la arbitrariedad de la decisión judicial[651].

2. *Clarificación de la discusión*

Aquí hay dos cuestiones que se deben distinguir. Por una parte, la pena que debe indicar la ley que corresponde a un delito (podría ser una pena exacta, un marco máximo y mínimo de pena, una pena mínima, una pena máxima o ninguna pena en absoluto). La segunda cuestión es si la pena concreta a ser impuesta por el juzgador para un condenado por haber cometido un hecho delictivo debe ser indeterminada, concreta o abstracta (incluyendo, por ejemplo, sólo un máximo de pena o un marco de pena cuya concreción se determina durante la ejecución).

---

651 DEMETRIO CRESPO, Eduardo. (1999). *Prevención general e individualización de la pena*, op. cit., p. 270.

3. Posturas doctrinales

En la doctrina se suele afirmar que lógica de la proporcionalidad no permite determinar una pena exacta, sólo permite sugerir límites por arriba y por abajo a la pena adecuada, y que lo contrario supone conceder a la humanidad una suerte de "heroísmo intuitivo"[652]. Se ha afirmado también que la proporcionalidad es una regla de procedimiento que solo indica una forma de argumentación, pero no una respuesta exacta, admitiendo distintos enfoques[653], o que no existe en el caso concreto una sola pena adecuada al hecho, existiendo un potencial conjunto de penas adecuadas[654].

Según Von Hirsch, no existe una única pena apropiada para el delito con el cual se inicia la escala de penas, porque es una convención y el límite a admisibilidad se encuentra en la proporcionalidad cardinal (los puntos de anclaje de la escala de penas) y también en la proporcionalidad ordinal (comparando con cómo se castiguen otros delitos).

Dentro de esa lógica, se ha argumentado por parte de algunos autores que, entendiendo que la proporcionalidad no determina una pena exacta, deben rechazarse los mínimos de pena, de tal modo que, en lugar de un marco penal que incluya una pena mínima y una máxima, el legislador debe renunciar a la pena mínima. En este sentido, afirma Frase que la imposición de penas mínimas obligatorias conducirá, en muchos casos, a castigar por encima de lo necesario contra los principios de parsimonia y merecimiento[655].

Basso delimita, en relación con esta cuestión, la tarea del juzgador[656]. El juez o tribunal, al determinar la pena debe configurar los

---

652 VON HIRSCH, Andrew (1998). *Censurar y castigar*, op. cit., pp. 75 y ss.

653 DE LA MATA BARRANCO, Norberto J. (2007). *El principio de proporcionalidad penal*, op. cit., pp. 170-171.

654 En el mismo sentido, DEMETRIO CRESPO, Eduardo. (1999). *Prevención general e individualización de la pena*, op. cit., p. 329.

655 FRASE, Richard S. (2013). *Just sentencing*. Oxford: OUP, pp. 29, 32.

656 Las posiciones tradicionales sobre la determinación judicial de la pena llevan consigo la atribución al juzgador penal de discrecionalidad exenta de control y un remanente de arbitrariedad en la decisión. En cambio, la mayoría de la doctrina actual entiende que la discrecionalidad judicial está sujeta a control (también

contornos concretos de las normas jurídicas a aplicar, realizando distintas operaciones de subsunción: a) un juicio de subsunción típica de carácter formal (de acuerdo con el tenor literal del tipo y el hecho se determina si se puede insertar el hecho en el tipo); b) un juicio de subsunción del hecho formalmente típico en la penalidad mínima de obligada imposición (determinando que tiene un umbral de gravedad que el juzgador estime suficiente para atribuirle la penalidad mínima del tipo); y c) una última subsunción del injusto culpable relevante en el marco penal típico, para determinar la cuantía de pena. Es importante incidir, como lo hace Basso, en que la actividad valorativa del juzgador es siempre marginal y complementaria a la principal que corresponde al legislador al delimitar lo punible, y que en relación con ello y con el principio de legalidad se requieren escalas penales lo más precisas que sea posible en el texto de la ley. Existe una continuidad entre las tareas del legislador y del juzgador, y la de este último estará, en fin, siempre subordinada a la ley y al legislador, distinguiendo sólo marginalmente los contornos de la pena y estando sujeto a control judicial y constitucional[657]. Así, Basso vincula,

---

judicial). Los autores rechazan que se pueda determinar la pena de modo matemático y con exactitud, al afirmar que la complejidad del ser humano no se puede reducir a tales categorías y dejar sin margen de maniobra al juzgador penal en la valoración (*vid.* DEMETRIO CRESPO, Eduardo. (1999). *Prevención general e individualización de la pena*, op. cit., p. 34.). Más allá de ello, se debe considerar que la valoración intrínseca a este proceso debe ser necesariamente filtrada por el juez, para asegurar una adecuada ponderación de intereses en la asignación de culpa y castigo al responsable penal delictivo y garantizar el respeto a los principios de proporcionalidad, culpabilidad y neutralidad (Ibídem). Sin embargo, desde este trabajo se entiende que la aspiración debe ser hacia la proporcionalidad matemática, porque es la única forma de responder realmente a los principios de igualdad, seguridad jurídica e interdicción de arbitrariedad. En consecuencia, autores como BASSO, Gonzalo (2019). *Determinación judicial de la pena y proporcionalidad con el hecho.* Madrid: Marcial Pons, op. cit., p. 281, han defendido una versión intermedia, relativizando las concepciones tradicional y contemporánea de la determinación judicial del castigo. Afirma el autor que, al existir inevitablemente un elemento individual en la decisión de recorrer el *quantum* de pena, es difícil asegurar el control satisfactorio de la pena final impuesta, pero no se debe considerar una valoración incontrolable. Se debe considerar que se trata de un acto de "aplicación *parcial* del Derecho, dentro del cual resultaría aún necesario erradicar un remanente de arbitrariedad".

657 Para BASSO, Gonzalo (2019). *Determinación judicial de la pena y proporcionalidad con el hecho.* Madrid: Marcial Pons, op. cit., pp. 282 y ss., si se quiere determinar

muy acertadamente, la teoría jurídica del delito y la determinación judicial de la pena, otorgando al juez una tarea cuantitativa en el marco del análisis de la teoría del delito, que es la determinación del umbral mínimo de dañosidad de la conducta penal para merecer la penalidad mínima. En consecuencia, el juzgador al delimitar (marginalmente) los supuestos que no son materialmente relevantes por no llegar al umbral mínimo del injusto proporcional para merecer la pena mínima (aunque sean formalmente típicos) podrá determinar a la luz de las exigencias de la proporcionalidad que la conducta sea atípica[658]. Se traslada el foco de la interpretación del cuánto al sí de la pena[659]. Esa subordinación a la ley de la actividad interpretativa en materia de pena del juzgador penal y su carácter marginal, facilita el control judicial y constitucional de las decisiones[660].

---

el grado de control judicial posible, se debe previamente definir las operaciones en que se descompone el racionamiento judicial y el grado de precisión que se exige en la fundamentación de la cuantía de pena. Para el autor, la medición de la pena es un acto dual o híbrido, que comprende no sólo la aplicación sino también la interpretación del Derecho, introduciendo un elemento valorativo que se correspondería con el margen de libertad (*Spielraum*) que se atribuye al juzgador y que determina también la configuración de las normas jurídicas por parte del interprete, siguiendo las pautas contenidas en el ordenamiento jurídico en su conjunto. El autor (Ibídem pp. 375 y ss.) propone considerar el marco como una escala gradual pero discontinua de punición, en el que se debe insertar el caso en cuestión según su gravedad sistemática, es decir, las escalas que para cada delito prevé la ley penal no se considerarían como escalas de gravedad continua para el tratamiento de casos individuales. En cambio, deben considerarse como escalas de gravedad graduales, que deben ser depuradas y construidas normativamente. Deberían, en fin, diferenciarse puntos discontinuos de castigo en cada marco abstracto fragmentado. Debería indicarse al juzgador el fragmento de pena que se debe emplear para supuestos de unidad delictiva; y los puntos discontinuos de anclaje que puede válidamente emplear (cuando la intensidad de afectación aconseje apartarse de la pena mínima obligatoria —excepcionalmente—).

658 Aclara BASSO, Gonzalo (2019). *Determinación judicial de la pena y proporcionalidad con el hecho.* Madrid: Marcial Pons, op. cit., pp. 286 y ss., 291 y ss., que no se trata de que la conducta quede impune, sino que el juicio determinara su atipicidad material por falta de gravedad material mínima derivada de la interpretación restrictiva del alcance del tipo que lleva a una depuración normativa de su contenido.

659 Ibídem.

660 Ibídem, p. 289.

4. Toma de postura

Una cuestión es que el mínimo de pena deba estar abierto por abajo para introducir criterios de justicia que permitan una pena justa pero desproporcionada por abajo (por ejemplo, por el criterio de la insignificancia) y otra diferente es que para un marco de conductas que se establece como delito en la ley no convenga atribuir un marco de gravedad de las penas, que permite delimitar los contornos de gravedad de la conducta típica[661]. Teniendo en cuenta que los tipos penales cubren una amalgama de conductas, por tanto, sí es recomendable que incluyan unos marcos de pena y no sólo una pena exacta, cuya penalidad mínima será tenida en cuenta para determinar la gravedad mínima asignable a la conducta para que le sea atribuida la pena. Los formatos que sólo incluyen una pena máxima son, paradójicamente, menos garantistas, pues reducen la seguridad jurídica al no introducir la penalidad mínima —que llevará consigo una interpretación sobre la gravedad mínima de la conducta—.

Después, en la determinación de la pena asignable al sujeto concreto, por humanidad y seguridad jurídica sí se le debe asignar una pena concreta y específica como respuesta al hecho delictivo concreto cometido por el sujeto (un punto concreto en el marco de pena, de acuerdo con unos criterios de gravedad que deben concretarse específicamente).

En relación con el margen de discrecionalidad del juzgador, aquí se entiende que debe ser el mínimo posible[662], aspirándose a una relación de igualdad entre conductas de semejante gravedad y de desigualdad entre conductas de gravedad diversa, de tal modo que se pueda asegurar la previsibilidad de las decisiones. Eso exige, de nuevo, una concreción de los criterios a ponderar y la motivación de las decisiones judiciales, ya que ambos factores permitirán controlar las penas impuestas.

---

661 Ibídem, p. 351 explica que el hecho de que diversas conductas sean subsumibles en el mismo tipo requiere que existan marcos de punición que permitan dar cuenta de la posible diversidad de injusto concurrente.

662 Cfr. BASSO, Gonzalo (2019). *Determinación judicial de la pena y proporcionalidad con el hecho*. Madrid: Marcial Pons, *passim*.

Capítulo 3
Definición del contenido del principio de proporcionalidad de las penas

I. EL CONTENIDO DEL PRINCIPIO DE PROPORCIONALIDAD EN SENTIDO ESTRICTO

1. Carácter relacional y artificial del principio de proporcionalidad de las penas

1.1. El carácter conectivo

1.1.1. El principio de proporcionalidad es relacional

Se parte de que la proporción es un concepto relacional. Para determinar la cuantía de pena se debe establecer qué determina la gravedad comparada del injusto penal teniendo en cuenta el papel que juegan la gravedad del mal realizado, la culpabilidad del autor en relación con la infracción, y la magnitud del daño causado[663]. La respuesta a esta cuestión se hila con los elementos de proporcionalidad ordinal o comparada (una persona que haya cometido un delito en el que se identifique que, por los elementos concurrentes, en general tiene gravedad W2 le corresponderá más pena que a alguien que tiene gravedad W1[664]), pero la proporcionalidad cardinal debe determinar qué cantidad de dolores (qué cantidad de pena) es admisible o inadmisible imponer para cada fracción de pena[665].

---

663 BERMAN, Mitchell (2023). "Retributivism", op. cit., p. 17.
664 Ibídem, p. 17.
665 Ibídem.

1.1.2. La relación es deontológica

Parte de la doctrina ha criticado la ausencia de unidad de medida en la proporcionalidad de la proporción:

> Respecto a los delitos más graves no la hay [unidad de medida] porque no podemos castigar un genocidio con un genocidio o un homicidio con la pérdida de la vida, y por tanto aquí la pena es desproporcionada por defecto [...]. En cambio, en los delitos menos graves siempre hay un *overkill*, una excesividad de la pena, "una parte que es del Príncipe", como escribe FOUCAULT, porque ya para los delitos patrimoniales, la pérdida de la libertad por muchos años es claramente desproporcionada, no hay proporción entre estos bienes, lo vemos todos, ¿cómo hacemos para parametrizarlos?[666].

Además, si el fundamento de la proporcionalidad se encuentra, al menos parcialmente, en la libertad, existen dificultades para la medida. Lo mismo sucede con la unidad de medida aquí seleccionada como idónea —el daño producido por la pena (fundamentalmente sobre la libertad, cuando es privativa de la misma) y el daño producido por el delito (sobre el bien jurídico que se vea lesionado o puesto en peligro)— ¿cómo se comparan? Si el delito lesiona la integridad física de forma menos grave, ¿hace menos daño que una privación de libertad de dos años? Todavía más problemas se afrontan si como parámetros se incluyen las finalidades de la pena, potenciales o alcanzadas, ¿cómo se miden?, ¿tenemos estudios empíricos que den respuesta a ello? Las respuestas, desgraciadamente, son negativas.

En cualquier caso, el hecho de que entre delito y pena no exista relación natural alguna (aunque ha sido históricamente criticado

---

666 En el original de DONINI, Massimo (2020). "Pena agìta e pena subìta", op. cit., p. 16: "*Rispetto ai delitti più gravi non c'è perché non possiamo punire un genocidio con un genocidio o un omicidio con la perdita della vita, e quindi qui la pena è sproporzionata per difetto: giustamente è sproporzionata per difetto [...]. Invece nei reati meno gravi c'è sempre un overkill, una eccessività della pena, una 'parte che è del Principe' come scrive FOUCAULT, perché già per i reati patrimoniali la perdita della libertà per molti anni è chiaramente sproporzionata, non c'è proporzione tra questi beni, lo vediamo tutti, come facciamo a parametrarli?*". *Vid.* también Op. Ult. Cit., pp. 19 y ss. Sobre la cuestión de la heterogeneidad de la unidad de medida de pena y delito, también *vid.* AGUADO CORREA, Teresa (1999). *El principio de proporcionalidad en derecho penal*, op. cit., p. 279.

por autores como Bovio[667]), no impide que la pena deba ser adecuada al delito en medida alguna, pues existe un nexo legal y convencional, por lo que se debe determinar la pena —por legislador y juzgadores— de acuerdo con la naturaleza y gravedad del hecho[668].

El principio es relacional pero no indica nada mientras no se indique qué se ha de comparar, qué criterios de proporcionalidad quedan fuera de la legitimidad constitucional y cuáles deben utilizarse en la ponderación[669].

En fin, la proporcionalidad en Derecho difiere de las leyes físicas, que determinan el lenguaje de descripción artificialmente (a través de las matemáticas), pero describiendo situaciones que ya vienen dadas en la naturaleza (y que pueden describir, por ejemplo, relaciones de proporcionalidad[670]). En cambio, el principio de proporcionalidad de las penas forma parte de la deontología del derecho, no de su ontología, "no señala un elemento definicional, una propiedad o una consecuencia de la naturaleza del Derecho, sino una exigencia que impone un determinado criterio de justificación de este"[671]. En realidad, "nada es proporcionado o desproporcionado ontológicamente, sino en referencia a unos criterios

---

[667] BOVIO, Giovanni (1908). *Saggio critico del diritto penale.* Milano: Sonzogno, p. 37, Bovio fue muy crítico en relación con la posibilidad de comparar pena y delito, y trató de demostrar analíticamente el carácter ilusorio de cualquier cálculo dirigido a establecer una proporción entre entidad de la pena y del delito: "*La proporzione penale, essendo tra il reato e la pena, che son termini eterogenei, è intrinsecamente assurda*" ("la proporción penal, siendo entre el delito y la pena, que son términos heterogéneos, es intrínsecamente absurda".

[668] FERRAJOLI, Luigi (1995). *Derecho y razón,* op. cit., p. 398.

[669] Aunque es cierto que el TC ha determinado que son criterios pragmáticos, basados en razones de oportunidad, los que sirven al legislador para determinar la relación de proporción (por ejemplo, en la STC 55/1996, FJ 6), ello sólo puede conducir a penas injustas y desiguales, basadas en criterios que no hagan responder a las penas a un criterio de proporcionalidad y que dejen al principio vacío de contenido.

[670] Es decir, por ejemplo, para determinar si la probabilidad de oscilación de los neutrinos es proporcional a la energía del neutrino inicial, la masa y la distancia a la que se propaga, las matemáticas que se utilicen para determinarlo pueden variar, pero la relación viene dada ontológicamente.

[671] DE LA MATA BARRANCO, Norberto J. (2007). *El principio de proporcionalidad penal,* op. cit., pp. 119-120.

que deben concretarse"[672] y que deben concretarse artificialmente sobre la base de unos principios, como el de justicia —que es lo que En este trabajo se defiende—.

1.1.3. La proporcionalidad de las penas es como el gato de Schrödinger

Se puede decir que el principio de proporcionalidad de las penas será o no será garantista según los contenidos que se asignen al mismo. Esto es, mientras no se determine el objeto de comparación de las penas, la fórmula vacía de proporcionalidad será como el gato de Schrödinger: será garantista y no lo será al mismo tiempo. Será determinando su contenido cuando se puede garantizar su carácter garantista.

1.2. La relación no es de proporcionalidad aritmética

Bernal afirma que debe descartarse que el principio de proporcionalidad, así como cualquier otro principio o criterio semejante, se ofrezca como método algorítmico para la solución objetiva de las controversias de derecho fundamental[673]. Además, siguiendo aquí a Basso, sin embargo, al hacer referencia a la proporcionalidad de la pena —todavía más si se hiciese alusión a la proporcionalidad en sentido amplio o racionalidad de la norma penal— no se alude a una proporcionalidad aritmética, sino a correlación y a una relación de coherencia[674]). Dada la gravedad de la pena, pese a que cada unidad añadida de punición presenta un rendimiento marginal decreciente de gravedad[675], no puede considerarse que la pena mínima se corresponde con la conducta de mínima gravedad que formalmente encaja en el tipo, ni la media con la de media gravedad[676].

---

672 Ibídem, p. 124.

673 BERNAL PULIDO, Carlos (2014). *El principio de proporcionalidad y los derechos fundamentales*, Bogotá: UEC, p. 172.

674 BASSO, Gonzalo (2019). *Determinación judicial de la pena y proporcionalidad con el hecho*, op. cit., p. 374.

675 Ibídem, p. 373.

676 En este sentido, BASSO, Gonzalo (2019). *Determinación judicial de la pena y proporcionalidad con el hecho*, op. cit., p. 374, afirma que se debe dejar de lado la visión

Por todo ello, al hacer referencia a la proporcionalidad de la pena —todavía más si se hiciese alusión a la proporcionalidad en sentido amplio o racionalidad de la norma penal— no se alude a una proporcionalidad aritmética[677], sino a correlación y a una relación de coherencia.

Incluso si se incluye la retórica preventiva dentro de la determinación de la pena (cosa que aquí no se defiende) se llega a la conclusión de que el aumento de severidad de la pena no lleva consigo un correlativo incremento en la eficacia preventiva, percibiéndose en cada unidad de pena "rendimiento marginal decreciente"[678]. Molina Fernández expresa que la relación entre la gravedad teórica del hecho y la sanción aplicable no tienen una proporción lineal, sino que decrecen progresivamente hasta acercarse a un límite de "saturación", entendiéndose que el merecimiento y necesidad de pena no

---

matemática de la pena, de tal modo que la pena aritmética media no debe asociarse normativamente al caso de gravedad media ni al más frecuente en la práctica. Por otra parte, en relación con esas respuestas de proporcionalidad o coherencia (restringido a las visiones retribucionistas de la pena), BERMAN, Mitchell (2023). "Retributivism", op. cit., pp. 18 y ss., identifica cuatro diferentes respuestas para determinar la cantidad de castigo: la conmensurabilidad objetiva, la conmensurabilidad subjetiva, la parsimonia y la indiferencia. Las dos primeras entienden que hay un determinado rango de reducción del bienestar que corresponde (es merecida) para cada unidad de injusto. Para los relativistas se considera que la cantidad vendrá determinada según las respuestas propias de la comunidad moral en el contexto cultural en cuestión (reales o ideales). En cambio, para los objetivistas, vendrá determinado por hechos independientes de las respuestas culturales y del contexto. Los defensores de la parsimonia consideran que los infractores se merecen "la mínima reducción de bienestar que sea necesaria para que su infracción se perciba personalmente como costosa". Esta posición es percibida por la mayoría de los autores retribucionistas como demasiado "indulgente". Por último, el enfoque de la indiferencia defiende que los infractores se merecen moralmente sufrir, aunque no se merezcan sufrir en un modo particular. El objeto es determinable, pero no determinado. El enfoque de la indiferencia es menos indulgente y más indeterminado que el de la parsimonia, y bajo el paraguas de la indiferencia la cuantía de castigo no se guiaría por el merecimiento del infractor, sino por principios y fines, que guiarían la decisión de la pena final a la que se accede con el requisito mínimo del merecimiento.

677 BASSO, Gonzalo (2019). *Determinación judicial de la pena y proporcionalidad con el hecho*, op. cit., p. 374.

678 Ibídem, p. 372.

guardan correspondencia con el aumento de gravedad de delito[679]. En relación con ello, debe tenerse en cuenta que las penas demasiado elevadas son desproporcionadas en sí mismas, por oponerse al elemento cardinal de la proporcionalidad, pero también en relación con la gravedad potencial de otras conductas (si se castiga con una pena de prisión de 40 años un homicidio, ¿qué se hará cuando concurran varios delitos con el de homicidio?, ¿o con un genocidio?). Los límites de pena generales establecidos en el ordenamiento penal en cuestión impedirán que exista ninguna proporcionalidad entre ambas conductas. Incluso si se produce una elevación de penas que permita el sistema penal y no hay ese límite legal, el límite biológico-temporal o fisiológico es inexorable.

Tampoco, como afirma Basso, debe considerarse que la pena máxima se asocia a la configuración más gravosa de la conducta típica en supuestos de unidad delictiva, pues determinaría una inconsistencia valorativa en comparación con supuestos de pluralidad delictiva[680] (por ejemplo, si a un delito de agresión sexual se le aplicase la pena máxima prevista para el ordenamiento jurídico en cuestión en comparación con supuestos en que se acumulase más de una agresión sexual, o si a una agresión se le uniese un homicidio).

En este trabajo se consideran más que correctos los razonamientos de Basso y Molina Fernández. Sin embargo, se estima que ello, pero no es tan diferente a lo que exige el principio de proporcionalidad en sentido matemático. Sí debemos aspirar a que las penas sean matemáticamente proporcionales a la gravedad de los delitos. Sin embargo, es cierto que aquí influyen tres elementos que hacen matizar esa conclusión: 1) el Estado no puede colocarse en el lugar del delincuente y, por ello, debe tender a garantizarnos —y no privarnos de— nuestros derechos, y 2) los elementos sistemáticos de la proporcionalidad cardinal nos hacen concluir que en general debe reducirse la dureza de las penas, y todavía más de las privativas de prisión; y 3) existen límites fisiológicos a la proporcionalidad con-

---

679 MOLINA FERNÁNDEZ, Fernando (2016). "Las cicatrices jurídicas del terrorismo". En PÉREZ MANZANO, Mercedes y LASCURAÍN SÁNCHEZ, Juan A. (Dirs.). *La tutela multinivel del principio de legalidad penal*, pp. 246-247.

680 Ibídem, p. 375.

forme va aumentando la gravedad de las penas (si a un homicidio se decidiese que corresponde, por ejemplo, una pena de 20 años de privación de libertad, ¿cuánto corresponde para el que ha matado a 100 personas?).

Ello lleva a incidir de nuevo en la necesaria restricción del castigo estatal, lo que tiene como consecuencia: a) que para que las penas sean comparativamente proporcionales en la parte alta de la escala de penas es necesario que tiendan a reducirse las penas de la parte, baja, intermedia y también alta de la escala (y todavía así, las penas más altas se encontrarán el problema del límite fisiológico para los supuestos de concursos); y b) que en relación con las penas para las conductas de mínima gravedad, aunque correspondientemente deberían ser penas mínimas, no necesariamente deben ser aplicadas. Dada la gravedad de la pena, pese a que cada unidad añadida de punición presenta un rendimiento marginal decreciente de gravedad[681], no puede considerarse que la pena mínima se corresponde con la conducta de mínima gravedad que formalmente encaja en el tipo, ni la media con la de media gravedad.

En fin, si bien sí se debe tender, por justicia, igualdad, dignidad y libertad a alcanzar penas proporcionadas aritméticamente, los matices señalados (y, en particular, la idea de proporcionalidad que integra el elemento cardinal-sistemático aquí integrada) llevan a concluir que la relación no va a ser, ni por arriba, ni por abajo, aritméticamente proporcionada (es decir, habrá proporcionalidad matemática en la parte intermedia de la escala, pero quedarán excluidos el mínimo y el máximo: la proporcionalidad no es infinita y encuentra sus límites en los extremos de la escala). Se trata, en fin, de buscar una regla general de correlación y de relación de coherencia entre ambas variables. Ello requiere, sin embargo, concretar lo máximo posible las variables de la relación.

---

[681] BASSO, Gonzalo (2019). *Determinación judicial de la pena y proporcionalidad con el hecho.* Madrid: Marcial Pons, op. cit., p. 373.

1.3. Evolución histórica del objeto de proporción

1.3.1. En España

a) Revisión histórica

La revisión histórica de los sistemas de determinación de la pena a lo largo de las crónicas de la codificación penal española, realizada rigurosamente por García Arán es ilustrativa de cómo han evolucionado en España los criterios de determinación de la pena y de algunos problemas fundamentales que enfrenta la cuestión. El CP de 1822 se centraba en la gravedad del hecho como primer fundamento de la pena, unida a una visión utilitarista, que entendía que la pena proporcionada con la gravedad del hecho es la preventiva[682]. Posteriormente, el CP de 1848 se enfocó en limitar el arbitrio judicial y estuvo altamente influenciado por las ideas del clasicismo. De esta manera, el principio retributivo influenciaba el código, basado en el deseo de determinar de modo casi matemático la pena correspondiente al delito, lo que se unía a una concepción ética de la culpabilidad, que llevaba a que la posibilidad de daño se extendiese a la violación de la moral cristiana[683]. Por su parte, el CP de 1870 se centraba en la exacta equivalencia y en la proporcionalidad, buscando un sistema más complejo, basándose todavía en un criterio retributivo que buscaba la equivalencia matemática entre daño y castigo y se centraba en la idea de expiación[684]. El CP de Primo de Rivera, de 1828 —que nació no para adecuarse a la Constitución, sino para adecuarse a la suspensión de la misma y que Jiménez de Asúa en su *Tratado* denominó "engendro de la dictadura"[685]— se sale de la línea del CP de 1848 que se basa en la adecuación de la cantidad de pena a la entidad de lo realizado (aunque incluyese desvalor ético dentro del daño), descuidando dicha relación y permitiendo exacerbar la pena en aten-

---

682 GARCÍA ARÁN, Mercedes (1982). *Los criterios de determinación de la pena en derecho español*, op. cit., pp. 19-30.

683 Ibídem, pp. 30-35.

684 Ibídem, pp. 35-47.

685 JIMÉNEZ DE ASÚA, Luis (1964). *Tratado de Derecho penal*, Tomo 2. Ed. Losada: Buenos Aires, p. 777.

ción al pronóstico de peligrosidad social del reo[686]. La reforma del CP de la Segunda República, de 1932 recupera la relación clásica entre proporcionalidad de la pena y gravedad del hecho, introduciendo nuevos criterios de prevención especial. Por último, el ACP franquista, de 1944, reintroduce la pena de muerte, pero en materia de medición supone escasas variaciones en relación con el Código[687].

b) Situación contemporánea

García Arán critica —con razón— que parece claro que la pena debe reflejar el grado de malicia del sujeto y el daño ocasionado por el delito, pero la previsión (que incluía el art. 2 ACP —similar al actual art. 4.3 CP—) de acudir al Gobierno en caso de que de la aplicación rigurosa de las normas la pena resultase "notablemente excesiva, atendidos el grado de malicia y el daño causado por el delito", determina que sea el propio código el que mediante sus reglas pueda determinar el exceso de pena o la pena desproporcionada (lo que además dificultará todavía más la finalidad resocializadora[688]).

El Pleno del TC[689] ha afirmado, respecto a la proporcionalidad de la pena en sentido estricto, que esta se refiere a la comparación entre la entidad del delito y la entidad de la pena. En este ámbito también afirma el Pleno, como se ha ya reiterado, que el legislador en el marco de su actividad normativa tiene libertad de configuración y que, más allá de la entidad del delito, puede tener en cuenta "una multiplicidad de criterios que debe conjugar con el que ahora se invoca [el de la entidad del delito]". Sin embargo, indica el Pleno que "esta relación de proporcionalidad en ningún caso puede sobrepasar el punto de lesionar el valor fundamental de la justicia propio de un Estado de Derecho y de una actividad pública no arbitraria y respetuosa con la dignidad de la persona"[690]. No obstante, la labor

---

686 GARCÍA ARÁN, Mercedes (1982). *Los criterios de determinación de la pena en derecho español*, op. cit., pp. 47-53.

687 Ibídem, pp. 53-57.

688 Ibídem, p. 12.

689 Tribunal Constitucional. Pleno. Sentencia 55/1996, de 28 de marzo (Ponente: D. Carles Viver Pi-Sunyer), FJ 9.

690 Ibídem.

del TC en este ámbito se debe ceñir, según la sentencia, a comprobar que no concurre ese desequilibrio excesivo o irrazonable y patente entre la sanción y la finalidad de la norma. En el caso de la sentencia —relativo al delito de negativa a prestar prestación social sustitutoria del servicio militar obligatorio— entiende el Pleno que concurre un interés no irrazonable, pese a tratarse de un interés administrativo, pues, según la sentencia "en cuanto social [la prestación] se dirige a la satisfacción de necesidades colectivas, y que, en cuanto sustitutiva del servicio militar, prevean este servicio y su propia finalidad —la defensa de España—"[691]. Por ello:

> [...] pese a la naturaleza de la pena y a su cuantía, en absoluto desdeñable, la trascendencia de las finalidades a las que sirve impide afirmar desde las estrictas pautas de nuestro control que existe el desequilibrio medio-fin que situaría la norma al margen de la Constitución[692].

Se ha reconocido también la referencia a los bienes jurídicos afectados[693]. En todo caso, nuestro TC también ha hecho referencia a una relación coste-beneficios en relación con el contenido de la proporción[694]. Y, en la STC 55/1996 se afirma también que los efectos de la pena "dependen a su vez de factores tales como la gravedad del comportamiento que se pretende disuadir, las posibilidades fácticas de su detección y sanción y las percepciones sociales relativas a la adecuación entre delito y pena"[695]. Asimismo, la generalidad de la

---

691 Ibídem.

692 Ídem.

693 En la STC 62/1982, de 15 de octubre, FJ 5, se afirma: "para valorar la proporcionalidad de la pena cuando es de inhabilitación, debe tenerse en cuenta que la misma supone una restricción de la libertad de expresión por lo que su duración temporal habrá de ser limitada —de acuerdo con una fijación inicialmente confiada al arbitrio del legislador— y su contenido habrá de circunscribirse a la protección del bien o bienes jurídicos afectados" (Tribunal Constitucional. Sala Primera. Sentencia 62/1982, de 15 de octubre. Ponente: D. Rafael Gómez-Ferrer Morant).

694 STC 161/1997, FJ 12: "En aplicación de las ideas fundamentales relativas al principio de proporcionalidad como criterio de enjuiciamiento del tratamiento de derechos fundamentales, hemos de reiterar que la relación final que guarde la magnitud de los beneficios obtenidos por la norma penal y la magnitud de la pena [...]".

695 STC 55/1996, FJ 6.

doctrina admite la intervención de la prevención especial en la conminación legal, con mayor o menor peso[696].

1.3.2. Análisis comparado en Italia y EE. UU.

Como se ha visto ya, en la normativa italiana, el elemento de *gravità del fatto* que aparece en el art. 133 CPI, hace referencia a la modalidad del hecho, su naturaleza, especie, medios, objeto, daño o peligro ocasionado, intensidad del dolo o imprudencia, tiempo y lugar del hecho, y en general todas las circunstancias objetivas y subjetivas del hecho criminal[697]. La jurisprudencia de la Corte Costituzionale ha derivado de la proporcionalidad de la pena la necesidad de que la medida de la pena refleje no sólo la peligrosidad subjetiva del autor, sino también la gravedad del hecho del delito[698] y el estudio de análisis coste-beneficios (*vid. supra* Capítulo 1).

---

696 Por todos, DEMETRIO CRESPO, Eduardo. (1999). *Prevención general e individualización de la pena*, op. cit., p. 28; COBO DEL ROSAL, Manuel y VIVES ANTÓN, T. Salvador (1996). *Derecho penal, parte general*, op. cit., p. 747. Nuestra jurisprudencia también lo reconoce, aunque no le otorga carácter exclusivo como fin de la pena. así, por ejemplo, en la STS 614/2014, de 23 de septiembre, en el FJ 3 se afirma "Pero, aun siendo la resocialización del delincuente una de las finalidades hacia las que debe ir orientada la ejecución de toda pena privativa de libertad, no es éste el único objetivo que se persigue con tal pena, pues debe compatibilizarse con otros fines reconocidos, como la retribución o la prevención general y especial. La imposición y cumplimento de una pena en respuesta a hechos gravemente atentatorios a bienes penalmente protegidos, no puede entenderse incompatible con los fines de resocialización previstos en el art. 25 de la CE" (Tribunal Supremo. Sala de lo penal. Sección 1ª. Sentencia 614/2014, de 23 de septiembre. Ponente: Ana Mª Ferrer García).

697 "*Nell'esercizio del potere discrezionale indicato nell'articolo precedente [164, 169, 175, 203], il giudice deve tener conto della gravità del reato(1), desunta: 1) dalla natura, dalla specie, dai mezzi, dall'oggetto, dal tempo, dal luogo e da ogni altra modalità dell'azione; 2) dalla gravità del danno o del pericolo cagionato alla persona offesa dal reato; 3) dalla intensità del dolo o dal grado della colpa. Il giudice deve tener conto, altresì, della capacità a delinquere del colpevole [103, 105, 108; c.p.p. 220], desunta: 1) dai motivi a delinquere e dal carattere del reo; 2) dai precedenti penali e giudiziari e, in genere, dalla condotta e dalla vita del reo, antecedenti al reato; 3) dalla condotta contemporanea o susseguente al reato; 4) dalle condizioni di vita individuale, familiare e sociale del reo*".

698 VIGANÒ, Francesco (2021). *La proporzionalità della pena*, op. cit., p. 87.

En EE. UU., el Model Penal Code (tras la reforma del ALI de 2018) establece que las penas deben encontrarse, en todo caso, en el rango de severidad proporcionado a la gravedad de los delitos, los daños hechos a las víctimas y la responsabilidad subjetiva de los delincuentes (§ 1.02). Se incluyen no sólo elementos objetivos sino también los elementos subjetivos de responsabilidad del delincuente[699]. En todo caso, también se admite que dentro de los límites de la proporcionalidad se intenten alcanzar finalidades preventivas, generales y especiales, lo que ha estado siempre extramuros de la discusión doctrinal angloamericana[700].

1.4. Aproximación histórica a la discusión doctrinal

Históricamente, Carrara había defendido que es "la fuerza moral objetiva" de la pena (relacionada con su carácter social) la que debe determinar su magnitud. Indica, en este sentido el autor clásico italiano que "si se inflige el castigo, no es por que daña al culpable, sino porque apacigua la turbación de los ánimos causada por el delito, y restablece la conciencia de la soberanía del derecho y la seguridad en la sociedad civil"[701], razón por la que la pena debe tener toda la fuerza moral objetiva necesaria para destruir la que el delito ha ejercido sobre la ciudadanía. De esta manera, uno de los representantes principales de la escuela positivista italiana centraba alrededor de la prevención general positiva el objeto de la ponderación. Lo importante, para Carrara, es el enfoque en esa prevención general positiva (no bajo esta denominación) y, en consecuencia, en la fuerza moral

699 ROBINSON, Paul H. (2020). "Mitigations: The Forgotten Side of the Proportionality Principle". Penn Faculty Scholarship. 2054, p. 221.

700 *The general purposes of the provisions on sentencing, applicable to all official actors in the sentencing system, are: (a) in decisions affecting the sentencing of individual offenders: (i) to render sentences in all cases within a range of severity proportionate to the gravity of offenses, the harms done to crime victims, and the blameworthiness of offenders; (ii) when reasonably feasible, to achieve offender rehabilitation, general deterrence, incapacitation of dangerous offenders, and restitution to crime victims, preservation of families, and reintegration of offenders into the lawabiding community, provided these goals are pursued within the boundaries of proportionality in subsection (a)(i).*

701 CARRARA, Francesco (2000). *Programa de Derecho criminal, Parte general*, op. cit., p. 87.

del delito sobre la sociedad (en contraposición de la fuerza o daño físico, material y objetivo, que en general será necesario para perturbar la fuerza moral pero no necesariamente[702]): "Es necesario ver lo que ha hecho el uno para excitar o intimidar a los ciudadanos, y calcular lo que hará el otro para tranquilizarlos"[703].

Beccaria, quien no se dedicaba a cuestiones penales al publicar *Dei delitti e delle penne* (ni se dedicó prácticamente después)[704] pero que ha dejado una enorme impronta en el Derecho penal post-ilustrado, también escribió sobre este principio. Señala Beccaria en su citada obra que "la única y verdadera medida del delito es el daño hecho a la nación"[705] y que erran quienes consideran que la verdadera medida del delito está en el elemento subjetivo —la intención del que lo comete—, pues, según el autor milanés, entonces habría que hacer un código penal para cada ciudadano y una nueva ley para cada delito. Destierra Beccaria del objeto de proporción dos elementos. El primero es la dignidad del ofendido, pues, según el autor, podría llevar consigo el castigar más una conducta de ofensa religiosa que una constitutiva de homicidio. Es decir, la volatilidad de la noción de la dignidad de la víctima, al depender de concepciones morales y subjetivas no aconseja su introducción en esta ecuación, y daría lugar a resultados injustos (e intuitivamente desproporcionales). El segundo elemento es el pecado, es decir, el daño a la moral religiosa, que debe estar fuera de esta ecuación y reducirse a los juicios divinos[706].

Para Lardizábal, las penas deben ser proporcionadas a la gravedad del delito, que comprende tres factores: el daño a la sociedad y a los particulares, el mal causado por el delito y las causas o incentivos para cometerlo[707]. El primer elemento es el daño objetivo, el segundo elemento se gradúa según la frecuencia con que se cometen los

---

702 Ibídem, pp. 86 y ss.

703 Ibídem, p. 90.

704 ASÚA BATARRITA, Adela (Coord.) (1990). *Estudios sobre el pensamiento de Beccaria: su actualidad.* Bilbao: Deusto, p. 20.

705 "[...] *l'unica e vera mesura dei delitti è il danno fatto alla nazione*" en el texto original, en BECCARIA, Cesare. (1764). *Dei delitti e delle penne*, op. cit., p. 20.

706 Ibídem, p. 20.

707 AGUADO CORREA, Teresa (1999). *El principio de proporcionalidad en derecho penal*, op. cit., p. 173.

delitos, y el tercer elemento se corresponde con la culpabilidad. El daño causado por el delito, según el autor, es el elemento que más debe influir al determinar la gravedad de la pena, pues de lo contrario "se faltará a la debida proporción y analogía que debe haber entre pena y delito" o "se expondrá a que el mal causado por la pena sea mayor que el producido por el delito, y la razón dicta que de dos males necesarios se prefiera el menor"[708]. A diferencia de Beccaria, por tanto, para Lardizábal se destruiría la moralidad de las acciones humanas si la única medida de gravedad del delito fuese el daño a la sociedad[709]. Es decir, al señalar Beccaria que la única medida del delito es el daño hecho a la sociedad, está ignorando que hay que introducir los elementos subjetivos del interviniente en el injusto para saber si la acción ha sido —en primer lugar— voluntaria[710], y que está aceptando la responsabilidad y objetiva. Para Lardizábal, en cambio, las penas deben ser proporcionadas a la libertad y conocimiento con el que se cometen[711].

Por otra parte, para Bentham —en cuanto al objeto del daño que se debe ponderar para determinar la pena— se compara el daño que infiere el castigo al infractor con los beneficios que se obtendrán para la sociedad en general[712].

---

708 Ibídem, pp. 173-174.

709 En referencia a la afirmación de que la medida de la proporción es el daño social, afirma LARDIZÁBAL Y URIBEREN, Manuel (2001). *Discurso sobre las penas*, op. cit., pp. 168-169: "esta sentencia es igualmente defectuosa que las demás. Si fuese verdadera, no habría diferencia entre los delitos cometidos por dolo y los cometidos por culpa, entre los que se hacen con el ánimo perturbado por el ímpetu y vehemencia de las pasiones y los que se cometen con serenidad y pleno conocimiento. En una palabra, se destruiría enteramente la moralidad de las acciones humanas, pues para que éstas puedan imputarse a los que las hacen, debe atenderse principalmente al conocimiento y deliberación con que se ejecutan".

710 Ibídem.

711 Ibídem. Ya Lardizábal recogía que para parte de la doctrina la medida de la gravedad del delito venía determinada por la malicia e intención del que la comete, si bien el propio autor pone en énfasis el peligro que entraña ceñir a elementos subjetivos la gravedad del delito (cuando los elementos subjetivos son variables y de difícil medición).

712 BENTHAM, Jeremy (1981, Ed.). *Tratados de legislación civil y penal*, op. cit., pp. 134 y ss.

Por último, dentro de la Escuela correccionalista, Arenal Ponte (comúnmente conocida como Concepción Arenal) defendió la proporcionalidad de las penas entendida como proporcionalidad con la gravedad del delito, que emana de la justicia[713], y ello pese a que, en ocasiones, la pena proporcionada sea contraria a los fines de prevención[714]. En la misma escuela, para Dorado Montero el principio de proporcionalidad de la pena no es otro que el problema de la finalidad penal, y la pena proporcionada es la pena adecuada al fin[715].

1.5. Planteamiento de la cuestión

Ilustración 3. Esquema de las posiciones sobre el objeto de la proporción

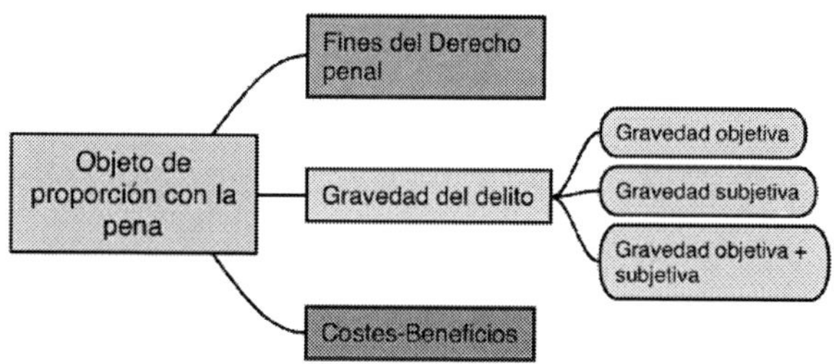

En relación con el objeto de la proporcionalidad que determina la gravedad de la pena, existen tres posiciones principales: 1) la primera, que entiende que la proporcionalidad es una relación medio-

---

713 Así, ARENAL PONTE, Concepción (1895). "Estudios penitenciarios", publicado en *Pensamiento penal)*, p. 10, afirmaba que el delincuente "merece una pena, como todas, proporcionada al delito", así como que "a veces se deplora la desproporción entre el delito y la pena [...]" y, en esos casos, se debe poner "a la sociedad mentalmente en el banquillo de los reos, en nombre de Dios y de la humanidad, se le pide cuenta de aquel atentado permanente contra lo que es justo, respetable, santo".

714 Así, en ARENAL PONTE, Concepción (1985). "Estudios penitenciarios", Ibídem, p. 77 se afirma: "la poca gravedad del delito no guarda la proporción que sería de desear, con la facilidad de corregir al delincuente".

715 DORADO MONTERO, Pedro (1916). "Sobre la proporción penal", op. cit., p. 39.

fin, cuyo objeto abarca las finalidades perseguidas con el Derecho penal (obtenidas o potenciales); 2) la segunda, que entiende que implica una comparación más amplia, que determina una comparación coste-beneficios —que incluye, por un lado, los costes de la pena en comparación con los costes del delito y por otro, los beneficios de la pena (que incluye una referencia a los distintos fines de la pena), en comparación con los interés protegidos por el delito (aunque los elementos concretos son debatidos)—; y 3) la tercera, que entiende que sólo los elementos relativos a la gravedad del delito, retrospectivos, pueden ser tenidos en cuenta para determinar la gravedad de la pena.

2. *Los fines de la pena como objeto de proporción*

2.1. Introducción

2.1.1. Análisis doctrinal en los sistemas de Derecho civil

La doctrina clásica en el Derecho penal de los sistemas de Derecho civil estima que la proporcionalidad entre gravedad de la pena y gravedad del delito expresa una relación medio-fin, esto es, la proporcionalidad se predica de la relación entre el medio empleado para responder al delito (la pena) y el fin (la finalidad preventiva de turno). La justificación oscila alrededor del rechazo de una concepción retributiva de la pena que, se estima —incorrectamente— ínsita en una noción de proporcionalidad de la pena que se base en la gravedad del hecho y se encuentre ajena a consideraciones preventivas[716].

Ya se ha mencionado que para Dorado Montero el principio de proporcionalidad de la pena no era otro que el problema de la finalidad penal, ya que la pena proporcionada es la pena adecuada al fin:

> [...] la proporcionalidad o justicia de las penas [...] va resultando más complicado de lo que pudiera creerse. Y es que semejante problema no es otro que el de la finalidad penal, toda vez que pena proporcionada vale lo mismo que pena adecuada al fin por la misma perseguido;

716 VIGANÒ, Francesco (2021). *La proporzionalità della pena*, op. cit., pp. 129-159.

> y siendo variadísimos y a menudo hasta antitéticos los fines que con la pena se quieren obtener, forzosamente tiene que resultar difícil la organización del respectivo sistema de medios penales[717].

La inclusión de los fines de la pena en la comparación ha sido defendida por la mayoría de los autores[718], y ha llevado a alguno a sostener que el principio de proporcionalidad entre gravedad del delito y gravedad de la pena remite a la propia cuestión de la adecuación de la pena[719].

En todo caso, se debe dejar claro que si bien la doctrina continental se ha centrado mucho en la discusión de qué fines de la pena cabe integrar como elementos de ponderación[720], lo ha hecho olvidando o descuidando la justificación de la integración de los fines en la ponderación.

Dentro de la doctrina clásica, una minoría tiene en consideración exclusivamente la relación medio-fin en la ponderación de la proporcionalidad. La doctrina mayoritaria considera un análisis más com-

---

717 DORADO MONTERO, Pedro (1916). "Sobre la proporción penal", op. cit., p. 39. Y, de hecho, el autor critica la proximidad entre la proporcionalidad entre pena y delito con la concepción retributiva (como pago de una deuda que con el delito se contrae) (Ibídem, p. 10).

718 La mayoría de los autores ubican como un problema fundamental para determinar el objeto de la comparación al determinar la pena los fundamentos finales, teorías o fines de la pena (v. gr. DEMETRIO CRESPO, Eduardo. (1999). *Prevención general e individualización de la pena*, op. cit., p. 33; DE LA MATA BARRANCO, Norberto J. (2007). *El principio de proporcionalidad penal*, Op. Cit.; AGUADO CORREA, Teresa (1999). *El principio de proporcionalidad en derecho penal*, Op. Cit.; PALAZZO, Francesco (1996). "Los fines de la pena en el orden constitucional", *DPC*, V. XVIII, nº 57-58, pp. 119-120, precisamente al no tener el juzgador un poder ilimitado al determinar la pena no tiene el poder de escoger el fin de la pena que elige y el que sacrifica, ya que de no ser así convertiría la discrecionalidad en arbitrariedad; PERELLÓ DOMENECH, Isabel (1997). "Principio de proporcionalidad", *JpD*, nº 28, p. 70; ARROYO ZAPATERO, Luis (1997). "Derecho penal económico y Constitución", Op. Cit. p. 6.

719 CUERDA ARNAU, Mª Luisa (1998). "Aproximación al principio de proporcionalidad en Derecho penal". En CASABÓ RUIZ, José R. (Hom.). *Estudios jurídicos*. Valencia: Ediciones UV, p. 474.

720 *Vid.*, v. gr., por todos, la discusión recogida en DE LA MATA BARRANCO, Norberto J. (2007). *El principio de proporcionalidad penal*, op. cit., pp. 204-215, pp. 232 y ss.

pleto, integrando los costes de la pena y los beneficios potenciales que se obtendrían del fin perseguido por la norma, que se analizará con mayor detenimiento en el siguiente apartado.

Dentro del primer grupo, por ejemplo, afirman Cobo del Rosal y Vives Antón que la pena proporcionada a la gravedad del delito "será también, en abstracto, la adecuada a la finalidad de tutela [...] la proporcionalidad habría de ser entendida conforme a los requerimientos de la finalidad de tutela, que es el auténtico objeto de ponderación, y no según la gravedad del delito, que es sólo un criterio genérico para efectuarla"[721]. Es decir, para ellos el objeto de ponderación para la determinación de la pena es la finalidad de tutela.

González Beilfuss, quien también introduce los fines como objeto de la comparación, explica que la proporcionalidad en sentido estricto no tiene que comparar las alternativas, compara la medida objeto de control (la pena) y la finalidad perseguida, no teniendo en cuenta una perspectiva fáctica o casual, sino sólo jurídica (a diferencia del principio de idoneidad)[722]. Se trata, en consecuencia, de una postura que defiende una proporcionalidad de la pena que tiene en cuenta estrictamente los fines perseguidos.

También para Barnés la pena debe determinarse en proporción al fin que persiga: la proporcionalidad "sólo compara la relación de causalidad existente entre la medida en cuestión y el objetivo que directamente persigue, que, a su vez, podrá ser medio o instrumento para un fin más alto, a lo largo de toda una cadena de medios y fines"[723].

Dentro del segundo grupo, por ejemplo, hace alusión a tener en consideración el fin en la ponderación también Pérez Manzano,

---

721 COBO DEL ROSAL, Manuel y VIVES ANTÓN, T. Salvador (1996). *Derecho penal, parte general*, op. cit., p. 71. Si la finalidad puede verse satisfecha con una pena inferior, para los autores debe aplicarse esta. Además, para los autores la gravedad del delito coincidiría con el contenido de injusto, el mal causado y la mayor o menor reprochabilidad del autor.

722 GONZÁLEZ BEILFUSS, Markus (2003). *El principio de proporcionalidad en la jurisprudencia del Tribunal Constitucional.* Madrid: Thomson Reuters Aranzadi, p. 120.

723 BARNÉS, Javier (1998). "El principio de proporcionalidad: Estudio preliminar", op. cit., p. 27.

quien afirma que "la determinación del tipo y medida de pena ha de hacerse teniendo en cuenta el fin que se le asigna", dado que tanto la pena en general como en particular su imposición se legitiman por los fines que le son asignados[724] (aunque la misma autora después establece que hay valores que deben restringir la influencia de los fines sobre la pena[725]). También Cuerda Arnau afirma que la proporcionalidad se entiende prioritariamente partiendo de la finalidad de tutela que se asigna a la pena[726].

También se ha afirmado que no es posible prescindir en el marco de la determinación de la pena (ni legal ni judicial) de los fines que se atribuyen al ordenamiento penal[727], que la exigencia de proporcionalidad implica una proporción de la sanción con el fin que se persigue con la pena[728], o que "por el principio de proporcionalidad se conectan los fines del Derecho penal con el hecho cometido por el delincuente, rechazándose el establecimiento de conminaciones penales [...] o la imposición de penas [...] que carezcan de toda relación valorativa con tal hecho, contemplado en la globalidad de sus aspectos"[729].

Como es evidente, y dado que la cuestión de los fines de la pena ha sido y es objeto de un constante debate en el Derecho penal, tampoco hay acuerdo sobre qué fines incluir en la ponderación si se considera que estos deben formar parte del objeto de comparación de la proporcionalidad estricta, por lo que existen tantas variaciones como

---

724 PÉREZ MANZANO, Mercedes (1988). *Culpabilidad y prevención en Derecho penal*, op. cit., p. 346.

725 Ibídem, pp. 363 y ss.

726 CUERDA ARNAU, Mª Luisa (1998). "Aproximación al principio de proporcionalidad en Derecho penal". En CASABÓ RUIZ, José R. (Hom.). *Estudios jurídicos*. Valencia: Ediciones UV, pp. 475 y ss.

727 GARCÍA ARÁN, Mercedes (1997). *Fundamentos y aplicación de penas y medidas de seguridad en el código penal de 1995*. Madrid: Aranzadi, p. 62. Afirma la autora: "precisamente porque los fines de la pena son generales y comunes a todo el sistema penal en su conjunto, no pueden operar de manera contradictoria en los distintos momentos en los que dicho sistema se hace efectivo. Quiero decir con ello que en el momento de su decisión, el juez no puede anular las finalidades perseguidas por el legislador y, a la inversa, el fin perseguido por el legislador no puede hacer imposibles los fines perseguidos por el juez".

728 BUSTOS RAMÍREZ, Juan (1994). *Manual de Derecho penal*, op. cit., p. 96.

729 SILVA SÁNCHEZ, Jesús Mª (1992). *Aproximación al Derecho penal*, op. cit., p. 260.

versiones de las teorías de la pena[730]. Por ejemplo, Aguado Correa considera que deben formar parte de la valoración tanto criterios de prevención general como especial[731]. García Arán distingue los criterios a seguir según las fases de la determinación de la pena. En la etapa de conminación legal, para la autora se deben perseguir criterios preventivo-generales, junto con la incidencia de la gravedad del hecho y la prevención especial; y ante la decisión judicial de la pena aplicable deben predominar criterios relativos a las circunstancias personales del reo, reclamándose el predominio de la prevención especial[732] junto con la gravedad del hecho. En ese ámbito la prevención general "no es un objetivo a cumplir por el juez y si no era admisible tomarla en consideración para aumentar la pena, no tiene por qué ser imprescindible hacerlo para disminuirla" (otra cosa, es que la pena adecuada a las circunstancias del hecho y del sujeto genere efectos preventivo-generales). Y no es admisible porque supondría instrumentalizar al sujeto para alcanzar fines determinados en la conminación penal[733]. En cambio, la orientación reeducadora de las penas, para García Arán, sí puede informar todo el proceso (legislativo y judicial) de determinación de la pena[734].

Autores como Demetrio Crespo[735] ha propuesto insertar como fin de la pena en la determinación de la pena el principio de resocialización del art. 25.2 CE, configurado de modo negativo. Es decir, se trataría de el factor final de cuantificación de la pena fuese la no

---

730 Sobre las finalidades de la pena dentro del proceso de determinación de la pena, BACIGALUPO ZAPATER, Enrique (1980). "La individualización de la pena en la reforma penal", *Revista de la Facultad de Derecho de la Universidad Complutense*, Nº Extra 3, p. 61, plantea la posibilidad de inducir las aplicables a la individualización del catálogo de circunstancias agravantes y atenuantes. Ello, sin embargo, dice el autor, podría llevar a apreciar consideraciones absolutas, pero también relativas de la pena, tanto preventivo-generales como especiales.

731 Ibídem, p. 293.

732 GARCÍA ARÁN, Mercedes (1982). *Los criterios de determinación de la pena en derecho español*, op. cit., p. 130.

733 Ibídem, p. 119.

734 Ibídem, p. 121.

735 Ya García Arán había propuesto integrar especialmente esta finalidad en GARCÍA ARÁN, Mercedes (1982). *Los criterios de determinación de la pena en derecho español*, op. cit., *passim*.

desocialización del condenado[736]. Sin embargo, como se ha afirmado, realmente este criterio no es un criterio instrumental-preventivo, sino que con esa interpretación (aceptable y, de hecho, constitucionalmente exigible) se configura como un criterio normativo y deontológico, fundamentado en motivos humanitarios[737]. Precisamente

---

736 DEMETRIO CRESPO, Eduardo. (1999). *Prevención general e individualización de la pena*, op. cit., p. 259 afirma que la prevención negativa puede determinar (en el momento de determinación judicial de la pena) un efecto paralelo a la imposición de la pena adecuada a la culpabilidad, pero no puede buscarse expresamente ni fundamentar un exceso sobre la pena adecuada a la culpabilidad; en cuanto a la prevención general positiva determina que no supera la colisión con el principio de culpabilidad, porque la pena adecuada sería la percibida socialmente como justa. Tampoco la prevención especial puede conducir a imponer al autor del delito una pena superior a la determinada por la culpabilidad, ni por motivos de prevención especial positiva ni negativa. Lo que defiende Demetrio Crespo es que en la individualización judicial de la pena sólo se inserte como factor válido la resocialización, pero no —fundamentalmente— con el contenido tradicionalmente asignado al fin preventivo-especial-positivo de la pena, sino entendida como "no desocialización" del condenado. Ello ha sido criticado por algunos autores por considerar que realmente no es un fin de la pena, y que sólo se pueden hacer cálculos de efectos desocializadores si la pena está más o menos determinada. Sin embargo, como se verá posteriormente, creo que la no desocialización, como requisito de justicia y de libertad en un Estado de Derecho, es un criterio que tiene potencial para determinar la pena; precisamente el que no sea un fin de la pena lo hace más garantista y por ello aceptable en sede de determinación judicial de la pena. Además, sobre lo que sí existen estudios empíricos es precisamente sobre los efectos desocializadores de ciertas penas de duración elevada (como las penas de prisión a partir de...), los efectos negativos que tiene la prisión en general sobre los individuos (su salud, integridad física, integridad moral, etc.), y de las penas de duración demasiado breve. Por ello, la no desocialización es un criterio que puede moderar (hacia abajo) las penas que el legislador y los juzgadores introducen en nuestro ordenamiento.

737 FEIJOO SÁNCHEZ, Bernardo (2007). "Individualización de la pena y teoría de la pena proporcional al hecho", *Indret* 1/2007, p. 12. Sin embargo, el propio DEMETRIO CRESPO, Eduardo. (1999). *Prevención general e individualización de la pena*, op. cit., afirma que no sólo se debe maximizar el fin de no desocialización, sino también "la consecución de las máximas cotas de resocialización siempre que sea posible" al individualizar la pena. Se entiende, ya que toda la argumentación del autor se enfoca en la no desocialización (y que él mismo advierte de los peligros de la prevención especial dentro de la individualización de la pena), que la finalidad estrictamente resocializadora se plantea sólo como complementaria, dentro de los límites impuestos por la pena adecuada al injusto culpable y

por ello, por no ser una finalidad preventiva, se acepta su inclusión en la medición de la pena en este estudio.

2.1.2. Análisis doctrinal en los sistemas de Derecho común

De acuerdo con Morris (en el contexto de su teoría del retributivismo limitador) también la proporcionalidad se relaciona con la gravedad del delito (aunque no es determinante de la cuantía final de pena sino sólo del límite mínimo y máximo de la misma, pudiendo distintas finalidades preventivas determinar la extensión de pena final a imponer[738]). Como defensor de la misma teoría, para Tonry la proporcionalidad se relaciona también con la gravedad del delito, aunque para el autor es posible para el autor obtener desviaciones no descabelladas de la proporcionalidad para alcanzar fines preventivos)[739]. Para Ashworth, quien sostiene una teoría conocida como el principio de "proporcionalidad fuerte", defiende también que la gravedad de la pena debe ser proporcional al daño por el que se castiga al delincuente[740].

En la revisión bibliográfica realizada en este trabajo no se ha encontrado ninguna referencia a un autor del ámbito de Derecho penal del propio del Derecho común que incluya referencias a las finalidades o teorías de la pena dentro de la comparación del principio

---

a la no desocialización. Por tanto, también se incluye en este ámbito por Demetrio Crespo un fin que sí es estrictamente tal cosa.

738 MORRIS, Norval. (1981) "Punishment, Desert and Rehabilitation". En GROSS, Hyman y VON HIRSCH, Andrew (Eds.). *Sentencing*. Oxford: OUP, p. 257.

739 TONRY, Michael y LYNCH, Mary (1996). "Intermediate Sanctions", *20 Crime & Justice, passim.*

740 ASHWORTH, Andrew y VON HIRSCH, Andrew (2005). *Proportionate Sentencing: Exploring the principles*. Oxford: OUP, p. 142. Para esta teoría, deben cumplirse tres condiciones o subprincipios, ya mencionados al exponer la teoría de Von Hirsch: a) cada delincuente debe ser castigado con igual severidad que otros delincuentes que hayan cometido delitos de igual gravedad (principio de paridad); b) la sanción debe ser más grave que la de aquellos que han cometido delitos más graves y menos grave que la de aquellos que cometieron delitos menos graves (principio jerárquico); y c) debe tener mayor o menor severidad que otras penas en proporción al grado de gravedad del delito (principio de espaciamiento)

de proporcionalidad de las penas. Ello hace necesario reflexionar sobre si la introducción de estas de forma mayoritaria y sistemática dentro de las nociones doctrinales del principio de proporcionalidad de las penas propias de los autores de ámbitos de Derecho continental responde a un sesgo contextual, que es la conclusión a la que parece apuntar este hecho. El hecho de que el paso a la modernidad penal haya traído consigo la superación de las nociones propias de Kant o Hegel, basadas en una idea moral de merecimiento, llevó a la introducción generalizada en nuestro ámbito continental de teorías prevencionistas para la justificación de la pena. Es posible que la justificada reticencia a un retorno a una idea vengativa de justicia haya llevado, por tanto, a la introducción de los fines de la pena en un estadio en el que no conviene hacerlo. Parece, así, que son las circunstancias contextuales las que han podido llevar a las diferencias claras en este ámbito entre la doctrina continental y la anglosajona. De igual modo, la práctica omnipresencia de la retribución como fundamento de la institución penal en el ámbito anglosajón parece explicar que se ignore en tal ámbito con carácter generalizado la evaluación de los fines de la pena en la ponderación de la proporcionalidad.

De hecho, en la clasificación doctrinal que realiza Berman acerca de las relaciones que el principio de proporcionalidad exige que sean proporcionales, el autor ni siquiera contempla la introducción de los fines de la pena[741]. Este autor clasifica el posible objeto de proporcionalidad con la gravedad de la pena, hallando tres posiciones doctrinales: a) la que contempla como objeto de proporción el daño del delito (equivalente a la gravedad del injusto); b) la que contempla tanto el daño del delito como el grado de culpabilidad; y c) la que contempla sólo la culpabilidad como objeto de proporción con la pena[742]. Esta clasificación omite las posiciones doctrinales —mayoritarias en el ámbito continental— que integran los fines de la pena como elemento de comparación con la gravedad de la pena, y también aquellas que integran otros factores ajenos a la gravedad del

---

741 *Vid.* BERMAN, M. (2021). "Proportionality, Constraint, and Culpability" (2021), *Faculty Scholarship at Penn Carey Law.* 2804, pp. 22 y ss.

742 Ibídem.

injusto culpable, como las que hacen referencia a los costes económicos de la imposición de las penas[743].

2.2. ¿Relevancia de los fines sólo en una de las fases del proceso?

Los enfoques de proporcionalidad estricta entre gravedad del delito y de la pena han pretendido diferenciar entre la justificación general y particular del castigo (el Derecho penal como institución y la pena en particular)[744]. En este trabajo se prefiere la primera distinción: entre la justificación del Derecho penal (su fundamento, que encuentra base en las teorías de la pena) y la justificación del castigo, que —tanto en relación con el momento conminativo (legislador)

---

743 Coincide con esta clasificación la realizada por Quintero Olivares en 1982, quien señaló que el sistema penal tiene 3 caminos posibles para fijar las condiciones determinantes de la proporcionalidad: 1) tomar como base del injusto y la pena el lado subjetivo del comportamiento humano, dependiendo de la voluntad del autor; 2) centrarlo en los elementos objetivos (externos) del acto; y 3) centrarlo en ambos elementos, cada uno con su función (QUINTERO OLIVARES, Gonzalo (1982). "Acto, resultado y proporcionalidad", op. cit., p. 385).

744 Algunos autores sólo distinguen la pena, en general, como conminación legal y la pena como acto individual final, considerando que los fines de la pena intervienen en ambas fases, aunque en ocasiones con diversa intensidad (así, por ejemplo, DOLCINI, Emilio (1979). *La commisurazione della pena.* Padova: CEDAM, p. 8, ha indicado que aun cuando los fines de la pena no son idénticos en todas las fases, se debe buscar coherencia en el proceso para impedir que una fase de la pena impida los objetivos perseguidos en posteriores fases. Otras autoras, como PÉREZ MANZANO, Mercedes (1988). *Culpabilidad y prevención en Derecho penal,* op. cit., p. 364, consideran conjuntamente la justificación del Derecho penal y de la pena en general y por separado la imposición de la pena. Como explica BASSO, Gonzalo (2019). Determinación judicial de la pena y proporcionalidad con el hecho. Madrid: Marcial Pons, op. cit., pp. 293 y ss., en estos casos, la primera fase se suele vincular a los fines de la pena y la segunda a la teoría judicial del delito, y los enfoques de proporcionalidad estricta suelen identificar un fin único o prevalente al que orientar la actividad cuantificadora del juzgador. BASSO, Gonzalo (Ibídem), en cambio, considera que no puede prescindirse de las consideraciones relativas a los fines de la pena en la cuantificación del castigo, debiéndose reconocer su influencia refleja. Sin embargo, en este trabajo se considera que es diferente considerar su influencia —ya no refleja, sino en la práctica directa— en la determinación de la pena, y otra defender que deban tener influencia los fines en la determinación de la pena (distinguiendo el enfoque empírico y el normativo).

como en relación con el momento de imposición (juzgadores)— debe responder a la proporcionalidad con la conducta delictiva. Aquí sendos momentos son analizados conjuntamente, pues ambos son dos fases continuadas de la determinación de la pena, que directamente afectan al individuo que la sufre. En este sentido, se considera que no es posible que se determinen marcos de pena contrarios a la proporcionalidad con la gravedad del delito cometido (por ejemplo, justificándolos de acuerdo con finalidades preventivas). Y ello porque después la concreción de la pena final a imponer al sujeto como consecuencia del injusto penal realizado por este se realizará en ese marco predeterminado con criterios preventivos —pudiéndose generar penas desproporcionadas, y, con ello injustas, si ya en el marco se plantean sin respeto al principio de proporcionalidad—.

2.3. Conflictos entre fines y conflictos entre prevención y proporcionalidad

2.3.1. Conflictos entre finalidades preventivas

Otra cuestión, cuando se tienen en cuenta las finalidades preventivas, es la del conflicto entre las diversas finalidades preventivas. Ante el conflicto, Luzón Peña propone respetar el límite máximo de la gravedad del hecho, de la que debe partirse para determinar la pena —desde una perspectiva preventivo-general, pero teniendo en cuenta los intereses y exigencias preventivo-especiales—. Esas exigencias preventivo-especiales derivadas de las características del sujeto para determinar la pena o sustituirla (cuando se considere que, por esas circunstancias, la pena adecuada a la gravedad del delito no procede)[745]. En cambio, De la Mata Barranco propone que, en caso de conflicto entre factores de prevención especial, general o de retribución, se ponderen los factores sin dar prioridad a uno de entrada, sino en función de su peso relativo en el hecho concreto[746].

---

745 LUZÓN PEÑA, Diego M. (1989). *Medición de la pena y sustitutivos penales*. Madrid: UCM, pp. 60 y ss., 86 y ss.

746 DE LA MATA BARRANCO, Norberto J. (2007). *El principio de proporcionalidad penal*, op. cit., pp. 232 y ss.

2.3.2. Conflictos entre proporcionalidad y fines preventivos

Aun considerándose que la eficacia requiere de penas proporcionadas[747], cuestión que no está empíricamente demostrada[748], la prevención general puede oponerse a la proporcionalidad[749]. Aguado Correa plantea esta cuestión, partiendo de que, si los objetivos preventivos se llevan al extremo se incrementarán las penas sin tener en cuenta la proporcionalidad en sentido estricto, especialmente cuando el legislador penal considera el impacto sobre la opinión publicada[750], pese a que el fin (prevención) no debería justificar todos los medios[751]. Por otra parte, Demetrio Crespo considera que se debe renunciar a objetivos preventivos en la determinación de la pena, poniendo el límite en la proporcionalidad con el hecho[752].

2.4. Críticas y valoración

Como se mencionará después en relación con la proporción que integra el análisis coste-beneficio, en este trabajo se considera que la inclusión de los fines de la pena dentro del objeto de comparación

---

[747] En este sentido, AGUADO CORREA, Teresa (1999). *El principio de proporcionalidad en derecho penal*, op. cit., p. 299; COBO DEL ROSAL, Manuel y VIVES ANTÓN, T. Salvador (1996). *Derecho penal, parte general., op. cit., p. 80;* LUZÓN PEÑA, Diego M. (1994). *Curso de Derecho penal. Parte General I.* Madrid: Universitas, pp. 33-39; OCTAVIO DE TOLEDO Y UBIETO, Emilio (1981). *Sobre el concepto del Derecho penal*, op. cit., p. 368.

[748] Sobre esto críticamente PÉREZ MANZANO, Mercedes (1988). *Culpabilidad y prevención en Derecho penal*, op. cit., p. 229, p. 465.

[749] Por todo ello, para DEMETRIO CRESPO, Eduardo. (1999). *Prevención general e individualización de la pena*, op. cit., p. 220, se sustituye en nuestro sistema la determinación de la pena adecuada a la culpabilidad, por la pena adecuada a la gravedad del hecho, considerándose que entonces se renuncia a la idea de culpabilidad como fundamento (condición suficiente) de la cuantía de pena, y se requiere tanto atender a la gravedad del hecho como a las circunstancias del delincuente.

[750] AGUADO CORREA, Teresa (1999). *El principio de proporcionalidad en derecho penal*, op. cit., pp. 302 y ss.

[751] PASCUAL MATELLÁN, Laura (2020). "Hacia un prevencionismo sin límites. la apuesta por la disuasión concentrada", op. cit., p. 23.

[752] DEMETRIO CRESPO, Eduardo. (1999). *Prevención general e individualización de la pena*, op. cit., pp. 337 y ss.

es inadmisible por ser poco garantista porque no hay consenso sobre los fines a perseguir, se trata de la valoración de hechos futuros y ajenos al injusto culpable, y no existen datos empíricos de medición de su consecución, por lo que es contrario al principio de responsabilidad por el hecho, a la justicia y a la seguridad jurídica incluirlos.

3. La ponderación coste-beneficio en el objeto de la proporción penal

3.1. El balance Coste-Beneficio en los estudios sobre proporcionalidad estricta

Para una parte de la doctrina, restringir el principio de proporcionalidad de las penas a una relación entre gravedad del delito y gravedad de la pena "se queda corto"[753], debiéndose sustituir por un principio de proporcionalidad estricto más amplio, referido a una comparación entre costes y beneficios que incluya referencias a la restricción de derechos propia de la conducta típica, el efecto desaliento, los costes económicos de la ejecución de la pena, etc[754]. (los contenidos concretos difieren según los autores de que se trate). Se trata de integrar un análisis coste-beneficio (C-B), que dé como resultado una proporción coste-beneficio.

Este sector doctrinal importa desde el Derecho administrativo el principio de proporcionalidad en sentido estricto allí desarrollado. Esta última noción se basa en una relación de adecuación medio-fin. Es decir, la medida debe ser proporcionada o adecuada al fin para que se respete la proporcionalidad en sentido estricto. Esto es, lo que se exige en esta concepción utilitaria de la proporcionalidad estricta es que las ventajas compensen los sacrificios.

La justificación de la inclusión del balance coste beneficio —igual que sucede en general con las posturas que comparan la proporcionalidad de la pena estrictamente con sus fines—, se centra en el re-

---

753 NAVARRO FRÍAS, Irene (2010). "El principio de proporcionalidad en sentido estricto: ¿principio de proporcionalidad entre el delito y la pena o balance global de costes y beneficios?", *Indret*, 2/2010.

754 Ibídem.

chazo a una proporcionalidad que se determine estrictamente por la gravedad del delito, al vincularlo a consideraciones retributivas[755].

3.2. Contenido del análisis C-B

3.2.1. El principio de proporcionalidad entre gravedad de la pena, gravedad del delito y la idoneidad medio-fin

Parte de la doctrina entiende que el principio de proporcionalidad entre gravedad del delito y gravedad de la pena se integra por tres elementos: la gravedad de la pena, la gravedad del delito y la adecuación a la finalidad de tutela. El último elemento, de idoneidad, tiene un contenido utilitario o de necesidad[756].

García Arán se pronuncia a favor de establecer unos criterios finalistas de determinación de la pena, junto con los criterios fácticos relativos a la gravedad del hecho u otros (por ejemplo, menciona la autora la vida anterior del reo, recogida en la normativa alemana; o la naturaleza, medios o modalidad de acción, contempladas en la normativa italiana)[757]. Para la autora, el elemento relativo a las finalidades de la pena se inte-

---

755 Así, v. gr., para LOPERA MESA, G. Patricia (2006). *Principio de proporcionalidad y ley penal: bases para un modelo de control de constitucionalidad de las leyes penales*. Madrid: CEPC, p. 241, no se deben comparar únicamente gravedad del delito y gravedad de la pena, pues, como se verá, para la autora esto sólo puede ser reflejo de una concepción retributiva de la pena que es, para ella, inadmisible. Frente a ello la autora propugna la utilización de una lógica consecuencialista: no se comparan dos males, se comparan costes y beneficios. Según la autora, el objetivo es "establecer si la afectación de derechos fundamentales que tiene lugar a través de la definición de una conducta como delito y de su correspondiente pena alcanza a justificarse por la importancia que reviste la protección de los bienes jurídicos que respaldan la intervención penal del legislador". Para determinar la existencia o inexistencia de esa justificación hay que determinar que los costes (en términos de afectación de los derechos fundamentales —que se componen tanto por las normas primarias de prohibición como por las secundarias de penas— no superen los beneficios —protección de bienes jurídicos—.

756 Ibídem; AGUADO CORREA, Teresa (1999). *El principio de proporcionalidad en derecho penal*, op. cit., pp. 278-294, afirma que la decisión del legislador debe incorporar además criterios de prevención general y especial.

757 GARCÍA ARÁN, Mercedes (1982). *Los criterios de determinación de la pena en derecho español*, op. cit., pp. 99 y ss.

grará tanto en el marco penal genérico establecido por el legislador, y después en la decisión final[758]. Así, para García Arán el valor del injusto culpable (que funciona como límite) se debe ver complementado con estimaciones preventivas como criterios básicos para determinar la pena[759]. Para la autora se atribuye un valor indiscutible a la proporcionalidad porque determina la posibilidad de cumplimiento de la función motivadora: genera afinidad de la ciudadanía con la norma penal, lo que la hace más susceptible de cumplimiento y generalizando una interrelación intensa entre derecho y convicción cultural: "las normas jurídicas tienden a crear normas culturales pero encuentran sus propios límites en lo que estas representan; "[l]a función motivadora de la norma exige, por lo tanto, el respeto a éste equilibrio"[760].

Sostiene, en este sentido, Prieto del Pino que el principio de proporcionalidad en sentido estricto se predica de la relación entre el medio y el fin perseguido, aunque "su intervención ha de guardar relación con la gravedad del ilícito que reprime"[761]. Según la autora, la desproporción entre medio y fin puede obedecer a distintas causas: que la finalidad buscada sea inadmisible o inútil desde la perspectiva del interés público; que pese sobre el medio empleado una prohibición de uso; o, lo más habitual, que exista una desproporción entre la medida empleada (la pena) y el objetivo (finalidad)[762].

Para Lopera Mesa, el principio de proporcionalidad en sentido estricto recoge esa relación medio-fin, pues su objeto es "establecer si el grado de afectación de los primeros [los principios iusfundamentales afectados por la definición de la conducta prohibida y de su correspondiente penal] se ve compensado por el grado de satisfacción de los segundos [los principios que ordenan la protección de aquellos bienes jurídicos que respaldan la intervención legislativa]"[763]. En

---

[758] Ibídem.

[759] Ibídem.

[760] Ibídem, pp. 100 y ss.

[761] PRIETO DEL PINO, Ana Mª (2016). "Los contenidos de racionalidad del principio de proporcionalidad en sentido amplio: el principio de subsidiariedad", op. cit., pp. 282 y ss.

[762] Ibídem.

[763] LOPERA MESA, Gloria P. (2010). "Posibilidades y límites del principio de proporcionalidad como instrumento de control del legislador penal", op. cit., p. 116.

este sentido, la autora acoge la formulación de Alexy sobre el juicio de ponderación, que requiere la atención a tres variables: el grado de afectación o satisfacción de la medida enjuiciada (la pena); su peso abstracto (la importancia material de los bienes jurídicos protegidos y los derechos afectados) y la seguridad de las premisas empíricas que sustentan los argumentos a favor y contra la intervención[764], de tal modo que su postura también se corresponde con la teoría de la ponderación de costes y beneficios en la proporcionalidad estricta, aunque centra más el elemento relativo a la relación medio-fin a los efectos empíricos y su contrastación.

Los beneficios incluyen una referencia a la gravedad del delito en corte positiva, entendido que cuanto más lesiva sea la conducta tipificada, más se protege al bien jurídico con su prohibición en el Código penal[765]. En cambio, los costes son representados por la gravedad de la pena (norma secundaria), pero también —en ocasiones— por la gravedad de la restricción de derechos fundamentales por parte de la prohibición (norma primaria), y otros costes (efecto desaliento o *chilling effect*[766], o los costes económicos de la aplicación de la pena)[767].

El hecho de que el tipo prevea conductas restrictivas de derechos fundamentales puede reconducirse a la magnitud de la gravedad del hecho, de tal forma que se reduzca la gravedad de la conducta típica al ser manifestación de un derecho fundamental[768]. En cambio, factores relativos a los costes económicos de la pena son ajenos al autor

---

764 ALEXY, Robert (2002). "Epílogo a la teoría de los derechos fundamentales", *Revista Española de Derecho Constitucional*, nº 66, pp. 37 y ss.

765 NAVARRO FRÍAS, Irene (2010). "El principio de proporcionalidad en sentido estricto...", op. cit., p. 8.

766 Lo incluyen autores como RECCHIA, Nicola. *Il principio di proporzionalità nel Diritto penale*. Op. Cit., pp. 252-314. También, sobre este efecto, *vid.* VIGANÒ, Francesco (2021). *La proporzionalità della pena*, op. cit., pp. 277 y ss. y se reconoce por nuestro TC (por ejemplo, en la STC 35/2020, de 25 de febrero, ya citada, FJ 4 —caso Strawberry—). Pero para autoras como NAVARRO FRÍAS, Irene (2010). "El principio de proporcionalidad en sentido estricto...", op. cit., pp. 21-25, el efecto desaliento nada tiene que ver con la proporcionalidad en sentido estricto sino con la indeterminación en los marcos penales.

767 Ibídem, pp. 21-25.

768 En este sentido NAVARRO FRÍAS, Irene (2010). "El principio de proporcionalidad en sentido estricto...", op. cit., p. 25.

y su hecho y si se tienen en cuenta en perjuicio del mismo vulneran el principio de culpabilidad[769].

En este trabajo se entiende que, en este sentido, la consideración del efecto desaliento puede tener sentido al influir sobre los costes globales de la pena para la sociedad.

En definitiva, para esta parte de la doctrina se integra la relación entre gravedad del delito y gravedad de la pena en esta suerte de ponderación costes-beneficios. De esta forma, el balance global incluye, *grosso modo*, la valoración entre el beneficio potencial u obtenido (para la libertad en general de los ciudadanos, para el potencial/ actual condenado, para la sociedad, etc.).

3.2.2. Una noción más global

Por otra parte, hay autores que han defendido un concepto todavía más amplio dentro de la comparación coste-beneficios. Para Lascuraín Sánchez el principio debe integrar algo más rico y complejo que la relación entre pena y fin perseguido, relacionándose con la economía de la libertad. De ahí, señala, que a lo que apunta el principio no es sólo a la proporcionalidad estricta, sino también a la funcionalidad de la medida, que exige otras condiciones[770]. En consecuencia, par Lascuraín Sánchez no es legítima la pena si, con un fin válido, de modo cualitativamente adecuado y sin una alternativa menos gravosa, supone un detrimento de la libertad mayor que la que genera —con un juicio interno que coteje costes y beneficios globales de la libertad de cada norma penal, sin referencia a otras—[771]. Para el autor se deben comparar todos los costes y beneficios globales en términos de libertad de la norma, teniendo en cuenta todos los efectos negativos y positivos, con atención al bien que se protege, la medida en que se protege, las consecuencias positivas de la protección, la influencia en el sentimiento de seguridad general, y en la

---

769 Ibídem.

770 LASCURAÍN SÁNCHEZ, Juan A. (1998). "La proporcionalidad de la norma penal", op. cit., p. 161.

771 Ibídem, p. 188.

tutela de otros bienes jurídicos[772]. Se trata, en fin, de un juicio global todavía más amplio que el mencionado hasta ahora en relación con la comparación coste-beneficio. En cualquier caso, el propio autor el que señala que se trata de un juicio valorativo y por ello impreciso, dada la labilidad de la libertad como unidad de medida[773].

También De la Mata Barranco propone que la proporcionalidad en sentido estricto —prescindiendo de las nociones de idoneidad y necesidad— integre un "concepto global". Es decir, sostiene que la gravedad del hecho en relación con la gravedad de la pena ha de abarcar todos los aspectos que delimitan un enjuiciamiento más completo de lo que implica la idea de proporción, analizándose todos los costes y beneficios de la intervención penal, incluyéndose el sujeto que lo comete, las condiciones en que se realiza, y las finalidades que la pena debe cumplir genérica y específicamente[774]. El concepto global presentado por De la Mata Barranco requiere que la pena sea proporcional: a) con el fin perseguido (teniendo en cuenta aquí el bien jurídico relevante para justificar la amenaza, proporción con el interés a tutelar, atención al resultado perseguido y conseguido); b) con la intensidad de la responsabilidad; y c) con la gravedad del delito (grado de participación, grado de lesión, pluralidad de bienes afectados, acción, resultado, elementos subjetivos, gravedad extrínseca o concomitante del hecho, reprochabilidad del autor)[775]. La gravedad del hecho incluye, en fin, para el autor, la gravedad del hecho injusto, la posibilidad de su consideración por el sujeto que lo comete y las condiciones en que se realiza, así como las finalidades que la pena debe cumplir genérica y específicamente[776]. Para el autor, la integración de los fines es consustancial a un Derecho penal orientado a las consecuencias y requisito material de la prevención, pues sólo un Derecho penal orientado a los fines permite la motivación de los ciudadanos[777]. De este modo, será proporcionado todo lo

---

772 Ibídem, pp. 169-179.

773 Ibídem.

774 DE LA MATA BARRANCO, Norberto J. (2007). *El principio de proporcionalidad penal*, Valencia: Tirant lo Blanch, pp. 138, 178 y ss., 304.

775 Ibídem, pp. 204-215; 232 y ss.

776 Ibídem.

777 Ibídem, pp. 178 y ss.; 198.

que garantice la prevención de delitos siempre que esta no sea más costosa que su lesión en el juicio global que integre todos los elementos señalados[778].

3.4. La visión del TC español

Aunque la jurisprudencia española sobre el principio de proporcionalidad estricta y su contenido es errática, turbia y oscura, se aprecia que integra, sólo en relación con el legislador —en general— una visión C-B. En la STC 55/1996, por ejemplo, afirmaba el Pleno que el legislador debe atender al fin al que responde la norma, otros fines que se puedan perseguir con la pena, las formas en que la pena opera (sus funciones directas), y ello en relación con los efectos de esas finalidades (que es lo que el Pleno pone en relación directa con la gravedad del hecho, así como las posibilidades de detección y sanción y las percepciones sociales)[779].

---

[778] Ibídem, p. 204.

[779] STC 55/1996, ya citada, FJ 6. Reiterado en las ya citadas SSTC 161/1997, FJ 9 y 169/2021, de 6 de octubre, FJ 7: "En efecto, a diferencia de lo que sucede respecto de los órganos que tienen encomendada la tarea de interpretar y aplicar las leyes, el legislador, al establecer las penas, carece, obviamente, de la guía de una tabla precisa que relacione unívocamente medios y objetivos, y ha de atender no sólo al fin esencial y directo de protección al que responde la norma, sino también a otros fines legítimos que puede perseguir con la pena y a las diversas formas en que la misma opera y que podrían catalogarse como sus funciones o fines inmediatos: a las diversas formas en que la conminación abstracta de la pena y su aplicación influyen en el comportamiento de los destinatarios de la norma —intimidación, eliminación de la venganza privada, consolidación de las convicciones éticas generales, refuerzo del sentimiento de fidelidad al ordenamiento, resocialización, etc.— y que se clasifican doctrinalmente bajo las denominaciones de prevención general y de prevención especial. Estos efectos de la pena dependen a su vez de factores tales como la gravedad del comportamiento que se pretende disuadir, las posibilidades fácticas de su detección y sanción, y las percepciones sociales relativas a la adecuación entre delito y pena. En definitiva, en relación con la proporcionalidad de una determinada pena, este Tribunal no puede, para establecerla, tomar como referencia una pena exacta, que aparezca como la única concreción posible de la proporción constitucionalmente exigida, pues la Norma suprema no contiene criterios de los que pueda inferirse esa medida; pero, tampoco le es posible renunciar a todo

3.5. Colisiones entre elementos

La posible colisión entre las distintas finalidades de la pena ya se puso sobre la mesa al hacer referencia en el apartado anterior a la integración de los fines de la pena como elemento de la comparación.

Cuando se integran los fines en la comparación, se da la situación de que una pena desproporcionada en relación con la gravedad del injusto culpable no será desproporcionada necesariamente, porque los fines también juegan un papel para determinar la pena, pudiendo matizar la adecuada al hecho hacia arriba o hacia abajo. Por tanto, no es habitual que haya un conflicto entre la proporcionalidad y los fines perseguidos, porque estos se integran en aquella.

Sin embargo, sí puede existir un conflicto entre los diversos elementos que integran la proporcionalidad. Esta cuestión no ha sido resuelta por todos los autores, pero entre los que sí lo han planteado hay variedad de respuestas: para algunos autores la finalidad de tutela es el criterio más importante, de manera que en caso de colisión será aquella la que prevalezca[780], y para otros ambos criterios deben tener el mismo peso[781].

---

control material sobre la pena ya que el ámbito de la legislación penal no es un ámbito constitucionalmente exento".

780 Así, CUERDA ARNAU, Mª Luisa (1998). "Aproximación al principio de proporcionalidad en Derecho penal", op. cit., afirma que como la proporcionalidad se entiende prioritariamente desde la finalidad de tutela, "no solo es posible, sino que resulta obligado estimar que lo legítimo es renunciar a la pena, u optar por otra menor, cuando de ese modo la finalidad de tutela quedase satisfecha". COBO DEL ROSAL, Manuel y VIVES ANTÓN, T. Salvador (1996). *Derecho penal, parte general*, op. cit., p. 71 (aunque no sostienen una postura de coste-beneficio, sino de finalidad estricta) afirman, como ya se ha señalado: "La pena proporcionada a la gravedad del delito será también, en abstracto, la adecuada a la finalidad de tutela. Mas pudiera suceder que, en el caso concreto, dicha finalidad quedara satisfecha con una pena menor e, incluso, sin pena alguna. En tal caso la proporcionalidad habría de ser entendida conforme a los requerimientos de la finalidad de tutela, que es el auténtico objeto de la ponderación, y no según la gravedad del delito, que es solo un criterio genérico para efectuarla. En este sentido vendría a confluir con la necesidad". Sin embargo, los autores no se plantean realmente qué sucedería si la finalidad de tutela requiriese de una pena mayor a la que impone la proporcionalidad con la gravedad del hecho, que sería el verdadero *quid* de la cuestión.

781 En este sentido, CARBONELL MATEU, Juan C. (1995). *Derecho penal: concepto y principios constitucionales*. Valencia: Tirant lo Blanch, pp. 203-205, para quien,

3.6. Valoración del análisis C-B y los fines de la pena como objeto de la comparación

La opinión defendida en este trabajo es que la proporcionalidad no debe ser una comparación medio-fin, sino una comparación de males. Incluir los fines de la pena es poco garantista porque no tenemos disponibles mecanismos para integrarlos en la comparación (no hay datos empíricos disponibles sobre la consecución de los fines de la pena); hay disenso sobre los fines a perseguir, por lo que es poco coherente con la seguridad jurídica incluirlos en la determinación de la pena, y la comparación es a futuro (pues la consecución de los fines no se ha alcanzado todavía con la imposición de la pena, por lo que es incognoscible e independiente de la gravedad del hecho realizado).

3.6.1. Abstracción de la comparativa y garantías

La comparación de la proporcionalidad de las penas es intrínsecamente abstracta[782]. Al incluirse en el balance global de costes y beneficios la referencia a la gravedad de la pena y a la gravedad del delito (si bien en clave positiva), no se puede decir que esta concepción y la de estricta relación entre gravedad del delito y de la pena sean absolutamente diferentes. La diferencia es que el esquema global incluye elementos adicionales.

Señala, en este sentido, Prieto del Pino que el principio de proporcionalidad en sentido estricto se predica de la relación entre el medio y el fin perseguido (aunque ella misma aclara "su intervención ha de

---

por razones de justicia y de eficacia, la pena no debe ser mayor que la que merezca la gravedad de la conducta ni que la necesaria para la obtención de la tutela del bien jurídico.

[782] En la STC 62/1982, de 15 de octubre, la Sala primera afirma, en este sentido, en relación con el principio de proporcionalidad penal: "La Sala no ignora la dificultad de aplicar en un caso concreto un principio general del Derecho que, dada su formulación como concepto jurídico indeterminado, permite un margen de apreciación" (Tribunal Constitucional. Sala Primera. Sentencia 62/1982, de 15 de octubre. Ponente: D. Rafael Gómez-Ferrer Morant).

guardar relación con la gravedad del ilícito que reprime"[783]). Según la autora, puede obedecer la desproporción entre medio y fin a distintas causas: que la finalidad buscada sea inadmisible o inútil desde la perspectiva del interés público; que pese sobre el medio empleado una prohibición de uso; o, lo más habitual, que exista una desproporción entre la medida empleada (la pena) y el objetivo (finalidad)[784].

Sin embargo, es difícil plantearse cómo funciona esta difícil conjunción de tres elementos, ¿cómo se compara a la vez la gravedad del delito con los beneficios (potenciales, siempre, como máximo) que se van a obtener con la pena, con la gravedad de la misma?, ¿qué finalidades se tendrán en cuestión?, ¿con qué datos contamos para medirlas?

a) ¿Qué fines? El eterno desacuerdo

En la doctrina no hay acuerdo en relación con los fines que se pueden perseguir a través del Derecho penal, existiendo multiplicidad de posiciones en relación con las finalidades preventivas, con la retribución y las posiciones mixtas. La jurisprudencia tampoco es unánime, aceptando diversas finalidades, más allá de la resocialización a cuya orientación apunta la propia Constitución. El disenso sobre los fines a alcanzar hace poco garantista incluirlos en la comparación, ya que no se puede asegurar su contenido, su previsibilidad ni la estabilidad de los mismos.

b) ¿Qué datos? La falta de contrastación y la imposibilidad actual de la misma

En la doctrina, las posiciones que defienden la ponderación de los fines de la pena en la proporcionalidad, las plantean, bien como fines a los que aspirar, bien como como objetivos a asegurar. Pues bien, para tenerlos en cuenta en la comparación, la inclusión de los

---

783 PRIETO DEL PINO, Ana Mª (2016). "Los contenidos de racionalidad del principio de proporcionalidad en sentido amplio: el principio de subsidiariedad", op. cit., pp. 282 y ss.

784 Ibídem.

fines debería estar basada en datos empíricos, de los que, sin embargo, ni se dispone[785] ni se prevé que se vaya a disponer ni siquiera a largo plazo[786].

Por una parte, por la heterogeneidad de los efectos comparados[787]: se compara la potencial obtención de un beneficio para un fin preventivo X, unida al potencial beneficio para la protección del bien jurídico en relación con la gravedad de la conducta tipificada con los perjuicios que el establecimiento del tipo penal puede producir (para el penado o la sociedad, ya sea por efecto desaliento o elevados costes económicos).

Se debe abogar, en fin, por una simplificación de los factores a tener en cuenta para conseguir mayor racionalidad y seguridad jurídica[788], así como más garantías para los derechos individuales y mayor respeto a la justicia.

c) ¿Castigo por fines futuros?, ¿por efectos ajenos al injusto culpable?

En relación con las finalidades preventivas, plantean problemas específicos cuando su valoración se introduce en la determinación de la pena, colisionando con derechos fundamentales porque la pena

---

785 Existen algunos estudios en el ámbito estadounidense, en particular diseñados por Robinson y sus colaboradores, pero son estudios muy concretos, centrados en un momento particular y en un lugar específico, que no se repiten y que se refieren a las percepciones ciudadanas del derecho penal (que no deja de ser importante, pero que no es suficiente para justificar la inclusión de los fines en la determinación de la medida de la pena). *Vid.* ROBINSON, Paul H. y KURZBAN, Robert (2007). "Concordance and Conflict in Intuitions of Justice" *Minnesota Law Review.* 654; ROBINSON, Paul H. y CAHILL, Michael T. (2005). *Law without Justice.* Oxford: OUP. También *vid.* los estudios del CLRG acerca de la percepción del Sistema de penas en New Jersey y Pennsylvania: CLRG (2011). *Report On Offense Grading In New Jersey.* Philadelphia: Penn Law; CLRG (2009). *Report On Offense Grading In Pennsylvania,* Philadelphia: Penn Law.

786 Precisamente, uno de los objetivos de quien escribe este trabajo es diseñar (a medio plazo) desde la perspectiva del análisis politológico un proyecto europeo en el que se estudie la eficacia de determinados delitos, pero su objeto debe ser muy restringido para que sea practicable.

787 En este sentido, NAVARRO FRÍAS, Irene (2010). "El principio de proporcionalidad en sentido estricto…", op. cit., p. 12.

788 Ibídem, p. 328

adecuada a la prevención puede ser desproporciona con la gravedad del delito[789]. Lo mismo se puede predicar de una pena adecuada a la retribución, según el contenido que se asigne al merecimiento (por ejemplo, si responde a la perspectiva de merecimiento empírico defendida por Robinson, dependerá de las demandas sociales la pena que deba imponerse al delito, lo que se puede oponer a la pena objetivamente proporcionada con la gravedad del delito).

A ello, además, se le añadiría otra crítica: la valoración de circunstancias ajenas al injusto culpable *contra reo* y, con ello, la vulneración del principio de culpabilidad por infringirse el de responsabilidad por el hecho. En el caso de la prevención especial, esta crítica también será de aplicación siempre y cuando se valoren circunstancias relativas al carácter o forma de vida (propias de un derecho penal de autor), e incluso la personalidad —si es ajena al delito— para determinar la pena (graduándola).

---

789 DEMETRIO CRESPO, Eduardo. (1999). *Prevención general e individualización de la pena*, op. cit., p. 35, considera que la prevención general no es un fin lícito en la individualización de la pena, entre otros motivos, por la violación de los derechos fundamentales a la igualdad, dignidad y el derecho a la resocialización, y por la ausencia de pruebas empíricas sobre la eficacia de la agravación o determinación de la pena de acuerdo con criterios de prevención general. El autor añade la cuestión de la doble valoración de los elementos del tipo, que entiendo habrían sido tenidos en cuenta ya en la conminación legal al incluirse en ese estado previsiones de prevención general. En relación con la prevención general positiva, entiende que es peligroso determinar la pena con el objeto de estabilización de la conciencia jurídica de la población, pues puede determinar penas que exceden el principio de culpabilidad. Para DEMETRIO CRESPO, Eduardo. (1999). *Prevención general e individualización de la pena*, op. cit., pp. 290-291, introducir la prevención general como factor final de la individualización judicial de la pena es también inadmisible, porque se habría tenido previamente en cuenta al determinarse la pena a nivel legislativo y se infringiría la prohibición de doble valoración. Para QUINTERO OLIVARES, Gonzalo (1978). "Determinación de la pena y política criminal", *CPC* n° 44, p. 66, la defensa de las garantías del Estado de Derecho implica el rechazo de que la prevención general pueda fundamentar o aumentar la cuantía de castigo penal imponible a un sujeto por un ilícito concreto. En este trabajo se estima que, en cualquier caso, al determinar la pena en ninguna de las dos fases (legislativa y judicial), debe tenerse en cuenta el criterio preventivo, que sí se debe tener en consideración en la decisión de criminalización de las conductas de acuerdo con el principio de proporcionalidad en sentido amplio (idoneidad y necesidad).

A ello se añade el hecho de que la consecución de las finalidades de uno u otro tipo sea una valoración a futuro, y, con ello, inconmensurable e independiente de la conducta delictiva del sujeto, razón por la que es injusto que se determine su pena de acuerdo con esas finalidades.

3.6.2. Posibles contradicciones con la pena ajustada al hecho

Afirma Lascuraín Sánchez que unir factores relativos a las finalidades de la pena al juicio de comparación no hace que se pierda el carácter garantista del principio, porque siendo "tanto los costes de aplicación como el grado de coercibilidad del propio precepto son normalmente homogéneos. Cuando por excepción no lo son —en penas imaginarias de elevado coste aplicativo, o en preceptos que sancionan conductas que inicialmente suponen el ejercicio de un derecho fundamental o la cercanía al mismo, o en preceptos que imponen gravosas prevenciones a amplios sectores de la población—, ello redundará, en garantía de quien pueda resultar penado, en los perjuicios que irroga la norma y empujará hacia abajo la pena imponible que quiera resultar internamente proporcionada"[790]. Sin embargo, no existen datos reales sobre los datos mencionados, y se estaría basando una situación deontológica (de cómo se debe medir la pena) en una fáctica (en los datos prácticos).

Algunos autores se han opuesto a la consideración de las finalidades de la pena dentro del objeto de la proporcionalidad. Silva Sánchez, centrado en el análisis de la prevención general positiva como objeto de proporción, considera que la proporcionalidad determinada a través de la convicción social del momento acerca de la sanción proporcionada (esto es, la que favorece la eficacia de la prevención general positiva), quedaría privada de todo potencial crítico y de las garantías propias del marco constitucional: "el principio de proporcionalidad constituye hoy por hoy uno de los contrapuntos decisivos

---

[790] LASCURAÍN SÁNCHEZ, Juan A. (1998). "La proporcionalidad de la norma penal", op. cit., pp. 174-175.

de la tendencia generalizada a una legislación penal expansiva, movida, en general, por necesidades preventivas"[791].

También Jareño Leal sostiene que la proporcionalidad es un principio constitucional cuyo contenido no se deriva las diferentes concepciones teóricas sobre los fines de la pena, sino al revés. Es decir, con independencia del fin de la pena que se persiga, este encuentra su límite en la proporcionalidad[792]. De igual modo, afirma Viganò: "*Né rappresenta un'impresa impossibile la combinazione tra una giustificazione di natura preventiva —e pertanto utilitaristica— della pena, e il riconoscimento di un limite rappresentato dall'esigenza che la pena medesima si mantenga entro un rapporto di proporzionalità rispetto al reato*"[793] ("tampoco es una tarea imposible combinar la justificación del carácter preventivo —y, por tanto, utilitario— de la pena, con el reconocimiento de un límite representado por la necesidad de que la propia pena se mantenga dentro de una relación de proporcionalidad con el delito"). En cambio, para el autor sí se pierde el carácter garantista del principio cuando se centra su contenido en que la pena sea funcional a finalidades preventivas generales o especiales[794].

Por respeto al principio de justicia, legalidad[795], al de culpabilidad, y al de responsabilidad por el hecho, no se puede admitir que se persigan finalidades preventivas futuras e instrumentales al determinar la pena, pues implicaría justificar la pena sobre la base de elementos que no se encuentran en la ley, y que son ajenos al injusto culpable cometido.

---

791 SILVA SÁNCHEZ, Jesús Mª (1992). *Aproximación al Derecho penal*, op. cit., pp. 280-281.

792 JAREÑO LEAL, Ángeles (1994). *La pena privativa de libertad por impago de multa*. Madrid: Civitas, p. 188.

793 VIGANÒ, Francesco (2021). *La proporzionalità della pena*, op. cit., p. 158, quien a continuación afirma que el límite de la personalidad está pensado como de naturaleza tanto deontológica —por derivarse del respeto a la persona— como estructural —por ser dependiente de confiar en la lógica de la sanción por el hecho cometido— ("*un limite, questo, pensato come di natura assieme deontologica (in quanto legato al rpincipiode l rispetto a la persona umana) e strutturale (perchè dipendente dalla scelta di affidarsi a lla logica della sanzione per il fatto comesso*").

794 VIGANÒ, Francesco (2021). *La proporzionalità della pena*, op. cit., p. 124.

795 En este sentido, también BASSO, Gonzalo (2019). *Determinación judicial de la pena y proporcionalidad con el hecho*, op. cit., p. 330.

Además, hay que tener en cuenta que los objetivos de prevención pueden oponerse a la proporcionalidad del hecho[796], razón por la que autores como Demetrio Crespo proponen que la proporcionalidad entre delito y pena se configure como el límite de toda finalidad preventivo-general[797].

La búsqueda de efectos preventivos en la determinación de la pena proporcionada supondría el tratamiento del sujeto como medio de la política criminal, contraviniendo el art. 10 CE y con ello el art. 3 CEDH[798], pudiendo también vulnerar el derecho fundamental a la igualdad (pues según el juzgador considere o no la prevención general como efecto individualizador, la pena para un mismo injusto culpable podría variar). Parece, por tanto, muy correcto estimar la ilicitud de la introducción de la prevención dentro de la ponderación de la proporcionalidad penal, se produce tanto si se rebasa el límite de la culpabilidad, como si simplemente no se rebasa la culpabilidad, pero se determina la pena conforme a criterios de prevención general[799].

Incluso si, por motivos de eficacia[800], se requiriese que la pena fuese proporcionada (cuestión que, ya se ha dicho, no está probada), de ello no se deduce que la finalidad —de prevención, retribución, etc.— deba ser incluida en la ponderación.

Si los objetivos preventivos o de retribución se llevan al extremo se incrementarán las penas sin tener en cuenta la proporcionalidad en sentido estricto, especialmente cuando el legislador penal considera

---

796 En este sentido, AGUADO CORREA, Teresa (1999). *El principio de proporcionalidad en derecho penal*, op. cit., pp. 301 y ss.

797 DEMETRIO CRESPO, Eduardo. (1999). *Prevención general e individualización de la pena*, op. cit., pp. 337 y ss.

798 Ibídem, p. 142, Capítulo 5 (pp. 215-265, esp. 252-265).

799 Enfocado en la prevención general, lo afirma DEMETRIO CRESPO, Eduardo. (1999). *Prevención general e individualización de la pena*, op. cit., p. 142.

800 Para DEMETRIO CRESPO, Eduardo. (1999). *Prevención general e individualización de la pena*, op. cit., p. 328, los razonamientos empíricos condicionan los de legitimación axiológica, porque se considera que la eficiencia es requisito de legitimidad del Derecho penal, pero que los razonamientos empíricos no pueden negar por sí mismos argumentos axiológicos de deslegitimación, ya que la eficacia no es suficiente para determinar la legitimidad de las normas penales (es una condición necesaria pero no suficiente).

el impacto sobre la opinión publicada[801], ya que el fin (prevención, retribución) no puede justificar los medios injustos por desproporcionados con el delito del condenado[802]. En fin, tendría un carácter intrínsecamente injusto la pena desproporcionada que, por ser útil tuviese que sufrir un condenado[803].

La valoración en ambas sedes —legislativa y judicial— de la gravedad del delito para determinar la pena no plantea problemas, pues la valoración de la gravedad en el ámbito judicial sólo tendría por objetivo concretar en qué punto del marco de gravedad contemplado por el tipo se ubicaría la pena.

Ello, unido a que, incluso si fuera cierto, de lo empírico no se puede extraer lo deontológico "sin más", hace que no se pueda extraer de la potencial (no probada) eficacia de la pena el fundamento de la proporcionalidad.

3.6.3. Vínculos de la pena ajustada al hecho con la retribución

Parte de la doctrina critica la reducción del principio de proporcionalidad a una mera comparación entre gravedad del delito y de la pena. Esta crítica tiene su foco en el entorno de países de Derecho continental, que es donde ha triunfado principalmente una concepción de la proporcionalidad de la pena en sentido estricto vinculada a la concepción consecuencialista o de las finalidades de aquella, introduciendo una visión prospectiva de la proporción.

Sin embargo, como sostienen autoras como Navarro Frías, el Derecho penal y la pena miran, en buena medida, hacia el pasado y no hacia el futuro: "en el caso del legislador hacia las conductas que ha tipificado (o que va a tipificar), para lograr un adecuado equilibrio del concreto precepto jurídico-penal; y en el caso del juez hacia el

---

801 AGUADO CORREA, Teresa (1999). *El principio de proporcionalidad en derecho penal*, op. cit., pp. 302 y ss.

802 PASCUAL MATELLÁN, Laura (2020). "Hacia un prevencionismo sin límites. la apuesta por la disuasión concentrada", op. cit., p. 23.

803 VIGANÒ, Francesco (2021). *La proporzionalità della pena*, op. cit., p. 152.

concreto hecho delictivo cometido"[804]. No exclusivamente —puede haber consideraciones ajenas a la estricta gravedad del hecho que reduzcan la pena, como se verá al estudiar los elementos sistemáticos que integran la proporcionalidad cardinal, y al estudiar las desviaciones admisibles de la proporción— pero sí primordialmente. Y ello porque la pena es una reacción jurídico-penal; la sanción es un efecto previsto en una norma secundaria para los supuestos de infracción de una norma primaria.

Debe establecerse una distinción clara con el sentido del principio de proporcionalidad en el Derecho administrativo, ligado al control de las políticas públicas, prestación y planificación nació ligado a la actividad de las políticas públicas como canon de control de la intervención administrativa[805]. El principio de proporcionalidad de las penas no debe jugar con las mismas reglas que las de previsiones administrativas no sancionadoras y, en consecuencia, no debe mirar al futuro, debiendo hacerlo hacia el pasado[806].

La lógica de las previsiones administrativas no sancionadoras es diferente: se aprueba la venta de un edificio público porque los beneficios superan los perjuicios para el servicio público que se prestaba en el mismo, o se deniega la autorización de la construcción de un parque de viviendas en un terreno protegido porque los perjuicios para el medioambiente son mayores que los beneficios para la disponibilidad de vivienda, etc. Se mira hacia el futuro porque se comparan daños potenciales con beneficios potenciales concretos. Empero, la perspectiva de la proporcionalidad de las penas es eminentemente retrospectiva, en fin, porque no mira a beneficios y costes, sino que se legisla sobre la sanción penal de hechos dañinos para bienes jurídicos protegidos penalmente y se castiga penalmente a quienes han cometido esos hechos perjudiciales.

---

804 NAVARRO FRÍAS, Irene (2010). "El principio de proporcionalidad en sentido estricto…", op. cit., p. 10. También en este sentido VIGANÒ, Francesco (2021). *La proporzionalità della pena*, op. cit., pp. 126 y ss.

805 BARNÉS, Javier (1994). "Introducción al principio de proporcionalidad en el Derecho comparado y comunitario", *Revista de administración pública*, nº 135, p. 501.

806 Ibídem, pp. 10 y ss.

En resumen, tratándose la pena del componente fundamental de una norma secundaria es lógico que deba tener carácter retrospectivo. Se atiende a la estructura interna del precepto penal (al equilibrio entre la primaria y la secundaria)[807].

Pero además se trata de una norma especialmente grave porque protege las lesiones más graves a los bienes jurídicos restringiendo (principalmente) el derecho fundamental a la libertad. Y dada su gravedad, con mayor vigor debe insistirse en el carácter necesariamente retrospectivo de la sanción. Una sanción penal que no tenga en cuenta lo realizado en el injusto culpable sí estaría vulnerando claramente la dignidad de la persona.

Parte de la doctrina critica el principio de proporcionalidad penal en sentido estricto configurado como una estricta relación entre gravedad del delito y gravedad de la pena al considerar que responde a concepciones retributivas de la pena. En este sentido, por ejemplo, Lopera Mesa afirma que la comparación de los dos males reafirma una lógica retributiva ya superada[808].

Sin embargo, de lo analizado en el anterior punto no se deriva, sin embargo, que el principio proporcionalidad de las penas responda a una lógica retributiva. De hecho, tal y como se concibe la retribución (como fundamentalmente basada en el merecimiento moral del sujeto de una respuesta negativa), el principio de proporcionalidad precisamente persigue restringir ese efecto de respuesta moral al mínimo necesario. El principio de proporcionalidad de las penas persigue, por todo ello, restringir el ámbito de aplicación del Derecho penal, que criminaliza conductas sobre la base de teorías absolutas o relativas. Para todas ellas, el principio de proporcionalidad estricta se configura como un límite. En efecto, es posible entender que la finalidad del Derecho penal (al criminalizar ciertas conductas) es preventiva (preventivo-general y/o especial) —lo que se refleja en los principios de idoneidad y de necesidad— pero que la pena encuentra su límite en la proporción con la gravedad del delito.

807 Ibídem, p. 12.

808 LOPERA MESA, Gloria P. (2010). "Posibilidades y límites del principio de proporcionalidad como instrumento de control del legislador penal", op. cit., PP. 115 y ss.

En el mismo sentido, afirma Navarro Frías: "la finalidad del Derecho penal no tiene que ver sólo con la protección de bienes jurídicos por parte del Estado (fin preventivo), sino también con la protección de bienes jurídicos *frente* al Estado[809]". De este modo, la proporcionalidad se convierte en un fin en sí misma, el de maximizar las libertades (también frente a la acción del Estado)[810]. Se sigue así la argumentación de Silva Sánchez cuando este afirma que los límites del Derecho penal son en realidad fines si se entiende que el Derecho penal se justifica por el cumplimiento de ciertas finalidades garantistas[811].

3.6.4. Conclusiones sobre los fines de la pena y su determinación en el objeto de la comparación

Como indica Gardner, la afirmación extendida de que la pena impuesta por una condena penal debe ser proporcionada al delito carece de contenido concreto. En efecto, dependerá de la concepción sobre las nociones del delito y la especificación de sus ejes de gravedad cómo se configure[812].

Se comenzaba este apartado sobre el objeto de la proporción afirmando que se parte de que la proporcionalidad es un concepto relacional. Esta afirmación debe ser completada señalando que la proporcionalidad es una noción relacional en la que se vinculan solamente dos magnitudes: la gravedad del delito y la gravedad de la pena (contra lo que opina la doctrina mayoritaria continental —y española, en particular—).

---

809 NAVARRO FRÍAS, Irene (2010). "El principio de proporcionalidad en sentido estricto...", op. cit., p. 14.

810 Ibídem.

811 SILVA SÁNCHEZ, Jesús Mª (1992). *Aproximación al Derecho penal*, op. cit., p. 249.

812 GARDNER, John (2007). "Crime: In Proportion and in Perspective", op. cit., p. 14. De igual modo, aprecia BERMAN, Mitchell (2021). "Proportionality, Constraint and Culpability", op. cit., pp. 8 y ss. que algunos autores hacen referencias genéricas a la gravedad o seriedad del delito (una afirmación con carácter informativo y sin contenido); otros hacen alusión a elementos internos del agente, al daño producido, o a la culpa —entendida como responsabilidad personal y daño producido—; y también se hace alusión al elemento de censura por parte de otros autores.

La proporcionalidad en Derecho en general, y, en particular, la proporcionalidad de las penas es un principio difuso por definición. No se habla de una estricta relación matemática como la que se puede encontrar en las ciencias físicas, ni se trata de magnitudes que ya vengan dadas, sino que es el Derecho el que artificialmente genera los criterios y el resultado de implementarlos. Se hace referencia a comparación entre la gravedad de una pena (que ya plantea, en sí misma, dificultades para ser conmensurada dada la unidad de medida a emplear), y otros factores. Pues bien, de esos factores, precisamente introducir los fines de la pena o la comparación coste-beneficio determina la introducción de una todavía mayor imprecisión.

Se trata, además, de magnitudes que por ambiguas y difusas hacen más difícil la comparación. En fin, se estaría haciendo referencia a un proceso eminentemente valorativo, ya que se basa enteramente en la ponderación entre costes y beneficios para los derechos y la ciudadanía en general.

Se debe incluir, por tanto, la gravedad del delito (sobre la base de elementos objetivos, subjetivos y sistemáticos), pero no los fines de la pena en la comparación. En resumen, se rechaza la inclusión de los fines en la comparación, porque 1) se refieren a la necesidad e idoneidad de la pena (a la legitimación de la criminalización de una conducta), pero no a la determinación de la legitimidad de la pena y su cuantía; 2) si ya es abstracto y difícil de medir el principio de proporcionalidad, mucho más si se introducen en la medición factores no medidos o incluso inconmensurables o potenciales (no alcanzados); 3) no es justo que se mida la pena por los beneficios concretos que se van a (quizás) reportar al interno o a la sociedad, ya que eso no se corresponde con lo que el penado ha hecho y en consecuencia es absolutamente contrario al principio de responsabilidad por el hecho y la dignidad del reo (siendo utilizado en beneficio de la sociedad), y se estaría midiendo la pena por los efectos sobre otro/s (la sociedad) o sobre sí mismo —pero, seguro, de forma inconsentida (ningún penado o casi ninguno querría aumentar su pena para incrementar los efectos sobre sí mismo de resocialización o neutralización)—, y 4) es injustificado: seguramente los beneficios del sometimiento a la pena concreta por la persona condenada son prácticamente nulos, y la incidencia de la acción concreta del penado sobre la sociedad también. En cualquier caso, se carece de datos al respecto.

En dos sentidos la proporcionalidad de las penas es independiente de las finalidades: por una parte, en el sentido de que, como se ha dicho, no se deriva de estas —sino de exigencias constitucionales—; por otra parte, en el sentido de que las finalidades no deben formar parte del objeto de comparación. Sin embargo, las finalidades sí están relacionadas con la proporcionalidad de las penas en un tercer sentido: en el de que precisamente la proporcionalidad se configura como un límite a aquellas.

4. La estricta valoración de la gravedad del delito y sus elementos

4.1. Gravedad objetiva, subjetiva o ambas: discusión doctrinal

Como se ha dicho, en el entorno anglosajón se ignora la posibilidad de incluir la finalidad de la pena en el objeto de la ponderación, centrándose la discusión sobre cuáles son los elementos que integran la gravedad del delito, si la gravedad objetiva, la subjetiva o ambas —cuestión que también se discute en nuestro entorno—. Esta discusión sobre el objeto de la gravedad de la pena la resume Ferrajoli como dividida entre dos orientaciones. La objetivista (basada en el daño), y la subjetivista (basada en la culpabilidad)[813].

4.1.1. Gravedad objetiva (del delito)

Sobre los elementos que componen la gravedad del delito tampoco ha habido consenso históricamente.

La responsabilidad objetiva fue defendida por los estoicos, que pretendían persuadir de que todos los delitos eran igualmente graves, no haciendo distinción entre la muerte de un gallo y el asesinato[814].

---

[813] FERRAJOLI, Luigi (1995). *Derecho y razón*, op. cit., p. 399

[814] LARDIZÁBAL Y URIBEREN, Manuel (2001). *Discurso sobre las penas*, op. cit., p. 162.

Sin embargo, aunque hay inicios del rechazo de la responsabilidad objetiva el Derecho penal ya desde la romana Ley de las XII Tablas[815], ha sido difícil de despedir de nuestro ordenamiento penal (y su expulsión todavía hoy en día debe ser tomada *cum grano salis* —con escepticismo—)[816]. Pese a ello, hoy es consenso prácticamente unánime en la doctrina penal —a través de lo largo y ancho del globo— excluir la responsabilidad objetiva de este ámbito del Derecho. Se considera, de hecho, que la responsabilidad objetiva es contraria a la idea de proporcionalidad[817]. No obstante, residualmente algunos autores sólo se centran en elementos objetivos, externos al sujeto, considerando que la gravedad que interesa a la proporcionalidad es sólo la perturbación del orden civil con el que amenaza la conducta, o por el daño causado por el delito[818].

4.1.2. Gravedad subjetiva

El debate sobre los elementos objetivos y subjetivos de la gravedad del delito ya se planteó en la doctrina ilustrada. Según Beccaria, cuando se plantean por qué hay que castigar de modo diferente al que comete un delito y está loco y al que lo comete y está sano, dice el autor ilustrado que es "porque hace menor daño a la sociedad el loco que el sano [...] éste enseña a cometer delitos, y aquél no da otro ejemplo que el de su locura furiosa"[819]. Para Lardizábal no es esta la razón, sino que es parte de la gravedad del delito el grado de deliberación y conocimiento del sujeto al cometerlo, lo que determi-

---

815 QUINTERO OLIVARES, Gonzalo (1982). "Acto, resultado y proporcionalidad", *ADPCP*, T. 35, m. 2, p. 389.

816 Donde, de hecho, aún se pueden encontrar vestigios más o menos evidentes, como sucede con el delito de enaltecimiento del terrorismo, donde la jurisprudencia ha llegado a exigir una suerte de dolo "objetivo", que no se puede equiparar al dolo necesario para que exista gravedad subjetiva mínima en el tipo.

817 QUINTERO OLIVARES, Gonzalo (1982). "Acto, resultado y proporcionalidad", *ADPCP*, p. 389.

818 Así, DEIGH, John (2018). *From psychology to morality: essays in ethical naturalism.* New York: OUP, p. 232.

819 Recogido en LARDIZÁBAL Y URIBEREN, Manuel (2001). *Discurso sobre las penas*, Ibídem, pp. 101 y ss.

na que un delito hecho con plena deliberación y conocimiento deba ser más castigado que otro en el que no haya tanta deliberación[820].

En todo caso, el debate contemporáneo oscila principalmente acerca de si dentro de la proporcionalidad, la pena debe hacer referencia sólo a los elementos subjetivos (responsabilidad personal, culpabilidad, o ambos), o incluir también elementos de gravedad objetiva (incluyendo, por tanto, elementos relativos al desvalor asignado al resultado producido, por ejemplo). Lo cierto es que esta discusión es, hoy en día, minoritaria, ya que la gran generalidad de la doctrina, tanto en Derecho continental como anglosajón, entiende que el resultado importa a efectos penales. En particular, en el ámbito del Derecho continental, la consideración de que el injusto integra elementos objetivos y subjetivos (el *dolus bonus*) se relaciona con la inclusión de los elementos subjetivos en la gravedad del delito[821]. En el Derecho anglosajón, el resultado parece intrínseco a la idea de merecimiento que, para la práctica unanimidad de la doctrina, es fundamento de la pena.

4.1.3. Gravedad objetivo-subjetiva (del delincuente respecto al delito)

a) Contenido vacío de la mera referencia al merecimiento o seriedad del delito

Sin embargo, el debate todavía continúa, particularmente en el entorno del Derecho penal anglosajón[822]. En este ámbito, hay que tener en cuenta que —igual que sucede en nuestro entorno— muchos autores no hacen referencia a nada concreto, afirmando únicamente que la pena debe ser proporcional a la gravedad o seriedad del delito, pero se trata de afirmaciones que no son informativas si no se

---

[820] Ibídem. Ya Lardizábal recogía que para parte de la doctrina la medida de la gravedad del delito venía determinada por la malicia e intención del que la comete, si bien el propio autor pone en énfasis el peligro que entraña ceñir a elementos subjetivos la gravedad del delito (cuando los elementos subjetivos son variables y de difícil medición.

[821] Por todos, JAKOBS, Günter (2009). "Dolus bonus", *Indret*, 4/2009.

[822] BERMAN, Mitchell (2021). "Proportionality, Constraint and Culpability", op. cit., pp. 21 y ss.

les da un contenido más específico[823]. Incluso, dentro de los autores retribucionistas no se puede considerar que una referencia a que la pena debe ser proporcional al merecimiento negativo del sujeto, característica paradigmática de estas teorías[824] (porque también dependerá de cómo se defina el contenido de ese merecimiento[825] —por ejemplo, aunque Von Hirsch hace referencia a esa cuestión, no se puede afirmar que su perspectiva tenga únicamente en cuenta la gravedad de la responsabilidad subjetiva o culpabilidad del sujeto[826]—).

b) La defensa de la gravedad subjetiva: Ferzan, Alexander y Morse

Mas sí hay algunos autores que todavía defienden una perspectiva de proporcionalidad basada únicamente en los elementos subjetivos del autor. En concreto, hay autores que han defendido una interpretación de "culpabilidad" del principio de proporcionalidad ("*the 'blameworthiness interpretation' of the proportionality principle*", donde la pena se hace depender de las estimaciones o percepciones del sujeto

---

823 Ibídem, p. 4.

824 Así, ROBINSON, Paul H. (2020). "Mitigations: The Forgotten Side of the Proportionality Principle". Penn Faculty Scholarship. 2054, hace un gran énfasis en el merecimiento como base de la proporcionalidad (pero centrado tanto en el daño del injusto como en la culpabilidad) en el marco de su teoría del merecimiento empírico. También MAYSON, Sandra M. y STEVENSON, Megan T. (2020). "Misdemeanors by the numbers". *Boston College Law Review*, vol. 61 (3), *passim*, y MAYSON, Sandra M. (2020). "The Concept of Criminal Law", Op. Cit. ponen acento en la relación entre la proporcionalidad y el merecimiento del sujeto. Por su parte, FERZAN, Kimberly, ALEXANDER, Larry y MORSE, Stephen (2012), op. cit., afirman que la pena requiere proporcionalidad con el merecimiento del sujeto (lo que relacionan los autores con la culpabilidad, como se verá seguidamente).

825 Existe un debate sobre si el daño debe o no tenerse en cuenta para determinar la culpabilidad (y si sí, en qué medida), que plantea claramente BERMAN, Mitchell (2021). "Proportionality, Constraint and Culpability", op. cit., p. 21.

826 De opinión contraria BERMAN, Mitchell (2021). "Proportionality, Constraint and Culpability", op. cit., p. 4. Ni siquiera en el primer VON HIRSCH, Andrew (1994). *Censure and sanctions*. Oxford: OUP, p. 15, donde hacía referencia a la proporcionalidad de acuerdo con la culpabilidad de la conducta, pues después en la hace referencia a la conjunción de daño y culpabilidad como estándar de gravedad de la conducta (Ibídem, p. 29).

al cometer el ilícito[827]). Esta posición la defienden Ferzan, Alexander y Morse, para quienes el objeto del Derecho penal es "prevenir el daño, no compensar, rehabilitar ni inculcar la virtud", pero consideran que el daño es inmaterial[828]. El criterio para determinar el castigo de Alexander, Ferzan y Morse se basa, por todo ello, en las razones que tiene el autor y su capacidad y oportunidad para actuar y abstenerse de actuar[829]. Para ellos, que se basan en el merecimiento para asignar la pena, sólo la culpabilidad y no el daño resultante afecta al merecimiento, y, por tanto, a la cantidad de pena ("*only culpability, not resulting harm, affects desert*"[830]). Para ellos la culpabilidad[831] se entendería como un *continuum* que puede determinar aumentos y disminuciones de pena[832]. En fin, el merecimiento moral supone para ellos una razón válida para castigar[833] y que determina la pena.

Por todo ello, en el mundo anglosajón, la cuestión de los elementos de la proporcionalidad no deja de ser problemática, pese a dejar de lado los fines como objeto de la proporción[834]. Una tercera causa

---

827 *Vid.* GARDNER, John (2007). "Crime: In Proportion and in Perspective", op. cit., p. 18.

828 FERZAN, Kimberly, ALEXANDER, Larry y MORSE, Stephen (2012), op. cit., Capítulo 1. Por otra parte, para los autores no se castiga el carácter, sino la libertad de elección; no se castigan pensamientos, sino voluntades. Su enfoque se basa, en fin, en las razones y la oportunidad que tiene el autor para actuar o abstenerse de actuar (FERZAN, Kimberly, ALEXANDER, Larry y MORSE, Stephen (2012), op. cit., pp. 4 y ss.; 16 y ss.).

829 Ibídem.

830 FERZAN, Kimberly, ALEXANDER, Larry y MORSE, Stephen (2012), op. cit., Op. Cit., Capítulo 7 (pp. 172 y ss.). Ellos aclaran que el resultado importa, pero no al merecimiento moral, y por tanto tampoco a los efectos de determinar la pena (no importa si es tentativa o resultados acabados, etc.). Entre los autores, Ferzan y Morse parten de una visión del determinismo "suave", mientras que para Morse la cuestión del determinismo no importa, porque las personas van a ser siempre moralmente responsables (Ibídem, pp. 14 y ss.).

831 Entendida como algo semejante al concepto de *dolus malus*, integrando tanto la responsabilidad subjetiva por el hecho como la categoría de culpabilidad estricta y entendida (FERZAN, Kimberly, ALEXANDER, Larry y MORSE, Stephen (2012), op. cit., Capítulos 3 y 4).

832 Ibídem, Capítulos 3 y 4.

833 Ibídem, Capítulo 4.

834 Una de las causas es la confusión terminológica y ambigüedad propia de muchos de los conceptos que se integran como objeto posible de la proporción: merecimiento (*desert*) y culpabilidad (que se traduce con nociones a las que a veces

de esta cuestión se puede encontrar en la cantidad de formas que pueden existir para determinar la culpabilidad.

c) Doctrina mayoritaria

Sin embargo, la mayoría de los autores, también en el entorno anglosajón hacen alusión a una amalgama entre la lesividad de la conducta y la culpabilidad[835]. Hart afirma que la medida de la proporcionalidad no (solo) debe basarse en la malicia subjetiva del sujeto sino también en el daño[836]. También Gardner afirma que los elementos subjetivos siempre se refieren a una acción (por lo que el daño se debe tener en cuenta en la culpabilidad)[837]. De igual modo, para Von Hirsch y Jareborg la gravedad del delito (que determina la gravedad de la pena, tiene dos elementos principales: el grado de dañosidad de la conducta y el grado de culpabilidad del autor). El daño se refe-

se les da contenido idéntico, pero en otras ocasiones diverso: *blameworthiness* y *culpability*; y que también se relaciona con la noción de falta o culpa —*fault*—). *Vid.*, por todos, BERMAN, Mitchell (2021). "Proportionality, Constraint and Culpability", op. cit., pp. 16 y ss., donde plantea el problema de las distintas nociones y también se proponen definiciones para clarificar la cuestión. Así, la exposición de Berman se puede resumir como sigue: *desert* (merecimiento) hace referencia a una razón especial o estricta en virtud de la conducta de un sujeto, por la que le corresponde un tratamiento; el *negative desert* (merecimiento negativo) haría alusión a la correspondencia de un tratamiento negativo a un sujeto por una conducta culpable; la *culpability* (culpabilidad) hace referencia a la insuficiente consideración del sujeto por los intereses de los demás, que determina que su voluntad sea moralmente objetable; la *blameworthiness* (traducible también como culpabilidad) hace referencia a que un sujeto tiene la culpa de una determinada conducta, evento o estado; y *fault* (culpa) haría referencia a que el sujeto ha realizado una conducta, permitido que ocurra un hecho o provocado un estado al incumplir un estándar razonable. Para el autor el merecimiento determina un límite más estricto que el de la culpabilidad (ya que es posible que las conductas merecidas por el sujeto sean menos que las que son proporcionales con la culpabilidad), y la culpabilidad (*blameworthiness*) plantea también una situación semejante.

835 DUFF, R. Antony (2001) Punishment, communication, and community, Oxford: OUP, p. 135 afirma que la gravedad de la conducta usualmente tiene en cuenta la función de daño y culpabilidad.

836 HART, Herbert L. A. (1968). *Punishment and responsibility*. New York: OUP, p. 234.

837 GARDNER, John (2007). "Crime: In Proportion and in Perspective", op. cit., p. 18.

riría al menoscabo realizado o el riesgo de este generado por el acto, y la culpabilidad se referiría a los factores de intención, motivación y circunstancias que determinan el grado de responsabilidad al que se debe someter al sujeto[838].

En general, en el ámbito del Derecho penal de los sistemas de Derecho común, se asume que la proporcionalidad del principio de proporcionalidad de las penas se predica de la gravedad del ilícito penal cometido, entendiendo que integra todos los elementos del injusto culpable (incluyendo los relativos al tipo objetivo y los relativos al tipo subjetivo)[839].

4.1.3. Toma de postura

Como ya afirmó Quintero Olivares, "ni el voluntarismo puro ni el objetivismo a ultranza resuelven satisfactoriamente el problema penal"[840]. En este sentido, aquí se entiende que la exclusión de la responsabilidad objetiva lleva a la necesidad de incorporar un elemento subjetivo de gravedad (de dolo o de imprudencia) en la ponderación. Al mismo tiempo, la afirmación de que el Derecho penal sólo tiene legitimidad para intervenir ante los hechos más lesivos de bienes jurídicos —dada su gravedad— requiere de la introducción de elementos objetivos de gravedad en la ponderación.

4.2. Gravedad del delito y sus elementos

La doctrina mayoritaria en España, como se ha dicho, estima que la proporcionalidad de la pena se debe determinar de acuerdo con

---

838 VON HIRSCH, Andrew (1991). "Gauging criminal harm: A living-standard analysis", Op., pp. 2-3. También en VON HIRSCH, Andrew (1992). "Proportionality in the Philosophy of Punishment", op. cit., p. 81.

839 Así, por ejemplo, CEREZO MIR, José (2005). *Curso de Derecho penal español*, op. cit., T. 1p. 30, considera que la gravedad del delito incluye la medida de lo ilícito y la culpabilidad y más recientemente MUÑOZ CONDE, Francisco y GARCÍA ARÁN, Mercedes (2019). *Derecho penal, parte general*. Valencia: Tirant lo Blanch, p. 285.

840 QUINTERO OLIVARES, Gonzalo (1982). "Acto, resultado y proporcionalidad", op. cit., p. 386.

la gravedad del injusto objetivo y subjetivo, y sobre la base de la gravedad de la acción y del resultado producido[841].

En este sentido, afirma Quintero Olivares que, si la pena gravita de modo casi exclusivo sobre el significado del acto o del resultado, entonces habrá una grave falta de proporcionalidad, y si sólo orbita alrededor de uno de los dos aspectos (como un acto disvalioso sin resultado, por ejemplo), adolecerá de irracionalidad e injusticia comparativa entre los hechos punibles[842]. La protección de los bienes jurídicos requiere el desvalor de actos, pero también de resultados, pues es la conjunción de ambos factores la que determina la potencial ofensa a bienes jurídicos[843] que justifica la gravedad de la actuación y con ello la intervención penal y su dimensión[844].

De acuerdo con Demetrio Crespo, se ha de determinar la gravedad de acuerdo con la entidad del hecho y resultado descritos en el tipo, que se identifican con el injusto[845]. En opinión de Zúñiga Rodríguez, el principio de proporcionalidad hace referencia a que el sacrificio que se impone al derecho debe guardar una proporción o equilibrio con los bienes jurídicos que se pretende salvaguardar[846].

Para Bustos Ramírez, el desvalor de acción debe completarse en la antijuridicidad con el desvalor del resultado, considerándose la

---

841 DEMETRIO CRESPO, Eduardo. (1999). *Prevención general e individualización de la pena*, op. cit., pp. 289 y ss. se ha detenido de modo especial en el análisis del criterio de la gravedad del hecho como factor real de la individualización de la pena y para la graduabilidad del injusto, afirmando que es necesario dar contenido a la afirmación de que la medida de la culpabilidad por el hecho depende del contenido de injusto del hecho penal individual, lo que requiere valorar los fundamentos reales de individualización relevantes en el injusto, ponderarlos y ordenar el injusto individual en el marco típico. Para determinar la gravedad del hecho es inevitable acudir a la teoría jurídica del delito, determinando las penalidades diferentes de acuerdo con los grados de antijuridicidad y responsabilidad (Ibídem, p. 137).

842 Ibídem, p. 388.

843 QUINTERO OLIVARES, Gonzalo (1982). "Acto, resultado y proporcionalidad", op. cit.

844 Ibídem.

845 DEMETRIO CRESPO, Eduardo. (1999). *Prevención general e individualización de la pena*, op. cit., p. 302.

846 ZÚÑIGA RODRÍGUEZ, Laura (2001). *Política criminal*, op. cit., p. 58.

situación objetiva en que se ha lesionado o puesto en peligro un bien jurídico[847]. En este sentido, afirmaba Bricola que la lesividad necesaria de todo delito es lo que impide en nuestro sistema la disolución de la dogmática general del delito en una dogmática del reo (se diría hoy: la gravedad mínima de la pena exigida por la proporcionalidad estricta es garantía de un Derecho penal del hecho)[848]. Para Aguado Correa, en cambio, la gravedad de la pena ha de ser proporcional a la gravedad del hecho antijurídico —a la gravedad del injusto— siendo fundamental la gravedad intrínseca del hecho (desvalor de acción y desvalor de resultado)[849].

En todo caso, lo que es innegable es que, como considera García Arán, el contenido de la gravedad del hecho depende de la relación descrita en el tipo, relativo a las modalidades de comisión, la afectación al bien jurídico, etc.[850]. Se debe recurrir a los conceptos esenciales del concepto de injusto: acción y resultado. Para la determinación final de pena se deben deducir del suceso todos los hechos que influyen en la valoración.

Aquí se considera que son elementos determinantes de la gravedad del hecho: la gravedad del resultado (que incluye la importancia del bien jurídico afectado, el grado de lesión o peligro, el número de bienes implicados, la reparación del daño y el grado de ejecución), la gravedad de la acción (que incluye el desvalor subjetivo del hecho, y el nivel de participación del sujeto), y los elementos sistemáticos que se identifican para atenuar la gravedad de la pena. Con todo ello se permite integrar las exigencias del principio de lesividad en la proporcionalidad de las penas.

---

847 BUSTOS RAMÍREZ, Juan (1974). "Consideraciones entorno del injusto", *Nuevo pensamiento penal*, 3, pp. 41 y ss.

848 BRICOLA, Franco (2012). *Teoría general del delito*, op. cit., p. 132. Bricola también hace una defensa de la concepción material del ilícito penal basada en la Constitución, señalando que para la garantía de libertad moral de los individuos frente a delitos que impongan un deber de fidelidad (no evidente o encubierto, en ocasiones), se debe exigir que concurra un contenido realmente ofensivo en el delito en cuestión (Ibídem, p. 323).

849 AGUADO CORREA, Teresa (1999). *El principio de proporcionalidad en derecho penal*, op. cit., p. 285.

850 GARCÍA ARÁN, Mercedes (1982). *Los criterios de determinación de la pena en derecho español*, op. cit., p. 217.

4.2.1. El bien jurídico protegido como criterio objetivo de gravedad

a) El bien jurídico protegido como criterio de determinación de la gravedad

Binding identificó el bien jurídico con los objetos que merecen protección para el legislador (aunque no pretendía atribuirle la función de límite del *ius puniendi*)[851]. Von Liszt intentó brindar ese carácter material y limitador a la noción de bien jurídico, bajo la consideración de que, si bien se trataba de una realidad social previa al Derecho, no se convertía en bien jurídico hasta que no era protegido por él[852]. A partir de Birnbaum, se trata de hacer frente, a través de la noción de bien jurídico, a la concepción del delito como derecho subjetivo natural de la persona[853]. De este modo, el concepto de bien jurídico cambia el paradigma del Derecho penal, que deja de estar centrado sobre la actitud moral del sujeto y pasa a estar centrado en el objeto de protección del derecho penal y en las relaciones sociales concretas de la vida social[854].

Autores como Cerezo Mir (por seguir a Welzel, y este a Von Liszt), mantuvieron una noción todavía formal de bien jurídico ("todo bien, situación o relación deseados y protegidos por el Derecho"[855]). Sin embargo, la doctrina mayoritaria afirma que la función garantista del bien jurídico requiere que se le dote de un contenido cierto, como un concepto material y no sólo formal, con carácter pre-jurídico[856].

851 BUSTOS RAMÍREZ, Juan (2019). "Los bienes jurídicos colectivos", *Revista de Derecho penal*, 27, p. 467.

852 *Vid.* el análisis de MIR PUIG, Santiago (1976). *Introducción a las bases del Derecho penal.* Op. Cit., p. 268; también OCTAVIO DE TOLEDO Y UBIETO, Emilio (1990). "Función y límites del principio de protección exclusiva de bienes jurídicos", op. cit., pp. 12 y ss.; OCTAVIO DE TOLEDO Y UBIETO, Emilio (1981). Op. Cit., pp. 336 y ss.

853 GARCÍA ARROYO, Cristina (2022). "Sobre el concepto de bien jurídico", *RECPyC*, 24-12, p. 6; AGUADO CORREA, Teresa (1999). *El principio de proporcionalidad en derecho penal*, op. cit., p. 171.

854 Ibídem. Ello conllevó la tendencia a hacer hincapié únicamente en el desvalor de resultado.

855 CEREZO MIR, José (2005). *Curso de Derecho penal español*, op. cit., pp. 13 y ss. (los define como bienes vitales para el individuo o la comunidad que, por su importancia social, son protegidos por el Derecho penal).

856 MUÑOZ CONDE, Francisco y GARCÍA ARÁN, Mercedes (2019). *Derecho penal, parte general*, op. cit., p. 58; MIR PUIG, Santiago (2003). *Introducción a las bases*

Los teóricos del nazismo habían pretendido la eliminación del concepto de bien jurídico, considerando que era un producto de ideas como el positivismo y liberalismo, contrarias al espíritu del pueblo alemán[857], aunque después adoptaron la noción de bien jurídico[858] —intensificando, particularmente, el ámbito de los bienes jurídicos colectivos[859]— y la adaptaron a su concepción, razón por la que su potencial de garantía ha sido criticado por muchos autores.

La noción del bien jurídico ha sido criticada, por una parte, por estar demasiado centrada en el individuo, como resultado de una visión burguesa que gira únicamente alrededor de la persona y que no incluye ámbitos en que se individualizan los conflictos de intereses[860]. También se ha criticado por la tendencia a anticipar los límites del ilícito penal —y la creación de delitos de peligro abstracto— que disolverían la función del bien jurídico, alejándose del principio de culpabilidad por el hecho y el de ofensividad[861]. Y, por último, ha recibido crítica por el surgimiento de los bienes jurídicos conocidos como colectivos o supraindividuales[862].

Como señala Bustos Ramírez, el hecho de que el bien jurídico surgiese dentro de una concepción burguesa de la sociedad no requiere su abandono, sino simplemente la superación de sus límites formales para alcanzar una noción material del bien jurídico[863]. Todo ello ha conducido a una noción actualizada y contemporánea del bien jurídico-penal, que se plantea en el próximo subapartado.

---

del Derecho penal. Op. Cit., pp. 113 y ss.; SILVA SÁNCHEZ, Jesús Mª (1992). *Aproximación al Derecho penal*, op. cit., p. 267. De hecho, para MIR PUIG, Santiago (1989). "Bien jurídico y bien jurídico-penal como límites del *ius puniendi*", *EPyC*, pp. 206 y ss., es necesario además que el bien jurídico-penal tenga suficiente importancia social y necesidad de protección penal.

857 BUSTOS RAMÍREZ, Juan (2019). "Los bienes jurídicos colectivos", *Revista de Derecho penal*, 27, p. 467.

858 FEIJOO SÁNCHEZ, Bernardo (2010). "Funcionalismo y teoría del bien jurídico", op. cit., p. 184.

859 Ibídem, p. 475.

860 BUSTOS RAMÍREZ, Juan (2019). "Los bienes jurídicos colectivos", op. cit., p. 468-469.

861 Ibídem, p. 468.

862 Ibídem.

863 Ibídem, p. 470.

En todo caso, la inclusión del bien jurídico determina la incorporación en la ponderación de una relación objetiva de gravedad que tiene relevancia en la determinación de la pena. Pese a que la mayoría de la doctrina entiende que el Derecho penal (al menos parcialmente) tiene la finalidad de proteger bienes jurídicos, no se debe deducir de ello que se tengan en cuenta finalidades preventivas en la determinación de la pena (aunque algunas de estas lleven consigo considerar la importancia del bien jurídico) para incluir al bien jurídico en la medición.

También se ha criticado la noción del bien jurídico por considerar que determina la potencial expansión del ordenamiento penal, por no haber duda, por ejemplo, de que la tipificación de daños cumulativos, o de delitos de peligro abstracto sirven para mejorar la protección de bienes jurídicos[864]. También se critica sobre la base de su ineficacia en la práctica, por ejemplo, para deslindar ilícitos penales de meras infracciones morales o ideológicas[865]. Es decir, la crítica emerge desde una perspectiva práctica y basada en la idea de que el bien jurídico emerge como justificación suficiente para que actúe el Derecho penal. Sin embargo, y como se está exponiendo en este trabajo, ello no es necesariamente así, sobre todo si se parte de un principio de proporcionalidad como límite deontológico al castigo estatal. Por todo ello, la doctrina continental muy mayoritaria atribuye al criterio del bien jurídico relevancia en la delimitación del castigo estatal legítimo[866]. Para Bricola, el legislador se ve limitado

---

864 FEIJOO SÁNCHEZ, Bernardo (2010). "Funcionalismo y teoría del bien jurídico", op. cit., p. 209.

865 Ibídem, p. 211.

866 De acuerdo con CARBONELL MATEU, Juan C. (1996). *Derecho penal: concepto y principios constitucionales*. Valencia: Tirant lo Blanch, pp. 203-205, la gravedad del delito exige la suficiente relevancia del bien jurídico afectado por el hecho a sancionar como para justificar la imposición de una pena privativa de libertad; así como una gravedad de la conducta (de lesión o puesta en peligro) también suficiente. GARCÍA ARÁN, Mercedes (1982). *Los criterios de determinación de la pena en derecho español*, op. cit., p. 11, ha hecho referencia a la necesidad de que la conminación penal exprese el valor que se concede a cada uno de los bienes jurídicos y el desvalor que supone el ataque a estos, y también considera, junto a Muñoz Conde, que la graduación de la pena con arreglo a la gravedad del daño se corresponde con el criterio de antijuridicidad material (MUÑOZ CONDE, Francisco y GARCÍA ARÁN, Mercedes (2019). *Derecho penal, parte general*, op.

tanto en la calificación del ilícito penal como en la graduación de la sanción[867], debiéndose graduar la restricción de la libertad en medida creciente según la importancia del bien constitucional ofendido; de tal modo que se puede declarar la inconstitucionalidad (ilegitimidad constitucional, en la terminología jurídica italiana) de una pena por desproporción entre la medida de la misma y el valor del bien jurídico protegido. El autor no descartaba que se pudiese hacer variar la medida de la sanción penal a partir de factores ajenos a la importancia del valor agredido, siempre que no se tradujesen "en meras valoraciones de oportunidad política o de mera prevención general"[868].

Por último, se ha criticado desde una perspectiva práctica que el bien jurídico haya ido cambiando a lo largo del tiempo[869]. Si bien es cierto que el bien jurídico-penal (que está intrínsecamente relacionado con la noción de necesidad) es cambiante, la base es siempre (desde que se alcanza ese contexto) el Estado social y democrático de Derecho y los derechos humanos, razón por la cual, llegados a este

cit., p. 277). Para BASSO, Gonzalo (2019). *Determinación judicial de la pena y proporcionalidad con el hecho*, op. cit., 272 y ss., es la gravedad del delito (incluyendo gravedad del injusto) el objeto de la proporción penal, poniendo énfasis en la importancia del bien jurídico y la afectación a la vigencia de la norma (Ibídem, p. 354). Para el autor es el merecimiento el que debe determinar la proporcionalidad de la pena, siguiendo el criterio mayoritario anglosajón (Ibídem, p. 293). Es cierto que el autor centra su atención en la gravedad del hecho, pero aquí menciona la vigencia de la norma y también hace alguna alusión a la justificación de los fines al menos en relación con el acceso al marco penal (así, BASSO, Gonzalo (2019). *Determinación judicial de la pena y proporcionalidad con el hecho*, op. cit., p. 372: "En razón de que los fines asignados a la pena se suelen satisfacer con la condena misma, se debe tener presente que la agravación del castigo por encima de la cuantía de pena legal mínima requiere de una justificación cualificada en supuestos de unidad delictiva. El aumento en la severidad de la pena no necesariamente conlleva un correlativo incremento en su eficacia para prevenir crímenes en términos preventivos, cada unidad de pena presentaría un rendimiento marginal decreciente"). Debe producirse, según el autor, un distanciamiento de los fines de la pena en la determinación del castigo, aunque reconoce la dificultad de la empresa (Ibídem).

867 BRICOLA, Franco (2012). *Teoría general del delito*, op. cit., pp. 47-52.

868 Ibídem, p. 50, nota 124.

869 FEIJOO SÁNCHEZ, Bernardo (2010). "Funcionalismo y teoría del bien jurídico", op. cit., pp. 214 y ss.

marco, son inadmisibles las conductas que no sean necesarias para asegurarlo.

Sobre el concepto de bien jurídico es fundamental distinguir el bien jurídico de la *ratio legis*, pues si se confunden se pierde la utilidad protectora del primero[870]. Sin embargo, en la ya citada STC 55/1996, FJ 7, el TC establece una primacía de la finalidad de la norma sobre el bien jurídico protegido[871], aunque posteriormente se corrige esa postura, afirmándose que "conviene precisar como *prius* lógico de este enjuiciamiento los bienes o intereses que la norma cuestionada pretende proteger"[872]. Nuestro TC ha derivado de la Constitución la ilegitimidad de normas que protegen bienes o intereses constitucionalmente proscritos o socialmente irrelevantes (v. gr. en las ya citadas SSTC 55/1996, FJ 7 o 136/1999, FJ 23), lo que se vincula parcialmente con la teoría del bien jurídico.

Usualmente se alude a criterios preventivo-generales para incluir al bien jurídico en la medición de la pena, ya que el bien jurídico surge como una garantía liberal que justifica la intromisión del Derecho penal en la esfera privada de los derechos individuales de los ciudadanos[873]. Sin embargo, no responde a consideraciones preventivas, sino al fundamento del principio de proporcionalidad, que, al basarse en nociones de justicia, libertad, humanidad de las penas e igualdad requiere de la intervención penal que se restrinja a los supuestos más lesivos, y es ahí donde deviene útil en sede de proporcionalidad de las penas el concepto de bien jurídico. Es decir, no es la finalidad preventivo-general de prevención general negativa la que justifica su inclusión en esta sede, sino el propio fundamento del principio, que es independiente de las finalidades de la pena[874].

---

870 En este sentido, AGUADO CORREA, Teresa (1999). *El principio de proporcionalidad en derecho penal*, op. cit., pp. 172-173, criticando la propuesta de Honig.

871 Se afirma: "Con independencia de cuál sea el bien jurídico protegido por la norma analizada [...] lo cierto es que la finalidad de protección explícita e inmediata de la misma recae...".

872 STC 161/1997, de 2 de octubre (ya citada), FJ 10.

873 DEMETRIO CRESPO, Eduardo. (1999). *Prevención general e individualización de la pena*, op. cit., p. 302.

874 A favor de la inclusión del bien jurídico como primera referencia de la proporcionalidad en sentido estricto, *vid.* LIBERATORE S. BECHARA, Ana E. (2010). *Da teoria do bem jurídico*, op. cit., pp. 200-201.

b) Noción del bien jurídico-penal

Contemporáneamente se definen los bienes jurídico-penales de modo garantista, como aquellos presupuestos que la persona necesita para su autorrealización y el desarrollo de su personalidad en la vida social[875] y como expresión de una relación social concreta que permite delimitar el ámbito de lo materialmente antijurídico[876]. En fin, se trataría de relaciones sociales concretas estimadas democráticamente como esenciales para la subsistencia del sistema elegido[877], lo que los dota de contenido material e implica la participación de los sujetos en el proceso social y económico. Ello exige su valoración masiva y universal, como relación social necesaria para todos los sujetos[878].

Esa noción del bien jurídico-penal la diferencia con el derecho subjetivo o el objeto de protección civil o mercantil, partiendo de su concepción como una síntesis normativa determinada de una relación social concreta y dialéctica[879].

En este trabajo se sigue a Alonso Álamo en su posición que defiende una propuesta de materialización de los bienes jurídicos protegibles penalmente que se sitúa en el marco referencial de los derechos humanos[880] (independiente, por todo ello, del reconocimiento en la

---

875 MUÑOZ CONDE, Francisco y GARCÍA ARÁN, Mercedes (2019). *Derecho penal, parte general*, op. cit., p. 57.

876 HORMAZÁBAL MALERÉE, Hernán y BUSTOS RAMÍREZ, Juan J. *Lecciones de Derecho penal (Volumen I)*. Madrid: Trotta, 1997, p. 121 También GARCÍA ARÁN, Mercedes (1982). *Los criterios de determinación de la pena en derecho español*, op. cit., pp. 214-215 (aclara la autora que ello no significa equiparar el bien jurídico a una relación social, sino afirmar que el bien jurídico expresa esa relación social, lo que favorece que el desvalor de acción recoja sólo conductas que sean verdaderamente desfavorables —no meros pensamientos o ideas— y se delimite como materialmente antijurídico sólo aquello que ha afectado a un bien jurídico comprendido en su dimensión social).

877 BUSTOS RAMÍREZ, Juan (2019). "Los bienes jurídicos colectivos", op. cit., pp. 470, 474.

878 Ibídem.

879 Ibídem.

880 Cfr. LIBERATORE S. BECHARA, Ana E. (2010). *Da teoría do bem jurídico*, op. cit., pp. 381 y ss.

Constitución o el Derecho positivo[881]), pues igual que los derechos humanos, los bienes jurídico-penales presuponen una fundamentación discursiva en términos de igualdad[882]. Se parte, así, de una concepción personal del bien jurídico[883] que se base en la idea de que los derechos fundamentales —en particular, la libertad— y los intereses de la persona ponen un límite a las intervenciones del legislador, evitando posibles excesos y colocando a los bienes jurídico-penales al servicio de la persona (tanto los individuales como los colectivos[884]).

En cualquier caso, debería realizarse siempre una revisión crítica de las nociones de bienes jurídico-penales (incluidos los individuales), diferenciándose por su importancia y jerarquía, y desechando toda intervención punitiva que pueda tener origen en concepciones morales, ideológicas o culturales que no se corresponden con un Estado social y democrático de Derecho[885].

En relación con la Constitución, se ha afirmado que la Constitución no puede ser base de los bienes jurídicos porque no puede cerrar el sistema, ya que contravendría sus bases democráticas y la posibilidad de profundización democrática del sistema[886]. También se ha criticado que los derechos constitucionales establecen una relación entre el ciudadano y el Estado, posibilitando su exigencia de aquel a este, mientras que los bienes jurídicos sólo implican una realidad social entre los sujetos y con el Estado que es susceptible de ser afectada[887]. Se ha afirmado también que de los derechos constitucionales no se aprehende el bien jurídico como interacción social y participativa entre los sujetos[888]. Por ello, algunos autores han predicado

---

881 ALONSO ÁLAMO, Mercedes (2013). "Derecho penal mínimo de los bienes jurídicos colectivos (Derecho penal mínimo máximo)", op. cit., p. 39.

882 Ibídem, p. 35; ALONSO ÁLAMO, Mercedes (2017). "Delito y solidaridad [estado de necesidad, omisión del deber de socorro y bienes jurídicos colectivos de solidaridad]", op. cit., p. 16.

883 ALONSO ÁLAMO, Mercedes (2013). "Derecho penal mínimo de los bienes jurídicos colectivos (Derecho penal mínimo máximo)", op. cit., pp. 36-40

884 Ibídem.

885 BUSTOS RAMÍREZ, Juan (2019). "Los bienes jurídicos colectivos", op. cit., p. 475.

886 Ibídem, p. 471.

887 Ibídem.

888 Ibídem, p. 472.

la autonomía de los bienes jurídico-penales respecto a los derechos fundamentales y la Constitución.

Se entiende en este trabajo con Alonso Álamo que bienes jurídico-penales y derechos son nociones independientes: el Derecho penal no está llamado a proteger derechos, ni individuales ni colectivos, sino bienes jurídicos, por lo que no basta con invocar un derecho para considerar presente un bien jurídico-penal. Sin embargo, también se entiende con la autora que los bienes jurídico-penales se configuran autónomamente pero dentro del marco de los derechos humanos[889], defendiéndose una propuesta de materialización de los bienes jurídicos protegibles penalmente que se sitúa en el marco referencial de los derechos humanos[890].

c) Criterios alternativos: afectación al estándar de vida, males prevenidos, daño o vigencia de la norma

c1. Afectación al estándar de vida

Como se ha mencionado ya al estudiar los elementos cardinal y ordinal de la proporcionalidad, Von Hirsch propone el criterio de afectación al estándar de vida (incluyendo medios económicos, pero también otras capacidades que afectan al bienestar personal de una persona estándar) para determinar tanto la gravedad del delito como la gravedad de la pena, lo que permite ordenar los delitos y las penas según la gravedad con que, respectivamente, afecten al estándar de vida[891]. Con ello, al analizar la gravedad de los delitos, a la gravedad del interés que afecta al estándar de vida tiene relación con el daño o peligro para los mismos y la responsabilidad subjetiva del autor[892].

---

889 ALONSO ÁLAMO, Mercedes (2013). "Derecho penal mínimo de los bienes jurídicos colectivos (Derecho penal mínimo máximo)", op. cit., p. 35.

890 Ibídem, pp. 35, 38 y ss. Ello se relaciona con que se entienda que los derechos sociales y los de solidaridad son el referente de "específicos" bienes jurídicos colectivos (*vid.* ALONSO ÁLAMO, Mercedes (2017). "Delito y solidaridad [estado de necesidad, omisión del deber de socorro y bienes jurídicos colectivos de solidaridad]", *Revista Penal*, nº 40, Julio 2017, p. 7).

891 VON HIRSCH, Andrew y JAREBORG, Nils (1991). "Gauging criminal harm: A living-standard analysis", op. cit., pp. 7 y ss., y 29 y ss.

892 Ibídem, p. 25.

c2. Afectación a la vigencia de la norma

Por otra parte, autores como Jakobs han criticado, desde su perspectiva sistémica, la noción no normativa de bien jurídico y su orientación hacia el individuo[893], proponiendo como alternativa el mantenimiento de la vigencia de la norma. El autor parte de que cualquier teoría de los bienes tendría que basarse en bienes sociales: instituciones sociales y estatales irrenunciables para la subsistencia de la sociedad. Ello se vincula con el punto de partida de Jakobs de que, en Derecho, los individuos no existen, existen las personas, los sujetos titulares de derechos y obligaciones que emergen del reconocimiento jurídico[894] y de la idea de las normas entendidas como expectativas normativas o contrafácticas, derivadas de la política y que configuran la estructura del orden social[895]. Es decir, cuando una persona deja de cumplir su deber y lesiona a otra, hay un delito porque emerge de un conflicto social que parte de la posición de esas personas en la sociedad: sólo existen propietarios, personas en Derecho, y el delito no es "privación de cualquier medio de desarrollo", sino, en cambio, "la perturbación de la estructura normativa de la sociedad"[896] (el daño

---

893 También critica JAKOBS, Günter (2012). "¿Daño social? anotaciones sobre un problema teórico fundamental en el derecho penal", *Revista Facultad de Derecho y Ciencias Sociales y Políticas*, Vol. 6 Núm. 10, pp. 284 y ss. el fundamento en la teoría del contrato social, ya que se basa en unas condiciones de preparación del individuo que se deben al proceso de socialización, y, en consecuencia, no existiría el más mínimo motivo de anteponer las condiciones de desarrollo del individuo a las de existencia de la familia, y también critica que se conciba a esos sujetos socializados como antepuestos a la sociedad, ya que "acabaría con las condiciones de los procesos de socialización y sería el fin de la Sociedad: los individuos la habrían utilizado para provecho propio", por lo que partir del individuo para funcionalizar los bienes jurídicos llevaría consigo, probablemente —para Jakobs—, el desmantelamiento de las condiciones de estabilización de la sociedad. Por el contrario, para el autor germano, si la sociedad es estable entonces la razón evitaría la funcionalización integral de los individuos.

894 JAKOBS, Günter (2012). "¿Daño social? anotaciones sobre un problema teórico fundamental en el derecho penal", op. cit., p. 288.

895 FEIJOO SÁNCHEZ, Bernardo (2010). "Funcionalismo y teoría del bien jurídico". En FERNÁNDEZ BAUTISTA, Silvia (Coord.). *Constitución y principios del Derecho penal.* Valencia: Tirant lo blanch, p. 167.

896 JAKOBS, Günter (2012). "¿Daño social? anotaciones sobre un problema teórico fundamental en el derecho penal", op. cit., p. 289.

social, que reflejaría la contradicción entre una persona competente y la obligatoriedad de la institución estatal[897]).

Para Jakobs, el foco debe ubicarse, por tanto, en la institucionalización y normativización social. Por tanto, el objeto de protección no es el bien jurídico, es la vigencia de la norma, que debe ser confirmada por la pena. Las instituciones tendrán por objeto garantizar la existencia o la producción de algo, que se puede referir a bienes sociales ya existentes o no. Por ello, se trata de proteger instituciones y, con ello, meras normas, de tal modo que la lesión, el daño social, constaste en la infracción de un deber[898]. En fin, esa estructura normativa requiere de una cimentación cognitiva. Por todo ello, el fundamento de los delitos contra las personas no resulta de que se vea diezmado el número de personas en la sociedad, sino que sólo con una imponente protección de la vida se garantiza la institución fundamental de la libertad —y que las personas puedan actuar de modo libre—[899]. Se trata de que el Derecho penal asegure la vigencia de la norma, lo que tiene como finalidad "tratar al delincuente como persona y no como objeto"[900].

Sin embargo, esta visión es demasiado moralista y comunitarista, centrada en la idea de infracción de deber y en la necesidad de cimentación cognitiva que no es ajena a una noción moralista del Derecho penal, siendo mucho menos garantista que la perspectiva de la introducción de bienes jurídicos. Por incluir los bienes jurídicos en la ponderación no se deja de tratar al delincuente como persona, puesto que exigiéndose la previsibilidad *ex ante* de la lesión o peligro al bien jurídico se asegura la vinculación subjetiva del hecho con el autor.

Feijoo Sánchez sostiene una visión similar, defendiendo que la reacción penal sólo se puede dar en cuanto quebrantamiento de la norma, no por un hecho lesivo[901]. Para el autor es innegable que el

---

897 Ibídem.

898 Para la protección, se requiere, según JAKOBS, Günter (2012). "¿Daño social? anotaciones sobre un problema teórico fundamental en el derecho penal", op. cit., p. 290, que la institución sea legítima, y que no exista una respuesta menos lesiva.

899 Ibídem, pp. 291-294.

900 FEIJOO SÁNCHEZ, Bernardo (2010). "Funcionalismo y teoría del bien jurídico", op. cit., p. 168.

901 Ibídem, p. 170.

Derecho penal protege bienes jurídicos, pero sólo mediante la estabilización de normas puede cumplir dicha función: no se puede dejar de lado la dimensión comunicativa, la referencia necesaria a la lesión juridicidad[902]. Además, el autor critica el bien jurídico por su potencial expansivo (como ya se ha mencionado), y también por la posibilidad de aceptar sentimientos o temor como bienes jurídicos, así como los cambios de criterio entorno a qué es y qué no es bien jurídico, o que los bienes jurídicos que sirven de referencia a las nuevas criminalizaciones sean creadas por el orden primario y, por ello, "la legitimidad viene ya establecida de antemano"[903].

Asimismo, para Feijoo Sánchez la teoría del bien jurídico es una fórmula vacía. En cambio, si el objeto de protección de una norma es ilegítimo teniendo en cuenta la configuración normativa de la sociedad, la norma también lo será, de tal modo que la base está ahí (en la configuración normativa de la sociedad) y no en la noción vacía de bien jurídico. Concluye el autor que en países donde la Constitución refleja los valores fundamentales, y esta constituye el contexto valorativo y axiológico para deslindar lo que es legítimo de lo que no lo es, por lo que el bien jurídico no aporta nada[904]. Es cierto que la Constitución nos otorga el contexto fundamental, sin embargo, en este trabajo sí se encuentra un verdadero potencial crítico a la noción de bien jurídico —con un contenido que ya se ha especificado—, pues funciona como instrumento para delimitar, en el marco axiológico configurado por el principio de proporcionalidad, el ámbito de actuación penal (el límite deontológico-normativo del sí y el cuánto se puede castigar). En adición, para Feijoo Sánchez el bien jurídico no es útil, en especial teniendo en cuenta que en Derecho penal lo decisivo no es cuándo el Estrado puede proteger algo, sino cuándo puede castigar cercenando los derechos de los ciudadanos[905]. Aquí la respuesta es la misma: la noción de bien jurídico puede ser útil como instrumento al servicio del límite a la pena que es el principio de proporcionalidad estricto.

---

902 Ibídem, pp. 177 y ss.
903 Ibídem, pp. 186 y ss., 189, 196-197, 224.
904 Ibídem, pp. 225-227.
905 Ibídem, p. 228.

En todo caso, es digna de mención la posibilidad planteada por Feijoo Sánchez de desarrollar un concepto político-criminal de norma susceptible de englobar algunos presupuestos del programa liberal y que resulte resistente a la comunitarización y moralización del Derecho penal[906]. Si se desarrollase esta noción, en todo caso, no sería muy diferente que la de bien jurídico-penal planteada como se ha hecho aquí y enmarcada en el contexto de los derechos humanos, pero sería interesante ver cómo influiría sobre los postulados aquí defendidos.

c3. Afectación al principio del daño

En el marco del principio del daño, el objeto de determinación de la gravedad es precisamente el daño. Recientemente Rusca ha defendido el concepto del daño frente al de bien jurídico, por considerarlo más protector. Definiendo el daño como alteración duradera de los intereses de un individuo, entiende que no siempre reducirá el bienestar de una persona, pero en todo caso sí reduce las posibilidades de alcanzar su bienestar. Esta visión contemporánea y actualizada de la noción de daño, se plantea como alternativa al bien jurídico por considerar que el primero es menos garantista, porque excluye la protección de sentimientos (cosa que, para el autor, no hace la noción de bien jurídico) y porque admite también la protección de intereses públicos (entre los que al autor cita la seguridad frente a enemigos externos, la recaudación de impuestos o un mínimo grado de estabilidad económica) al servir estos para la calidad de vida de las personas, ya que entiende Rusca que en relación con los bienes jurídicos hay tendencia a admitir bienes jurídicos colectivos que no afectan al bienestar de las personas[907].

Sin embargo, precisamente las críticas de Rusca a la noción de bien jurídico no se sostienen con la visión que se ha defendido aquí, que excluye la protección de sentimientos y admite los bienes jurídicos colectivos dentro del marco de los derechos humanos (que

---

906 Ibídem, p. 222, nota 92.

907 RUSCA, Bruno (2020). "En defensa de una interpretación consecuencialista del principio del daño", *Política criminal*, n° 30, V. 15, Dic. 2020, pp. 811-830.

parte de una justificación personal del bien jurídico y que pretende garantizar la libertad de los ciudadanos). Asimismo, los intereses colectivos cuya protección propone Rusca parecen mucho más lejanos a la protección de los intereses individuales que lo que conforme a la concepción aquí aceptada se admitirían (v. gr., la seguridad frente a enemigos es un concepto moralista, abstracto, desestabilizador y muy lejano a la calidad de vida de los ciudadanos).

c4. Prevención frente a males

Por otra parte, Ferzan y Alexander proponen incorporar, en lugar de tipos penales, un listado de "males" ("*wrongs*") de los que protege el Derecho penal[908], lo que se corresponde con la visión subjetiva y moralista que tienen los autores.

d) ¿Qué sucede con los bienes jurídicos colectivos?

Por una parte, se entiende que reconocer la exigencia de los bienes jurídicos colectivos no requiere reconocer los derechos humanos colectivos[909].

---

908 FERZAN, Kimberly, ALEXANDER, Larry y MORSE, Stephen (2012), op. cit., pp. 17 y ss.

909 ALONSO ÁLAMO, Mercedes (2013). "Derecho penal mínimo de los bienes jurídicos colectivos (Derecho penal mínimo máximo)", op. cit., p. 28, aunque la autora encuentra el referente de específicos bienes jurídico-penales colectivos en derechos humanos colectivos de solidaridad (ALONSO ÁLAMO, Mercedes (2017). "Delito y solidaridad [estado de necesidad, omisión del deber de socorro y bienes jurídicos colectivos de solidaridad]", op. cit., p. 16). Sobre los derechos humanos colectivos, entiendo con PÉREZ-LUÑO, Antonio E. (2006). *La tercera generación de derechos humanos*. Madrid: Aranzadi, pp. 232 y ss., que el titular de los derechos humanos sería siempre y sólo la persona individual (pueden existir derechos colectivos pero no derechos humanos colectivos, advirtiéndose del peligro de dar prioridad a la colectividad sobre el individuo) y con RODRÍGUEZ PALOP, Mª Eugenia (2002). *La nueva generación de derechos humanos*. Madrid: Dykinson, pp. 165 y ss., 174-176, que los derechos son de titularidad individual aunque su ejercicio y puesta en práctica dependan del colectivo. Por otra parte, v. gr. LAPORTA SAN MIGUEL, Francisco J. (1987). "Sobre el concepto de derechos humanos", *Doxa*, nº 4, p. 23, entiende que puede ser contraproducente reconocerlos porque cuanto mayor fuerza se les otorgue me-

En otro orden de cosas, en relación con los bienes jurídicos colectivos, en este trabajo se entiende que no se derivan de los bienes jurídicos individuales, aunque sí se dirigen en última instancia a protegerlos[910]. Se ha criticado que conformen una mera aglomeración de bienes jurídicos individuales que introduce un bien jurídico colectivo aparente[911]. El Estado requiere actuar sobre determinadas disfunciones sociales y económicas, y para ello se generan relaciones sociales concretas sobre las que se debe actuar (económicas, sociales, medioambientales, etc.). En cambio, los bienes jurídicos colectivos son complementarios respecto de los individuales, lo que no implica que unos y otros deban ponerse en relación para definirse[912]. Lo que sí se considera es que los bienes jurídicos relativos al funcionamiento del sistema están en una relación teleológica con los bienes jurídico-penales individuales (que son la base y condición fundamental del sistema penal), de tal modo que tienden a asegurar la libertad e igualdad material de los sujetos, estando al servicio de la persona de manera mediata o indirecta[913]. Se trata de bienes fundamentales para las actividades del Estado o la vida en sociedad —pese a no integrar el núcleo duro de derechos fundamentales reconocidos por la Constitución—[914].

Se han criticado por considerar que determinan la inflación del Derecho penal y el recurso a los delitos de peligro abstracto[915]. Sin embar-

---

nor debe ser la lista de derechos que se justifiquen adecuadamente. Contra esta concepción y a favor del reconocimiento de los derechos humanos colectivos se posiciona ALONSO ÁLAMO, Mercedes (2013). "Derecho penal mínimo de los bienes jurídicos colectivos (Derecho penal mínimo máximo)", *Revista penal*, nº 32, Julio 2013, pp. 27 y ss.

910 Ibídem, p. 34.

911 SCHÜNEMANN, Bernd (2012). "Protección de bienes jurídicos, ultima ratio y victimodogmática: sobre los límites inviolables del derecho penal en un Estado de Derecho liberal". En ROBLES PLANAS, Ricardo (ed.). *Límites al derecho penal: principios operativos en la fundamentación del castigo.* Barcelona: Atelier, p. 73.

912 ALONSO ÁLAMO, Mercedes (2013). "Derecho penal mínimo de los bienes jurídicos colectivos (Derecho penal mínimo máximo)", op. cit., p. 35; BUSTOS RAMÍREZ, Juan (2019). "Los bienes jurídicos colectivos", op. cit., pp. 472 y ss.

913 Ibídem, p. 475.

914 ALONSO ÁLAMO, Mercedes (2013). "Derecho penal mínimo de los bienes jurídicos colectivos (Derecho penal mínimo máximo)", op. cit., p. 36.

915 Ibídem, pp. 29 y ss.

go, no se considera que los bienes jurídicos colectivos requieran, por ello, recurrir a tipos de peligro abstracto. Cuando se hace referencia a estos en relación con los bienes jurídicos colectivos se suele hacer alusión al peligro abstracto sobre el bien jurídico individual que complementa al colectivo[916]. Si existe lesión al bien jurídico colectivo, entonces está legitimada la acción penal, por lo que deben encontrar cabida las criminalizaciones de acciones que presenten una alta potencialidad lesiva para el bien jurídico colectivo *ex ante*[917]. En todo caso, además, el que se hayan utilizado criterios vagos y se hayan adelantado las barreras de punición incorporando efectivamente delitos de peligro abstracto en algunos casos, no determina la inadmisibilidad de los bienes jurídicos colectivos, sino, en cambio, un problema de la técnica del legislador penal que está incumpliendo las garantías y límites al *ius puniendi*[918]. Sin embargo, también los bienes jurídicos colectivos se lesionan y se ponen en peligro concreto (igual que cuando una persona es lesionada no se lesiona gravemente la integridad física de todos los ciudadanos, cuando se produce un peligro concreto para el medioambiente no significa que se haya puesto en grave peligro todo el sistema medioambiental)[919]. Se trata, entonces, en realidad, de saber cuándo hay un bien jurídico colectivo real y cuándo se está anticipando la barrera de punición en relación con un bien jurídico individual que se sostiene sobre un bien jurídico colectivo aparente que habría que desenmascarar[920].

Otra crítica se basa en que en ocasiones las estructuras típicas que giran alrededor de bienes jurídicos colectivos castigan al sujeto no por ser una conducta por sí riesgosa o peligrosa suficientemente, sino por los efectos nocivos de la repetición o reiteración de los comportamien-

---

916 BUSTOS RAMÍREZ, Juan (2019). "Los bienes jurídicos colectivos", Op. Cit.

917 ALONSO ÁLAMO, Mercedes (2013). "Derecho penal mínimo de los bienes jurídicos colectivos (Derecho penal mínimo máximo)", op. cit., p. 37.

918 Ibídem, p. 32.

919 En este sentido, desde una perspectiva crítica con el bien jurídico, FEIJOO SÁNCHEZ, Bernardo (2010). "Funcionalismo y teoría del bien jurídico", op. cit., pp. 198y ss. Para el autor estas erosiones a los bienes jurídicos no son significativas (razón que justifica, para él, la afectación al ordenamiento), pero en este trabajo se entiende que sí lo son, tienen la gravedad suficiente como para que el Derecho penal deba intervenir, aunque no se acabe con todo el medioambiente ni con toda la vida humana sobre la Tierra.

920 ALONSO ÁLAMO, Mercedes (2013). "Derecho penal mínimo de los bienes jurídicos colectivos (Derecho penal mínimo máximo)", op. cit., p. 33.

tos. Desde luego, esa técnica es objetable porque se estaría castigando al sujeto por comportamientos que son ajenos a su hecho, vulnerándose el principio de responsabilidad por el hecho propio[921], pero, de nuevo, es la técnica legislativa sobre el grado de daño al bien jurídico y no la mera aceptación del bien jurídico colectivo la que falla.

En resumen, los bienes jurídicos son las relaciones sociales básicas dentro del sistema, configuradoras del orden social y fundamentales para cada miembro de la sociedad, que se relacionan con el funcionamiento mismo del sistema y con el quehacer cotidiano de cada sujeto[922]. Situado en el mencionado marco referencial de los derechos humanos, el reconocimiento de intereses colectivos no implica otorgar supremacía a concepciones comunitaristas ni tampoco la subordinación del individuo a la comunidad: "lejos de ser manifestación de un colectivismo rígido, se trata del reconocimiento de intereses colectivos al servicio de la persona en el marco de un individualismo solidario o de un colectivismo abierto a la autonomía personal"[923]. Además, se vincula con la solidaridad estructural del constitucionalismo del Estado social, reconocido en la Constitución española, aunque no expresamente, a partir del art. 33 (relativo a la función social de la propiedad que será la que delimite su contenido), el art. 35 relativo al derecho al trabajo y otros principios y derechos sociales de solidaridad[924].

Se rechaza también aquí, siguiendo a Bustos Ramírez, la denominación de bienes jurídicos "supraindividuales", pues parece apuntar a una categoría que se sitúa por encima del individuo, pues en realidad se ponen en relación con todos los miembros de la sociedad, teniendo en consideración a todos los individuos y colectivos[925].

---

921 En este sentido también FEIJOO SÁNCHEZ, Bernardo (2010). "Funcionalismo y teoría del bien jurídico", op. cit., pp. 206 y ss.

922 BUSTOS RAMÍREZ, Juan (2019). "Los bienes jurídicos colectivos", op. cit., p. 472.

923 ALONSO ÁLAMO, Mercedes (2017). "Delito y solidaridad [estado de necesidad, omisión del deber de socorro y bienes jurídicos colectivos de solidaridad]", op. cit., p. 15.

924 *Vid.* ALONSO ÁLAMO, Mercedes (2017). "Delito y solidaridad [estado de necesidad, omisión del deber de socorro y bienes jurídicos colectivos de solidaridad]", Ibídem, pp. 15 y ss.

925 Ibídem. Sí reconoce la denominación de bienes supraindividuales ALONSO ÁLAMO, Mercedes (2013). "Derecho penal mínimo de los bienes jurídicos colectivos (Derecho penal mínimo máximo)", op. cit., p. 35.

Para reconocer los bienes jurídicos colectivos, por último, y como se ha mencionado ya, no es necesario reconocer la existencia de derechos humanos de titularidad colectiva[926].

4.2.2. Determinación de la gravedad del resultado: importancia del bien jurídico-penal, cercanía/grado de lesión o daño y número de bienes implicados

Según ya se ha explicado, el bien jurídico se entiende como una expresión de una relación social concreta, lo que lleva a que se configure como criterio de graduación de la gravedad del delito la relación concreta en que se encuentran autor y víctima (entendida como bien jurídico)[927]. Pues bien, el bien jurídico protegido se debe tener en cuenta al atender a la noción de injusto, que es un acto contrario a derecho que provoca la lesión o peligro de un bien jurídico merecedor de protección penal[928].

a) Importancia del bien jurídico-penal

Para determinar la importancia del bien jurídico-penal debe atenderse a la existencia de una jerarquía entre los bienes jurídicos merecedores de protección penal[929].

---

[926] ALONSO ÁLAMO, Mercedes (2013). "Derecho penal mínimo de los bienes jurídicos colectivos (Derecho penal mínimo máximo)", op. cit., aunque la autora reconoce la existencia de derechos humanos colectivos y su posible vinculación con los bienes jurídicos colectivos —cuestión que, se insiste, aquí no se comparte— también afirma la posibilidad de reconocer los bienes jurídicos colectivos sin reconocer los derechos humanos colectivos.

[927] GARCÍA ARÁN, Mercedes (1982). *Los criterios de determinación de la pena en derecho español,* op. cit., p. 217.

[928] DEMETRIO CRESPO, Eduardo. (1999). *Prevención general e individualización de la pena,* op. cit., p. 302.

[929] BERDUGO GÓMEZ DE LA TORRE, Ignacio et al. (2010). *Curso de Derecho penal, parte general,* op. cit., pp. 49-51, consideran que las penas más graves han de reservarse para los delitos contra la vida y la salud. de manera que estos dos bienes se sitúan en la cúspide del ordenamiento jerárquico de bienes jurídicos; DOLCINI, Emilio y MARINUCCI, Giorgio (1994). "Costituzione e politica dei beni giuridici", *RIDPP,* p. 370; BACIGALUPO ZAPATER, Enrique (1994).

En relación con ello, algunos autores han apuntado a la importancia de determinar un catálogo jerarquizado de bienes jurídicos dotados de protección penal, que determine penas proporcionadas a la relevancia relativa de dichos bienes[930]. Desarrollar ese catálogo jerarquizado de los bienes jurídicos merecedores de protección penal excede desde luego del objeto de este trabajo, aunque en este trabajo se estima digna de mención la propuesta de Angioni[931], que entiende que la Constitución no explicita expresamente la importancia de los bienes, pero a través de un ejercicio delicado de discernimiento se pueden deducir al menos tres categorías de bienes jurídicos, clasificados según su importancia: los bienes fundamentales, los primarios y los secundarios. Los bienes fundamentales son aquellos sin los cuales el Estado social y de Derecho perdería su identidad como tal. Los bienes primarios deben tener una importancia similar a la libertad personal, pues serán aquellos que sí se pueden tutelar a través de la pena privativa de libertad. Como la libertad es requisito para que el ser humano se pueda realizar de modo mínimo existencial, serán bienes primarios todos los demás en cuya ausencia impiden realizar ese mínimo existencial del ser humano —incluyendo bienes individuales, como la vida, salud, o el trabajo, y supraindividuales o colectivos, que sean indispensables para la integridad de las instituciones y la supervivencia de la Constitución—[932].

En relación con ello, afirma Alonso Álamo que ante un conflicto entre intereses individuales y colectivos no cabe adoptar una posición apriorística en favor de unos u otros. Aunque en principio, los bienes individuales primarán en la ponderación —especialmente cuando estén vinculados al contenido esencial de la dignidad de la

---

Principios de derecho penal, parte general, op. cit., p. 30, sostiene que la jerarquía del bien jurídico lesionado es también determinante de la gravedad del hecho, de manera que los hechos que afectan a bienes jurídicos de poco valor o que disponen de lesiones de poca significación no podrán ser reprimidos con penas desproporcionadas.

930 BERDUGO GÓMEZ DE LA TORRE, Ignacio et al. (2010). *Curso de Derecho penal, parte general,* op. cit., p. 167.

931 ANGIONI, Francesco (1987). *Contenuto e funzioni del concetto di bene giuridico.* Milano: Giuffrè, pp. 167-204.

932 Pese a ello, no se comparte la inclusión por el autor entre los bienes primarios del honor.

persona—, pero más allá de los supuestos en que se afecte a ese contenido esencial, puede ser que en algún caso prevalezca el interés colectivo[933].

Es digna de mención, por todo lo mencionado anteriormente en relación con los bienes jurídico-penales, la propuesta de Bustos Ramírez de sistematizar los bienes jurídicos del siguiente modo. Por una parte, estarían en primer lugar los bienes jurídicos individuales (vida, salud individual, libertad, etc.), pues en un Estado social y democrático de Derecho las bases y condiciones de subsistencia del sistema están constituidos por la persona y su dignidad, relacionados con el individuo y que tienen un carácter microsocial. Por otra parte, en segundo lugar se ubicarían los bienes jurídicos relativos al funcionamiento del sistema, que se refieren a relaciones macrosociales necesarias para garantizar las condiciones básicas del sistema —las relaciones microsociales—. En esta categoría se comprenden tres subcategorías: los bienes jurídicos institucionales, los colectivos y los de control. Los institucionales son relativos a las instituciones básicas para el funcionamiento del sistema y pretenden establecer procedimientos para asegurar los bienes jurídico-penales personales (v. gr. administración de justicia, tráfico, etc.). Los bienes colectivos hacen referencia a la satisfacción de necesidades sociales y económicas de participación de todos en el proceso económico-social[934]. Los bienes de control, se referirían a la organización del aparato del Estado para el cumplimiento de sus funciones (delitos relativos a la seguridad exterior e interior, autoridad, etc.). El ámbito de intervención legítimo es más amplio en el caso de los bienes jurídico-penales individuales, y, en este orden (de menos a más), debe restringirse más en el caso de los bienes jurídicos institucionales, los colectivos y los de control (pues el aparato estatal ya tiene suficiente poder, y si no se restringe a lo mínimamente necesario se convertiría el Estado democrático en un Estado policial)[935].

---

[933] ALONSO ÁLAMO, Mercedes (2013). "Derecho penal mínimo de los bienes jurídicos colectivos (Derecho penal mínimo máximo)", op. cit., p. 37.

[934] BUSTOS RAMÍREZ, Juan (2019). "Los bienes jurídicos colectivos", op. cit., pp. 474-475.

[935] Ibídem.

La propuesta es apropiada porque precisa conceptualmente y delimita el ámbito de intervención punitiva estatal, aunque se coincide con Alonso Álamo en que la respuesta no es tan evidente, y ante determinados casos puede tener primacía el bien jurídico colectivo sobre el individual. Desde luego convendría profundizar en la cuestión de la sistematización y clarificación de las jerarquías existentes entre los diferentes bienes jurídico-penales —aunque excede desde luego del objeto de este trabajo—.

b) Grado de peligro o lesión al bien jurídico, daño y número de bienes afectados

La circunstancia de gravedad del hecho, expresamente prevista en el apartado 6ª del art. 66.1 CP para la individualización de la pena, se considera una exigencia de proporcionalidad vinculada a la idea de culpabilidad por el hecho[936] (con independencia de los potenciales efectos preventivos que usualmente se predican de una pena proporcional).

El desvalor del resultado recoge el grado de ofensa al bien jurídico protegido, teniendo en cuenta el número de bienes que están afectados (elemento extensivo[937]) y el nivel de afectación al bien jurídico (elemento intensivo)[938] —según el valor objetivo del bien material o la gravedad de la afectación a los bienes jurídicos personales, como la integridad física en las lesiones—[939]. La lesión o peligro deben haber sido previsibles *ex ante* por el sujeto para que pueda existir una vinculación subjetiva del individuo a estas.

---

936 DEMETRIO CRESPO, Eduardo. (1999). *Prevención general e individualización de la pena*, op. cit., p. 329.

937 En este sentido, la ya citada STC 161/1997, FJ 13.

938 En este sentido, AGUADO CORREA, Teresa (1999). *El principio de proporcionalidad en derecho penal*, op. cit., pp. 288 y ss.

939 Sin embargo, el TC ha antepuesto la libertad de configuración al legislador ante el grado de afectación para el bien jurídico. Así, v. gr. En la STC 161/1997, FJ 13 se afirma: "No siempre el legislador considera en el CP vigente de menor gravedad o merecedores de menor sanción los comportamientos de incidencia más lejana en el bien finalmente protegido que los que afectan de una manera más inmediata. El peligro abstracto o remoto puede merecer un castigo mayor que el próximo".

En relación con el grado de lesión o peligro para el bien jurídico, se deberá determinar la pena incrementando la gravedad desde el acto menos grave (el peligro concreto al bien jurídico) hasta el más grave (la lesión de múltiples bienes jurídicos afectados).

Asimismo, se debe tener en cuenta la gravedad del daño concurrente, que en el caso de los bienes jurídicos patrimoniales se corresponderá con el valor objetivo, y también se deberá considerar el grado de consumación (tentativa o delito consumado).

Por último, se debe tener en cuenta si la conducta típica se desarrolla concomitantemente con el ejercicio de un derecho fundamental, como la libertad de expresión. Los derechos fundamentales no son absolutos, y tienen limitaciones, pero cuando la conducta concurre en el marco del ejercicio de aquellos, o de los límites de su ejercicio, se debe tener en cuenta que la gravedad del ataque se reduce, dada la protección superior de que estos gozan en nuestro ordenamiento.

Conviene reafirmar que es necesario, tanto cuando el bien jurídico-penal protegido sea un bien individual como cuando sea colectivo, que se protejan sólo las actuaciones más lesivas de los bienes jurídicos (por los principios de necesidad, ultima ratio, fragmentariedad y lesividad), lo que exige que se constate al menos una puesta en peligro concreto para el bien jurídico-penal protegido (sea individual o colectivo). Se reitera que los delitos de peligro abstracto no son admisibles en un Estado social y democrático de Derecho que afirme la libertad como valor superior del ordenamiento jurídico, lo que no significa que, en ocasiones, ocurran al mismo tiempo que un peligro abstracto al bien jurídico individual peligros concretos o lesiones al bien jurídico colectivo, que sí legitimen la intervención.

El número de bienes implicados también es relevante, debiéndose tener en cuenta tanto si son varios bienes jurídicos de la misma clase como de diferente categoría.

Por último, también se debería tener en cuenta el grado de reparación de la lesión, especialmente en delitos patrimoniales de poca gravedad, ya que si el Derecho penal sólo debe intervenir cuando sea necesario, si la mínima gravedad del daño causado por el delito ha sido restaurada, no está clara la legitimidad de la intervención penal (a ello responde la atenuante de reparación del daño del art. 21.5º CP)[940].

c) Grado de ejecución

Asimismo, deben tenerse en cuenta el grado de ejecución del delito, siendo menos grave una tentativa que un delito consumado, no porque haya mayor desvalor "moral" en el hecho, sino porque la punición debe aumentar cuanto más se acerca el delito al estado de consumación, al incrementarse la potencialidad lesiva, y, con ello, la justificación de la necesidad de intervención penal.

4.2.3. Gravedad de la acción: grado de participación, grado de responsabilidad subjetiva, ejercicio de derechos fundamentales

En primer lugar, el grado de participación del sujeto en el hecho también deberá modular la pena (ajustándola de acuerdo con la capacidad de control del sí y el cómo de la intervención). En la normativa penal española, la menor pena asignada al partícipe no necesario responde a esta idea. Toda teorización semejante a la teoría del acuerdo previo, que considera autores a todos los participantes en el acuerdo previo, con independencia de su participación efectiva, debe ser desterrada, para respetar el principio de proporcionalidad de las penas.

Por otra parte, el desvalor del hecho incluirá la referencia al elemento subjetivo, que deberá determinar una penalidad más grave cuanto mayor sea la conciencia y voluntad del sujeto sobre el hecho típico, para lo cual son especialmente útiles las categorías relativas a

---

940 Es especialmente controvertida la atenuante por arrepentimiento, que en nuestro Derecho usualmente se ha reconducido a través de la atenuante analógica del art. 21.7ª, ya que la colaboración de los *pentiti* (ejemplificativa del dilema del prisionero de la teoría de juegos) contribuye en cierta medida a la realización de la justicia, pero lo hace a través de la generación de una situación de desigualdad con los demás encausados en el proceso. En estos casos, se trata en fin de decidir, al margen del principio de proporcionalidad de las penas, qué valor de justicia es más relevante.

los elementos subjetivos del tipo que tenemos en la doctrina continental[941], de tal modo que la pena se habrá de graduar con arreglo a la gravedad de los elementos subjetivos del injusto.

Además, si el delito se comete en el marco del ejercicio de un derecho fundamental, el desvalor de acción se reduce (aunque esta suponga un exceso en el ejercicio del derecho no comprendida por este).

Los elementos relativos a la culpabilidad también habrán de graduarse para disminuir la pena proporcionada a la gravedad del injusto cuando los elementos de culpabilidad no concurren de modo completo.

4.2.4. Elementos sistemáticos

La propuesta ya referida previamente de reinterpretación sistemática de la proporcionalidad cardinal realizada por Basso lleva a integrar dentro del objeto de comparación otros elementos que los estrictamente relativos a la gravedad del hecho. En este sentido, la estricta gravedad del hecho sería el objeto central de la comparación en el ámbito ordinal, pero el elemento cardinal de la proporcionalidad, llevaría por una serie de motivos sistemáticos a afirmar que el acceso a la pena y la determinación de su cuantía, correspondiente a una respuesta penal para una conducta típica debe interpretarse, en

---

941 LUZÓN PEÑA, Diego M. (2016). *Derecho penal, parte general.* Valencia: Tirant lo Blanch, p. 25 y LUZÓN PEÑA, Diego M. (1994). *Curso de Derecho penal. Parte General.* Madrid: Universitas; pp. 85 y 87 vincula el principio de proporcionalidad con el de responsabilidad subjetiva, lo que determina la exigencia de que la pena sea proporcionada al grado de desvalor subjetivo de la acción; GIMBERNAT ORDEIG, Enrique (1990). "¿Tiene un futuro la dogmática jurídicopenal?", *Estudios de Derecho penal,* op. cit., p. 154, señala que el sí y el cómo de la pena no sólo viene determinado por la importancia del bien jurídico, sino también por el dolo y la imprudencia; HASSEMER, Winfried (1984). *Fundamentos del Derecho penal.* Barcelona: Bosch, pp. 280 y 281: "dolo e imprudencia como grados desiguales de participación interna exigen, pues, una distinta incidencia de la consecuencia jurídico-penal en el afectado por ellas"; OCTAVIO DE TOLEDO Y UBIETO, Emilio (1981). *Sobre el concepto del Derecho penal,* op. cit., p. 364, afirma que para determinar la proporcionalidad entre delito y pena hay que tener en cuenta si el hecho se ha cometido dolosa o imprudentemente.

general, de modo restrictivo. Se trata de elementos sistemáticos que actúan en beneficio del condenado, para restringir la dureza de las penas. Estos son admisibles y no vulneran el principio de responsabilidad por el hecho.

En cambio, elementos sistemáticos basados en la idea subjetiva y abstracta de "alarma social", no hacen alusión a la comprensión de cómo el sistema ya perjudica a los sancionados penalmente; en cambio, se trata de conceptos sociológicos mucho más amplios y que aparecen a través de mecanismos en ocasiones irracionales, determinados por circunstancias distintos a la lesión o peligro de un bien jurídico. Actúan con potencialidad agravatoria de la pena para el reo por criterios ajenos al injusto culpable. Por esta razón, no puede determinar la agravación de la pena[942], ni, en general, formar parte de los criterios determinadores de la cuantía de pena.

Sí son admisibles los elementos mencionados en el apartado dedicado a la proporcionalidad ordinal y cardinal: la consideración de las referencias a la regulación de los concursos, la orientación a la resocialización (aunque en este trabajo se considera que sólo es admisible la perspectiva no finalista de Demetrio Crespo —de no desocialización del condenado, que determina la posible atenuación del *quantum* de pena pero no su aumento—), la aplicación desigual y selectiva del sistema en sus distintas fases, la escasa contrastación empírica de los efectos perseguidos por la pena[943]; los elementos político-criminales propuestos en este trabajo de calado político-criminal (relativos al análisis de políticas públicas en Derecho penal) —el número de reformas penales realizadas que hacen ver que el Derecho penal se emplea cada vez menos como *extrema ratio*—, y el foco de las políticas criminales populistas se centra en los delitos de terrorismo, los de expresión y los de bagatela; el efecto desaliento de los delitos sobre los derechos a la libertad de expresión, reunión, participación y opinión, y, por último, el efecto desocializador de las penas sobre los individuos que las sufren.

---

942 GARCÍA ARÁN, Mercedes (1982). *Los criterios de determinación de la pena en derecho español*, op. cit., pp. 169 y ss.

943 BASSO, Gonzalo (2019). *Determinación judicial de la pena y proporcionalidad con el hecho*, op. cit., pp. 305-344.

4.2.5. *Otros elementos en la comparación: Elementos extrínsecos al hecho, peligrosidad y personalidad del delincuente*

a) Elementos extrínsecos al hecho, como la alarma social, el juicio de prognosis frente a la comunidad o la vigencia de la norma

Luzón Peña considera que cabe incluir en el desvalor objetivo de la acción también la gravedad "extrínseca" del hecho, es decir, el peligro de frecuencia de la comisión y la consiguiente alarma social, si bien esta gravedad extrínseca puede influir tan sólo de modo secundario y "sin exceso", lo que es coherente con su posición según la cual la proporcionalidad es exigencia de prevención general, por lo que por prevención general tiene sentido con hechos de gravedad intrínseca escasa se pueda incrementar la pena para incrementar la eficacia de disuasión general[944]. Al fin y al cabo, introducir ese elemento relativo a la alarma social del hecho no es diferente de valorar los fines de la pena dentro de la proporcionalidad, y, por las mismas razones mencionadas ya —la falta de datos, el carácter impreciso y la ajenidad a la gravedad del delito—, debe ser descartado.

Por último, la vigencia de la norma, el cómo afecte el comportamiento del sujeto a la cimentación cognitiva de la comunidad (hipotéticamente, porque fácticamente se carece de datos) también es ajeno a la gravedad del delito, y, por ello, no puede determinar una agravación de la pena ni la determinación de la cuantía.

---

944 LUZÓN PEÑA, Diego M. (1994). *Curso de Derecho penal. Parte General I*, op. cit., p. 85;LUZÓN PEÑA, Diego M. (1991). "Principio de igualdad, Derecho penal del hecho y prevención especial". En Ministerio de Justicia (Ed.). *El principio de igualdad en la Constitución española*, Vol. 2. Madrid: Centro de Publicaciones del Ministerio de Justicia, pp. 1445-1476. Similar es la posición de DE VICENTE REMESAL, Javier (1985). *El comportamiento postdelictivo*. León: Universidad de León, pp. 299 y ss., para quien se justifica la inclusión de la gravedad del hecho en función de la prevención general dado el juicio de prognosis que significa para la comunidad; la gravedad del hecho en relación con la prevención general influiría en la nocividad social. Es decir, cuanto mayor sea la nocividad social (cuanto más se perciba por la sociedad como nociva una conducta), mayor seriedad debe tener el medio de prevención. En esta posición se tiene también en consideración, en la dimensión cuantitativa de la determinación de la pena, la actitud de la comunidad ante la prevalencia de lo justo frente a lo injusto y ante la reafirmación del ordenamiento jurídico (Ibídem, pp. 360 y ss.).

b) La reincidencia y la vida anterior del reo

En relación con la reincidencia, para algunos autores es irrelevante en relación con la proporcionalidad. Sin embargo, hay autores que justifican su inclusión al considerar que la misma supone un mayor daño, bien porque el comportamiento tenía un desvalor subjetivo mayor (al conocer el hecho y las consecuencias), bien porque se considera que el hecho es más dañino, al unirse al desvalor del daño el de la perturbación social concomitante. Para algunos autores, la reincidencia debe determinar un incremento punitivo porque aumenta el merecimiento negativo del sujeto[945]. Para Von Hirsch tendría relevancia de modo que el primer delito llevaría consigo un descuento por tener en cuenta la falibilidad humana[946]. Para Luzón Peña, se puede justificar el aumento de pena por la frecuencia o mayor probabilidad de comisión de determinados hechos, lo que también relaciona con la proporcionalidad del hecho, pero sobre la base de los elementos no intrínsecos, sino extrínsecos o concomitantes al hecho, dada la prevención general en el objeto de comparación[947].

Sin embargo, la agravación o determinación de la pena por razones de reincidencia ha sido rechazada por parte de la doctrina, al considerar que es incompatible con el principio de culpabilidad por el hecho, al castigar al sujeto por aspectos ajenos al injusto culpable[948].

Afirma García Arán que los intentos de objetivización de la reincidencia acaban en la inevitabilidad de hacer valoraciones relativas a la personalidad del autor[949]. Mir Puig concluye que en nuestro sistema la reincidencia se basa en el desprecio propio de la comisión reiterada del delito, y la rebeldía del desprecio de haber sufrido ya el

---

945 FERZAN, Kimberly, y ALEXANDER, Larry (2018). *Reflections on crime and culpability*, op. cit., Capítulo 8, parte 2.

946 VON HIRSCH, Andrew (1992). "Proportionality in the Philosophy of Punishment", Op. Cit.

947 LUZÓN PEÑA, Diego M. (1991). "Principio de igualdad, Derecho penal del hecho y prevención especial", op. cit., p. 301.

948 DEMETRIO CRESPO, Eduardo. (1999). *Prevención general e individualización de la pena*, op. cit., pp. 308 y ss.

949 GARCÍA ARÁN, Mercedes (1982). *Los criterios de determinación de la pena en derecho español*, op. cit., p. 163.

reproche del Derecho penal[950]. La política criminal autoritaria tiende a "*disolver el delito en el autor*"[951], lo que se materializa más cuando se hace referencia a la peligrosidad social del sujeto, a los deberes de fidelidad, etc.

La vida anterior del reo se entiende que no debe ser incluida porque no forma parte del injusto culpable[952] y supondría una criminalización de la personalidad o vida del autor, contraria al Derecho penal del hecho. La cuestión de la reincidencia es más complicada, y sólo se podría admitir si se fundamentase sobre argumentos de gravedad más convincentes, que todavía no se han desarrollado.

c) La personalidad del reo, el carácter y la conducción de vida

En relación con los elementos relativos al delincuente, en el art. 66.1.6ª CP se sustituye la referencia de la "personalidad del delincuente" (que se incluyó en el ACP por el Texto Refundido de 1973) por "circunstancias personales del delincuente" (también se incluye en el art. 68 CP para la valoración en los supuestos de concurrencia de eximentes incompletas). De ello, parte de la doctrina ha deducido que esta noción es más amplia e incluye la personalidad del delincuente y más factores[953], sin embargo, en este trabajo se entiende que es más restrictivo y que sólo debe incluir los elementos personales que se relacionen con el injusto culpable y que aconseje la disminución de la pena.

En este trabajo se entiende que en relación con la personalidad del delincuente sólo se podrán considerar aquellos elementos que, siendo relevantes para el Derecho penal, se vean manifestados en su

950 MIR PUIG, Santiago (1974). *La reincidencia en el Código penal.* Barcelona: Bosch, pp. 528 y ss.

951 BRICOLA, Franco (2012). *Teoría general del delito,* op. cit., p. 108 (cursiva en el original).

952 DEMETRIO CRESPO, Eduardo. (1999). *Prevención general e individualización de la pena,* op. cit., pp. 307-308.

953 Por todos, DEMETRIO CRESPO, Eduardo. (1999). *Prevención general e individualización de la pena,* op. cit., pp. 303 y ss.

actitud frente a lo protegido por el Derecho penal[954], y sólo puede jugar por debajo de la pena adecuada al injusto culpable, aconsejando su disminución si con ello se puede evitar la desocialización del reo[955]. Es decir, no es inconveniente que se deduzcan características de la personalidad a partir del injusto culpable cometido, pero "el resultado de esa deducción sólo puede interesar para aconsejar la disminución de la pena o el mantenimiento en la correspondiente a la gravedad del hecho en el sentido preventivo especial expresado"[956].

Algunos autores han justificado desde la perspectiva de la prevención general, la inclusión de la personalidad del delincuente en la ponderación, entendiendo que la sociedad entenderá que se tengan en cuenta elementos de su personalidad para determinar si se debe reducir o renunciar a la pena (por tener una personalidad favorable el delincuente)[957]. Sin embargo, la consideración de la personalidad del delincuente como criterio limitador o delimitador de la pena se ha realizado también desde una perspectiva de la prevención especial, entendiendo que (no desde la consideración de su peligrosidad) sino como plasmación de los efectos de la pena para la vida futura del delincuente, se deben tener en cuenta sus circunstancias personales, tales como su personalidad, su sensibilidad a la pena y otros datos relativos a sus condiciones de vida.

Se debe actuar con cautela al incluir la personalidad del autor y demás elementos personales o relativos a la culpabilidad del sujeto en la gravedad del delito por el peligro de caer en un Derecho penal de autor[958]. Se entiende que en ningún caso puede fundar una agravación de la pena la consideración de las circunstancias relativas a la personalidad del delincuente, porque son elementos ajenos al injusto culpable (con-

---

954 GARCÍA ARÁN, Mercedes (1982). *Los criterios de determinación de la pena en derecho español*, op. cit., p. 226.

955 Ibídem.

956 GARCÍA ARÁN, Mercedes (1982). *Los criterios de determinación de la pena en derecho español*, op. cit., p. 230. Similar la argumentación de MAYSON, Sandra M. (2018). "Bias in, Bias out", *Faculty Scholarship at Penn Carey Law*, 2393, en relación con los algoritmos que prevén entornos de delincuencia.

957 DE VICENTE REMESAL, Javier (1985). *El comportamiento postdelictivo*. León: Universidad de León, pp. 367-368.

958 Ibídem, p. 236.

trario, por tanto, al principio de culpabilidad) y porque es determinante de una concepción moralizante de la determinación de la pena y que se orienta más hacia la conducción de vida y a concepciones retributivas de la medición de la pena, que se basan en la expiación dependiente de la personalidad[959]. Asimismo, desde luego queda excluida toda valoración del carácter, pensamiento, estilo de vida y circunstancias afines del sujeto, propias de un Derecho penal de autor y autoritario, sólo siendo legítimo incorporar elementos relativos a la comisión del delito.

d) La situación social, económica, sanitaria, familiar y profesional previa y posterior al delito

La posibilidad que la pena tenga efectos en el plano personal del reo (sobre su vida laboral, familiar, económica —especialmente de penas de multa—, etc.) ha llevado a plantear la posibilidad de considerar este efecto en el ámbito de la determinación judicial de la pena.

Asimismo, también es posible plantearse la posibilidad de que ciertas circunstancias sociales y económicas previas de la vida del individuo (su marginalidad social, su situación de penuria económica, indigencia, o similares) hayan sido no determinantes, pero si condicionantes importantes para la comisión del delito y que no vayan a ser más que agravadas por la imposición de la pena.

Además, existe la posibilidad de que circunstancias sanitarias —su avanzado edad o deterioro grave del estado de salud o alteraciones en la percepción— hagan al reo más sensible a la pena, por lo que la noción de la pena más justa requiere de una pena menos gravosa[960].

En este trabajo se considera que es un criterio de justicia y una imposición del art. 9.2 CE, que determina el mandato al legislador de re-

---

959 DEMETRIO CRESPO, Eduardo. (1999). *Prevención general e individualización de la pena*, op. cit., p. 305.

960 Al margen del criterio de sensibilidad a la pena (que se refiere a que la pena justa es menor a la pena adecuada al hecho), también se ha discutido sobre la posibilidad de considerar la susceptibilidad a la pena del reo (cuando sea menos necesaria la pena para alejar al autor de la consecución de hechos delictivos). Véase DEMETRIO CRESPO, Eduardo. (1999). *Prevención general e individualización de la pena*, op. cit., p. 311.

mover los obstáculos que impidan o dificulten la plenitud de la libertad o igualdad del individuo y los grupos en los que se integre, así como de humanidad de las penas[961]. No se trataría de un elemento propio de la gravedad del delito, sino de un criterio de justicia que se considera igual de importante que la proporcionalidad. Por tanto, se trataría de un elemento de justicia que, alejándose de la proporcionalidad de la pena con la gravedad del delito (ordinal y cardinal), puede justificar la reducción de la pena o su supresión por debajo de la pena proporcionada.

Algunos autores han planteado que estos elementos se vinculan a la prevención especial[962], y, si bien es cierto que se puede vincular a la resocialización, no supone incluirla en los elementos de la proporcionalidad, sino determinar la desviación de la pena proporcionada por otros criterios de justicia.

e) La sensibilidad y susceptibilidad a la pena del autor

De las circunstancias relativas a la sensibilidad y susceptibilidad a la pena por parte del autor se puede predicar lo mismo que las del apartado anterior. Las penas previstas en la legislación penal son penas estandarizadas, y el proceso de determinación de la pena —la parte artística o aritmética— tampoco puede evitar ser estandarizado. Por ello, si por circunstancias personales (sanitarias, socioeconómicas, de edad, o de otra clase), el sujeto condenado es más sensible a la pena, es posible que como criterio de justicia se tenga en cuenta para reducir, renunciar a la pena o suspender su aplicación, por el mandato del art. 9.2 CE o por el principio de humanidad de las penas.

f) El comportamiento posterior al hecho

Sobre el comportamiento posterior al hecho, el sentido de incluirlo dentro de los elementos a ponderar para determinar la gravedad del delito es que, si se tiene en cuenta el daño producido, la

---

961 Ibídem.

962 DEMETRIO CRESPO, Eduardo. (1999). *Prevención general e individualización de la pena*, op. cit., p. 329.

reparación del daño se podría tener en cuenta para determinar una menor gravedad de la pena, especialmente en delitos patrimoniales de poco valor. Por esta razón, en España se prevé como circunstancia atenuante en el apartado 5 del art. 21 CP (previéndose para los supuestos en que haya procedido el culpable a reparar el daño causado a la víctima o disminuir sus efectos, en cualquier momento del procedimiento —antes de la celebración del juicio oral—).

4.3. Gravedad del hecho en España

El artículo 66.1.6 CP introduce en nuestro ordenamiento dos criterios habituales —en ocasiones criticados por estar vacíos de contenido y, por tanto, contradecir la seguridad jurídica— que en el entorno continental se utilizan habitualmente para determinar la pena: la gravedad del hecho y las circunstancias personales del autor.

El Tribunal Supremo define la gravedad del hecho como equivalente al desvalor de la conducta puesta de manifiesto en la infracción, en su doble consideración de acto personal y de resultado lesivo de un bien jurídico; la personalidad del delincuente representará una apreciación compleja integrada por elementos psicológicos y análisis de su proyección social[963].

Para nuestra jurisprudencia, en fin, la gravedad del hecho que gradúa las penas establecidas por el legislador viene determinada por la gravedad del delito, que es la que determina el marco de pena establecido para cada delito. En cambio, la gravedad del hecho a la que alude el art. 66.1.6ª CP en relación con la determinación judicial de la pena sólo se referiría a los elementos fácticos concretos del caso que permitirían al juzgador determinar la pena final a imponer[964].

---

963 En la STS de 20 de marzo de 1986, FJ único, afirmó en este sentido: La "gravedad del hecho" equivale al desvalor de la conducta puesta de manifiesto en la infracción, en su doble consideración de acto personal y de resultado lesivo de un bien jurídico; la personalidad del delincuente representará una apreciación compleja integrada por elementos psicológicos y análisis de su proyección social (Tribunal Supremo, Sala de lo penal, Sección 1, Sentencia de 20 de marzo de 1986 —sin nº resolución—. Ponente: D. Francisco Soto Nieto).

964 Afirma DEMETRIO CRESPO, Eduardo. (1999). *Prevención general e individualización de la pena*, op. cit., p. 290, que se puede afirmar que los elementos de

En este ámbito, la discrecionalidad jurídicamente reglada de la que dispone el juez es una discrecionalidad vinculada al principio de proporcionalidad, ya que a una mayor gravedad del delito corresponde una mayor pena. Sin embargo, la afirmación de que la medida de la culpabilidad por el hecho depende del contenido de injusto del hecho concreto y la cantidad de pena se mide de acuerdo con la gravedad del injusto individual es, por sí sola, "una declaración de principios"[965].

La gravedad se entiende que es aquellas circunstancias que permiten juzgar sobre una mayor o menor exigibilidad en el cumplimento de la norma, y sobre el mayor o menor desvalor ético-social de los motivos que impulsaron al autor a la comisión del hecho[966].

En la reciente STS 458/2019, FJ 7 se recuerda la jurisprudencia del TS en relación con los elementos de gravedad del hecho y circunstancias personales del delincuente, afirmándose que las circunstancias personales "se refieren a los motivos o razones que han llevado a delinquir el acusado, así como aquellos rasgos de su personalidad delictiva que configuran igualmente esos elementos diferenciales

---

determinación de la gravedad del hecho son congruentes con las atenuantes y agravantes genéricas, de modo que se puede entender que estas configuran puntos de referencia importantes para la determinación del injusto individual, y que se entiende así que funcionan como un catálogo incompleto de factores reales de la individualización de la pena, con una determinada valoración (atenuatoria o agravatoria), predeterminada por la ley.

965 DEMETRIO CRESPO, Eduardo. (1999). *Prevención general e individualización de la pena*, op. cit., p. 292.

966 En este sentido, se afirma en la STS 380/2009, de 22 de mayo, FJ 3: "Individualización de las penas. [...] debemos recordar que la pena imponible no debe superar la medida determinada por la gravedad de la culpabilidad por el hecho, y para determinar esta gravedad se deberá tener en cuenta:
- la gravedad de la ilicitud cometida.
- las circunstancias que permitan juzgar sobre una mayor o menor exigibilidad del cumplimiento de la norma.
- el mayor o menor desvalor ético-social de los motivos que impulsaron al autor.
- para aplicar penas distintas a acusados por el mismo delito deben concurrir circunstancias concretas que justifiquen el trato dispar punitivo y también deben expresarse específicamente cuales son las razones justificativas de las diferencias de pena para los distintos encausados" (Tribunal Supremo. Sala de lo Penal. Sección 1. Sentencia 380/2009, de 22 de mayo. Ponente: D. Juan R. Berdugo Gómez de la Torre).

para efectuar tal individualización penológica y que deben corregirse para evitar su reiteración delictiva"[967]. Por tanto, para nuestra juris-

967 Tribunal Supremo. Sala de lo penal. Sección 1. Sentencia 458/2019, de 9 de octubre. Ponente: D. Vicente Magro Servet, FJ 7. Del mismo modo, en la STS 32/2011, de 25 de enero, FJ 3 (Tribunal Supremo. Sala de lo Penal, Sección 1. Sentencia 32/2011, de 25 de enero): "Varios preceptos del Código Penal ya habían atribuido al Juzgador parecidas facultades discrecionales en la individualización de las penas. Así en la regla 6ª del artículo 66.1 se dispone que cuando no concurran atenuantes ni agravantes aplicarán la pena establecida por la ley para el delito cometido, en la extensión que estimen adecuada, en atención a las circunstancias personales del delincuente y a la mayor o menor gravedad del hecho; en el delito de lesiones, el apartado segundo del artículo 147 contiene también un subtipo atenuado en el que se dispone que no obstante, el hecho descrito en el apartado anterior será castigado con la pena de prisión de tres a seis meses o multa de seis a doce meses, cuando sea de menor gravedad, atendidos el medio empleado o el resultado producido; el apartado cuarto del artículo 153, en las lesiones relacionadas con la violencia de género, expresa que no obstante lo previsto en los apartados anteriores, el Juez o Tribunal, razonándolo en sentencia, en atención a las circunstancias personales del autor y las concurrentes en la realización del hecho, podrá imponer la pena inferior en grado; el apartado sexto del artículo 171 que regula las amenazas en relación a la violencia de género dispone que no obstante lo previsto en los apartados 4 y 5, el Juez o Tribunal, razonándolo en sentencia, en atención a las circunstancias personales del autor y a las concurrentes en la realización del hecho, podrá imponer la pena inferior en grado; el apartado cuarto del artículo 242, en el delito de robo, se dispone que en atención a la menor entidad de la violencia o intimidación ejercidas y valorando además las restantes circunstancias del hecho, podrá imponerse la pena inferior en grado a la prevista en los apartados anteriores; el artículo 318, apartado sexto (ahora quinto por Ley Orgánica 5/2010) dispone que los Tribunales, teniendo en cuenta la gravedad del hecho y sus circunstancias, las condiciones del culpable y la finalidad perseguida por éste, podrá imponer la pena inferior en un grado a la respectivamente señalada; el artículo 565, en el delito de tenencia ilícita de armas, establece que los Jueces o Tribunales podrán rebajar en un grado las penas señaladas en los artículos anteriores, siempre que por las circunstancias del hecho y del culpable se evidencie la falta de intención de usar las armas con fines ilícitos". Y también se afirma, en esta sentencia, que "las expresiones "circunstancias personales del delincuente" no se limitan a las condenas penales previas, que sólo pueden entrar en consideración respecto de la agravante de reincidencia, en todo caso dentro de los límites del principio de culpabilidad por el hecho [...] los Jueces son soberanos, en principio, para imponer las penas en la cuantía que procede según su arbitrio, facultad eminentemente potestativa, que no es absoluta, precisamente porque ha de supeditarse a determinados condicionamientos, como son la personalidad del acusado y la gravedad del hecho en función de los medios modos o formas con que lo realizó y también las circunstancias de todo tipo concurren-

prudencia sí se incluyen elementos de la personalidad, que en este trabajo se estima que no deberían formar parte de la valoración salvo que fuesen determinantes de la comisión del delito y siempre para atenuar la pena. En la misma sentencia, se afirma que la gravedad del hecho del art. 66.1.6ª "no es la gravedad del delito, toda vez que esta "gravedad" habrá sido ya contemplada por el Legislador para fijar la banda cuantitativa penal que atribuye a tal delito. Se refiere la Ley a aquellas circunstancias fácticas que el Juzgador ha de valorar para determinar la pena y que sean concomitantes del supuesto concreto que está juzgando; estos elementos serán de todo orden, marcando el concreto reproche penal que se estima adecuado imponer".

---

tes; la motivación de la individualización de la pena requiere desde un punto de vista general, que el Tribunal determine, en primer lugar, la gravedad de la culpabilidad del autor expresando las circunstancias que toma en cuenta para determinar una mayor o menor reprochabilidad de los hechos [...]. En cuanto a la gravedad del hecho, se afirma que "la gravedad del hecho a que se refiere este precepto no es la gravedad del delito, toda vez que esta "gravedad" habrá sido ya contemplada por el legislador para fijar la banda cuantitativa penal que atribuye a tal infracción. Se refiere la ley a aquellas circunstancias fácticas que el Juzgador ha de valorar para determinar la pena y que sean concomitantes del supuesto concreto que está juzgando; estos elementos serán de todo orden, marcando el concreto reproche penal que se estima adecuado imponer. Las circunstancias personales del delincuente son aquellos rasgos de su personalidad delictiva que configuran igualmente esos elementos diferenciales para efectuar tal individualización penológica. Ni en uno ni en otro caso se trata de circunstancias modificativas de la responsabilidad criminal, ya que, en tal caso, su integración penológica se produce no como consecuencia de esta regla 6ª (antigua) regla primera del art. 66, sino de las restantes reglas (Cfr. Sentencia 480/2009, de 22 de mayo); en relación al delito de tráfico de drogas, tiene declarado que se produce esa menor gravedad cuando se trata de la venta de alguna o algunas papelinas de sustancias tóxicas llevada a cabo por un drogodependiente (Cfr. Sentencia 927/2004, de 14 de julio; cuando se refiere a las circunstancias personales del delincuente, está pensando, como es lógico, en situaciones, datos o elementos que configuran el entorno social y el componente individual de cada sujeto, la edad de la persona, su grado de formación intelectual y cultural, su madurez psicológica, su entorno familiar y social, sus actividades laborales, su comportamiento posterior al hecho delictivo y sus posibilidades de integración en el cuerpo social, son factores que no sólo permiten sino que exigen modular la pena ajustándola a las circunstancias personales del autor, sin olvidar la incidencia que, por su cuenta, puedan tener, además, la mayor o menor gravedad del hecho, que debe ser medida no sólo con criterios cuantitativos sino también cualitativos (Cfr. Sentencia 927/2004, de 14 de julio)".

Entiende la Sala que el legislador valora la naturaleza y la forma de ataque al bien jurídico afectado, por lo que en la determinación de la pena la gravedad del hecho dependerá: 1) de la intensidad del dolo o negligencia; 2) de las circunstancias concurrentes que modifiquen el desvalor de acción o de resultado; 3) del grado de culpabilidad o responsabilidad del sujeto; y 4) de la gravedad del mal causado y la conducta del reo posterior al delito (colaboración, actitud hacia la víctima y reparación del daño)[968].

En relación con otros ordenamientos, en Italia se consideran relevantes dentro del elemento de *gravità del fatto* que aparece en el art. 133 CPI[969], la modalidad del hecho, su naturaleza, especie, medios, objeto, daño o peligro ocasionado, intensidad del dolo o imprudencia, tiempo y lugar del hecho, y en general todas las circunstancias objetivas y subjetivas del hecho criminal. Existe, por tanto, una congruencia entre los datos indiciarios del art. 133 CPI con las circunstancias modificativas de responsabilidad genéricas[970]. En EE. UU., el Model Penal Code (tras la reforma del ALI de 2018) establece que las penas deben encontrarse, en todo caso, en el rango de severidad proporcionado a la gravedad de los delitos, los daños hechos a las víctimas y la responsabilidad subjetiva de los delincuentes (§ 1.02). Se incluyen elementos subjetivos, pese a que el concepto de proporcionalidad de las penas estadounidense ha estado históricamente más centrado en la gravedad objetiva del delito que en elementos

---

968 STS 458/2019, FJ 7.

969 "*Nell'esercizio del potere discrezionale indicato nell'articolo precedente [164, 169, 175, 203], il giudice deve tener conto della gravità del reato, desunta:*
1) dalla natura, dalla specie, dai mezzi, dall'oggetto, dal tempo, dal luogo e da ogni altra modalità dell'azione;
2) dalla gravità del danno o del pericolo cagionato alla persona offesa dal reato;
3) dalla intensità del dolo o dal grado della colpa.
Il giudice deve tener conto, altresì, della capacità a delinquere del colpevole [103, 105, 108; c.p.p. 220], desunta:
1) dai motivi a delinquere e dal carattere del reo;
2) dai precedenti penali e giudiziari e, in genere, dalla condotta e dalla vita del reo, antecedenti al reato);
3) dalla condotta contemporanea o susseguente al reato;
4) dalle condizioni di vita individuale, familiare e sociale del reo".

970 GARCÍA ARÁN, Mercedes (1982). *Los criterios de determinación de la pena en derecho español*, op. cit., pp. 212 y ss.

subjetivos del ofensor[971]. Se ha optado por un modelo a favor de la proporcionalidad del delito en todo caso, no que excluya solamente las penas gravemente (*grossly*) desproporcionadas[972]. En todo caso, también se apunta hacia un retribucionismo limitador, porque se admite que dentro de los límites de la proporcionalidad se intenten alcanzar finalidades preventivas, generales y especiales[973]. Además, la efectividad del reconocimiento de la proporcionalidad de las penas en EE. UU., como se ha visto, entraña unas garantías prácticas muy distintas de las que aquí se han deducido, pues las penas suelen ser muy elevadas y todavía en la actualidad 27 Estados reconocen la pena de muerte —no se aplica en todos ellos—, que es incoherente con las conclusiones que se han sacado del elemento cardinal de la proporcionalidad.

4.4. Toma de postura

4.4.1. Valoraciones en la determinación de la pena

La doctrina ha insistido en la importancia de las valoraciones en el marco del estudio del Derecho penal. El análisis de Basso, al que se ha hecho referencia al estudiar los elementos ordinal y cardinal y cuya importancia se comparte desde este estudio, lleva a considerar que los criterios sistemáticos determinan la necesidad de restringir en general la intervención penal, por lo que resultan conciliables con esta interpretación[974].

---

971 ROBINSON, Paul H. (2020). "Mitigations: The Forgotten Side of the Proportionality Principle". Penn Faculty Scholarship. 2054, p. 221.

972 Ibídem, p. 225.

973 "*The general purposes of the provisions on sentencing, applicable to all official actors in the sentencing system, are: (a) in decisions affecting the sentencing of individual offenders: (i) to render sentences in all cases within a range of severity proportionate to the gravity of offenses, the harms done to crime victims, and the blameworthiness of offenders; (ii) when reasonably feasible, to achieve offender rehabilitation, general deterrence, incapacitation of dangerous offenders, and restitution to crime victims, preservation of families, and reintegration of offenders into the lawabiding community, provided these goals are pursued within the boundaries of proportionality in subsection (a)(i)*".

974 BASSO, Gonzalo (2019). *Determinación judicial de la pena y proporcionalidad con el hecho*, op. cit., *passim*.

Rodríguez Mourullo hace referencia a la vinculación axiológica entre delito y pena, teniendo en cuenta que la norma jurídica se basa, en su apreciación, en las jerarquías valorativas del orden social, afirmando que a partir de las normas jurídicas y sus valoraciones es posible construir un sistema ordenado de delitos según su gravedad[975]. La importancia del carácter crítico y no aséptico del análisis doctrinal, que tenga en cuenta esos elementos valorativos la resalta la doctrina del constitucionalismo penal[976]. Afirma así Donini que la ciencia penal asume la dimensión de "contrapoder crítico" para la existencia de una reflexión sobre el Derecho penal, que en ausencia de límites de garantía construidos sobre un sistema de valores supraordenados no sería más que el ejercicio de una violencia de Estado[977].

La introducción de criterios axiológicos y valorativos es necesaria dado que el Derecho penal no está empíricamente contrastado (ni, con los medios actuales, es previsiblemente contrastable a medio plazo)[978].

La argumentación ya mencionada, relativa a la importancia de incluir criterios valorativos frente a una doctrina penal aséptica ha llevado, usualmente, a justificar la introducción de los criterios teleológicos en todo análisis doctrinal[979].

---

975 RODRÍGUEZ MOURULLO, Gonzalo (1978). *Derecho penal, parte general*, T. 1. Madrid: Civitas, p. 77.

976 En este sentido, BASSO, Gonzalo (2019). *Determinación judicial de la pena y proporcionalidad con el hecho*, op. cit., pp. 368 y ss., lo que le lleva a incluir los elementos sistemáticos en la valoración de la pena.

977 DONINI, Massimo (2010). "Principios constitucionales y sistema penal", op. cit., p. 4.

978 En este sentido, PÉREZ MANZANO, Mercedes (1988). *Culpabilidad y prevención en Derecho penal* (tesis doctoral), op. cit., pp. 226, 288 quien se refiere a que la justificación y medición de la pena se deben efectuar conforme a parámetros valorativos frente a la irracionalidad y la ausencia de conocimientos empíricos suficientes.

979 Por todos, SILVA SÁNCHEZ, Jesús Mª (1992). *Aproximación al Derecho penal*, op. cit., pp. 114 y ss., quien afirma que siendo la teoría del delito uno de los instrumentos más importantes de cumplimiento de los fines del Derecho penal es importante tomar como referencia la esfera teleológica en su marco, por lo que defiende una orientación teleológica que incluya referencias a las consecuencias y también a fines valorativos. Frente a posibles falacias naturalistas, que

Sin embargo, la aceptación del carácter necesariamente valorativo del análisis, no significa aceptar la introducción de todo tipo de criterio valorativos en el marco de todo el Derecho penal. En particular, dada la delicadeza de la cuestión de la determinación del *quantum* de pena imponible y su innegable vinculación con criterios de justicia, en este marco sólo se pueden aceptar los criterios que sean más garantistas de los derechos individuales, teniendo en cuenta que un Derecho penal constitucional requiere de una tendencia a la parquedad en la extensión e intensidad de la intervención estatal. En este sentido, son admisibles los criterios sistemáticos siempre que se utilicen en sentido garantista. Es decir, siempre que los datos sistemáticos sean utilizados para tomar conciencia de la situación práctica del entorno de la pena y utilizar esos datos objetivos para garantizar los derechos ciudadanos[980].

4.4.2. En particular, la idea de reproche o merecimiento en la determinación de la pena

El reproche inherente a la pena tiene que ser un reproche institucional, que simplemente refleje el hecho de que el condenado cumple los requisitos para ser considerado responsable del delito, pero no se pueden incluir valoraciones morales más amplias, de reproche o merecimiento negativo moral. La comunicación que se incluya en la condena y en la pena debe ser, en este sentido, institucional, pero no ética ni moral, razón por la cual tampoco la determinación del *quantum* de pena puede responder a elementos subjetivos del desvalor subjetivo y moral de la conducta del sujeto.

---

deriven el deber ser del ser de las consecuencias empíricas del Derecho penal, afirma el autor que es imprescindible encontrar un equilibrio de síntesis entre eficacia empírica y racionalidad valorativa que puede legitimar la intervención penal.

980 La argumentación que sigo es similar a la de MAYSON, Sandra M. (2018). "Bias in, Bias out", *Faculty Scholarship at Penn Carey Law*, 2393, *passim*, cuando señala que lo importante no es el conseguir los datos raciales de delincuencia a partir de algoritmos, son datos objetivos que conviene tener, y lo reprochable es cómo se utilicen esos datos, que deben utilizarse para paliar las condiciones que llevan a la delincuencia y no, en cambio, para discriminar.

4.4.3. De los fines de la pena a la gravedad del hecho

A diferencia de los elementos sistemáticos, los criterios teleológicos se basan en la constatación empírica de tendencias finalistas, o, en su defecto, en una suerte de heroísmo intuitivo[981], por lo que se trata de datos subjetivos, variables y no garantistas. Los fines de la pena sí pueden y deben tener su papel en el marco de la orientación general del Derecho penal, para modular las conductas que castigar desde la perspectiva de la proporcionalidad en sentido amplio o la racionalidad de la pena, ya que dichos aspectos se vinculan a la justificación del Derecho penal. Sin embargo, no deben incluirse para determinar el *quantum* de pena, que debe responder a criterios de correspondencia con la gravedad del delito.

Pese a que la resocialización es un fin de la pena, fuera de los fines de la pena se puede considerar dentro del objeto de proporcionalidad (en la noción cardinal de la proporcionalidad teniéndolo en cuenta en los elementos sistemáticos). Ello sucede en sistemas como el español, en el que es la propia Constitución la que impone la orientación del Derecho penal hacia el mismo. Algo similar sucede en el Derecho penal italiano, donde se afirma que el fin de la pena es la resocializcaión es el fin prevalente y no debe ser sacrificado por otros fines o funciones[982]. En España la cuestión no se ha resuelto con la misma deferencia hacia el fin resocializador, pero lo que sí está claro es que hay una orientación constitucional expresa para la resocialización que puede otorgar un argumento deontológico adicional para realizar una interpretación restrictiva del ámbito de lo penal[983], tanto en sede legislativa como en sede judicial (donde es más fácilmente controlable). En relación con el ámbito negativo de la resocialización (el objetivo de no desocialización de los reos con la pena), como ya se ha mencionado, Demetrio Crespo realiza una brillante defensa de la orientación del

---

981 Al que hacía referencia VON HIRSCH, Andrew (1998). *Censurar y castigar*, op. cit., pp. 75 y ss. (aunque el autor aludía a ese heroísmo en relación con la extensión de la proporcionalidad).

982 A partir de la Sentencia de la Corte Costituzionale 313/1990, FJ 8, como ya se ha mencionado.

983 En este sentido, relativo al ámbito de la medición judicial de la pena, *vid.* BASSO, Gonzalo (2019). *Determinación judicial de la pena y proporcionalidad con el hecho*, op. cit., p. 34.

momento de individualización judicial de la pena hacia la no desocialización del castigado, que debe ser incorporada.

Hay dos formas de interpretar este elemento, cuyo seguimiento en el momento de individualización judicial de la pena parece evidente es un imperativo constitucional. Una forma de analizar esta cuestión es considerar que la no desocialización es parte del objeto de la comparación (unido a los elementos de estricta gravedad del delito). Otra forma es considerar que la no desocialización o la resocialización, como criterio de justicia y deontológico es una razón para apartarse de la pena proporcional para reducirla o excluirla. En este trabajo se entiende que puede formar parte de los elementos sistemáticos, pero la segunda argumentación es igual de racional y genera el mismo resultado (de legitimación de su consideración en la medida de la pena final).

4.4.4. Elementos del objeto de comparación de la pena

$$P \propto D$$

$$P \propto (a + r + s)$$

De lo desarrollado aquí se deriva una formula muy simple, según la cual la gravedad de la pena (*P*) debe ser proporcional a la gravedad del delito (*D*). La gravedad del delito incluirá la gravedad de la acción (*a*), del resultado (*r*) y de los elementos sistemáticos (*s*), cuya valoración siempre será negativa (para reducir la pena, pero no incrementarla). La valoración de la gravedad de acción incluye la del grado de participación, el nivel de consumación del delito y la consideración de si se realiza en el marco del ejercicio de un derecho fundamental. La valoración del resultado incluye la valoración de la importancia, número, afectación y reparación de los bienes jurídicos lesionados o puestos en peligro. Los elementos sistemáticos incluyen un análisis político-criminal de la dureza y el empleo populista de la ley penal, así como de los efectos desocializadores y el potencial efecto disuasorio sobre el ejercicio de otros derechos.

4.4.5. La medición de la pena

La medición de la gravedad de la pena también debe tener en cuenta los bienes jurídicos que se restringen con su imposición, teniendo en consideración su jerarquía (que no partirá de la vida, sino de la libertad personal como la restricción más relevante que se puede imponer a un individuo), así como el nivel de afectación (duración de la pena, y la concurrencia de consecuencias colaterales de la pena y la afectación de otros bienes jurídicos del penado[984]).

La interpretación aquí realizada de la proporcionalidad de las penas es coherente con la previsión del art. 66.1.6ª CP, que prevé la necesidad de evaluar las circunstancias del hecho y las personales del autor (y que, pese a que se prevé para los supuestos de ausencia de atenuantes y agravantes, para la doctrina mayoritaria se debe aplicar en todos los supuestos). Con las garantías aquí descritas, se hace conciliable el principio de proporcionalidad de las penas con la previsión legislativa del art. 66.1.6ª CP y con la aspiración a la neutralidad moral del Derecho penal.

II. DINÁMICA DE APLICACIÓN DEL PRINCIPIO DE PROPORCIONALIDAD DE LAS PENAS. PROPUESTA DE *LEGE DATA*

Conviene ahora realizar una suerte de recapitulación que explique cómo se debería aplicar el principio de proporcionalidad de las penas, tanto por el legislador como por el juzgador para determinar la pena. Con posterioridad, el análisis se centrará sucintamente en el principio de insignificancia, dada su relación con la propuesta de proporcionalidad estricta aquí descrita. Por último, se dibujarán algunas propuestas de *lege ferenda*.

En relación con la dinámica de aplicación del principio de proporcionalidad entre gravedad del delito y gravedad de la pena, se debe señalar que es fundamental que se ponga la gravedad que tiene

---

984 Sobre ello, *vid.* MAYSON, Sandra M. (2015). "Collateral Consequences and the Preventive State", *Faculty Scholarship at Penn Carey Law*. 2408.

la conducta (tanto a nivel del tipo legal, como después en relación con la conducta concreta desarrollada por el sujeto) en relación con la gravedad de la pena[985], de tal forma que sea la gravedad dada a la conducta la que determine si se aplica una pena y en qué medida se determina esta, si la respuesta a la primera cuestión es afirmativa.

1. La aplicación del legislador al determinar las penas

Por otra parte, el legislador (al regular las conductas típicas y asignarles penas) debe atender, en primer lugar, a los mínimos y máximos de pena que establece el sistema penal y determinar si el bien jurídico protegido por el delito merece una protección que se corresponda con el mínimo de pena que se introduce en el sistema penal. Para ello, debe preguntarse cómo de importante es el bien jurídico (dentro del *ranking* de bienes jurídicos susceptibles de protección penal), con qué gravedad de ataque (lesión o peligro concreto), con qué requisitos la potencial concurrencia del ejercicio de algún derecho fundamental se podría punir (como la libertad de expresión, ya que reduciría la gravedad del ataque) y con qué gravedad subjetiva de la conducta, y gravedad de participación se le debería atribuir la pena mínima del sistema. A partir de ahí, en segundo lugar, debería evaluar si las conductas en cuestión que ataquen a ese bien jurídico penal merecen una pena que se encuentre por encima del mínimo previsto por el sistema, y si la respuesta es afirmativa debe prever el incremento de la pena (mínima y máxima) según los incrementos de gravedad objetiva, subjetiva y de participación. Se deben tener en cuenta también los máximos de pena del sistema que se prevén para los ataques más graves del sistema a los bienes jurídicos más importantes (y, en concreto, se deben tener en consideración las reglas concursales). Estos dos primeros pasos cubrirían las exigencias de proporcionalidad cardinal. En tercer lugar, se deben comparar las penas asignadas a esa conducta con las asignadas a otras conductas típicas, respetándose las reglas de espaciamiento (debe haber diferencias de gravedad de las penas correspondientes a las diferencias de gravedad entre las conductas delictivas), así como de paridad y

[985] Sobre esta necesidad, fundamentalmente *vid.* BASSO, Gonzalo (2019). *Determinación judicial de la pena y proporcionalidad con el hecho*, op. cit., *passim*.

ordenación por rango (a los tipos delictivos más graves deben corresponder penas más graves, a las conductas de gravedad semejante corresponden penas de gravedad semejante, y a las conductas menos graves les corresponderán penas de gravedad inferior). Asimismo, se debe tener en cuenta que el marco penal debe corresponderse con el marco de gravedad de las conductas típicas (es decir, un tipo que prevea una modalidad de conducta muy concreta —por ejemplo, el hurto de un tipo de bienes artístico de un valor que oscile entre los 3000 y los 3500€— debe tener un marco penal muy estrecho, mientras que un tipo que prevea un rango de conductas de gravedad muy amplio, debe tener un marco penal más amplio). En cualquier caso, lo deseable para que la proporcionalidad sea más efectiva es que la descripción de las conductas sea más específica, y lo mismo se puede decir en relación con los marcos penales, ya que ello dejará menos margen de maniobra a los juzgadores y favorecerá que la determinación de la pena se haga de la forma más armoniosa posible, satisfaciendo las exigencias del control relativo de la proporcionalidad.

Asimismo, se debe tener en cuenta que el legislador en todo caso debe tender hacia la reducción de la dureza de las penas, dada la consideración de los elementos sistemáticos mencionados en el Capítulo precedente.

Desde luego, lo dicho respecto al legislador es una cuestión de técnica legislativa, pero considerando que el principio de proporcionalidad es constitucional, y la Constitución vincula a todos los poderes públicos —y aquí se ha defendido que se entiende que es un derecho fundamental del condenado—, se corresponde con directrices que el legislador debería seguir al establecer los tipos y sus penas. Sin embargo, tanto el margen de libertad del legislador como las tendencias relativas al populismo punitivo hacen difícil que se siga esta tendencia. En relación con ello, se estima que estas directrices se deberían incluir en una Ley Orgánica en la que se desarrollara el derecho fundamental a la libertad personal[986]. Aunque, como ya se ha mencionado, es muy improbable que se apruebe esta ley y también

---

[986] En coherencia con el art. 81.1 CE: "Son leyes orgánicas las relativas al desarrollo de los derechos fundamentales y de las libertades públicas, las que aprueben los Estatutos de Autonomía y el régimen electoral general y las demás previstas en la Constitución".

es improbable que se apliquen estas exigencias de proporcionalidad en sede legislativa.

2. *La aplicación del juzgador penal al determinar las penas*

Por otra parte, para determinar las penas proporcionadas a la gravedad del delito, los juzgadores deberían prestar atención fundamentalmente al mínimo y máximo del marco de pena aplicable al delito. En relación con ello, se debe verificar en primer lugar que el bien jurídico protegido por el delito merezca el mínimo de pena, y si la respuesta es afirmativa debe preguntarse con qué gravedad del ataque (peligro concreto o lesión), con qué grado de consumación (tentativa o delito consumado), con qué requisitos la potencial concurrencia del ejercicio de algún derecho fundamental se podría punir (como la libertad de expresión, ya que reduciría la gravedad del ataque), con qué gravedad del daño (valor objetivo de los bienes en el caso de delitos patrimoniales), con qué grado de tipicidad subjetiva y de participación corresponde ese mínimo. Determinado ese punto objetivo de gravedad, debe cuestionarse el juzgador que la conducta concreta se corresponda con el mínimo de gravedad de resultado y acción que enjuicia. Si la respuesta es negativa, la conducta es atípica (por desproporcionada en sentido estricto, teniendo en cuenta que los supuestos de mayor insignificancia objetivo y subjetivo se podrían encuadrar en el principio de insignificancia, razón por la que se analizará más adelante en el estudio).

Si la respuesta es positiva, el juzgador debe preguntarse si la conducta se corresponde sólo con el mínimo de gravedad y determinar, en su caso, la imposición del mínimo de pena o la concurrencia de la atipicidad material por insignificancia (vid. infra).

Si el juzgador estima que la conducta se corresponde con algo más que el mínimo de gravedad, debe cuestionarse qué porcentaje de gravedad de la conducta prevista por el tipo concurre en el caso concreto. Para ello, deberá tener en cuenta el número de bienes jurídicos afectados y determinar dónde se ubicaría en el marco teniendo en cuenta este elemento. Una vez determinado el punto que correspondería en el marco según el número de bienes jurídicos, debe preguntarse cuánto correspondería matizar la pena, dentro del marco, teniendo en cuenta la gravedad objetiva del resultado (de lesión o peligro, teniendo en cuenta la reparación del daño, especialmente en delitos patrimoniales de poco valor). Determinado ese punto, se debe atender al grado de participación del sujeto en el hecho, para matizar el punto en el marco penal; y, con ello, por último, se debe atender a los elementos subjetivos concurrentes en el tipo para determinar la pena final que se correspondería con la proporcionada con el hecho.

En todo caso, se debe afirmar que, tanto el legislador como el juzgador, al realizar la determinación de la pena deben tender a la reducción de la dureza de las penas. En el caso del juzgador, ello determina que, aunque la conducta típica, considerados todos los elementos, se corresponda con una gravedad media (sobre el máximo de pena del marco aplicable), ello no llevará consigo una pena de gravedad media sobre el marco, sino una pena inferior.

Una vez determinada esa pena proporcionada con la gravedad del delito, correspondería evaluar si, en el caso, concurre algún criterio de justicia que —estando al menos al mismo nivel de importancia que la proporcionalidad— permita desviarse de esa pena correspondiente a la gravedad del hecho para reducirla.

3. Aplicación a delitos bagatelares: ejemplos del hurto y top manta

En el caso del delito de hurto de más de 400€ (art. 234.1 CP) se castiga con una pena de prisión de 6 a 18 meses para los supuestos en que la cuantía de lo sustraído exceda de 400€. En los supuestos en que la cuantía no exceda de ese valor, se impone una pena de multa de uno a tres meses (art. 234.2 CP). Prestando atención al primero de los supuestos, ¿qué sucede con un sujeto que ha hurtado un bien con valor de, v. gr., 402€? Pues bien, le correspondería una pena de prisión. Como se ha dicho, el juzgador debe atender fundamentalmente al valor del mínimo de pena, y evaluar si el bien jurídico protegido (en este caso, el patrimonio) merece una pena de prisión. Si se ponderan los bienes jurídicos de libertad personal y de patrimonio, se debe concluir necesariamente que el primero prima sobre el segundo, lo que excluye la imposición de una pena privativa de libertad para delitos patrimoniales —ello excluiría, además, la legitimidad mayor parte de las penas privativas de libertad de nuestro Código penal—. No haría falta seguir con el análisis para que se determine la exclusión de la pena para la conducta tipificada. Sin embargo, si se continuase con el análisis también se añadiría a la cuestión del valor del bien jurídico la del valor del daño. En efecto, tratándose un delito de resultado, contrastar en una balanza el valor de la libertad personal del condenado, y en el otro lado el patrimonio que supera, por poco, los 400€, lleva a concluir con la primacía del primero sobre el segundo, y, por tanto, la exclusión de la legitimidad del castigo del encausado.

Es cierto que la evaluación del juzgador entraría en claro conflicto con la voluntad del legislador democrático, que ha criminalizado las conductas mencionadas estableciendo un valor determinado (el juzgador actuaría *contra legislatoris*). Sin embargo, también es cierto (sin ánimo de ser redundante) que el juzgador está sometido a la Constitución por encima del resto del ordenamiento jurídico, y es la Constitución la que impone la proporcionalidad de las penas. Con ello a la vista, debería plantearse una cuestión de inconstitucionalidad de la norma penal, y no imponer una pena al sujeto.

Algo semejante sucedería con el delito del "top manta", recogido en el art. 274.3 CP, donde se castiga la venta ambulante u ocasional de los productos sujetos a propiedad industrial con la pena de prisión de seis meses a dos años. En el párrafo ii se prevén las penas alternativas de multa o trabajos en beneficio de la comunidad, que puede aplicar el juzgador atendiendo a las características del culpable y la reducía cuantía del beneficio económico (obtenido o que se hubiera podido obtener). En este caso el bien jurídico es la propiedad industrial. La conclusión sería la misma con la pena privativa de libertad, atendida la ponderación entre ambos bienes jurídicos. Y, de nuevo, si se continúa con el análisis, dado que no se exige, ni siquiera, la obtención de un mínimo beneficio por parte del culpable, también llevarían a la misma conclusión los supuestos de escaso beneficio obtenido (o nulo) en términos económicos, ya que el daño al bien jurídico sería prácticamente inexistente. Asimismo, en los supuestos en que se aplique la pena atenuada (que es una opción potestativa del juzgador) de multa o trabajos en beneficio de la comunidad, si el beneficio obtenido es prácticamente nulo o inexistente, tampoco se corresponderá con una pena, aunque no sea privativa de libertad, ya que no habrá daño suficiente al bien jurídico que justifique la intromisión penal. De nuevo, se trata de un supuesto en que la interdicción de penas desproporcionadas, que viene establecida a través de la Constitución, se entiende que se contradice con las previsiones legislativas de sanción del "top manta", pero la Constitución prima sobre el Código penal.

4. Aplicación a delitos de expresión: el ejemplo del enaltecimiento del terrorismo

En relación con el delito de enaltecimiento del terrorismo del art. 578.1.i CP (por el que se castiga a quienes públicamente enaltezcan o justifiquen al terrorismo o sus autores), al determinar la pena proporcionada con la gravedad del delito, sucedería algo semejante aunque la conclusión es todavía más radical. En primer lugar, al determinar cuál es el bien jurídico protegido por el delito, se concluiría, como la mayoría de la doctrina, que el delito de enaltecimiento no protege bien jurídico alguno. En cambio, parece que se están castigando, en realidad, opiniones. Si bien autoras como Ruiz Landaburu han entendido que el bien jurídico protegido que es "la paz social y el mantenimiento del orden constitucional"[987], como ha indicado en un voto particular a la STS 4/2017, de 18 de enero, el magistrado Andrés Ibáñez, lo que convierte en criminales las conductas (del delito de enaltecimiento del terrorismo) es su aptitud para favorecer la comisión de delitos de terrorismo, lo que significa que las conductas penadas deberían ser funcionalmente capaces de favorecer tales delitos (de nuevo, apreciación extensiva a los delitos de propaganda). Las conductas tipificadas no son funcionalmente capaces de favorecer el terrorismo, ni ponen en riesgo el sistema de libertades o la paz social, por lo que el bien jurídico es espurio, aparente, no real[988], y

---

987 RUIZ LANDABURU, Mª José (2002). *Provocación y apología: delitos de terrorismo.* Madrid: Editorial Colex, p. 80.

988 En este sentido, PENA GONZÁLEZ, Wendy (2019). "El delito de enaltecimiento del terrorismo: "Derecho penal" del enemigo", *CEFLegal*, nº 221, p. 99); CANCIO MELIÁ, Manuel (2010). *Los delitos de terrorismo: estructura típica e injusto.* Madrid: Reus p. 285)

no justifica la restricción de la libertad personal, el patrimonio y la libertad de expresión del condenado. Es decir, no sólo no hay bien jurídico protegido, sino que, si se continuase en los demás escalones del análisis de la proporcionalidad de la pena, tampoco habría daño significativo. Además, se ha mencionado que dentro de la gravedad del ataque hay que tener en cuenta que si concurre el ejercicio de un derecho fundamental, como la libertad de expresión, se reduce su gravedad, lo que supondría todavía más una restricción sobre la posibilidad de imponer una pena (cualquier pena, todavía más una pena de prisión). La situación se agrava en el marco del período expansivo del enaltecimiento del terrorismo, que se ha centrado sobre expresiones vertidas en redes sociales, e incluso de contenido sarcástico, irónico, humorístico o de protesta. En estos supuestos, se reduciría todavía más el desvalor del hecho al reducirse la gravedad subjetiva de la conducta. En fin, tampoco es proporcionada ninguna pena sobre las conductas de enaltecimiento del terrorismo, por lo que no es constitucional su punición[989].

III. INSIGNIFICANCIA ET AL.

Dada la relación entre el principio de insignificancia y otras figuras afines (como la *tenuità* en Derecho italiano y el *De minimis* en el Derecho estadounidense) con la propuesta presentada de aplicación del principio de proporcionalidad, se estudiará en este Capítulo[990]. En este sentido, se debe tener en cuenta que es un principio apenas estudiado (y aplicado) en nuestra normativa, y que excede de esta investigación realizar una disertación sobre ella, pero es necesario detenerse sobre su problemática principal de aplicación y contrastarla con otras figuras que se plantean en la normativa comparada.

---

989 El rebufo de estas conclusiones lo cogerían las demás conductas de propaganda, enaltecimiento y odio (aplicándose, por semejanza, también a estas).

990 Un análisis más profundo de esta cuestión se desarrolla en una publicación separada.

1. Introducción

Roxin formuló inicialmente el principio de insignificancia como una causa determinante de la atipicidad[991], aunque posteriormente lo ha utilizado en ocasiones como una causa de exclusión de la responsabilidad[992]. La doctrina española lo ha integrado fundamentalmente como causa de atipicidad, aunque dada la redacción del art. 4 CP, como se verá, la doctrina entiende que está excluida la posibilidad de aplicar el principio de insignificancia. Según la comprensión del principio de proporcionalidad estricta desarrollada en este trabajo, el principio de proporcionalidad se relaciona directamente con esta[993], y también con los principios de fragmentariedad, necesidad, exclusiva protección de bienes jurídicos e intervención mínima (aunque, como se ha expuesto, estos tienen menor virtualidad aplicativa teórica y prácticamente, mientras que la proporcionalidad estricta es más específica y encuentra su sede en la Constitución).

2. Insignificancia en derecho penal español

El principio de insignificancia es un criterio que restringe el ámbito de aplicación del Derecho penal a los ataques verdaderamente graves a los bienes jurídicos más importantes y que se vincula con el criterio de la antijuridicidad material[994].

2.1. Delimitación y naturaleza jurídica

El principio de insignificancia no ha estado exento de polémica en España. No es objeto de consenso en la doctrina, donde, con la

---

991 ROXIN, Claus (1972). *Política criminal y sistema del Derecho penal.* Barcelona: Hammurabi, p. 53.

992 AGUADO CORREA, Teresa (1999). El principio de proporcionalidad en derecho penal, op. cit., p. 272.

993 En este sentido, NIETO MARTÍN, Adán (1996). *Fraudes comunitarios.* Barcelona: Praxis, p. 170. Cfr. BUSTOS RAMÍREZ, Juan (1994). *Manual de Derecho penal.* Ariel: Barcelona, p. 116.

994 MUÑOZ CONDE, Francisco y GARCÍA ARÁN, Mercedes (2019). *Derecho penal, parte general,* op. cit., p. 285.

normativa actual, sólo una minoría de autores defienden que funciona como causa determinante de la atipicidad de la conducta.

Explica Luzón Peña que el principio es especialmente fácil de aplicar cuando el legislador distinga diversas formas de gravedad del tipo[995], de tal modo que si hay una conducta prevista como más leve y otra más grave, la conducta que sea "levísima" puede estimarse que es atípica en virtud del principio de insignificancia por mínimo desvalor objetivo o subjetivo del acto. Los supuestos de desvalor objetivo insignificante ocurrirían en los casos de coacciones e injurias levísimas, según este autor, pero "no en las lesiones mínimas", ya que incluso están previstas típicamente los malos tratos de obra sin lesión; pero sí los malos tratos levísimos (como un empujón)[996]. En relación con el principio se encuadra la propuesta de Basso de que el juzgador penal delimite la línea de gravedad suficiente de injusto que sea conforme con la pena mínima obligada y que da acceso al marco penal[997], teniendo en cuenta los elementos sistemáticos y determinando la atipicidad material en el caso de que no concurra una "proporción manifiesta" entre el mínimo de pena y la gravedad del hecho[998].

Sobre la cuestión de si el principio podría ser aplicable sólo a delitos de resultado o también de mera actividad, debe entenderse que también debería poder ser aplicado a los de mera actividad si la conducta es poco significativa, como podría suceder con las conductas de exaltación, enaltecimiento o delitos de odio vertidos con sarcasmo, humor o en un contexto de protesta, ya que la gravedad subjetiva del hecho se reduce hasta desaparecer (los demás casos de enaltecimiento también serían desproporcionales, como ya se ha expuesto).

---

995 El autor hacía referencia a la distinción entre delito y falta, pero dada la desaparición de las faltas en la reforma del año 2015, se considera en este trabajo que se puede trasladar a la distinción por el legislador de niveles de gravedad del delito que abarquen desde delito leve a menos grave o grave.

996 Ibídem.

997 BASSO, Gonzalo (2019). *Determinación judicial de la pena y proporcionalidad con el hecho*, op. cit., p. 286.

998 Ibídem, p. 367.

El principio de insignificancia, de aceptarse, supondría un mecanismo de exclusión de la ley penal para un caso extremo de desproporción en sentido estricto, aunque en general ya la desproporción estricta excluye la tipicidad de la conducta, según se ha defendido en el primer apartado.

2.2. Problemática: falta de reconocimiento y de aplicación

El principio se ha planteado, en fin, como incompatible con el principio de legalidad (sería una causa de exclusión de la tipicidad "construida por los autores y no avalada por la letra de la ley"[999]), y conflictiva con el principio de separación de poderes, derivado del art. 117.3 CE, especialmente cuando el legislador prevé la sanción penal de un tipo en el que todas las conductas que se abarcan son insignificantes[1000] (como sucede en los ejemplos señalados *supra* del enaltecimiento del terrorismo y el top manta). En contraste, el Derecho sancionador comunitario sí prevé este principio a través de los reglamentos que determinan qué ha de entenderse por acuerdos de menor importancia[1001].

En relación con la aplicación del principio de insignificancia, en España ha sido muy marginal, restringida a delitos de tráfico de drogas en que la cantidad o calidad de droga es insignificante para producir efectos nocivos sobre la salud (así, v. gr. SSTS 920/2013, de 11 de diciembre, FJ 3[1002]; 870/2008, de 16 de diciembre, FJ 1[1003]; 241/2011, de 11 de abril, FJ 3[1004]).

---

999 AGUADO CORREA, Teresa (1999). *El principio de proporcionalidad en derecho penal,* op. cit., p. 273.

1000 Ibídem; LUZÓN PEÑA, Diego M. (1994). *Curso de Derecho penal. Parte General I,* op. cit., p. 565.

1001 NIETO MARTÍN, Adán (1996). *Fraudes comunitarios.* Barcelona: Praxis, pp. 170-171.

1002 Tribunal Supremo. Sala de lo penal. Sección 1. Sentencia 920/2013, de 11 de diciembre. Ponente: J. Ramón Berdugo Gómez de la Torre.

1003 Tribunal Supremo. Sala de lo penal. Sección 1. Sentencia 870/2008, de 16 de diciembre. Ponente: J. Ramón Berdugo Gómez de la Torre.

1004 Tribunal Supremo. Sala de lo penal. Sección 1, Sentencia 241/2011, de 11 de abril. J. Ramón Berdugo Gómez de la Torre.

2.3. Cuestiones sobre el principio de legalidad y la insignificancia

El artículo 25.1 de la Constitución española hace referencia al principio de legalidad cuando dispone que "nadie puede ser condenado o sancionado por acciones u omisiones que en el momento de producirse no constituyan delito, falta o infracción administrativa, según la legislación vigente en aquel momento". En nuestro CP no se recoge el principio con esa denominación, y sólo se regulan sus consecuencias en los artículos 1 a 4, fundamentalmente[1005].

El principio de legalidad penal exige, *grosso modo*, que el delito y la pena se hallen reconocidos por ley previa, taxativa, concreta y escrita —en el ámbito continental, donde la exigencia de escritura lleva a considerar de modo generalizado que el derecho consuetudinario se encuentra extramuros del ámbito penal[1006]—. El principio de legalidad incorpora ciertas garantías, conocidas como la garantía criminal, la penal, la de ejecución y la jurisdiccional. Es la garantía penal la que atañe a la creación y forma de la ley, y con ello incorpora la reserva absoluta de la ley penal, la garantía de irretroactividad de las disposiciones no favorables, así como los requisitos de concreción, certeza, taxatividad. Esta última consecuencia es la que tiene como corolario inmediato la prohibición de la analogía[1007]. Por todo ello, el principio de legalidad es "una exigencia insoslayable de la seguridad jurídica"[1008]. El sentido fundamental es favorecer que el ciudadano pueda tener un mayor conocimiento del Derecho, que ya de por sí es casi imposible para el sector social marginado del que provienen los ciudadanos delincuentes[1009]. Se considera que así el destinatario del Derecho penal otorga una suerte de "consentimiento" y se le permite acceder a una cierta "calculabilidad de [las] consecuencias"[1010].

1005 SUÁREZ-MIRA RODRÍGUEZ (Coord.). *Manual de Derecho penal, parte general,* Tomo 1, op. cit., p. 71.

1006 QUINTERO OLIVARES, Gonzalo (2005). *Parte general del Derecho penal,* op. cit., p. 69.

1007 Ibídem, p. 67.

1008 CEREZO MIR, José (2005). *Curso de Derecho penal español,* op. cit., p. 203.

1009 QUINTERO OLIVARES, Gonzalo (2005). *Parte general del Derecho penal,* Op. Cit p. 69.

1010 SUÁREZ-MIRA RODRÍGUEZ, Carlos (Coord.) (2002). *Manual de Derecho penal.* Tomo 1, Parte General. Madrid: Civitas, p. 72.

Pero ¿cuál es el fundamento de esa seguridad jurídica en los Estados democráticos y de Derecho?, ¿es para el perjudicado por la ley (el ciudadano que ha delinquido) frente al Estado administrador de justicia (frente al abuso estatal), ¿o se dirige a toda la ciudadanía, para garantizar la protección frente al delincuente? La respuesta a esta pregunta determinará si se acepta o no la analogía *in bonam partem,* pues el principio de legalidad tiene incidencia sobre la analogía. Y ello se refleja en el artículo 4 del Código penal español actual.

Tal y como está regulado nuestro actual CP, no parece ser de aplicación generalizada a la analogía en Derecho penal el viejo aforismo *favorabilia sunt amplianda, odiosa sunt restringenda.*

En el ámbito académico, parte de la doctrina entiende que, en teoría, se debe distinguir la analogía *in bonam partem* de la analogía que sea *in malam partem,* pues sólo esta última se opone al principio de legalidad y las garantías penales[1011]. En cambio, para otros autores se entiende que la analogía *in bonam partem* también se opone a las exigencias del principio de legalidad (en particular, a las de taxatividad y reserva de ley), por lo que son contrarias al mismo e inconstitucionales, si no están expresamente autorizadas de forma específica en el texto legal[1012]. Para parte de la doctrina, la analogía beneficiosa para el reo debe admitirse como mecanismo excepcional de integración del Derecho Penal frente a inconsistencias valorativas[1013].

En cualquier caso, en la línea de Cerezo Mir, aquí se entiende que es un grave error la exclusión de la posibilidad de aplicar eximentes por analogía. No se opone al principio de legalidad, pues el fin del principio es garantizar la seguridad jurídica al ciudadano en relación con el poder estatal, lo que no se vería afectado por la aplicación de una eximente analógica[1014] (como podría serlo la eximente de insignificancia).

1011 CEREZO MIR, José (2005). *Curso de Derecho penal español,* op. cit., p. 210.

1012 V. gr. MADRID CONESA, Fulgencio (1983). *La legalidad del delito.* Valencia: Colección de estudios, p. 74; COBO DEL ROSAL, Manuel y BOIG REIG, Francisco J. (1982). "Garantías constitucionales del Derecho sancionador". En COBO DEL ROSAL, Manuel (Dir.), *Comentarios a la legislación penal,* Madrid: EDERSA, p. 213.

1013 LASCURAÍN SÁNCHEZ, José A. (Coord.) (2019). *Manual de introducción al Derecho penal.* Madrid: Agencia Estatal B.O.E., p. 60.

1014 CEREZO MIR, José (2005). *Curso de Derecho penal español,* Op. Cit.; también BUENO ARÚS, Francisco (1995). "La teoría de la ley penal en el Proyecto

Sin embargo, la jurisprudencia y la mayoría de la doctrina se oponen también a la admisibilidad de la analogía beneficiosa, sobre todo, con base en lo dispuesto por el artículo 4.3 CP. Este artículo viene a ser una confirmación nueva del sometimiento de los tribunales a la ley, y sobre su base el TS ha negado reiteradamente la posibilidad de aplicar de manera analógica las eximentes[1015]. Así, por ejemplo, Luzón Cuesta entiende que el hecho de que se incluyera en el apartado 1 del art. 4 CP la previsión de que "las leyes penales no se aplicarán a casos distintos de los comprendidos expresamente en ellas" (previsión que no incorporaba el CP anterior), parece excluir la analogía incluso *in bonam partem*, pues siempre hace que el juez realice la analogía *ex post facto*. Asimismo, para Luzón Cuesta es un motivo que apoya esta conclusión el hecho de que el Proyecto de CP de 1980 y la Propuesta de 1983 incluían una previsión de aceptación expresa de la analogía beneficiosa, previsión que no fue incluida finalmente en el CP de 1995.

Sin embargo, parece posible interpretar (como lo hace Mir Puig) que el que no se incluya expresamente la admisión de la analogía favorable al reo no significa que se haya renunciado a ella, pues no hay una oposición expresa del texto legal[1016]. El TC ha consagrado la prohibición de analogía[1017], si bien ha realizado alguna interpretación discutible para salvaguardar la aplicabilidad de la ley a supuestos similares a los recogidos en ellas. Así, por ejemplo, en la STC 34/1996, de 11 de marzo, la Sala Segunda afirma que no hay analogía sino interpretación correcta si se aplica el concepto "comunicaciones te-

---

de Código penal español de 26 de septiembre de 1994", *La actualidad penal*, nº 16-17, 23 de abril de 1995, pp. 232 y 239.

1015 MUÑOZ CONDE, Francisco y GARCÍA ARÁN, Mercedes (2019). *Derecho penal, parte general*, op. cit., p. 114.

1016 MIR PUIG, Santiago (2015). *Derecho penal, parte general*, op. cit., p. 126.

1017 Así, v. gr., SSTC 133/1987, de 21 de julio [Tribunal Constitucional. Pleno. Sentencia 133/1987, de 21 de julio (ponente: D. Antonio Truyol Serra), FJ 4]; 119/1992, de 18 de septiembre [Tribunal Constitucional. Pleno. Sentencia 119/1992, de 18 de septiembre (Ponente: D. Miguel Rodríguez-Piñero y Bravo-Ferrer), FJ 6]; y 111/1993, de 25 de marzo [Tribunal Constitucional. Pleno. Sentencia 111/1993, de 25 de marzo (Ponente: D. Álvaro Rodríguez Bereijo), FJ 6].

lefónicas" (que parece limitarse a las producidas a través de hilo telefónico), a las comunicaciones inalámbricas[1018].

En contraste, parte de la doctrina entiende que el art. 4.3 no es un argumento suficiente para negar la aplicación analógica *in bonam partem*, pues la negación de la analogía tiene un objeto garantista para el ciudadano frente al poder punitivo, es decir, se impide la sanción más allá de los términos de la ley, pero no persigue impedir o atenuar la sanción[1019].

En virtud del artículo 4.3 CP, en los casos en que el juzgador discrepe de modo absoluto con la forma de protección de un bien jurídico, debe acudir al Gobierno para solicitar su derogación; cuando esté de acuerdo en general, pero considere que no deben ser punibles algunos comportamientos, debe acudir al Gobierno solicitando la modificación del precepto que lleve consigo la descriminalización de tales conductas. El hecho de que parezca que se afirme que el art. 4.3 CP obliga al juez a aplicar una pena, aunque sea desproporcionada en relación con el hecho concreto, lleva a concluir que, en la pugna entre el principio de antijuridicidad formal y material, prima el primero[1020]; y entre los principios de proporcionalidad y legalidad, prima el segundo.

No parece admisible que se imponga una pena contraria a la Constitución *ex* artículo 4.3 CP. Siguiendo a Bacigalupo Zapater, el supuesto de supuesto de "pena notablemente excesiva" por desproporción es "directamente contrario a la Constitución y a su sistema de división de poderes". El juez o tribunal solamente respetaría la sumisión a la Constitución (art. 117 CE) cuando la pena que determina es adecuada a la culpabilidad, la pena justa. Esa justicia no puede depender de la discrecionalidad del ejecutivo[1021]. Por esta razón, si el juzgador considera que las reglas del CP llevan a determinar una

---

1018 Tribunal Constitucional. Sala Segunda. Sentencia 34/1996, de 11 de marzo (Ponente: D. Rafael de Mendizábal Allende), FJ 6.

1019 En este sentido, *vid.*, por todos, MUÑOZ CONDE, Francisco y GARCÍA ARÁN, Mercedes (2019). *Derecho penal, parte general*, op. cit., pp. 114 y ss.

1020 Ibídem, p. 317.

1021 BACIGALUPO ZAPATER, Enrique (1995). "La rigurosa aplicación de la ley", op. cit., p. 862.

pena injusta por desproporcionada, debe plantear cuestión de inconstitucionalidad del artículo que lo impida (por ejemplo, el art. 61 CP), no remitir la cuestión al ejecutivo[1022]. En fin, una interpretación literal del artículo 4.3 CP llevaría a romper la separación de poderes y determinar una vulneración de la proporcionalidad que depende del legislativo y del poder judicial, dejando en manos del ejecutivo la decisión final[1023].

Para el autor, si el juez está vinculado no sólo a la ley sino a todo el orden jurídico, no se puede desentender en su aplicación de la proporcionalidad[1024], por lo que al art. 4.3 CP le queda un margen de aplicación mínimo, porque el juez sólo lo deberá utilizar cuando ningún método interpretativo legal le permita llegar a una solución compatible con los valores superiores del ordenamiento jurídico que le autorice a excluir la tipicidad de un caso concreto en atención a la gravedad de la pena y el principio de proporcionalidad (estando de acuerdo con la tipificación en abstracto)[1025]. Añadiendo Bacigalupo Zapater que, si la normativa le impide al juzgador determinar una pena proporcionada, justa, entonces debe plantear cuestión de inconstitucionalidad y no remitir la cuestión al ejecutivo[1026].

Bacigalupo Zapater también entiende que esa previsión del CP debe ser derogada por ser contraria a la división de poderes del art. 117 CE[1027]. En la misma línea, en este trabajo se entiende que resulta

---

1022 Ibídem. A esta posición se suma AGUADO CORREA, Teresa (1999). *El principio de proporcionalidad en derecho penal*, op. cit., pp. 319 y ss.

1023 AGUADO CORREA, Teresa (1999). *El principio de proporcionalidad en derecho penal*, op. cit., p. 319.

1024 BACIGALUPO ZAPATER, Enrique (1995). "La rigurosa aplicación de la ley", op. cit., pp. 853 y ss.

1025 Ibídem.

1026 Ibídem, p. 861. Para DE LA MATA BARRANCO, Norberto J. (2007). *El principio de proporcionalidad penal*, op. cit., pp. 280 y ss., esto no es posible, porque el recurso a la cuestión de inconstitucionalidad sólo permitirá contrastar la norma en abstracto y no su aplicación al caso, y tampoco puede alegarse en amparo porque el juez no tiene otra alternativa legal. En este trabajo se entiende que siendo ese el caso, después se debería reclamar por parte del condenado en recurso de amparo, donde se anularía la condena, y también por funcionamiento anormal de la Administración de justicia, que podría determinar una indemnización a su favor.

1027 BACIGALUPO ZAPATER, Enrique (1995). "La rigurosa aplicación de la ley", op. cit., p. 853.

paradójico que el único poder estatal que no está sometido al principio de proporcionalidad sea el que deba resolver estos supuestos de desproporción, además de determinar una arrogación por parte del ejecutivo de competencias que no le corresponden. Por esta razón, así como por la posibilidad de deducir del mencionado artículo que es factible que el CP lleve a imponer una pena desproporcionada con la gravedad del delito, se estima conveniente la derogación del apartado 3 del art. 4 CP. En consecuencia, siguiendo a Bacigalupo Zapater, se entiende que el artículo 4.3 CP es contrario a la Constitución, en relación con el principio de proporcionalidad, ya que de él se parece deducir que de la aplicación del sistema de determinación de las penas pueden emanar penas desproporcionadas, que, sin embargo, el juzgador está obligado a imponer. En este trabajo se defiende una interpretación del art. 4.3 CP conforme con la Constitución, es decir, que sea favorable al principio de proporcionalidad estricta y a la separación de poderes, y, en consecuencia, que permita excluir la tipicidad no sólo de las conductas cuya gravedad material sea insignificante, sino de todas las conductas cuya gravedad sea muy reducida. Siguiendo en esto a Bacigalupo Zapater, se entiende que el juez sólo deberá utilizar el mecanismo del art. 4.3 CP cuando ningún método interpretativo legal le permita llegar a una solución compatible con los valores del ordenamiento jurídico que le permita excluir la tipicidad de un caso concreto en atención a la gravedad de la pena y el principio de proporcionalidad (estando de acuerdo con la tipificación en abstracto)[1028] y que el juzgador, en ese caso, debería plantear cuestión de inconstitucionalidad y no remitir la cuestión al ejecutivo.

3. *Otras figuras: la tenuità italiana*[1029] *y el De minimis estadounidense*

En Italia, en virtud del principio de ofensividad, se introdujo en el año 2015 (Decreto legislativo, 16/03/2015 n° 28) una institución por la que se excluye la punibilidad de las conductas por particular tenuidad del hecho. Así, el art. 131 bis del Código penal italiano excluye no la tipicidad, sino la punibilidad del hecho cuando concurra la par-

1028 Ibídem.

1029 Agradezco a la Prof. Giordana Pepè sus aportaciones sobre este punto.

ticular "*tenuità del fatto*", para ciertos delitos con ciertas condiciones (se excluyen los supuestos de habitualidad y los delitos de cierta gravedad —como, en general, aquellos con pena de prisión superior a dos años. Este principio de *tenuità* se ha aplicado a supuestos de fraude (por utilización de un vale de comida de modo fraudulento ante la Administración[1030]), o tentativa de hurto en supermercado[1031].

En Derecho penal estadounidense, cuyo sistema se divide fundamentalmente entre "offenses" y "defenses" la figura empleada para los supuestos de significancia escasa es la "*De minimis*", cuya denominación se origina en la expresión latina "*De minimis non curat lex*" (de lo mínimo no se ocupa la ley). El Model Penal Code (en su versión revisada) incluye en la Sección 2.12 la referencia a las infracciones *De Minimis*, que incluye los supuestos en que la conducta no causó "realmente ni amenazó con el daño o mal que pretende ser prevenido con la ley que define el delito, o solo lo hace hasta un extremo demasiado trivial para determinar la condena como culpable", estableciéndose que en estos casos se debe desestimar el proceso. Asimismo, tanto en el Código penal federal como en algunos Códigos penales estatales se incluye esta previsión. De esta manera, en el Pennsylvania Criminal Code (el Title 18 de los Pennsylvania Consolidated Statutes), se prevé en la Sección 3.12 la previsión de *De Minimis*, con el objetivo de eliminar los delitos bagatelares del ámbito del Derecho penal, estableciéndose también que debe desestimarse el caso para los supuestos en que la conducta no causó el daño o mal o sólo lo hizo con una extensión demasiado trivial.

En cuanto a su naturaleza jurídica, no es incontrovertida. Para Robinson sería algo distinto de las justificaciones y de las excusas, tratándose de un tercer tipo de "*defense*" que refina el contenido de la conducta delictiva[1032]. Para Husak es parte de la definición de los delitos (*offense*), porque describe la parte negativa del contenido delictivo; pero también se puede argumentar que es una *defense* con contenido semejante al de una justificación, ya que se reduce el "mal" del

---

1030 Tribunale di Rovereto. Sentencia n. 38 de 2016, de 16 de marzo.

1031 Tribunale di Milano. Sentencia n. 3936 de 2015, de 9 de abril.

1032 ROBINSON, Paul H. (1984). *Criminal law Defenses.* St. Paul: West Publishing, Vol. 1, p. 79.

delito, aunque el autor se inclina por la primera opción[1033]. Se puede entender que la segunda opción sería lo más parecido a una causa de justificación, y la primera a la atipicidad.

Se ha aplicado fundamentalmente a supuestos de hurto y hurtos en tiendas (*shoplifting*)[1034]. Sin embargo, también es cierto que, en la cultura jurídica estadounidense, la vigencia del principio procesal de oportunidad es elevadísima, teniendo los fiscales un alto grado de discrecionalidad para decidir qué casos se judicializan y de cuáles se excluye la actividad procesal, por lo que es habitual que en estos supuestos ni siquiera se actúe. De hecho, varios Estados tienen instrucciones internas por los que los hurtos de valor inferior a $300 en tiendas no son procesados.

4. *Conclusiones sobre el principio de insignificancia*

Se ha visto que existen diferentes fórmulas para hacer frente a los supuestos de escasa gravedad, la exclusión de la tipicidad, la exclusión de la punibilidad, y algo semejante a una causa de justificación —en la normativa estadounidense—, que determinaría la exclusión del tipo de injusto. Asimismo, existe la oportunidad como criterio procesal, aunque el principio tiene mucho menos peso en España[1035].

Sin embargo, quien escribe este trabajo entiende que la figura más apropiada para responder ante estos supuestos de gravedad insignificante es el principio de insignificancia como causa de atipicidad de la conducta. Se trata de una cuestión sustantiva de Derecho penal material, por lo que no es suficiente con excluir la persecución de la conducta, hace falta una respuesta desde el Derecho penal sustantivo. Asimismo, la exclusión de la punibilidad no responde sufi-

---

1033 HUSAK, Douglas (2010). "The *De Minimis* 'Defense' to Criminal liability". En HUSAK, Douglas. *The philosophy of criminal law*. Oxford: OUP.

1034 V. gr. COMMONWEALTH of Pennsylvania v. Kenneth MATTY, Appellant. 422 PA Super Ct. 1993 (19 de febrero de 1993).

1035 AGUADO CORREA, Teresa (1999). *El principio de proporcionalidad en Derecho penal*, op. cit., pp. 454-455. En España se está intentando en los últimos años introducir la "oportunidad reglada" en lugar de la "oportunidad libre" que no es posible introducir en nuestro Derecho penal (pues se opone a los principios del Estado de Derecho y la sumisión plena al Derecho y la ley).

cientemente a la realidad, pues se trata de conductas que, se entiende, no integran el carácter delictivo de la conducta, por lo que no sólo se debe excluir la pena, sino también la tipicidad. La respuesta de la exclusión de la tipicidad por insignificancia, es, por tanto, la más adecuada, aunque su tibia aplicación en España hace necesario poner énfasis en la necesidad de su efectividad, conciliable con la interpretación de la proporcionalidad de las penas aquí sugerida y su concepción como principio constitucional, al que se sujetan legisladores y juzgadores.

IV. DESVIACIONES ADMISIBLES DE LA PROPORCIONALIDAD DE LAS PENAS

Con objeto de evitar que se realice el famoso aforismo "*fiat iustitia, pereat mundus*", se debe tener en consideración que ya se ha planteado que, dado que la proporcionalidad de las penas se erige como una protección del ciudadano frente al Leviatán, sólo funciona como un techo o máximo de punición. Ello significa que si, aplicando los criterios de determinación de la pena proporcionada al delito, a una conducta de gravedad *x* le corresponde una pena de gravedad *Y*, todavía por otras razones justificadas se puede renunciar al castigo[1036].

Entre estas razones justificadas se podrían incluir las previsiones por las cuales se reduce o se renuncia a la pena por la situación de necesidad o indigencia del encausado —que justificarían la renuncia a la pena por el mandato del art. 9.2 CE de remoción de los obstáculos que impidan o dificulten la plenitud de la libertad e igualdad del individuo y los grupos en que se integra—.

Otras desviaciones de la pena proporcionada pueden venir dadas por la humanidad de las penas, cuya consideración para supuestos en que se tengan en cuenta las circunstancias sociosanitarias y de edad

---

1036 VON HIRSCH, Andrew (1998). *Censurar y castigar*, op. cit., *passim*, considera que la proporcionalidad se deriva del valor de la igualdad, pero que otros valores pueden tenerse en cuenta para sobrepasar el criterio de proporcionalidad, lo que permitiría considerar modelos híbridos que permiten alejamientos del merecimiento.

del sujeto ya se trató como un criterio ajeno a la proporcionalidad cuya inclusión en la determinación de la pena está legitimada, al ser un criterio de justicia que emana tanto del principio de humanidad de las penas como del art. 9.2 CE.

Es evidente que por motivos de legalidad estas desviaciones de la proporcionalidad de la pena —que viene impuesta por la Constitución— deben preverse expresamente en la normativa penal.

En todo caso, las desviaciones de la proporcionalidad de las penas se encuentran, con carácter general, en el Código penal. Tanto en el establecimiento de los marcos de pena, que en muchos casos son desproporcionados con la gravedad del delito, como también en relación con algunos criterios que se tienen en cuenta al determinar la pena (principalmente, la personalidad del sujeto, así como la consideración de las finalidades preventivo-generales y preventivo-especiales al determinar la pena —y ampliarla—), y algunas circunstancias modificativas de la responsabilidad (como la reincidencia). Se trata de desviaciones cuya justificación no es lo suficientemente contundente como para determinar la legitimidad del alejamiento de la pena proporcionada.

V. PROPUESTAS DE *LEGE FERENDA*

En coherencia con lo expuesto hasta ahora, se sintetizan a continuación las propuestas de *lege ferenda* que se estima oportuno introducir:

(1) En primer lugar, se propone modificar la Constitución para reconocer expresamente el derecho fundamental a no sufrir penas desproporcionadas con la gravedad del delito cometido. Sin embargo, se reconoce la improbabilidad de esta reforma, por lo que se propone, en su defecto, que se recoja en el Código penal la previsión expresa del derecho fundamental a no sufrir penas desproporcionadas, junto con otras previsiones relativas al principio de proporcionalidad de las penas que se mencionan por separado.

(2) Asimismo, también se ha mencionado la conveniencia de que se apruebe una Ley Orgánica que desarrolle el derecho fundamental

a la libertad personal, en virtud de la que se prevea, entre otras cuestiones, la dinámica de aplicación del principio de proporcionalidad de las penas para el legislador y el juzgador penal, según lo explicado *supra* I. Esta LO supondría el establecimiento de reglas también vinculantes para el juzgador, lo que facilitaría el respeto general al principio de proporcionalidad de las penas y supondría un límite expreso al principio democrático.

(3) Asimismo, se debería incluir una previsión en que se haga una referencia expresa al contenido del principio de proporcionalidad de las penas, tanto por asegurar su efectividad como por motivos de seguridad jurídica:

> 1. La gravedad de la pena vendrá determinada por la gravedad del delito, en la que se considerará:
> a) la gravedad de la acción (teniendo en cuenta la importancia del bien jurídico penalmente protegido —en comparación con los demás bienes jurídico-penales—, el número de bienes jurídicos afectados, el grado de ejecución de la conducta, la gravedad de los elementos subjetivos, el grado de participación del sujeto en el hecho y considerando si la conducta se realiza en el límite del ejercicio de un derecho fundamental);
> b) la gravedad del resultado (teniendo en cuenta el nivel de ataque —peligro concreto o lesión— al bien jurídico protegido, el grado de consumación, la gravedad objetiva del daño y el grado de reparación, en el caso de los delitos patrimoniales);
> c) los elementos sistemáticos (relativos a la severidad del sistema penal, su selectividad, y los efectos desocializadores de la pena, entre otros), con el objetivo de reducir la severidad de las penas.
> 2. Asimismo, deberá atenderse por el juzgador, para delimitar la severidad de la conducta, a la gravedad mínima de pena que se asigna a la misma.

(4) En adición, se considera que sería apropiado incluir una previsión, según la cual se debe considerar:

> a) que la magnitud de la pena final a determinar por el juzgador debe considerar la severidad del sistema penal en su conjunto, teniendo en consideración, en particular, i) la cantidad de conductas sancionadas penalmente y ii) los puntos de anclaje (penas máximas y mínima) del sistema penal, y del delito que se está juzgando en concreto; para determinar una reducción de la pena adecuada a la gravedad del hecho, o incluso renunciar a la misma. La interpretación de las conductas a las que corresponde una pena debe realizarse de modo especialmente restrictivo cuando la pena prevista sea privativa de libertad;

b) que las penas deberán ser proporcionadas a la gravedad de las conductas sancionadas penalmente, de tal modo que la gravedad del delito determinará la cantidad y calidad de pena, tanto en la previsión legislativa como en su aplicación judicial, aplicándose la triple regla que sigue:
b1. a conductas más graves (del mismo o diferentes tipos) corresponderán penas proporcionalmente más graves,
b2. a conductas menos graves, corresponderán penas proporcionalmente menos graves,
b3. a conductas de gravedad semejante, corresponderán penas de gravedad semejante.
A estos efectos, el juzgador debe tener en cuenta tanto las previsiones legislativas de penas para el mismo tipo (considerando, particularmente la gravedad necesaria para que la conducta alcance el mínimo de pena previsto por el marco delictivo), para diferentes tipos, y la aplicación judicial que se ha hecho en relación con el mismo delito y diferentes delitos, al determinar la pena final a imponer.
c) que se debe justificar la determinación final de la pena motivándola expresamente con arreglo a los criterios mencionados en b).

(5) Igualmente se considera oportuno modificar el Código penal para prever expresamente que las penas que sean desproporcionadas con la gravedad de la conducta serán atípicas, junto con una previsión expresa del principio de insignificancia, para evitar la posibilidad de reticencias ante la literalidad del art. 4.3 CP.

(6) Al hilo de lo mencionado en el punto anterior, también se considera que, por ser contrario a la Constitución, el art. 4.3 CP ya se encuentra tácitamente derogado —desde su introducción—, pero que es conveniente que se realice una derogación expresa, por garantía hacia los ciudadanos.

(7) También se considera conveniente que se lleve a cabo una modificación legislativa por la que se excluyan las desviaciones no admisibles de la proporcionalidad, como la consideración de la reincidencia, y se incluyan las desviaciones que sí se consideran admisibles para reducir o excluir la pena, como lo podría ser la comisión del delito a causa o en relación con la situación socioeconómica del encausado, como en supuestos de indigencia u otros afines (en virtud del art. 9.2 CE).

(8) Se considera, asimismo, recomendable, modificar la parte especial del Código penal con las siguientes previsiones, en coherencia con lo expresado en el Capítulo precedente:

a. El establecimiento del delito de hurto sólo a partir de la gravedad objetiva de 400€, suprimiendo la modalidad atenuada de delito leve, así como la distinción de penas según el valor objetivo de la conducta a partir de la gravedad mínima (no como en la actualidad, en la que a partir de 400€ no se realiza distinción penológica).
b. La supresión de las penas de prisión para los delitos patrimoniales, en particular para los leves o menos graves.
c. La supresión de las conductas del art. 274.3 CP ("top manta") del Código penal.
d. La supresión de los delitos de expresión, entre los cuales están los delitos de los delitos de enaltecimiento del terrorismo o de sus autores (en el art. 578.1.i CP), de la promoción, fomento, o incitación directa o indirecta al odio, hostilidad, violencia o discriminación contra un grupo o sus miembros por motivos discriminatorios (art. 510.1.a) CP), la negación, trivialización grave o enaltecimiento públicos de los delitos de genocidio, lesa humanidad o crímenes de guerra cuando se cometan por motivos discriminatorios; y la propaganda del terrorismo (art. 579 CP).
e. La supresión del delito de posesión, elaboración o producción con la posibilidad de distribuir, facilitación a terceros el acceso, distribución, difusión o venta de escritos, material o soportes que por su contenido sean idóneos para promover, incitar directa o indirectamente al odio, hostilidad, violencia o discriminación contra un grupo, parte del mismo por motivos discriminatorios (art. 510.1.b) CP), así como del delito de autoadoctrinamiento terrorista, que incluye las conductas de acceso de manera habitual a páginas web cuyos contenidos estén dirigidos o resulten idóneos para incitar a la incorporación a una organización o grupo terrorista, o a colaborar con cualquiera de ellos o en sus fines, así como la adquisición o posesión de documentos que estén dirigidos o, por su contenido, resulten idóneos para incitar a la incorporación a una organización o grupo terrorista o a colaborar con cualquiera de ellos o en sus fines. (art. 575.2 CP).

(9) Se estima que se deben suprimir ciertas previsiones de penas:

a. Las penas alternativas entre prisión y multa o trabajos en beneficio de la comunidad.
b. Las penas de prisión permanente revisable y las de prisión superior a 20 años.
c. Los marcos de penas muy amplios.

(10) Asimismo, es conveniente introducir una reforma general de la parte especial en que, por garantía de los principios de legalidad y proporcionalidad se determinen con mayor especificidad las conductas punibles y las penas que se les asignan. Asimismo, aunque

la tarea es ardua, se recomienda el establecimiento de una comisión de expertos por la que se introduzcan ejemplos de conductas que equivalgan al mínimo de gravedad de las penas asignadas a los tipos penales, como una guía legislativa que favorezca o facilite la tarea judicial, y que podría añadirse como anexo al Código penal.

(11) En otro orden de cosas, se propone que se modifique el Código penal, suprimiéndose la previsión del art. 13 CP en virtud de la cual la gravedad de los delitos se determina según la gravedad de las penas que se les asigna, cuando debería ser al revés, razón por la cual se propone que se prevea, simplemente, que: "La gravedad de las penas se determinará con arreglo a la gravedad de los delitos a los que se asignen".

(12) Se propone, en relación con la punición necesaria de las conductas más graves[1037] (cuestión que, se reitera, está extramuros de este trabajo[1038]), que se implementen mecanismos legislativos adecuados de control sobre obligaciones de punición (y procesamiento) de las actuaciones más graves contra los derechos humanos previstas en los tratados sobre estos ratificados por España, y que como tales se integra en el ordenamiento jurídico (en la parte más alta de la jerarquía)[1039]. Ello se debería unir a la previsión expresa de un meca-

[1037] BRICOLA, Franco (1997). *Politica criminale e scienza del diritto penale.* Bologna: Il Mulino, p. 195, hace referencia a las obligaciones de tutela penal, afirmando la imposibilidad de configurar para el legislador una obligación de penalización de los intereses constitucionales más significativos

[1038] ¿Qué sucede con las conductas de mayor gravedad?, ¿no impone el principio de proporcionalidad un mínimo de punición? Se ha puesto el ejemplo de la ausencia de previsión como delito en nuestro Derecho penal de las conductas relativas a la explotación laboral, trabajos forzados, esclavitud o servidumbre. Sin embargo, esto no es una cuestión del principio de proporcionalidad estricto, que se refiere a la relación entre la gravedad del delito ya tipificado y la gravedad de la pena. Es, en cambio, una cuestión relativa al principio de necesidad, propio del principio de proporcionalidad en sentido amplio y que —aunque excede del objeto de este trabajo— en este trabajo se entiende que no sólo determina la exclusión de las conductas que no sea necesario castigar, sino que también, en un Estado de Derecho, determina la necesidad de punición de las conductas en que la intervención penal sea necesaria, como las mencionadas.

[1039] FRONZA, Emmanuela (2022). "El principio de legalidad de los delitos, de las penas y de las medidas de seguridad", *RDPyC*, 5, pp. 97-144, p. 403, presenta el problema que las obligaciones específicas de protección penal de los dere-

nismo interno de cumplimiento de resoluciones relativas a dictámenes de derechos humanos emanados de organismos encargados del cumplimiento de los tratados.

(14) Por último, también estando fuera de este trabajo la cuestión de la eficacia, sin embargo se tiene en consideración su relevancia, para lo cual, se estima más apropiado que seguir las consideraciones ético-sociales de una parte de la población la aprobación un presupuesto dedicado al *marketing* politológico de las políticas públicas aprobadas en materia de política criminal.

---

chos humanos pueden plantear en relación con la legalidad; RECCHIA, Nicola (2020). *Il principio de proporzionalità nel diritto penale*, op. cit., p. 5, afirma que la cuestión de establecer límites vinculantes a la discreción del legislador en las opciones de criminalización, lejos de ser un mero tecnicismo legal, se ofrece como valiosa prueba de fuego para sondear los conceptos de democracia y estado constitucional de la ley, los marcos de la relación entre la regla democrática y protección de los derechos fundamentales de las personas; QUINTERO OLIVARES, Gonzalo; JARIA I MANZANO, Jordi y PIGRAU SOLÉ, Antoni (2015). "Aspectos generales", op. cit., pp. 34-35, consideran que la jerarquía material de las normas y el origen constitucional del principio de proporcionalidad determina que el Derecho penal no pueda castigar cuestiones de poca gravedad pero que también "ha de operar en sentido contrario y por eso se ha de censurar que cuestiones de alta gravedad se dejen extramuros del Derecho penal"; VIGANÒ, Francesco (2014). "La arbitrariedad del no punir. Sobre las obligaciones de tutela penal de los derechos fundamentales", *Política criminal*, Vol. 9, n. 18, sostiene que los Estados tendrían no sólo el deber de incriminar las conductas lesivas de los derechos a la vida, a la interdicción de la tortura, etc. sino también el deber de investigar las conductas lesivas de tales derechos y sancionar a los responsables; en cuanto a las conductas sancionables, indica DONINI, Massimo (2012). "L'eredità di Bricola e il costituzionalismo penale come metodo", op. cit., p. 71, que con algunas excepciones (por ejemplo, el genocidio), no se puede sostener que un hecho lesivo tiene una gravedad tal para que sea suficiente para argüir la necesidad de pena; BRICOLA, Franco (1997). *Politica criminale e scienza del diritto penale*. Bologna: Il Mulino, p. 195, hace referencia a las obligaciones de tutela penal, afirmando la imposibilidad de configurar para el legislador una obligación de penalización de los intereses constitucionales más significativos.

Conclusiones

1. El punitivismo de nuestros ordenamientos penales se ha visto acompañado de un exceso de criminalización de conductas poco lesivas, lo que encuentra reflejo en dos tendencias muy preocupantes en el Derecho penal español relativas a los delitos de expresión y los delitos de bagatela.

2. Deben articularse de modo eficaz las garantías para que evitar excesos de intervención del Derecho penal sobre la esfera de libertad de los ciudadanos. Las garantías principales de limitación del castigo penal vendrían dadas por la Constitución y por los principios limitadores del Derecho penal. En la articulación de la aspiración hacia la neutralidad del Derecho penal y la lesividad necesaria que la acompaña, son dos de los principios limitadores del Derecho penal los que cobran especial relevancia: la legalidad y la proporcionalidad, siendo esta última una garantía fundamental, en particular en relación con las conductas de bagatela y expresión.

3. El sentido del principio de proporcionalidad es restringir la intervención del Estado sobre la esfera de libertad de los ciudadanos, por lo que tiene una relación fundamental con el derecho fundamental a la libertad personal y también con el valor superior del ordenamiento jurídico que es la libertad. La proporcionalidad penal tiene una relación fundamental con la interdicción de arbitrariedad, ya que la proporcionalidad garantiza la exclusión de la pena, otorgando razones de justicia para las decisiones sobre la intervención punitiva. También es innegable que la proporcionalidad penal encuentra, en parte, su fundamento en la dignidad de la persona —ya que no se le puede castigar excesivamente, pues sería lesivo de tal principio fundamental—, en la humanidad de las penas, y en la interdicción de las penas o tratos inhumanos o degradantes. Asimismo, es innegable la relación intrínseca del principio hacia el ideal de justicia, que se configura como valor superior del ordenamiento jurídico en nuestro art. 1.1 CE. Por esa relación entre la justicia y la proporcionalidad se considera más importante la proporcionalidad estricta (más específicamente relacionada con el principio de igualdad) que el principio

de necesidad. Aunque no sean idénticos los principios de igualdad y proporcionalidad, esta sí encuentra su fundamento en aquella, en el sentido de que la proporcionalidad (en particular, la de las penas) requiere una exigencia de que delitos de gravedad semejante reciban penas semejantes, delitos de gravedad mayor (que otros) requieran penas mayores, y delitos de menor gravedad (ante otros) requieran penas menores o la exclusión de la intervención penal.

4. La aproximación a la cuestión de la proporcionalidad de las penas lleva consigo el levantamiento del velo de la realidad doctrinal y jurisprudencial sobre el tema, que esconde un principio que funciona sólo como un "*mumbo jumbo*" (una maraña enrevesada). La falta de concreción en los contenidos del principio de proporcionalidad del Derecho penal determina la necesidad de dedicar los esfuerzos a esclarecer sus distintas vertientes, elementos y contenido para configurarlo como un principio verdaderamente garantista. En relación con los mecanismos de control de la proporcionalidad a utilizar, parece aconsejable el uso de los métodos absoluto y relativo, lo que daría respuesta a los diferentes fundamentos del principio y tendría mayor aptitud para resolver la cuestión de la proporcionalidad. Asimismo, parece conveniente integrar los elementos cardinal y ordinal de la proporcionalidad, ya que integrar los elementos sistemáticos en la comparación (para reducir la severidad del castigo) da una respuesta más completa a la severidad de la conducta y de la pena.

5. En cuanto a los sujetos destinatarios de este principio, pese a que la generalidad de la doctrina lo orienta principalmente al juzgador penal (dada la importancia del principio democrático), se entiende que el principio de proporcionalidad de las penas debería vincular tanto al legislador como a los juzgadores, ya que funciona como un *continuum* de gravedad y no sería justo ignorar el contenido de la proporcionalidad en alguna de las fases del proceso, porque ello determinaría el desconocimiento del principio en algún extremo. En relación con el sentido de la proporción, pese a que la generalidad de la doctrina continental lo considera sólo un fundamento —y no un límite— a la pena, se considera que debe ser también un fundamento de su determinación, ya que por justicia no se debe basar en otros criterios distintos a la proporcionalidad. En adición, el principio de proporcionalidad de las penas debe configurarse úni-

camente como un "techo" de punición, ya que su fundamento es garantista, protector del ciudadano, y, por ello, puede haber otras razones de justicia —que se encuentren, al menos, al mismo nivel de importancia con la proporcionalidad— que aconsejen el desvío de la pena proporcionada con la gravedad del delito.

6. En cuanto a la protección otorgada por la proporcionalidad de las penas, queda claro que en la práctica jurisprudencial de los tres países analizados (Italia, España y EE. UU.) el principio no funciona ni es reconocido como un derecho fundamental —aunque sí se reconoce su origen constitucional—. Además, también se puede ver que el principio exige una manifiesta desproporción en las penas para intervenir sobre el ámbito de libertad que se concede, en nuestra práctica judicial, al legislador democrático. Sin embargo, parecería aconsejable cambiar esta realidad, configurando el principio como un verdadero derecho fundamental y exigiendo, como norma general, la proporcionalidad manifiesta de las penas con la severidad de las conductas, lo que exige una mayor determinación del contenido de la proporcionalidad. La propuesta de este trabajo, en la que se desgrana el contenido esencial del principio y sus características, pretende contribuir al desarrollo de dicho rango de protección.

7. El contenido de la proporcionalidad sufre también de discusión en el entorno académico, existiendo dos principales divisiones en la doctrina penal. Por una parte, parte de la doctrina —esencialmente anglosajona— no considera la posibilidad de incluir los fines de la pena como objeto de la ponderación, cuestión que sí se suele analizar en el contexto de la doctrina continental, admitiéndose mayoritariamente la inclusión de los fines de la pena o una ponderación Coste-Beneficios en el objeto de comparación con la gravedad de la pena. Por otra parte, la doctrina se divide en si —dentro de la gravedad del delito— se incluyen elementos objetivos, subjetivos o ambos. En relación con la primera cuestión, si bien la doctrina mayoritaria admite su contraste en esta sede, debe estimarse que la proporcionalidad es autónoma de los fines de la pena, ya que no se deriva de estos (ya sea de consideraciones retributivas o consideraciones preventivas) sino de la Constitución, de tal modo que precisamente los fines encuentran su límite o restricción en la proporcionalidad —a lo que se suma que, si no, estaríamos intentando basar algo deontológico

(el principio de proporcionalidad) en algo empírico (la potencial satisfacción de finalidades de la pena)—. Además, los fines de la pena plantean los problemas de que existe disenso sobre los mismos, la falta de contraste empírico de sus efectos y el hecho de que la comparación sería prospectiva —cuando la mirada al delito es retrospectiva—. En adición, si se incluyeran los fines, la comparación tendría un alto grado de abstracción, añadiría elementos difusos y confusos a la ponderación, dificultando el contraste y, en ocasiones, plantearía el problema de que las finalidades pueden entrar en colisión, entre sí y con la proporcionalidad estricta con la gravedad del delito.

8. La proporcionalidad de las penas debe determinarse con arreglo a la gravedad estricta del delito. Se deben tener en cuenta elementos objetivos y subjetivos de gravedad, y relativos a la acción y el resultado, y elementos sistemáticos objetivos que permitan reducir la dureza de la pena. Se puede extraer una formula muy simple para definir el contenido de gravedad de la proporcionalidad de las penas, según la cual la gravedad de la pena (P) debe ser proporcional a la gravedad del delito (D). La gravedad del delito incluirá la gravedad de la acción (a), del resultado (r) y de los elementos sistemáticos (s), cuya valoración siempre será negativa (para reducir la pena, pero no incrementarla).

$$P \propto D$$

$$P \propto (a + r + s)$$

9. Se debe tener en cuenta la importancia del bien jurídico-penal afectado, la cercanía y el grado de lesión o peligro concreto (previsibles *ex ante*), así como el número de bienes implicados. Asimismo, se deben considerar el grado de participación, el grado de responsabilidad subjetiva, el grado de consumación delictiva y la reparación del daño, especialmente en delitos patrimoniales. Asimismo, se debe tener en cuenta si la conducta típica se desarrolla concomitantemente con el ejercicio de un derecho fundamental, como la libertad de expresión. Aunque los derechos fundamentales no son ilimitados, la gravedad del ataque se reduce cuando se limita con aquellos, dada la protección de la que gozan en nuestro ordenamiento jurídico. En

cambio, se excluye la legitimidad de la introducción de valoración de elementos relativas a la alarma social, la vigencia de la norma, ya que es ajeno a la conducta del sujeto. La vida anterior del reo tampoco forma parte del injusto culpable, y supondría una penalización ilegítima de la personalidad o vida del autor. La cuestión de la reincidencia es más complicada, y sólo se podría admitir si se fundamentase sobre argumentos de gravedad convincentes, que todavía no se han desarrollado. En relación con la personalidad del delincuente sólo se podrá considerar aquello que, siendo relevante para el Derecho penal, se haya manifestado en su actitud frente a lo protegido por el Derecho penal, y sólo puede jugar por debajo de la pena adecuada al injusto culpable —por el peligro de incurrir en un Derecho penal de autor—.

10. Con este estudio se ha pretendido desarrollar un modelo conceptual en relación con el principio de proporcionalidad de las penas o proporcionalidad estricta que sea verdaderamente garantista, determinando con exhaustividad los elementos que deben integrarla y la forma de articulación del principio. Se estima que —aunque fundamentalmente se haya enmarcado el estudio en el Derecho penal español— el modelo puede aplicarse a modelos de Derecho civil y de Derecho común. De *lege data*, ello tendría consecuencias sobre la constitucionalidad de las normas penales presentadas como problemáticas en relación con los delitos de bagatela y expresión. *De lege ferenda*, las propuestas realizadas pretenden dar cuerpo y efectividad a la propuesta.

Referencias jurisprudenciales

España

Audiencia Nacional. Sentencia 62/2007, de 13 de noviembre. Ponente: D. José María Vázquez Honrubia.

Tribunal Constitucional. Sala Primera. Sentencia 18/1981, de 8 de junio. Ponente: D. Rafael Gómez-Ferrer Morant.

Tribunal Constitucional. Sala Primera. Sentencia 62/1982, de 15 de octubre. Ponente: D. Rafael Gómez-Ferrer Morant.

Tribunal Constitucional Sala Segunda. Sentencia 65/1986, de 22 de mayo. Ponente: D. Ángel Latorre Segura.

Tribunal Constitucional. Sala Segunda. Sentencia 159/1986, de 16 de diciembre. Ponente: Dña. Gloria Begué Cantón.

Tribunal Constitucional. Pleno. Sentencia 19/1988, de 16 de febrero. Ponente: D. Díez-Picazo y Ponce de León.

Tribunal Constitucional. Pleno. Sentencia 105/1988, de 8 de junio. Ponente: D. Luis Díez-Picazo y Ponce de León.

Tribunal Constitucional. Sala primera. Sentencia 107/1988, de 8 de junio. Ponente: D. Eugenio Díaz Eimil.

Tribunal Constitucional. Sala primera. Sentencia 105/1990, de 6 de junio. Ponente: D. Luis López Guerra.

Tribunal Constitucional. Sala Primera. Sentencia 214/1991, de 11 de noviembre. Ponente: D. Vicente Gimeno Sendra.

Tribunal Constitucional. Pleno. Sentencia 111/1993, de 25 de marzo. Ponente: D. Álvaro Rodríguez Bereijo.

Tribunal Constitucional. Sala Primera. Sentencia 50/1995, de 23 de febrero. Ponente: D. Rafael de Mendizábal y Allende.

Tribunal Constitucional. Sala Segunda. Sentencia 55/1996, de 28 de marzo. Ponente: D. Carles Viver Pi-Sunyer.

Tribunal Constitucional. Pleno. Sentencia 161/1997, de 2 de octubre. Ponente: D. Carles Viver Pi-Sunyer.

Tribunal Constitucional. Pleno. Sentencia 136/1999, de 20 de julio. Ponente: D. Carles Viver Pi-Sunyer.

Tribunal Constitucional. Sala Segunda. Sentencia 54/2007, de 12 de marzo. Ponente: D. Guillermo Jiménez Sánchez.

Tribunal Constitucional. Pleno. Sentencia 235/2007, de 7 de noviembre. Ponente: D. Eugeni Gay Montalvo.

Tribunal Constitucional. Pleno. Sentencia 99/2008, de 24 de julio. Ponente: D. Ramón Rodríguez Arribas.

Tribunal Constitucional. Pleno. Sentencia 127/2009, de 26 de mayo. Ponente: D. Vicente Conde Martín de Hijas.

Tribunal Constitucional. Pleno. Sentencia 153/2009, de 25 de junio. Ponente: D. Eugeni Gay Montalvo.

Tribunal Constitucional. Sala primera. Sentencia 23/2010, de 27 de abril. Ponente: D. Jorge Rodríguez-Zapata Pérez.

Tribunal Constitucional. Pleno. Sentencia 60/2010, de 7 de octubre. Ponente: D. Javier Delgado Barrio

Tribunal Constitucional. Pleno. Sentencia 77/2010, de 19 de octubre. Ponente: D. Eugeni Gay Montalvo.

Tribunal Constitucional. Pleno. Sentencia 119/2010, de 24 de noviembre. Ponente: Dña. Elisa Pérez Vera.

Tribunal Constitucional. Pleno. Sentencia 177/2015, de 22 de julio. Ponente: D. Juan Antonio Xiol Ríos.

Tribunal Constitucional. Sala primera. Sentencia 112/2016, de 20 de junio. Ponente: D. Juan Antonio Xiol Ríos.

Tribunal Constitucional. Pleno. Sentencia 35/2020, de 25 de febrero. Ponente: D. Juan Antonio Xiol Ríos.

Tribunal Constitucional. Pleno. Sentencia 91/2021, de 22 de abril. Ponente: D. Pedro José González-Trevijano Sánchez.

Tribunal Constitucional. Pleno. Sentencia 106/2021, de 11 de mayo. Ponente: D. Ricardo Enríquez Sancho.

Tribunal Constitucional. Pleno. Sentencia 121/2021, de 2 de junio. Ponente: D. Santiago Martínez-Vares García.

Tribunal Constitucional. Pleno. Sentencia 122/2021, de 2 de junio. Ponente: D. José González Rivas.

Tribunal Constitucional. Pleno. Sentencia 169/2021, de 6 de octubre. Ponente: Dña. Encarnación Roca Trías.

Tribunal Constitucional. Pleno. Sentencia 184/2021, de 28 de octubre. Ponente: D. Ricardo Enríquez Sancho.

Tribunal Constitucional. Pleno. Sentencia 25/2022, de 25 de febrero. Ponente: D. Antonio Narváez Rodríguez.

Tribunal Constitucional. Pleno. Sentencia 47/2022, de 24 de marzo. Ponente: D. Ricardo Enríquez Sancho.

Tribunal Constitucional. Pleno. Sentencia 8/2024, de 16 de enero. Ponente: Dña. María Luisa Segoviano Astaburuaga.

Tribunal Superior de Justicia de Castilla y León. Sentencia 1692/2013, de 8 de octubre, Ponente: Fco. Javier Zatarain Valdemoro.

Tribunal Supremo. Sala de lo Penal (Sección 1). Sentencia de 4 de octubre de 1989 (no numerada). Ponente: D. Manuel García Miguel.

Tribunal Supremo. Sala de lo Penal. Sección 1. Sentencia 1395/2005, de 23 de noviembre. Ponente: D. Andrés Martínez Arrieta.

Tribunal Supremo. Sala de lo penal. Sección 1. Sentencia 585/2007, de 20 de junio. Ponente: Siro Francisco García Pérez

Tribunal Supremo. Sala de lo penal. Sección 1. Sentencia 870/2008, de 16 de diciembre. Ponente: D. J. Ramón Berdugo Gómez de la Torre.

Tribunal Supremo. Sala de lo Penal, Sección 1. Sentencia 480/2009, de 22 de mayo. Ponente: D. Juan R. Berdugo Gómez de la Torre.

Tribunal Supremo. Sala de lo Penal (Sección 1). Sentencia 731/2009, de 25 de junio. Ponente: D. Francisco Monterde Ferrer.

Tribunal Supremo. Sala de lo Penal. Sección 1. Sentencia 224/2010, de 3 de marzo. Ponente: D. Joaquín Giménez García.

Tribunal Supremo. Sala de lo Penal, Sección 1. Sentencia 32/2011, de 25 de enero. Ponente: D. Carlos Granados Pérez.

Tribunal Supremo. Sala de lo penal. Sección 1, Sentencia 241/2011, de 11 de abril. J. Ramón Berdugo Gómez de la Torre.

Tribunal Supremo. Sala de lo penal. Sección 1. Sentencia 896/2011, de 6 de julio. Ponente: D. Adolfo Prego de Oliver Tolivar.

Tribunal Supremo. Sala de lo penal. Sección 1. Sentencia 920/2013, de 11 de diciembre. Ponente: J. Ramón Berdugo Gómez de la Torre.

Tribunal Supremo. Sala de lo penal. Sección 1. Sentencia 623/2016, de 13 de julio. Ponente: D. Julián Sánchez Melgar.

Tribunal Supremo. Sala de lo penal. Sección 1. Sentencia 106/2015, de 19 de febrero. Ponente: D. Joaquín Giménez García.

Tribunal Supremo. Sala de lo penal. Sección 1. Sentencia 135/2007, de 7 de mayo. Ponente: Vicente Magro Servet.

Tribunal Supremo. Sala de lo penal. Sección 1. Sentencia 4/2017, de 18 de enero. Ponente: D. Manuel Marchena Gómez.

Tribunal Supremo. Sala de lo penal. Sección 1. Sentencia 458/2019, de 9 de octubre. Ponente: D. Vicente Magro Servet.

Tribunal Supremo. Sala de lo penal. Sección 1. Sentencia 1395/2005, de 23 de noviembre. Ponente: D. Andrés Martínez Arrieta.

Italia

Corte Costituzionale italiana. S. n. 218 de 1974, de 30 de mayo.

Corte Costituzionale italiana. S. n. 103 de 1982, de 24 de marzo.

Corte Costituzionale italiana. S. n. 103 de 1982, de 24 de marzo.

Corte Costituzionale italiana. S. n. 409 de 1989, de 18 de julio.

Corte Costituzionale italiana. S. n. 313 de 1990, de 26 de junio.

Corte Costituzionale italiana. S. n. 341 de 1994, de 11 de mayo.

Corte Costituzionale italiana. S. n. 68 de 2012, de 23 de marzo.

Corte Costituzionale italiana. S. n. 236 de 2016, de 10 de noviembre.

Corte Costituzionale italiana. S. n. 40 de 2019, de 8 de marzo.

Corte Costituzionale italiana. S. n. 28 de 2022, de 1 de febrero.

Tribunale di Rovereto. S. n. 38 de 2016, de 16 de marzo.

Tribunale di Milano. S. n. 3936 de 2015, de 9 de abril.

Estados Unidos

COMMONWEALTH of Pennsylvania v. Kenneth MATTY, Appellant. 422 PA Super Ct. 1993.

Corte Suprema de Estados Unidos (1892). O' Neil v. Vermont, 144 US 323, 339-340.

Corte Suprema de Estados Unidos (1910). Weems v. United States, 217 US 349.

Corte Suprema de Estados Unidos (1962). Robinson v. California, 370 US 660.

Corte Suprema de Estados Unidos (1977). Cocker v. Georgia, 433 US 584.

Corte Suprema de Estados Unidos (1982). Edmund v. Florida, 458 US 782.

Corte Suprema de Estados Unidos (1980). Rummel v. Estelle, 445 US 263.

Corte Suprema de Estados Unidos (1983). Solem v. Helm, 463 US 277.

Corte Suprema de Estados Unidos (1991). Harmelin v. Michigan, 501 US 957.

Corte Suprema de Estados Unidos (1996). BMW v. Gore, 517 US 559.

Corte Suprema de Estados Unidos (2003). Ewing v. California, 538 US 11.

Corte Suprema de Estados Unidos (2003). Lockyer v. Andrade, 538 US 63.

Corte Suprema de Estados Unidos (2008). Kennedy v. Louisiana, 554 US 407.

Alemania

BVerfG 7, 377. Apotheken Urtheil.

TJUE

TJUE, 17 de diciembre de 1970, Internationale Handelgesllschaft, C-11/70, EU: C:1970:114.

TEDH

TEDH. Grand Chamber. Cumpănă and Mazăre v. Romania. 17 de diciembre de 2004.

TEDH. Grand Chamber. Gäfgen v. Germany. 3 de junio de 2010.

TEDH. Grand Chamber. Vinter v. Reino Unido. S. 9 de julio de 2013.

TEDH. Sección Tercera. Stern Taulats y Roura Capellera v. España. 13 de marzo de 2018.

Bibliografía

ABC. "Las medidas de Casado contra los "okupas": penas de cárcel y poder echarlos en 48 horas" (2020). [En línea]. 10 de julio de 2020. [Disponible en https://www.abc.es/economia/abci-medidas-casado-contra-okupas-penas-carcel-y-pueda-echarlos-48-horas-202007091255_noticia.html

ACNUR (2020). "Qué hay detrás de las muertes por hambre en el mundo". *Noticias*. [En línea]. [Disponible en: https://eacnur.org/es/actualidad/noticias/muertes-por-hambre-en-el-mundo#:~:text=El%20%C3%BAltimo%20informe%20de%20la,1%20de%20cada%209%20personas.].

ADELANTADO SORIANO, Vicente (2008). "La pena de muerte como espectáculo de masas en la Valencia del quinientos". En SIRERA TURÓ, J. Lluís. *Estudios sobre teatro medieval*. Valencia: Publicaciones de la Universitat de València, pp. 15-24.

AGUADO CORREA, Teresa (2004). *Inexigibilidad de otra conducta en Derecho penal*. Granada: Compares.

AGUADO CORREA, Teresa (1999). *El principio de proporcionalidad en Derecho penal*. Madrid: EDERSA.

AIZPEOLEA, Luis R. (2002), "Aznar proclama que 'vamos a barrer de las calles a los pequeños delincuentes'". *El País*, 9 de septiembre de 2002.

ALBERT, Fruzisna (2018). "The criminalisation of rough sleeping in Hungary". En: *ESPN Flash Report 2018/62*. [En línea]. *European Social Policy Network*. Noviembre. [Disponible en https://ec.europa.eu/social/BlobServlet?docId=20487&langId=en].

ALCÁCER GUIRAO, Rafael (2003). *¿Lesión de bien jurídico o lesión de deber?* Madrid: Atelier.

ALCÁCER GUIRAO, Rafael (1998). "Los fines del Derecho penal. Una aproximación desde la filosofía política". *ADPCP*, pp. 365-578.

ALEXY, Robert (2002). "Epílogo a la teoría de los derechos fundamentales", *Revista Española de Derecho Constitucional*, nº 66, pp. 13-64.

ALONSO ÁLAMO, Mercedes (2017). "Delito y solidaridad (estado de necesidad, omisión del deber de socorro y bienes jurídicos colectivos de solidaridad)", *Revista Penal*, nº 40, Julio 2017, pp. 5-21.

ALONSO ÁLAMO, Mercedes (2013). "Derecho penal mínimo de los bienes jurídicos colectivos (Derecho penal mínimo máximo)", *Revista penal*, nº 32, Julio 2013, pp. 23-40.

ALONSO RIMO, Alberto (2010). "Apología, enaltecimiento del terrorismo y principios penales", *Revista Derecho Penal y Criminología. A, 3.ª* época, *4,* 13-8.

ÁLVAREZ GARCÍA, José J. (1999). "Principio de proporcionalidad", *La ley,* nº 5, pp. 2053-2059.

AMNISTÍA INTERNACIONAL (2020). "Oriente Medio y Norte de África: Los derechos laborales están en juego durante la COVID-19". *Noticias.* [En línea]. [Disponible en https://www.amnesty.org/es/latest/news/2020/04/mena-workers-rights-on-the-line-during-covid19/].

ANDRÉS IBÁÑEZ, Perfecto (2016). "Prólogo". En CALAMANDREI, Piero, *Sin legalidad no hay libertad.* Madrid: Trotta.

ANGIONI, Francesco (1987). *Contenuto e funzioni del concetto di bene giuridico.* Milano: Giuffrè.

ANTÓN ONECA, José (1944). La *prevención general y la prevención general en la teoría de la pena, Discurso de apertura del curso académico* [en línea]. Salamanca. [Disponible en https://gredos.usal.es/handle/10366/115904].

ARENAL PONTE, Concepción (1896). *Programa del Congreso penitenciario de Estocolmo.* Cervantes virtual.

ARENAL PONTE, Concepción (1895). "Estudios penitenciarios", publicado en *Pensamiento penal.*

ARENAL PONTE, Concepción (1895). *Estudios penitenciarios,* Obras completas, Tomo XIV, Madrid: Librería Victoriano Suárez.

ARENAL PONTE, Concepción (1867). *El reo, el pueblo y el verdugo.* Cervantes Virtual.

ARENAL PONTE, Concepción [1867]. *El reo, el pueblo y el verdugo.* Madrid: Librería Victoriano Suárez.

ARENDT, Hannah (1999). *Los orígenes del totalitarismo.* Madrid: Taurus, 1999.

ARIAS CASTAÑO, Abel (2007). "Amenazas, Enaltecimiento del Terrorismo y Libertad de Expresión: El caso de De Juana Chaos". *InDret, 4,* 1-28.

ARIAS EIBE, José M. (2006). "Funcionalismo penal moderado o teleológico-valorativo versus funcionalismo normativo o radical". En *DOXA: Cuadernos de Filosofía del Derecho,* nº 29, pp. 439-453.

ARISTÓTELES (2005, Ed.). *Ética a Nicómaco.* Madrid: Alianza Editorial.

ARROYO ZAPATERO, Luis (1998). "Derecho penal económico y Constitución", *Revista Penal*, edit. Praxis (nº 1), pp. 1-16.

ARROYO ZAPATERO, Luis, "Fundamento y función del sistema penal: el programa penal de la Constitución", *Revista Jurídica de Castilla-La Mancha,* núm. 1.

ASHWORTH, Andrew y VON HIRSCH, Andrew (2005). *Proportionate Sentencing: Exploring the principles.* Oxford: OUP.

ASÚA BATARRITA, Adela (Coord.) (1990). *Estudios sobre el pensamiento de Beccaria: su actualidad.* Bilbao: Deusto.

ATIENZA, Manuel (2012). "Constitucionalismo y Derecho penal". En HORTAL IBARRA, Juan C. (Coord.). *Constitución y sistema penal.* Madrid: Dykinson, 2012, pp. 19-39.

BACIGALUPO ZAPATER, Enrique (1995). "La rigurosa aplicación de la ley", *ADPCP,* pp. 849-864.

BACIGALUPO ZAPATER, Enrique (1994). *Principios de derecho penal, parte general,* 3ª ed. Madrid: Akal.

BACIGALUPO ZAPATER, Enrique (1982). "¿Tienen rango constitucional las consecuencias del principio de culpabilidad?", *La Ley,* 2, pp. 936-942.

BACIGALUPO ZAPATER, Enrique (1980). "La individualización de la pena en la reforma penal", *Revista de la Facultad de Derecho de la Universidad Complutense,* Nº Extra 3, pp. 55-74.

BAGARIC, Mirko y MCCONVILL, James (2005). "Giving Content to the Principle of Proportionality: Happiness and Pain as the Universal Currency for Matching Offence Seriousness and Punishment Severity", J. *CRIM. L.,* 69 (1) pp. 50-74.

BANCO MUNDIAL (2020). "Entendiendo la pobreza". [En línea]. [Disponible en https://www.bancomundial.org/es/topic/poverty/overview#:~:text=De%20acuerdo%20con%20estimaciones%20del,magnitud%20de%20la%20crisis%20econ%C3%B3mica].

BARNÉS, Javier (1994). "Introducción al principio de proporcionalidad en el Derecho comparado y comunitario", *Revista de administración pública,* nº 135, pp. 495-538.

BARNÉS, Javier (1998). "El principio de proporcionalidad: Estudio preliminar". *Cuadernos de derecho público,* nº5, pp. 15-50.

BASSO, Gonzalo (2019). *Determinación judicial de la pena y proporcionalidad con el hecho.* Madrid: Marcial Pons.

BASSO, Gonzalo y PEÑARANDA RAMOS, Enrique (2019). "La pena: nociones generales". En AAVV: *Manual de Introducción al Derecho penal.* Madrid: Agencia Estatal Boletín Oficial del Estado, pp. 161-190.

BAUMAN, Zygmunt (2005). *Vidas desperdiciadas: la modernidad y sus parias.* Barcelona: Paidós.

BECCARIA, Cesare. (1764). *Dei delitti e delle penne,* Milano: Letteratura italiana Einaudi.

BECERRA MUÑOZ, José (2016). "Propuestas de rediseño institucional para la elaboración y evaluación de la política criminal por parte del gobierno". En NIETO MARTÍN, Adán et al. (Dirs.). *Hacia una evaluación racional de las leyes penales.* Madrid: Marcial Pons, pp. 141-178.

BECKER, Howard S. (1973). *Outsiders.* New York: The Free Press.

BELAUSTEGUI, Luis (2017). "Neoliberalismo como cultura: neosujeto, empresa y Estado desigualitarista", *Areas,* 36/2017, pp. 25-38.

BENITO SÁNCHEZ, Demelsa y GIL NOBAJAS, Soledad (Coords.) (2022). *Alternativas político-criminales frente al Derecho penal de aporofobia.* Valencia: Tirant lo Blanch;

BENLLOCH PETIT, Guillermo (2001). "El Derecho penal ante el conflicto político", *ADPCP,* Vol.LIV, pp. 175-225.

BENTHAM, Jeremy (1981, Ed.). *Tratados de legislación civil y penal.* Madrid: Editora Nacional.

BETEGÓN, Jerónimo (2004). "Liberalismo, comunitarismo, derechos". En BETEGÓN, Jerónimo, LAPORTA, Francisco, de páramo, J. Ramón, y PRIETO, Luis (Coords.). *Constitución y derechos fundamentales.* Madrid: CEPC, 2004.

BERDUGO GÓMEZ DE LA TORRE, Ignacio, PÉREZ CEPEDA, Ana Isabel y ZÚÑIGA RODRÍGUEZ, Laura (2015). *Lecciones y materiales para el estudio del derecho penal* (tomo 1). Madrid: Iustel.

BERDUGO GÓMEZ DE LA TORRE, Ignacio et al. (2010). *Curso de Derecho penal, parte general,* 2ª ed. Madrid: Experiencia.

BERDUGO GÓMEZ DE LA TORRE, Ignacio (1987). *Honor y libertad de expresión.* Madrid: Tecnos.

BERDUGO GÓMEZ DE LA TORRE, Ignacio (1987). "*Derechos humanos y derecho penal*". *Estudios penales y criminológicos,* 1987, nº 11, pp. 27-82.

BERMAN, Mitchell (2023). "Retributivism", UPenn Law School, Public Law Research Paper No. 22-36, 2022 (En RYBERG, Jesper, *Oxford Handbook on Punishment Theory and Philosophy* —en prensa—).

BERMAN, Mitchell (2021). "Proportionality, Constraint, and Culpability", *Criminal Law & Philosophy,* Vol. 15, p. 373, UPenn Law School, Public Law Research Paper, No. 22-09, Faculty Scholarship, 2804.

BERMAN, Mitchell (2013). "Rehabilitating retributivism". *Law and Philosophy,* 32, pp. 83-108.

BERMAN, Michael S. (2008) "Punishment and justification", *Ethics,* Vol. 118, pp. 258-290.

BERMAN, Mitchell (2011). "Two Kinds of Retributivism", *All Faculty Scholarship*, 2353.

BERNAL PULIDO, Carlos (2014). *El principio de proporcionalidad y los derechos fundamentales*, Bogotá: UEC.

BHOOLA, Urmila (2013). "Los nuevos retos para la erradicación de las formas contemporáneas de esclavitud", en Pérez Alonso, Esteban (Dir.), *El Derecho ante las formas contemporáneas de esclavitud*, Valencia: Tirant lo Blanch, pp. 53-61.

BOVIO, Giovanni (1908). *Saggio critico del diritto penale*. Milano: Sonzogno.

BRANDÁRIZ GARCÍA, José Á. (2014) "La difusión de lógicas actuariales y gerenciales en las políticas punitivas", *Indret*, 2/2014.

BRANDÁRIZ GARCÍA, José Á. (2014). "La evolución de la penalidad en el contexto de la *gran recesión*: la contracción del sistema penitenciario español", *RDPyC*, nº 12, julio 2014, pp. 309-342.

BRANDÁRIZ GARCÍA, José Á. (2016) "El *New Public Management* y las políticas penales", *Revista Nuevo Foro Penal*, Vol. 12, nº 87, julio-diciembre, pp. 181-219.

BRICOLA, Franco (2012). *Teoría general del delito*. Buenos Aires: B de F.

BRICOLA, Franco (1997). *Politica criminale e scienza del diritto penale*. Bologna: Il Mulino.

BRICOLA, Franco (1973). "Teoria generale del reato". En AZARA, Antonia (Dir.). *Novissimo Digesto Italiano XIV*. Torino: Utet.

BUENO ARÚS, Francisco (1995). "La teoría de la ley penal en el Proyecto de Código penal español de 26 de septiembre de 1994", *La actualidad penal*, nº 16-17, 23 de abril de 1995, pp. 232 y 239.

BUSTOS RAMÍREZ, Juan (2019). "Los bienes jurídicos colectivos", *Revista de Derecho penal*, 27, pp. 465-476.

BUSTOS RAMÍREZ, Juan (1994). *Manual de Derecho penal*. Ariel: Barcelona.

BUSTOS RAMÍREZ, Juan (1974). "Consideraciones entorno del injusto", *Nuevo pensamiento penal*.

BUSTOS RUBIO, Miguel (2020). *Aporofobia y delito*. Barcelona: Bosch.

CÁCERES, Emiro (2023). *Proceso legislativo y penal: racionalidad y justificación. Pasado, presente y propuestas de futuro*. Tesis doctoral (no publicada). Universidad de Salamanca.

CALAMANDREI, Piero (2016). *Sin legalidad no hay libertad*. Madrid: Trotta.

CAMPO MORENO, Juan C. (2015). *Comentarios a la Reforma del Código Penal en materia de terrorismo: La LO 2/2015*. Valencia: Tirant lo Blanch.

CANCIO MELIÁ, Manuel (2019). "Capítulo III: Los principios del Derecho penal". En LASCURAÍN SÁNCHEZ, Juan A. (Coord.). *Introducción al Derecho penal.* Madrid: Ediciones B.O.E., pp. 69-90.

CANCIO MELIÁ, Manuel (2016). "El derecho penal antiterrorista español tras la reforma del 2015", *Derecho penal contemporáneo. Revista internacional*", N° 5, pp. 35-58.

CANCIO MELIÁ, Manuel (2013). "El Derecho penal antiterrorista español y la armonización penal en la Unión Europea", en DE LA CUESTA ARZAMENDI et al., J. Luis (Dirs.) *European inklings,* N° 2, Armonización penal en Europa, Euskadi: IVAP.

CANCIO MELIÁ, Manuel (2010). *Los delitos de terrorismo: estructura típica e injusto.* Madrid: Reus.

CANCIO MELIÁ, Manuel (1993). *ADPyC,* t. 46, F. 2, pp. 697-730.

CÁNOVAS MORILLO, Carlos (19 de diciembre de 2023), "Qué se vota en el Congreso: la tramitación de la proposición de ley de Sumar sobre libertad de expresión", *Newtral.*

CARBONELL MATEU, Juan C. (1995). *Derecho penal: concepto y principios constitucionales.* Valencia: Tirant lo Blanch.

CÁRDENAS GRACIA, Jaime (2020). *Manual de Derecho constitucional.* Valencia: Tirant lo Blanch.

CARRARA, Francesco (2000, Ed.). *Programa del curso de Derecho criminal.* San José: Editorial jurídica continental.

CARUSO FONTÁN, M. Viviana (2007). "Los límites a la libertad de expresión en la Constitución y en las normas penales". *Revista penal,* n° 2, Julio 2007.

CEREZO MIR, José (2005). *Curso de Derecho penal español.* Madrid: Tecnos, T. 1.

CHEDDADI, Zakariae (2020). "Discurso político de Vox sobre los Menores Extranjeros No Acompañados". *Inuguruak: Revista Vasca de Sociología y Ciencia Política,* n° 57, pp. 57-77.

CHRONOWISKI, Nóra y HALMAI, Gábor (2019). "Human Dignity for Good Hungarians Only. The Constitutional Court's Decision on the Criminalization of Homelessness". *Verfassungsblog.* [En línea]. Junio. [Disponible en https://verfassungsblog.de/human-dignity-for-good-hungarians-only/].

CIGÜELA SOLA, Javier (2019). *Crimen y castigo del excluido social.* Valencia: Tirant lo Blanch.

CARBONELL MATEU, Juan C. (1996). *Derecho penal: concepto y principios constitucionales,* 2.ª ed. Valencia, Tirant lo Blanch.

CGPJ (2021). *Informe sobre el Anteproyecto de la Ley Orgánica de Garantía integral sobre la libertad Sexual.*

CLAVERO, Bartolomé (1990). "Almas y cuerpos". *Annali de la Facoltà di Giurisprudenza di Genova,* nº 64.

CLRG (2011). *Report On Offense Grading In New Jersey.* Philadelphia: Penn Law.

CLRG (2009). *Report On Offense Grading In Pennsylvania,* Philadelphia: Penn Law.

COBO DEL ROSAL, Manuel y BOIG REIG, Francisco J. (1982). "Garantías constitucionales del Derecho sancionador". En COBO DEL ROSAL, Manuel (Dir.), *Comentarios a la legislación penal,* Madrid: EDERSA.

COBO DEL ROSAL, Manuel y VIVES ANTÓN, T. Salvador (1996). *Derecho penal, parte general.* Valencia: Tirant lo Blanch.

COHEN, Stanley (2002). *Folk devils and moral panics.* Nueva York: Routledge.

CORCOY BIDÁSOLO, Mirentxu (2012). "Crisis de las garantías constitucionales a partir de las reformas penales y de su interpretación por los tribunales". En HORTAL IBARRA, Juan C. (Coord.). *Constitución y sistema penal.* Madrid: Dykinson, pp. 153-173.

CÓRDOBA RODA, Juan (1977). *Culpabilidad y pena.* Barcelona: Bosch.

CORTINA ORTS, Adela (2017). *Aporofobia, el rechazo al pobre.* Barcelona: Paidós. 2017.

CORTINA ORTS, Adela (2006). *Ética sin moral.* Madrid: Tecnos.

CUERDA ARNAU, Mª Luisa (2022). "El control constitucional deferente en materia penal", *Teoría y Derecho,* nº 32, pp. 68-87.

CUERDA ARNAU, Mª Luisa (2019). "Lección X. Torturas y otros delitos contra la integridad moral. Trata de seres humanos", en GONZÁLEZ CUSSAC, José L. (Coord.), Derecho penal, Parte especial, Valencia: Tirant lo Blanch, pp. 187-209.

CUERDA ARNAU, Mª Luisa (2007). "Proporcionalidad penal y libertad de expresión", *RGDP,* nº 8.

CUERDA ARNAU, Mª Luisa (1998). "Aproximación al principio de proporcionalidad en Derecho penal". En CASABÓ RUIZ, José R. (Hom.). *Estudios jurídicos.* Valencia: Ediciones UV.

DE GIORGI, Alessandro. *Tolerancia cero* (2005). Barcelona: Virus Editorial.

DE LA MATA BARRANCO, Norberto J. (2008). *Individualización de la pena en los tribunales de justicia.* Madrid: Aranzadi.

DE LA MATA BARRANCO, Norberto J. (2007). *El principio de proporcionalidad penal.* Valencia: Tirant lo Blanch.

DE VERO, Giancarlo (2002). "L'incerto percorso e le prospettive di approdo dell'idea di prevenzione generale positiva", *Rivista italiana di diritto e procedura penale*, V. 45, F. 2, pp. 439-452.

DE VICENTE MARTÍNEZ, Rosario (2018). *Discurso del odio.* Valencia: Tirant lo Blanch.

DE VICENTE REMESAL, Javier (1985). *El comportamiento postdelictivo.* León: Universidad de León.

DEIGH, John (2018). *From psychology to morality: essays in ethical naturalism*, Oxford: OUP.

DEMETRIO CRESPO, Eduardo. (2021). "Crítica a la retribución como fin de la pena". *Anales de la Cátedra Francisco Suárez*, pp. 107-129.

DEMETRIO CRESPO, Eduardo (2013). "Constitución y Sanción penal", *Libertas*, Nº 1, pp. 57-110.

DEMETRIO CRESPO, Eduardo (2006). "Derecho penal del enemigo *darf nicht sein*! Sobre la ilegitimidad del llamado 'Derecho penal del enemigo'". En CANCIO MELIÁ, Manuel y GÓMEZ-JARA DÍEZ, Carlos (Coords.). *Derecho penal del enemigo. El discurso penal de la exclusión.* Madrid: Edisofer, pp. 473-509.

DEMETRIO CRESPO, Eduardo. (1999). *Prevención general e individualización de la pena.* Salamanca: Ed. USAL.

DÍEZ RIPOLLÉS, José Luis (2003). *La racionalidad de las leyes penales*, Madrid: Trotta.

DOLCINI, Emilio (1979). *La commisurazione della pena.* Padova: CEDAM.

DOLCINI, Emilio y MARINUCCI, Giorgio (1994). "Costituzione e politica dei beni giuridici", *RIDPP*, pp. 333-373.

DOMÍNGUEZ, Íñigo (2020). "Una dudosa alarma sobre los okupas". [En línea]. El País. 6 de septiembre de 2020. [Disponible en https://elpais.com/espana/2020-09-05/una-dudosa-alarma-sobre-los-okupas.html].

DONINI, Massimo (2020). "Populismo penale e ruolo del giurista", *Sistema penale.*

DONINI, Massimo (2020). "DA KANT A NIETZE", *RIDPP*, pp. 1699-1944.

DONINI, Massimo (2020). "Pena agìta e pena subìta. Il modello del delitto riparato". En BONDI, Alessandro (Coord.), *Studi in onore di Lucio Monaco.* Urbino: UUP, pp. 389-424.

DONINI, Massimo (2019). "Garantismo penale oggi", *Discrimen.*

DONINI, M. (2013). "Per una concezione post-riparatoria della pena. Contro la pena come radoppio del male". *RIDPP*, 3, 1162-1218.

DONINI, Massimo (2012). "L'eredità di Bricola e il costituzionalismo penale come metodo", *Diritto penale contemporaneo*, 2/2012, pp. 51-74.

DONINI, Massimo (2010). "Principios constitucionales y sistema penal. Modelo y programa", *RGDP*, 13, pp. 1-20.

DONINI, Massimo (2010). "Principios constitucionales y sistema penal", *RGDP*, 13.

DONINI, Massimo (2007). "El Derecho penal frente al 'enemigo'". En FARALDO CABANA, Patricia (Dir.) *Derecho penal de excepción. Terrorismo e inmigración*. Valencia: Tirant lo Blanch.

DONINI, Massimo (2003). "¿Una nueva Edad Media penal?" Revista Nuevo Foro Penal, N°. 65, pp. 92-119.

DONINI, Massimo (2002). "Prospettive europee del principio di offensività". En CADOPPI, Alberto. *Offensività e colpavolezza*. Padova: CEDAM, pp. 109-141.

DONINI, Massimo (2001). "Ragioni e limiti della fondazione del diritto penale sulla Carta Costituzionale", *Il Foro Italiano*, v. 124, N° 2, pp. 29-46.

DONINI, Massimo (2001). "Un Derecho penal fundado en la carta constitucional: razones y límites", *Revista Penal*, pp. 24-38, esp. p. 26.

DOPICO GÓMEZ-ALLER, Jacobo (2021). "El segundo 'caso Hasél'", *Eunomía*, n° 20, pp. 393-414

DORADO MONTERO, Pedro (1916). "Sobre la proporción penal". *RGLJ*.

DUFF, R. Antony (2015). *Sobre el castigo*. Buenos Aires: Siglo XXI.

DUFF, R. Antony (2001) *Punishment, communication, and community*, Oxford: OUP.

DUFF, R. Antony. (1986). *Trials and Punishments*. Cambridge: CUP.

DUUS-OTTERSTRÖM, Göran (2020). "Weighing Relative and Absolute Proportionality in Punishment". *En* TONRY, Michael (ED.), *OF ONE-EYED AND TOOTHLESS MISCREANTS*, Oxford: OUP.

FAO (2016). "Objetivo hambre cero". [En línea]. [Disponible en: http://www.fao.org/3/i4951s/i4951s.pdf].

FARIZA, Ignacio (2020). "Sal sobre la herida de la desigualdad: el coronavirus agranda la brecha económica". *El País*. [En línea]. 31 de mayo de 2020. [Disponible en https://elpais.com/economia/2020-05-30/sal-sobre-la-herida-de-la-desigualdad-el-coronavirus-agranda-la-brecha-economica.htm].

FAVREAU, Jon (Director). (2016). *El libro de la selva* [Film]. Walt Disney Pictures y Fairway Entertainment.

FEDERICI, Silvia (2010). *Calibán y la bruja*. Madrid: Traficantes de sueños.

FEIJOO SÁNCHEZ, Bernardo (2010). "Funcionalismo y teoría del bien jurídico". En FERNÁNDEZ BAUTISTA, Silvia (Coord.). *Constitución y principios del Derecho penal.* Valencia: Tirant lo blanch, pp. 163-230.

FEIJOO SÁNCHEZ, Bernardo (2007). "Individualización de la pena y teoría de la pena proporcional al hecho", *Indret* 1/2007.

FEINBERG, Joel (1984): *Harm to others: The Moral Limits of the Criminal Law*, Vol. 1 (New York, Oxford University Press.

FEINBERG, Joel (1970). "The expressive function of punishment". En FEINBERG, Joel, *Doing and deserving.* Princeton: PUP, pp. 95-118.

FEINBERG, Joel (1970). "Justice and Personal Desert". En Feinberg, Joel (ed.). *Doing and Deserving: Essays in the Theory of Responsibility.* Princeton: PUP, PP. 55-94.

FEINBERG, Joel (1965). "The expressive function of punishment", *The Monist*, vol. 49, nº 3, pp. 397-423.

FERNÁNDEZ BAESA, Cristina y BRANDÁRIZ GARCÍA, José Á. (2016). "Transformaciones de la penalidad migratoria en el contexto de la crisis económica". *Indret*, 4/2016, 25 páginas.

FERNÁNDEZ RODRÍGUEZ, María D. (1994). "Los límites del ius puniendi", *ADPCP*, pp. 87-114.

FERRAJOLI, Luigi (2019). *Manifiesto por la igualdad.* Madrid: Trotta.

FERRAJOLI, Luigi (2013). "Criminología, crímenes globales y Derecho penal: el debate epistemológico en la criminología contemporánea". Revista Crítica penal y poder, Nº 4, 11 páginas.

FERRAJOLI, Luigi (2012). "El principio de lesividad como garantía penal", *Nuevo Foro Penal*, Nº 79, pp. 100-114.

FERRAJOLI, Luigi (2011). "Constitucionalismo principialista y constitucionalismo garantista". *Doxa*, 34, 2011, pp. 15-53.

FERRAJOLI, Luigi (2006). *Garantismo penal.* México DF: UNAM.

FERRAJOLI, Luigi (1995). *Derecho y razón.* Madrid: Trotta.

FERRAJOLI, Luigi (1989). *Diritto e ragione.* Roma: Laterza.

FERRI, Enrico (1933, Ed.). *Principios de Derecho Criminal.* Madrid: Reus.

FERZAN, Kimberly, y ALEXANDER, Larry (2018). *Reflections on crime and culpability.* Cambridge: CUP.

FERZAN, Kimberly, ALEXANDER, Larry y MORSE, Stephen (2012). *Crime and culpability.* Cambridge: CUP.

FIORE, Carlo (1972). *I reati di opinione.* Padova: CEDAM.

FRAILE, Pedro (2003). "La organización del espacio y el control de los individuos". En BERGALLI, R. (Coord.) *Sistema penal y problemas sociales.* Valencia: Tirant lo Blanch, pp. 167-207.

FRONZA, Emmanuela (2022). "El principio de legalidad de los delitos, de las penas y de las medidas de seguridad", *RDPyC*, 5, pp. 97-144".

FRONZA, Emmanuela (2018). *El delito de negacionismo en Europa.* Buenos Aires: Hammurabi.

FRONZA, Emmanuela (2015). "Tutela penal anticipada y normativa antiterrorismo en el ordenamiento italiano". En AMBOS, Kai, MALARINO, Ezequiel y STEINER, Christian. *Terrorismo y Derecho penal.* Berlín: Cornad Adenauer Stiftung, pp. 243-276.

FRONZA, Emmanuela (2011). "¿El delito de negacionismo? El instrumento penal como guardián de la memoria", *RDPyC*, 5, pp. 97-144.

FUENTES GUTIÉRREZ, Virginia, CABALLERO FUENTES, Mª Carmen, GALINDO ROMERO, Zahira y AGRELA ROMERO, Belén (2011). "Globalización, mujeres (in) migrantes y cuidados: una aproximación al estado de la cuestión en el marco de la 'ley de dependencia'". En GARCÍA CASTAÑO, F. Javier (Coord.) *Actas del I Congreso Internacional sobre Migraciones en Andalucía*, pp. 1951-1960.

GARCÍA-MAESTRO GARCÍA, Mª Josefa (2015). *Tercera edad y ayuda a la dependencia.* Valencia: Tirant lo Blanch.

GARCÍA-PABLOS DE MOLINA, Antonio (2000). *Derecho penal. Introducción*, Madrid: Universidad Complutense.

GARCÍA ALBERO, RAMÓN (2011). "Artículo 578". En QUINTERO OLIVARES, Gonzalo. *Comentarios a la Parte Especial del Derecho Penal.* Madrid: Aranzadi, pp. 1746-1750.

GARCÍA ARÁN, Mercedes (1997). *Fundamentos y aplicación de penas y medidas de seguridad en el código penal de 1995.* Madrid: Aranzadi.

GARCÍA ARÁN, Mercedes (1982). *Los criterios de determinación de la pena en derecho español.* Barcelona: UB.

GARCÍA ARROYO, Cristina (2022). "Sobre el concepto de bien jurídico", *RECPyC*, 24-12.

GARCÍA DOMÍNGUEZ, Isabel (2024). *Aporofobia y sinhogarismo. Un análisis criminológico del sistema penal español.* Salamanca: Tirant lo Blanch y Ediciones Universidad de Salamanca.

GARCÍA DOMÍNGUEZ, Isabel (2023). *Un análisis criminológico de la aporofobia en el sistema penal español* (tesis doctoral). Universidad de Salamanca.

GARCÍA DOMÍNGUEZ, Isabel (2019). *La aporofobia en el sistema penal español: especial referencia al colectivo de personas sin hogar.* Salamanca: Ratio Legis, 2020.

GARCÍA DE ENTERRÍA MARTÍNEZ-CARANDE, Eduardo (1979). "La Constitución como norma jurídica". *Anuario de Derecho civil,* 2-3, pp. 291-342.

GARCÍA DE LA TORRE GARCÍA, Faustino (2022). *Las obligaciones estatales de tutela penal* (tesis doctoral, publicación *in nuce*). Toledo: UCLM.

GARCÍA ESPAÑA, Elisa (2017). "Extranjeros sospechosos, condenados y excondenados". *RECPC,* nº 15-19.

GARCÍA RIVAS, Nicolás (2016). "Legislación penal española y delito de terrorismo". En PORTILLA CONTRERAS, Guillermo y PÉREZ CEPEDA, Ana I. (Dirs.). *Terrorismo y contraterrorismo en el s. XXI,* Salamanca: Ratio Legis, pp. 87-102.

GARCÍA-PABLOS DE MOLINA, Antonio (2000). *Derecho penal. Introducción,* Madrid: Universidad Complutense.

GARDNER, John (2007). "Crime: In Proportion and in Perspective". En GARDNER, John, *OFFENCES AND DEFENCES.* Oxford: OUP, pp. 213-238.

GARÓFALO, Raffaele (1891). *Criminologia,* 2ª Ed. Torino: Ed. Fratelli Bocca.

GEREMEK, Bronislaw (1989). *La piedad y la horca.* Madrid: Alianza Editorial.

GIL GIL, Alicia (2003). "Prevención general positiva y función ético-social del Derecho penal". En DÍEZ RIPOLLÉS, José L., ROMEO CASABONA, Carlos M., HIGUERA GUIMERÁ, José F. (Eds.), *La ciencia del Derecho penal ante el nuevo siglo.* Madrid: Tecnos, pp. 9-36.

GIMÉNEZ GARCÍA, Joaquín (2007). "Arts. 571 a 580". En CONDE-PUMPIDO TOURÓN, Cándido. *Comentarios al Código penal.* Barcelona: Bosch.

GLOBAL SLAVERY INDEX (2018). [En línea]. [Disponible en https://www.globalslaveryindex.org/2018/data/country-data/spain].

GOFFMAN, Ervin (2001). *Internados.* Amorrortu: Buenos.

GÓMEZ-JARA DÍEZ, Carlos (2008). "La retribución comunicativa como teoría constructivista de la pena", *Indret,* 2/2008.

GÓMEZ LANZ, Javier (2018). "La filosofía del Derecho penal como marco para la conexión entre la filosofía política y las disciplinas penales", *Indret,* 3/2018.

GONZÁLEZ BEILFUSS, Markus (2003). *El principio de proporcionalidad en la jurisprudencia del Tribunal Constitucional.* Madrid: Thomson Reuters Aranzadi.

GONZÁLEZ CUSSAC, J. Luis (1992). "Principio de ofensividad, aplicación del Derecho y reforma penal", *PJ*, especial, n. 28, pp. 7-36.

GONZÁLEZ SÁNCHEZ, Ignacio (2016). "La penalización de los migrantes. Irregularidad y cárcel en la construcción del Estado neoliberal". *Migraciones*, nº 39, pp. 123-147.

GONZÁLEZ SÁNCHEZ, Ignacio (2016). "Pobre, negro y del gueto o cómo resultarle atractivo al sistema penal". En CIGÜELA SOLA, J. (Ed.) *The Wire University: ficción y sociedad desde las esquinas*. Barcelona: UOC, pp. 197-206.

GONZÁLEZ-CUELLAR SERRANO, Nicolás (1990). *Proporcionalidad y derechos fundamentales en el proceso penal*, Madrid: COLEX.

GRACIA MARTÍN, Luis (1996). "El "iter criminis" en el Código Penal español de 1995", *El sistema de responsabilidad en el nuevo Código penal: Cuadernos de derecho judicial*, nº 27, pp. 257-279.

GUISASOLA LERMA, Cristina (2019). "Formas contemporáneas de esclavitud y trata de seres humanos: una perspectiva de género", *Estudios Penales y Criminológicos*, vol. 39, 2019, pp. 175-215. Recuperado de https://dialnet.unirioja.es/servlet/articulo?codigo=6976384&orden=0&info=link.

HART, Herbert L. A. (1968). *Punishment and responsibility*. New York: OUP.

HART, Herbert L. y GARDNER, John (2009). *Punishment and Responsibility*, 2nd Ed. Oxford: Oxford Academic.

HARRINGTON, Michael, HOWE, Irving, e ISSERMAN, Maurice (2012). *The other America* (ed. 50º aniversario). [Epub]. Scribner.

HASSEMER, Winfried (1998). "Perspectivas del Derecho penal futuro", *RP*, nº 1, pp. 37-42.

HASSEMER, Winfried (1999). *Persona, mundo y responsabilidad*. Valencia: Tirant lo Blanch.

HASSEMER, Winfried (1990-1991). "El destino de los derechos del ciudadano en un Derecho penal 'eficaz'", *Estudios penales y criminológicos*, XV, pp. 181-198.

HASSEMER, Winfried (1984). *Fundamentos del Derecho penal*. Barcelona: Bosch.

HASSEMER, Winfried (1982). "Alternativas al principio de culpabilidad", *CPC*, nº 18, pp. 473-482.

HASSEMER, Winfried y MUÑOZ CONDE, Francisco (1989). *Introducción a la criminología y al Derecho penal*. Valencia: Tirant lo Blanch.

HEGEL, Georg W. F. (1975). *Principios de filosofía del derecho*. Buenos Aires: Editorial Sudamericana.

HEGEL, Georg W. F. (1978). *Escritos de juventud.* Madrid: Fondo de Cultura Económica.

HOLMES, Thomas H. y RAHE, Richard H. (1967). "The Social Readjustment Rating Scale". *Journal of Psychosomatic Research, 11*(2), 213-218.

HORMAZÁBAL MALARÉE, Hernán (1999). *Bien jurídico y Estado social y democrático de derecho,* Santiago de Chile: Conosur.

HORMAZÁBAL MALERÉE, Hernán y BUSTOS RAMÍREZ, Juan J. (1997) *Lecciones de Derecho penal (Volumen I).* Madrid: Trotta.

HUSAK, Douglas (2010). "The *De Minimis* 'Defense' to Criminal liability". En HUSAK, Douglas. *The philosophy of criminal law.* Oxford: OUP.

INSTITUTO NACIONAL DE ESTADÍSTICA. "Población en riesgo de pobreza relativa de las personas con trabajo por periodo en la UE (población de 18 y más años)". [En línea]. [Disponible en: https://www.ine.es/jaxiT3/Datos.htm?t=11182]. [última consulta: 27/04/2021].

INTERNATIONAL LABOUR ORGANIZATION (2017). *Global Estimates of Modern Slavery.* [En línea]. [Disponible en https://www.ilo.org/wcmsp5/groups/public/—dgreports/—dcomm/documents/publication/wcms_575479.pdf].

JAÉN VALLEJO, Manuel (1986). "Consideraciones generales sobre el principio de proporcionalidad penal y su tratamiento constitucional", *RGD,* n. 507, pp. 4923-4935.

JAKOBS, Günter (2012). "¿Daño social? anotaciones sobre un problema teórico fundamental en el derecho penal", *Revista Facultad de Derecho y Ciencias Sociales y Políticas,* Vol. 6 Núm. 10, pp. 277-293.

JAKOBS, Günter (2006). *La pena estatal: significado y finalidad* (1a. ed.). Madrid: Thomson Civitas.

JAKOBS, Günter (1996). *Sociedad, norma y persona en una teoría de un derecho penal funcional.* Madrid: Civitas.

JAKOBS, Günter, y CANCIO MELIÁ, Manuel (2003). *Derecho penal del enemigo.* Madrid: Civitas.

JAKOBS, Günter, CANCIO MELIÁ, Manuel y FEIJOO SÁNCHEZ, Bernardo (2008). *Teoría funcional de la pena y la culpabilidad.* Madrid: Thomson Reuters.

JAREÑO LEAL, Ángeles (1994). *La pena privativa de libertad por impago de multa.* Madrid.

KANT, Immanuel (1686). *Principios metafísicos del Derecho,* 1878, Madrid: Librería de Victoriano Suárez.

KELSEN, Hans (1960). *Teoría pura del Derecho.* Buenos Aires: Eudeba, 4ª Ed.

KIKUCHI, Shinnosuke KITAO, Sagiri, y MIKOSHIBA, Minamo (2010). "Heterogeneous employment vulnerability and inequality in Japan", *VOX EU, CEPR Policy portal.* [En línea]. [Disponible en https://voxeu.org/article/heterogeneous-employment-vulnerability-and-inequality-japan].

KLEINFIELD, Joshua (2017). "Manifesto of democratic criminal justice", *Nw. U. L. Rev.*, nº 111, pp. 1367-1412.

KOHAN, Marisa (2020). "Denuncian a España ante la ONU por violar los derechos humanos de las temporeras de la fresa en la pandemia", *Público* [en línea]. 3 de mayo de 2020. [Disponible en https://www.publico.es/sociedad/trabajadoras-fresa-coronavirus-denuncian-espana-onu-violar-derechos-humanos-temporeras-fresa-pandemia.html].

KYMLICKA, Will (2010). *Ciudadanía multicultural.* Madrid: Espasa.

LAMARCA PÉREZ, Carmen (1993). "Sobre el concepto de terrorismo", *ADPCP*, Tomo 46, pp. 535-560.

LANDROVE DÍAZ, Gerardo (2006). *Introducción al Derecho penal español.* Madrid: Tecnos.

LAPORTA SAN MIGUEL, Francisco J. (1995). "Comunitarismo y nacionalismo". *DOXA* 17-8, 1995, pp. 53-68.

LAPORTA SAN MIGUEL, Francisco J. (1987). "Sobre el concepto de derechos humanos", *Doxa*, nº 4, pp. 23-46.

LARDIZÁBAL Y URIBEREN, Manuel (2001). *Discurso sobre las penas.* Vitoria Gasteiz: Fundación Sancho el Sabio.

LASCURAÍN SÁNCHEZ, Juan A. (Coord.) (2019). *Introducción al Derecho penal.* Madrid: Ediciones B.O.E.

LASCURAÍN SÁNCHEZ, Juan A. (1998). "La proporcionalidad de la norma penal", *Cuadernos de Derecho público*, 5, septiembre-diciembre, pp. 160-189.

LECHNER, Norbert (1984). *La conflictiva y nunca acabada construcción del orden deseado.* Madrid: Centro de Investigaciones Sociológicas.

LEGUIN, Ursula K. (1973). *The Ones Who Walk Away from Omelas.* Harper perennial. [Ebook].

DEMETRIO CRESPO, Eduardo. (1999). *Prevención general e individualización de la pena.* Salamanca: Ed. USAL.

LLORIA GARCÍA, Paz (2019). "El delito de trata de seres humanos y la necesidad de creación de una ley integral", *Estudios Penales y Criminológicos*, vol. 39, 2019, pp. 353-402.

LOCKE, John (1993). (Ed. e introducción de WOOTTON, David). *Political writings.* Londres: Mentor.

LOEFFLER, Charles E. y NAGIN, Daniel S. (2022). "The impact of incarceration on recidivism", *Annual review on criminology*, nº5, pp. 133-152.

LÓPEZ MELERO, Montserrat (2013). "Repercusión de la pena privativa de libertad…". *ADPCP*, Vol. LXVI, pp. 363-403.

LOPERA MESA, Gloria P. (2010). "Posibilidades y límites del principio de proporcionalidad como instrumento de control del legislador penal". En FERNÁNDEZ BAUTISTA, Silvia (Coord.), *Constitución y principios del Derecho penal*. Valencia: Tirant lo Blanch, pp. 105-137.

LOPERA MESA, Gloria P. (2006). *Principio de proporcionalidad y ley penal*. Madrid: CEPC.

LÓPEZ GARRIDO, Diego y GARCÍA ARÁN, Mercedes (1996). *El código penal de 1995 y la voluntad del legislador*. Madrid: Dykinson.

LÓPEZ GUERRA, Luis et al. (2018). *Derecho constitucional, Volumen I*. 11ª Edición. Valencia: Tirant lo Blanch.

LÓPEZ MELERO, Montserrat (2013). "Repercusión de la pena privativa de libertad en el sistema español". *ADPCP*, Vol. LXVI, pp. 363-403.

LÓPEZ-FONSECA, Óscar (2020). "Los delitos se redujeron un 73,8% los primeros 15 días del confinamiento", *El País*, 1 de mayo de 2020.

LORENTE, Marta, VALLEJO, Jesús (Coords.) (2012). *Manual de historia del Derecho*. Valencia: Tirant lo Blanch.

LUZÓN CUESTA, José M. (2018). *Compendio de Derecho penal, Parte general*. Madrid: Dykinson.

LUZÓN CUESTA, José M. (2018). *Compendio de Derecho penal, Parte especial*. Madrid: Dykinson.

LUZÓN PEÑA, Diego M. (2016). *Derecho penal, parte general*. Valencia: Tirant lo Blanch.

LUZÓN PEÑA, Diego M. (2012). *Derecho penal, parte general*. Valencia: Tirant lo Blanch.

LUZÓN PEÑA, Diego M. (2002). *Aspectos esenciales de la legítima defensa*. Montevideo: BdeF.

LUZÓN PEÑA, Diego M. (2002). *Enciclopedia penal básica*. Granada: Comares.

LUZÓN PEÑA, Diego M. (1996). *Derecho penal, parte general*. Madrid: Civitas

LUZÓN PEÑA, Diego M. (1994). *Curso de Derecho penal. Parte General I*. Madrid: Universitas.

LUZÓN PEÑA, Diego M. (1993). "La relación del merecimiento de pena y de la necesidad de pena con la estructura del delito", *ADPCP*, t. 46, pp. 21-34.

LUZÓN PEÑA, Diego M. (1991). "Principio de igualdad, Derecho penal del hecho y prevención especial". En Ministerio de Justicia (Ed.). *El principio de igualdad en la Constitución española,* Vol. 2. Madrid: Centro de Publicaciones del Ministerio de Justicia, pp. 1445-1476.

LUZÓN PEÑA, Diego M. (1989). *Medición de la pena y sustitutivos penales.* Madrid: UCM.

MACINTYRE, Alasdair (2019). *Tras la virtud.* Barcelona: Austral.

MACINTYRE, Alasdair (2003). "Is patriotism a virtue?". En MATRAVERS, Derek y PIKE, Jon. *Debates in contemporary political philosophy.* Nueva York: Routledge, pp. 286-300.

MAGGIORE, Giuseppe (1951). *Diritto penale, parte* generale. Bologna: Nicola Zannichetti.

MANES, Vittorio (2019). "Diritto penale, no limits", *Questione Giustizia,* 1/2019, pp. 86-100.

MANTOVANI, Fernando (1988). *Diritto penale.* Padova: Cedam.

MAQUEDA ABREU, Mª Luisa (2018). "Trata y esclavitud no son lo mismo, pero ¿qué son?", en Suárez López, José Mª et al. (Dirs.), *Estudios jurídico penales y criminológicos en homenaje a Lorenzo Morillas Cueva,* Madrid: Dykinson, pp. 1251-1264.

MARCOS, José (10 de febrero de 2020). "El PSOE quiere que la apología y exaltación del franquismo sean delito". *El País.* Recuperado de: https://elpais.com/politica/2020/02/10/actualidad/1581323216_800783.html (fecha de última consulta: 20/02/2020).

MARCUELLO-SERVÓS, Chaime y GARCÍA-MARTÍNEZ, Jesús (2011). "La cárcel como espacio de de-socialización ciudadana", *Portularia,* Vol. XI, nº 1, pp. 49-60.

MAROTO CALATAYUD, Manuel (2016). "Evaluación y racionalidad político-criminal en los procedimientos legislativos: el ejemplo de Suecia". En NIETO MARTÍN, Adán et al. (Dirs.). *Hacia una evaluación racional de las leyes penales.* Madrid: Marcial Pons, pp. 179-200.

MARTÍN LORENZO, María (1997). "Una explicación dual del castigo", *ADPCP,* nº 1, pp. 533-559.

MARTÍNEZ ESCAMILLA, Margarita (2018). "La venta ambulante en los delitos contra la propiedad intelectual e industrial", *Indret,* nº 1.

MARTOS NÚÑEZ, Juan A. (1991). "Principios penales en el Estado social y democrático de Derecho", *RDPyC,* Nº 1, pp. 217-296.

MATRAVERS, Matt (2007). "The Place of Proportionality in Penal Theory: Or Rethinking Thinking about Punishment". En TONRY, Michael, *OF ONE-EYED AND TOOTHLESS MISCREANTS,* Oxford: OUP.

MATZA, David (1968). "Poverty and disrepute". En MERTON, Robert K., y NISBET, Robert (Eds.), *Contemporary social problems.* Nueva York: Harcourt Brace Jovanovich, pp. 601-656.

MAYSON, Sandra M. (2020). "The Concept of Criminal Law". *Faculty Scholarship at Penn Carey Law.* 2428.

MAYSON, Sandra M. y STEVENSON, Megan T. (2020). "Misdemeanors by the numbers". *Boston College Law Review,* vol. 61 (3), 75 páginas.

MAYSON, Sandra M. (2018). "Bias in, Bias out", *Faculty Scholarship at Penn Carey Law,* 2393.

MAYSON, Sandra M. (2015). "Collateral Consequences and the Preventive State", *Faculty Scholarship at Penn Carey Law.* 2408.

MAZA ZORRILLA, Elena (1987). *Pobreza y asistencia social en España.* Valladolid: Universidad de Valladolid.

MAZZACUVA, Nicola (2017). "Il diritto penale 'massimo' tra incremento dei tipi punitivi e 'addizioni' giurisprudenziali". En CADOPPI, Alberto (Coord.), *Cassazione e Legalità Penale.* Roma: Giuridica Editrice, pp. 311-314.

MERTON, Robert K. (1968). "Social problems and sociological theory". En MERTON, Robert K., y NISBET, Robert (Eds.), *Contemporary social problems.* Nueva York: Harcourt Brace Jovanovich, pp. 793-845

MINISTERIO DEL INTERIOR (2017). *La estancia en prisión: consecuencia y reincidencia.* Documentos penitenciarios 16, pp. 21-22.

MILL, John S. (1859). *Sobre la libertad.* Madrid: Aguilar.

MIR PUIG, Santiago (2019). *Fundamentos de Derecho penal y teoría del delito.* Barcelona: Reppertor.

MIR PUIG, Santiago (2015). *Derecho penal, parte general.* Barcelona: Reppertor.

MIR PUIG, Santiago (2009). "El principio de proporcionalidad como fundamento constitucional de límites materiales del Derecho penal". En CUERDA ARNAU, Mª Luisa et al. (Coord.). *Constitución, derechos fundamentales y sistema penal,* Vol. 2, pp. 1357-1382.

MIR PUIG, Santiago (2003). "Valoraciones, normas y antijuridicidad penal". En DÍEZ RIPOLLÉS, José L., ROMEO CASABONA, Carlos M., HIGUERA GUIMERÁ, José F. (Eds.), *La ciencia del Derecho penal ante el nuevo siglo.* Madrid: Tecnos, pp. 135-146.

MIR PUIG, Santiago (1996). *Derecho penal, parte general.* Madrid: PPU.

MIR PUIG, Santiago (1982). *Función de la pena y teoría del delito en el Estado social y democrático de Derecho.* Barcelona: Bosch.

MIR PUIG, Santiago (1977). "El delito de coacciones en el Código penal", *ADPCP*, pp. 300 y ss.

MIR PUIG, Santiago (1976). *Introducción a las bases del Derecho penal.* Barcelona: Bosch.

MIR PUIG, Santiago (1974). *La reincidencia en el Código penal.* Barcelona: Bosch.

MIRA BENAVENT, Javier (2016). "Consideraciones político-criminales sobre la función de los delitos de enaltecimiento del terrorismo y humillación a las víctimas del terrorismo". En PORTILLA CONTRERAS, Guillermo y PÉREZ CEPEDA, Ana I. (Dirs.). *Terrorismo y contraterrorismo en el s. XXI.* Salamanca: Ratio Legis.

MOCCIA, Sergio (1992). *Il diritto penale tra essere e valore. Funzione della pena e sistematica teleologica.* Napoli: ESI.

MOLINA ÁLVAREZ DE CIENFUEGOS, Ignacio (1998). *Conceptos fundamentales de ciencia política.* Madrid: Alianza Editorial.

MOLINA FERNÁNDEZ, Fernando (2016). "Las cicatrices jurídicas del terrorismo". En PÉREZ MANZANO, Mercedes y LASCURAÍN SÁNCHEZ, Juan A. (Dirs.). *La tutela multinivel del principio de legalidad penal*, pp. 246-247.

MONTESQUIEU, Charles L. (1973, Ed.). *De l´Esprit des lois*, Tomo I. París.

MORILLAS CUEVA, Lorenzo (2018). *Sistema de Derecho penal, parte general.* Madrid: Dykinson.

MORILLAS CUEVA, Lorenzo (1996). *Curso de Derecho penal, parte general.* Madrid: Marcial Pons.

MOORE, Michael S. (2020). M*echanical Choices: The Responsibility of the Human Machine.* Oxford: Oxford University Press.

MOORE, Michael S. (2016). "Responses and Appreciations". En Kessler Ferzan, Kimberly and J. Morse, Stephen eds., *Legal, Moral, and Metaphysical Truths: The Philosophy of Michael S. Moore.* Oxford: Oxford University Press, pp. 343-425.

MOORE, Michael S. (1981). *Placing Blame.* Oxford: Oxford University Press.

MORENO-TORRES HERRERA, Mª Rosa (Dir.) (2021). *Lecciones de Derecho penal parte general.* Valencia: Tirant lo Blanch.

MORRIS, Herbert. (1981). "A Paternalistic Theory of Punishment", *American Philosophical Quarterly 18*, pp. 263-271.

MORRIS, Norval. (1981) "Punishment, Desert and Rehabilitation". En GROSS, Hyman y VON HIRSCH, Andrew (Eds.). *Sentencing.* Oxford: OUP.

MORRIS, Norval (1982). *Madness and the criminal law.* Chicago: UCP.

MORRIS, Norval y TONRY, Michael (1990). *Between prison and probation: intermediate punishments in a rational sentencing system.* New York: OUP.

MUÑOZ CONDE, Francisco (2015). *Derecho penal, parte especial.* Valencia: Tirant lo Blanch.

MUÑOZ CONDE, Francisco (2003). "El proyecto nacionalsocialista sobre el tratamiento de los 'extraños a la comunidad'". En DÍEZ RIPOLLÉS, José L., ROMEO CASABONA, Carlos M., HIGUERA GUIMERÁ, José F. (Eds.), *La ciencia del Derecho penal ante el nuevo siglo.* Madrid: Tecnos, pp. 487-510.

MUÑOZ CONDE, Francisco (2001). "Protección de bienes jurídicos como límite constitucional del Derecho penal". En: QUINTERO OLIVARES, Gonzalo y MORALES PRATS, Fermín (Coords.). *El nuevo Derecho penal español.* Madrid: Aranzadi.

MUÑOZ CONDE, Francisco (1996). "El "moderno" Derecho penal en el nuevo Código Penal español", *La ley,* pp. 1339-1141.

MUÑOZ CONDE, Francisco (1980). "Culpabilidad y prevención en derecho penal", *CPC,* pp. 40 y ss.

MUÑOZ CONDE, Francisco (1975). *Introducción al Derecho penal.* Barcelona: Bosch.

MUÑOZ CONDE, Francisco y GARCÍA ARÁN, Mercedes (2019). *Derecho penal, parte general.* Valencia: Tirant lo Blanch.

MURPHY, Cian C. (2015). *EU counter-terrorism law. Pre-emption and the rule of law. Expanded edition.* Londres: Bloomsbury Publishing.

National Council on Crime and Delinquency (1972). *Model Sentencing Act.* Volumen 18, nº 4.

NAVARRETE POBLETE, Jorge (2004). "Michael Walzer y la igualdad compleja". *Derechos y libertades,* nº 13, pp. 241-259

NAVARRO FRÍAS, Irene. "El principio de proporcionalidad en sentido estricto: ¿principio de proporcionalidad entre el delito y la pena o balance global de costes y beneficios?", *Indret,* 2/10.

NIETO MARTÍN, A. "Saudade of the constitution: The relationship between constitutional and criminal law in the European context". *NJECL,* 2019, Vol. 10 (I).

NIETO MARTÍN, Adán et al. (Dirs.). (2016) *Hacia una evaluación racional de las leyes penales.* Madrid: Marcial Pons, pp. 273-305.

NIETO MARTÍN, A. (2007). "Comentarios a los Arts. 563-603". En AA. VV., Comentarios al Código Penal. Madrid: Iustel, pp. 1081-1103.

NIETO MARTÍN, Adán (1996). *Fraudes comunitarios*. Barcelona: Praxis.

NINO, Carlos (1998). "Liberalismo "versus" comunitarismo", *RCEC*, nº 1, septiembre-diciembre, pp. 363-376.

NOZICK, Robert (1974). *Anarchy, state and utopia*. Oxford: Blackwell.

OCTAVIO DE TOLEDO Y UBIETO, Emilio (1990). "Función y límites del principio de protección exclusiva de bienes jurídicos", *ADPCP*.

OCTAVIO DE TOLEDO Y UBIETO, Emilio (1981). *Sobre el concepto del Derecho penal*. Madrid: Universidad, Sección de publicaciones de la Facultad de Derecho.

OSBORNE, David, y GAEBLER, Ted (1992). *Reinventing Government: How the Entrepreneurial Spirit Is Transforming the Public Sector*. New York: Addison-Weasley.

PALAZZO, Francesco (1996). "Los fines de la pena en el orden constitucional", *DPC*, V. XVIII, nº 57-58, pp. 109-120.

PALAZZO, Francesco. "Costituzione e diritto penale (un appunto sulla vicenda italiana)", *Riv. Dir. Cost.*, 1996, nº 179, pp. 167-181.

PAREDES CASTAÑÓN, José m (2018). "La interacción entre los medios de comunicación social y la política criminal en las democracias de masas", *Teoría y Derecho*, nº 24, p. 98.

PAREDES CASTAÑÓN, José M. (2016). "Punitivismo y democracia: "Las necesidades sociales" y la "voluntad popular" como argumentos político-criminales", *Libertas*, bº 4, 2016, 53 págs.

PAREDES CASTAÑÓN, José M. (2013). *La justificación de las leyes penales*. Valencia: Tirant lo Blanch

PASCUAL MATELLÁN, Laura (2020). "Hacia un prevencionismo sin límites. la apuesta por la disuasión concentrada", *Revista General de Derecho Penal*, 33.

PASTRANA SÁNCHEZ, Mª Alejandra (2020). *Terrorismo y derecho penal. La nueva configuración de los delitos de terrorismo en el ordenamiento español*. Madrid: Ediciones BOE.

PEINADO ANDÚJAR, Carmen (2021). "Hegel y las lógicas del castigo". *Antítesis-Revista Iberoamericana De Estudios Hegelianos*, (1), pp. 61-86.

PEDROSA, Albert (2018). "¿Discrimina el Código penal a las mujeres?". *REIC*, Nº 16.

PENA GONZÁLEZ, Wendy (2020). "Derecho penal y COVID-19: La explotación de seres humanos como ejemplo de un Derecho penal aporófobo". En PÉREZ ADROHER, Ana (Ed.). *Derechos humanos ante los nuevos desafíos de la globalización*, pp. 1435-1466.

PENA GONZÁLEZ, Wendy (2020). “El Tribunal Constitucional se pronuncia sobre la libertad de expresión y la exaltación del terrorismo, comentario a la STC 35/2020 de 25 de febrero”, *Revista Aranzadi Doctrinal*, N°. 5.

PENA GONZÁLEZ, Wendy. (2019). “El delito de enaltecimiento del terrorismo y el principio de lesividad”, *La Ley*, n° 9468.

PENA GONZÁLEZ, Wendy (2019). “La provocación al terrorismo en la UE y en España. Anticipación, expansión y extralimitación”, *Unión Europea Aranzadi*, n° 11.

PENA GONZÁLEZ, Wendy (2019). “El delito de enaltecimiento del terrorismo: “Derecho penal” del enemigo”, *CEFLegal*, n° 221.

PENN LAW SCHOOL (2023). “Selected model Penal Code Provisions”. Criminal Law Reference Pamphlet.

PEÑARANDA RAMOS, Enrique (2015). “La pena: Nociones generales”. En Lascuraín Sánchez, Juan Antonio (Coord.). *Introducción al derecho penal*. Madrid: Civitas Thomson Reuters.

PERELLÓ DOMENECH, Isabel (1997). “Principio de proporcionalidad”, *JpD*, n° 28, pp. 69-75.

PÉREZ, Roberto (2018). “Tres de cada diez presos que hay en España son extranjeros”. *ABC*. [En línea]. 26 de febrero de 2018. [Disponible en https://www.abc.es/espana/abci-tres-cada-diez-presos-espana-extranjeros-201802260257_noticia.html].

PÉREZ CEPEDA, Ana I. y BENITO SÁNCHEZ, Demelsa (Coords.). (2022). *Propuestas al legislador y a los operadores de la justicia para la aplicación del derecho penal en clave anti-aporófoba*. Salamanca: Ratio Legis.

PÉREZ CEPEDA, Ana I. (2021). “La ocupación de un inmueble sin violencia o intimidación”, *Revista penal*, n° 48, pp. 143-162.

PÉREZ CEPEDA, Ana I. y TERRADILLOS BASOCO, Juan Mª (2019). “Acuerdos de libre comercio y el sistema internacional de derechos humanos en el marco del Derecho Penal Internacional”, *Revista penal México*, n° 14-15, 2018-2019, pp. 263-274.

PÉREZ CEPEDA, Ana I. (2018) (Dir.). *El terrorismo en la actualidad: un nuevo enfoque político-criminal*. Valencia: Tirant lo Blanch.

PÉREZ CEPEDA, Ana I. (2017). *El pacto antiyihadista: criminalización de la radicalización*. Valencia: Tirant lo Blanch.

PÉREZ CEPEDA, Ana I. (2016). “La criminalización del radicalismo y extremismo en la legislación antiterrorista”. En PORTILLA CONTRERAS, Guillermo y PÉREZ CEPEDA, Ana I. (Dirs.). *Terrorismo y contraterrorismo en el s. XXI*. Salamanca: Ratio Legis.

PÉREZ CEPEDA, Ana I. (2007). "El paradigma de la seguridad en la globalización: guerra, enemigos y orden penal". En FARALDO CABANA, P. (Dir.). *Derecho penal de excepción. Terrorismo e inmigración.* Universidade Da Coruña, Valencia: Tirant lo Blanch, pp. 95-159.

PÉREZ DEL VALLE, Carlos (2020). "Pena forensis y retribución", *Indret*, 3/2020, pp. 214-259.

PÉREZ-LUÑO, Antonio E. (1987). "Concepto y concepción de los derechos humanos", *Doxa*, nº 4, pp. 47-66.

PÉREZ MANZANO, Mercedes (1988). *Culpabilidad y prevención en Derecho penal* (tesis doctoral). Madrid: UAM.

POLAINO NAVARRETE, Miguel (2005). "Funciones dogmáticas del derecho penal y legitimación material del sistema punitivo", *Derecho penal y criminología*, Núm. 79, pp. 77-97.

POLAINO NAVARRETE, Miguel (2003). "Naturaleza del deber jurídico y función ético-social en el Derecho penal". En DÍEZ RIPOLLÉS, José L., ROMEO CASABONA, Carlos M., HIGUERA GUIMERÁ, José F. (Eds.), *La ciencia del Derecho penal ante el nuevo siglo.* Madrid: Tecnos, pp. 109-134.

POMARES CINTAS, Esther 2014). "La Unión Europea ante la inmigración ilegal: la institucionalización del odio", *Eunomia*, nº 7.

POMARES CINTAS, Esther (2011). "El delito de trata de seres humanos con finalidad de explotación laboral", *RECPC*, Nº 13, p. 14. Recuperado de http://criminet.ugr.es/recpc/13/recpc13-15.pdf

PORTILLA CONTRERAS, Guillermo (2020). "La represión de la protesta anticapitalista en tres ejemplos". *Revista Sistema Penal Crítico*, nº1, pp. 69-91.

PORTILLA CONTRERAS, Guillermo (2003). "Relación entre algunas tendencias actuales de la filosofía y sociología y el Derecho penal". En DÍEZ RIPOLLÉS, José L., ROMEO CASABONA, Carlos M., HIGUERA GUIMERÁ, José F. (Eds.), *La ciencia del Derecho penal ante el nuevo siglo.* Madrid: Tecnos, pp. 135-146.

PRIETO DEL PINO, Ana Mª (2016). "Los contenidos de racionalidad del principio de proporcionalidad en sentido amplio: el principio de subsidiariedad". En NIETO MARTÍN, Adán et al. (Dirs.). *Hacia una evaluación racional de las leyes penales.* Madrid: Marcial Pons.

PRIETO DEL PINO, Ana Mª (2004). *El Derecho penal ante el uso de información privilegiada en el mercado de valores.* Pamplona: Aranzadi.

QUINTERO OLIVARES, Gonzalo; GONZÁLEZ BONDIA, Alfonso y FALLADA GARCÍA-VALLE, Juan Ramón (2015). "La construcción del bien jurídico protegido a partir de la Constitución". En QUINTERO OLIVARES, Gonzalo (Dir.). *Derecho penal constitucional.* Valencia: Tirant lo Blanch pp. 83-189.

QUINTERO OLIVARES, Gonzalo; JARIA I MANZANO, Jordi y PIGRAU SOLÉ, Antoni (2015). "Aspectos generales". En QUINTERO OLIVARES, Gonzalo (Dir.). *Derecho penal constitucional.* Valencia: Tirant lo Blanch, pp. 21-81.

QUINTERO OLIVARES, Gonzalo; NEUS OLIVERAS, Jané y JARIA I MANZANO, Jordi (2015). "Los derechos fundamentales y el Derecho penal". En QUINTERO OLIVARES, Gonzalo (Dir.). *Derecho penal constitucional.* Valencia: Tirant lo Blanch, pp. 381-454.

QUINTERO OLIVARES, Gonzalo (2005). *Parte general del Derecho penal.* Madrid: Aranzadi.

QUINTERO OLIVARES, Gonzalo (2002). "El Derecho penal ante la globalización". En ZÚÑIGA RODRÍGUEZ, Laura, MÉNDEZ RODRÍGUEZ, Cristina, y DIEGO DÍAZ-SANTOS, Mª Rosario (Coords.). *El Derecho penal ante la globalización.* Madrid: Colex, pp. 11-25.

QUINTERO OLIVARES, Gonzalo (Dir.) (1996). *Comentarios al nuevo código penal.* Madrid: Marcial Pons.

QUINTERO OLIVARES, Gonzalo (1982). "Acto, resultado y proporcionalidad", *ADPCP,* pp. 381-408.

QUINTERO OLIVARES, Gonzalo (1978). "Determinación de la pena y política criminal", *CPC* nº 44, pp. 49-84.

RAMONET, Ignacio (2018). "Esclavos en Europa", *Le Monde Diplomatique,* 30 de junio de 2011. Recuperado de https://mondiplo.com/esclavos-en-europa.

RAPPAPORT, John (2020). "Some Doubts About "Democratizing" Criminal Justice", *Chicago Law Review,* Vol. 87, No. 3 (May 2020), pp. 711-814.

RAWLS, John (1995). *Liberalismo político.* México D. F.: Fondo de cultura económica.

RAWLS, John (1979). *Teoría de la justicia.* México D. F.: Fondo de cultura económico. 1979, ed. 2006.

RAWLS, John (1955). "Two concepts of rules", *The philosophical review,* Vol. 64, No. 1, Jan. 1955, pp. 3-32.

REBOLLO VARGAS, Rafael (2009). "La portada de la revista 'El Jueves' ante la justicia: el heredero de la corona como 'vago voluptuoso y codicioso'". En Ruiz Rodríguez, Luis R. y Ruiz Fernández, Mª Jesús (Dirs.), *El arte a juicio,* pp. 193-204.

RECCHIA, Nicola (2020). *Il principio de proporzionalità nel diritto penale.* Torino: Giappichelli.

RECCHIA, Nicola (2015). "Le declinazioni della ragionevolezza penale nelle recenti decisioni della corte costituzionale", *Diritto penale contemporáneo,* 2/2015, pp. 55-70.

RIVERA BEIRAS, Iñaki (2015). "Actuarialismo penitenciario. Su recepción en España". *Revista Crítica Penal y Poder,* nº 9, pp. 102-144.

RECCHIA, Nicola (2018). "Giudizio di proporzionalità e principi penalistici: ¿identità, complementarietà o alternatività?". En DODARO, Enrico/ MANCUSO, Giandomenico (Coord.). *Uguaglianza, proporzionalità e solidarietà nel costituzionalismo penale contemporaneo,* Reggio di Calabria: Edizioni DipLap, pp. 101-108.

ROBINSON, Paul H. (2020). "Mitigations: The Forgotten Side of the Proportionality Principle". Penn Faculty Scholarship. 2054. Recuperado de: https://scholarship.law.upenn.edu/faculty_scholarship/2054 (fecha de última consulta: 07/08/2023).

ROBINSON, Paul H. (2013). *Intuitions of Justice and the Utility of Desert.* Oxford: OUP.

ROBINSON, Paul H. (2012). "El papel que corresponde a la comunidad en la determinación de la responsabilidad penal y de la pena". En HORTAL IBARRA, Juan C. (Coord.). *Constitución y sistema penal.* Madrid: Dykinson, pp. 41-65.

ROBINSON, Paul H. (2008). *Distributive principles of criminal law.* Oxford: OUP.

ROBINSON, Paul H. (1987). "Hybrid principles for the distribution of Criminal Sanctions", *Northwestern law review,* 82, pp. 19-42.

ROBINSON, Paul H. (1984). *Criminal law Defenses.* St. Paul: West Publishing, Vol. 1.

ROBINSON, Paul H. y CAHILL, Michael T. (2005). *Law without Justice.* Oxford: OUP.

ROBINSON, Paul H. y KURZBAN, Robert (2007). "Concordance and Conflict in Intuitions of Justice" Minnesota Law Review. 654.

ROBINSON, Paul H. y ROBINSON, Sarah M. (2022). *American Criminal Law,* New York: Routledge.

ROBINSON, Paul H. y ROBINSON, Sarah M. (2018). *Shadow vigilantes.* Buffalo: Prometheus.

ROBINSON, Paul H. y ROBINSON, Sarah M. (2015). *Pirates, prisoners and lepers.* Sterling: Potomac.

RODRÍGUEZ ABASCAL, Luis (1999). *La doctrina política del nacionalismo* (tesis doctoral). Universidad Autónoma de Madrid.

RODRÍGUEZ HORCAJO, Daniel (2016). *Comportamiento humano y pena estatal.* Madrid: Marcial Pons.

RODRÍGUEZ MOURULLO, Gonzalo (2017): *Algunas consideraciones sobre el principio de la legalidad y otros principios básicos del Derecho penal.* A Coruña: Real Academia Gallega de Jurisprudencia y Legislación.

RODRÍGUEZ MOURULLO, Gonzalo (1978). *Derecho penal, parte general,* Madrid: Civitas.

RODRÍGUEZ PALOP, Mª Eugenia (2002). *La nueva generación de derechos humanos.* Madrid: Dykinson.

ROMAGNOSI, Giandomenico (1956, Ed.). *Génesis del Derecho penal.* Bogotá: Temis.

ROXIN, Claus (1997). *Derecho penal, parte general (Tomo 1).* Madrid: Civitas.

ROXIN, Claus (1986). "¿Qué queda de la culpabilidad en Derecho penal?", *CPC,* 30, pp. 671-692.

ROXIN, Claus (1976). *Problemas básicos del Derecho penal.* Madrid: Reus.

ROXIN, Claus (1972). *Política criminal y sistema del Derecho penal.* Barcelona: Hammurabi.

RUGGIERO, Vincenzo (2018). *Los crímenes de la economía.* Madrid: Marcial Pons.

RUIZ-FUNES, Mariano (1944). *Evolución del delito político.* Madrid: Cátedra del exilio, 1944, ed. 2013.

RUIZ MIGUEL, Alfonso (1992). "Derechos humanos y comunitarismo. Aproximación a un debate". *DOXA,* 12, pp. 95-114.

RUIZ LANDABURU, Mª José (2002). *Provocación y apología: delitos de terrorismo.* Madrid: Editorial Colex.

RUSCA, Bruno (2020). "En defensa de una interpretación consecuencialista del principio del daño", *Política criminal,* nº 30, V. 15, Dic. 2020, pp. 811-830.

SÁNCHEZ GARCÍA, Isabel (1994). "El principio constitucional de proporcionalidad en Derecho penal", *La ley,* nº 4, pp. 1114-1124.

SÁNCHEZ MARTÍNEZ, Olga (2004). *Los principios en el Derecho,* Madrid: Dykinson.

SANDEL, Michael (2016). *Justicia.* Barcelona: *Penguin Random House Grupo Editorial.*

SANTIAGO JUÁREZ, Rodrigo (2010). "El concepto de ciudadanía en el comunitarismo". *Revista mexicana de derecho constitucional,* nº 23, julio-diciembre, pp. 154-174.

SCHÜNEMANN, Bernd (2012). "Protección de bienes jurídicos, ultima ratio y victimodogmática: sobre los límites inviolables del derecho penal en un Estado de Derecho liberal". En ROBLES PLANAS, Ricardo (ed.). *Límites al derecho penal: principios operativos en la fundamentación del castigo.* Barcelona: Atelier, pp. 63-86.

SCHÜNEMANN, Bernd (1991). "La función del principio de culpabilidad en el Derecho penal preventivo". En SILVA SÁNCHEZ, Jesús M. y SCHÜNEMANN, Bernd, *El sistema moderno del Derecho penal.* Madrid: Tecnos.

SERRANO-PIEDECASAS FERNÁNDEZ, José R. (2005). *Conocimiento científico y fundamentos de Derecho penal.* Bogotá: Ediciones Jurídicas Gustavo Ibáñez.

SERRANO MAÍLLO, Isabel (1995). "Delincuencia y pobreza. La economía de los presos". *Boletín de la Facultad de Derecho,* nº 8-9, pp. 435-444.

SILVA SÁNCHEZ, Jesús Mª (2018). *Malum passionis,* Barcelona: Atelier.

SILVA SÁNCHEZ, Jesús Mª (2016). "Efectos colaterales de la prisión", *Indret.*

SILVA SÁNCHEZ, Jesús Mª (1999). *La expansión del Derecho penal. Aspectos de la política criminal en las sociedades postindustriales.* Madrid: Cuadernos Civitas.

SILVA SÁNCHEZ, Jesús Mª (1996). "El sistema de incriminación de la imprudencia y sus consecuencias", *Cuadernos de Derecho judicial,* nº 27.

SILVA SÁNCHEZ, Jesús Mª (1992). *Aproximación al Derecho penal.* Barcelona: Bosch.

SOCOLOVSKI, Mª Yamile (1992). "La comunidad excluyente: Crítica de la teoría de las esferas de justicia de Michael Walzer". *Revista de Filosofía y Teoría Política.* nº 31-32, pp. 295-311.

SUÁREZ-MIRA RODRÍGUEZ, Carlos (Coord.) (2002). *Manual de Derecho penal.* Tomo 1, Parte General. Madrid: Civitas.

TAYLOR, Charles (1996). *Fuentes del yo.* Barcelona: Paidós.

TEN, Chin L. (1991). "Crime, Guilt, and Punishment: A Philosophical Introduction", *Philosophical Review* 100 (1):133-136.

TERRADILLOS BASOCO, Juan Mª (2020). *Aporofobia y plutofilia.* Barcelona: Bosch.

TERRADILLOS BASOCO, Juan Mª (2019). "Un sistema penal para la aporofobia". En: PORTILLA CONTRERAS, Guillermo y VELÁSQUEZ VELÁSQUEZ, Fernando (Dirs.). *Un juez para la democracia.* Madrid: Dykinson. pp. 353-363.

TERRADILLOS BASOCO, Juan Mª (2010). "Trata de seres humanos", en ÁLVAREZ GARCÍA, Francisco J. y GONZÁLEZ CUSSAC, José L. (Dirs.) *Comentarios a la Reforma penal de 2010,* Valencia: Tirant lo Blanch, pp. 207-219.

TERRADILLOS BASOCO, Juan Mª (2008). "Sistema penal y empresa". En TERRADILLOS BASOCO, Juan Mª y ACALE SÁNZ, María (Coords.). *Nuevas tendencias en Derecho penal económico.* Universidad de Cádiz, pp. 13-38.

TERRADILLOS BASOCO, Juan Mª (2002). "Marginalidad social, inmigración, criminalización". En ZÚÑIGA RODRÍGUEZ, Laura, MÉNDEZ RODRÍGUEZ, Cristina, y DIEGO DÍAZ-SANTOS, Mª Rosario (Coords.). *El Derecho penal ante la globalización.* Madrid: Colex, pp. 135-150.

TERRADILLOS BASOCO, Juan Mª (1981). "La satisfacción de necesidades como criterio de determinación del objeto de tutela jurídico-penal", *Revista de la Facultad de Derecho de la Universidad Complutense,* Nº. 63, 1981, pp. 123-150.

TERRADILLOS BASOCO, Juan Mª y MAPELLI CAFFARENA, Borja (1996). *Las consecuencias jurídicas del delito,* Madrid: Civitas.

THIEBAUT, Carlos (1992). *Los límites de la comunidad.* Madrid: Centro de Estudios Constitucionales.

TIEDEMANN, Klaus (1993). *Lecciones de Derecho penal económico.* Madrid: PPU.

TONRY, Michael (Ed.) (2020). *OF ONE-EYED AND TOOTHLESS MISCREANTS,* Oxford: OUP.

TONRY, Michael y LYNCH, Mary (1996). "Intermediate Sanctions", *20 Crime & Justice.*

TONRY, Michael (1992). "Salvaging the sentencing guidelines in seven easy steps", *Federal sentencing reporter,* mayo-junio, pp. 355-359.

TONRY, Michael (1996). *Sentencing matters.* New York: OUP.

TORÍO LÓPEZ, Ángel (1985). "El concepto individual de culpabilidad", *ADPyCP,* pp. 285-301

TORÍO LÓPEZ, Ángel (1984). "La prohibición constitucional de las penas y tratos inhumanos o degradantes", *Poder judicial,* nº4, pp. 69-84.

TORREJÓN PÉREZ, Sergio, FANA, Marta, GONZÁLEZ-VÁZQUEZ, Ignacio, y Fernández-Macías, Enrique (2020). "The asymmetric impact of COVID-19 confinement measures on EU labour markets", *VOX EU, CEPR Policy portal.* [En línea]. [Disponible en https://voxeu.org/article/covid-19-lockdown-and-eu-labour-markets].

TORRES CARRILLO, Alfonso (2013). *El retorno de la comunidad.* Bogotá: Cinde.

ULPIANO: Digesto.

UNITED NATIONS (2020). "La pandemia de coronavirus puede provocar un aumento del contrabando de migrantes y la trata de personas", *UN News.* Recuperado de https://news.un.org/es/story/2020/05/1474412

UNITED NATIONS (2020). *IMPACT OF THE COVID-19 PANDEMIC ON TRAFFICKING IN PERSONS*. Recuperado de https://www.unodc.org/documents/Advocacy-Section/HTMSS_Thematic_Brief_on_COVID-19.pdf.

UNITED NATIONS (2019). "Inequality: Bridging the divide". [En línea]. [Disponible en: https://www.un.org/en/un75/inequality-bridging-divide].

UNITED NATIONS (2019). "Report: Global Multidimensional Index 2019: Illuminating inequalities". [En línea]. [Disponible en: https://ophi.org.uk/wp-content/uploads/G-MPI_Report_2019_PDF.pdf].

UNITED NATIONS (2018). *Global Report on trafficking in persons.* Recuperado de https://www.unodc.org/documents/data-and-analysis/glotip/2018/GLOTiP_2018_BOOK_web_small.pdf

VALVERDE CANO, A. Belén (2017). "Ausencia de un delito de esclavitud, servidumbre y trabajos forzosos en el Código penal español". En PÉREZ ALONSO, Esteban, *El Derecho ante las formas contemporáneas de esclavitud.* Valencia: Tirant lo Blanch, pp. 425-444.

VIEJO, Manuel (2020). "Los datos sobre la okupación en Madrid que desmienten la alarma de Almeida y de Vox". [En línea]. *El País.* 10 de septiembre de 2020. [Disponible en https://elpais.com/espana/madrid/2020-09-09/los-datos-sobre-la-okupacion-en-madrid-que-desmienten-la-alarma-de-almeida-y-de-vox.html].

VIERAITIS, Lynne, KOVANDZIC, Tomislav y MARVELL, Thomas (2007). "The criminogenic effects of imprisonment: Evidence from state panel data, 1974-2002", *Criminology & Public Policy,* 6, pp. 589-622.

VIGANÒ, Francesco (2021). *La proporzionalità della pena.* Torino: G. Giappichelli Editore.

VIGANÒ, Francesco (2014). "La arbitrariedad del no punir. Sobre las obligaciones de tutela penal de los derechos fundamentales", *Política criminal,* Vol. 9, n. 18.

VILLACAMPA ESTIARTE, Carolina (2015). "La trata de seres humanos tras la reforma del Código Penal de 2015", *Diario La Ley,* Nº 8554.

VIVES ANTÓN, Tomás S. (2011). *Fundamentos del sistema penal.* Valencia: Tirant lo Blanch.

VIVES ANTÓN, Tomás S. (2004). "Sistema democrático y concepciones del bien jurídico: El problema de la apología del terrorismo", *Estudios penales y criminológicos,* 25, 401-441.

VIVES ANTÓN, Tomás S. (1996). "Principios penales y dogmática penal". En VIVES ANTÓN, Tomás S. *Estudios sobre el Código penal de 1995 (Parte general)*. Madrid: CGPJ.

VIVES ANTÓN, Tomás S. (1995). "La libertad de expresión e información: límites penales". En M. Ramírez Jiménez (Coord.), *El derecho a la información. Teoría y práctica*. Zaragoza: Libros Pórtico.

VOLTAIRE, François-M. (1766). *Comentarios sobre el libro de los delitos y las penas*. Madrid: Imprenta de Albán.

VON HIRSCH, Andrew (2007). "The 'desert' model for sentencing", *Social research*, Summer, Vol. 74, nº 2, Punishment: The US record, pp. 413-434.

VON HIRSCH, Andrew (1998). *Censurar y castigar*. Madrid: Trotta.

VON HIRSCH, Andrew (1992). "Proportionality in the Philosophy of Punishment", *Crime and justice*, vol. 16, pp. 55-98 (University of Chicago Press).

VON HIRSCH, Andrew (1985). *Past or future crimes: deservdness and dangerousness in the sentencing of criminals*. New Brunswick: RUP.

VON HIRSCH, Andrew. (1976). *Doing justice: The choice of punishments*. New York: Hill & Wang.

VON HIRSCH, Andrew y JAREBORG, Nils (1991). "Gauging criminal harm: A living-standard analysis", *Oxford journal of legal Studies*, Vol. 11, nº 1, Spring, pp. 1-38.

WACQUANT, Loïc (2010). *Castigar a los pobres* [Ebook]. Barcelona: Gedisa.

WALZER, Michael (1993). *Esferas de justicia*. Ciudad de México: Fondo de cultura económica.

WEBER, Max (2018). *La política como profesión*. Madrid: Biblioteca Nueva.

WELZEL, Hans (2005). *Introducción a la filosofía del Derecho*. Buenos Aires: BdeF.

WELZEL, Hans (1956). *Derecho penal parte general*. Buenos Aires: Roque de Palma.

WENDT, Rudolf (2013). "The Principle of "Ultima Ratio" And/Or the Principle of Proportionality". *Oñati Socio-legal Series* [en línea], 3 (1), pp. 81-94. Recuperado de: http://ssrn.com/abstract=2200873 (fecha de última consulta: 22/08/2023).

ZAFFARONI, E. Raúl (2002). *Derecho penal, parte general*. Buenos Aires: Ediar.

ZAFFARONI, E. Raúl (1998). *En busca de las penas perdidas*. Buenos Aires: Ediar.

ZAFFARONI, E. Raúl y DÍAS DOS SANTOS, Ílison (2019). *La nueva crítica criminológica*. Bogotá: Ibáñez.

ZUGALDÍA ESPINAR, José M. (1993). *Fundamentos de Derecho penal*. Valencia: Tirant lo Blanch.

ZÚÑIGA RODRÍGUEZ, Laura (2018). "Dogmática funcionalista y política criminal: una propuesta fundada en los derechos humanos". *Derecho PUCP*. nº 81.

ZÚÑIGA RODRÍGUEZ, Laura (2001). *Política criminal*. Madrid: Colex.